消费者
行为学

李向阳 编著

北京时代华文书局

图书在版编目（CIP）数据

消费者行为学 / 李向阳编著. -- 北京 ：北京时代华文书局，2019.12
（销售圣经）
ISBN 978-7-5699-3412-0

Ⅰ. ①消… Ⅱ. ①李… Ⅲ. ①消费者行为论 Ⅳ. ①F713.55

中国版本图书馆CIP数据核字（2020）第 009037 号

消 费 者 行 为 学
XIAOFEI ZHE XINGWEI XUE

编　　著｜李向阳

出 版 人｜陈　涛
选题策划｜王　生
责任编辑｜周连杰
封面设计｜景　香
责任印制｜刘　银

出版发行｜北京时代华文书局 http://www.bjsdsj.com.cn
　　　　　北京市东城区安定门外大街136号皇城国际大厦A座8楼
　　　　　邮编：100011　电话：010-64267955　64267677
印　　刷｜三河市京兰印务有限公司　　电话：0316-3653362
　　　　　（如发现印装质量问题，请与印刷厂联系调换）
开　　本｜889mm×1194mm　1/32　印　张｜5　字　数｜120千字
版　　次｜2020年2月第1版　印　　次｜2020年2月第1次印刷
书　　号｜ISBN 978-7-5699-3412-0
定　　价｜168.00元（全5册）

▌上篇　消费者是如何进行购买行为的？▐

▌ 下篇　消费者是如何被诱导的？ ▌

第五章 **销售员要知道的销售心理效应**

第六章 **激发顾客的内在需求**

上篇

消费者是如何进行购买行为的？

（上篇）

消费者是如何进行购买行为的？

第一章

顾客为什么会买

——消费者行为特性

从众行为特性——为什么大家都喜欢去排队？

当看到别人成群结队、争先恐后地抢购某种商品的时候，自己也会毫不犹豫地加入抢购大军；当有一些人说某种商品好的时候，就会有很多人"跟风"前去购买，即使买回来的东西不怎么好，大家也会在心理上有所安慰，毕竟大家都在买。这就是从众心理，也就是人们常说的"人云亦云""随波逐流"。一般来说，个体成员的行为，通常具有跟从群体的倾向，所以从众心理也就成了一种比较普遍的社会心理和行为现象。

从众消费行为之所以会产生，是因为有参照群体、群体规范与群体压力的存在，消费者在受到群体的暗示或提示时，就会产生模仿行为。

在一条街上有两家卖包子的店铺，两家店铺做的包子都非常受人欢迎，顾客都很多，所以一开始两家店的生意也都差不多。但一段时间以后，其中一家店铺门庭冷落，生意开始下滑；而另一家店门前则是每天都有长长的队伍等待买包子，生意越做越红火。

曾经势均力敌的两家店铺为什么突然间产生这么大的差距呢？原来生意变差的那家包子铺考虑到顾客早上的时间都有限，排队等候却很耽误工夫。为了替顾客节省时间，这家包子铺就把做包子的流程从现做现卖改成了提前做好，顾客随到随买。而另一家却始终如一地保持着现做现卖的方法，店铺门前总是排着长长的等候买包子的顾客。

按常理来讲，生意变差的包子铺为顾客考虑，从顾客的利益和需求出发，应该有更多顾客光顾，生意应该越来越好才对，但是结果却和人们的想象大相径庭。反而另一家包子铺虽然让人们排队浪费了时间，生意却越来越好，这究竟是什么原因导致的呢？

其实仔细想想，道理并不深奥。生意变差的包子铺虽然考虑到顾客的需求了，但没有抓住顾客的心理。另一家保持着排队等候的传统，虽然会耽误顾客的宝贵时间，但别人看到这家店始终有人在那里排队，就会觉得要么这家的包子比那家的好吃，要么价钱比那家的公道，所以他们宁愿跟着一起排队等候，也不愿冒险去没人等候的包子铺。这样，排长队的包子铺就吸引了更多的顾客，也就有了竞争的优势。

从这个故事中我们不难看出，别人的购买行为或者说大多数人的购买行为会影响消费者本人的购买决策。所以，消费者购物时一般都会选择人气旺、人流多的地方。

看透顾客的从众心理以后，销售人员就可以利用顾客的这种心理来为自己制造商机了，比如想方设法地吸引客户的围观、制造热闹的氛围等，以此来吸引更多客户的参与，从而制造更多的购买机会。

日本有位名叫多川博的著名企业家，因为成功地利用顾客的从众心理使公司的年销售额达到70亿日元，并以20％速度递增，他本人也一跃成为世界闻名的"尿布大王"。

多川博最初创办的企业，是一个集生产雨衣、防雨斗篷、游泳帽、尿布等日用橡胶制品于一体的综合性企业。但是由于公司所涉领域太多，经营没有特色，也没有主打产品，所以销量很不稳定，甚至一度濒临倒闭。一个偶然的机会，多川博从一份人口普查表中发现，日本每年新出生婴儿约为250万，这个庞大的数字让他想到，如果每个婴儿每年用两条尿布，那么全国一年就需要500万条尿布。于是，多川博决定放弃其他产品，专门生产尿布。

新生产的尿布采用新科技、新材料，质量上乘，公司也花了大量的人力、财力、物力去做宣传，但是在试卖之初，生意却非常冷清，几乎到了无法继续经营的地步。心急如焚的多川博经过冥思苦想，终于想出了一个好办法：他让自己的员工假扮成顾客，排起长长的队伍来购买自己生产的尿布。就这样，几排长长的队伍引起了行人的好奇："这里在卖什么？""什么商品这么畅销，吸引这么多人？""大家都买的商品一定是好商品，我们也买吧。"就这样，多川博营造了一种尿布旺销的热闹氛围，吸引了越来越多的"从众型"买主。随着买尿布的人不断增多，这种尿布渐渐地深入人心，得到了越来越多人的认可。多川博的尿布公司就这样发展起来了。

利用客户的从众心理，又称为"推销的排队技巧"。比如，某商场人口处排了一条很长的队伍，从商场经过的人就很容易加入队伍。因为当人们看到这样的场景时，第一个念头就是：那么多人围着一种商品，一定又便宜又好，我不能错失良机。这样一来，排队的人就会越来越多。多川博销售尿布正是在尿布质量好的前提下，利用客户的这种从众心理才获得成功的。

在销售过程中，我们不难发现，利用顾客的从众心理，首先可以让顾客打消心中的疑虑，增加顾客的安全感；其次可以带动其他人的购买行为，形成连锁反应，从而达到快速销售产品的目的。

因此，在销售过程中，我们经常可以听见销售人员对顾客说，"很多人都买了这一款产品，反应很不错"或者"小区很多像您这样年纪的大妈都在使用我们的产品"，这就巧妙地利用了客户的从众心理，使客户在心理上得到一种依靠和安全保障。

　　当然，利用顾客从众心理的前提是产品质量必须合格，销售人员要有职业道德，只有在这个前提下，产品的实惠价格和优良品质才会被广泛传播，顾客的从众心理才能真正地发挥威力，否则当所有人都不认可你的产品时，从众心理的作用也会让更多的人对你的产品嗤之以鼻，导致你的销售失败。

逆反行为特性——顾客想买的，就是你不想卖的

在我们身边，我们常常会看到这样的现象：两三岁的小孩子，妈妈越是告诉他要听话，他越是要调皮捣乱；十几岁的孩子，家长越是让他好好学习，他越是对学习嗤之以鼻……这就是我们常说的逆反心理。

逆反心理是指人们彼此之间为了维护自尊，而对对方的要求采取相反的态度和言行的一种心理状态，也就是人们常说的"不受教""不听话""顶牛""对着干"。而在销售中，顾客的逆反心理也表现得比较明显。比如，销售人员越是苦口婆心地把某种商品推荐给顾客，顾客就越会拒绝；而当销售员拒绝出售某商品时，顾客反而会对此表现出兴趣。

顾客为什么会产生这种逆反的心理呢？我们经常可以看到，当客户对于某个商品特别感兴趣，想要开口询问价格的时候，如果销售人员过来说："不好意思，这是店里的非卖品。"这时客户的心里就会产生一种非常遗憾的感觉，此时他可能根本就不在意这个东西是否适合自己，是否自己真正想要的东西，而是完全沉浸在"求而不得""欲罢不能"的失望和遗憾中。也就是说，当顾客的心理需要得不到满足的时候，反而会更加刺激他强烈的需求，这就像人们往往对越是得不到的东西，越想得到一样。还有一种情况，假设顾客看见一件自己感兴趣的衣服，进而想要用手摸摸其触感，如果这时销售人员对顾客说："对不起，这是样品，不能触摸。"顾客就会立刻变得反感，甚至会扭头离开。这种逆反心理则是由于顾客对商品强烈的好奇

心受到了阻碍而产生的。

此外，对立情绪也容易引起顾客的逆反心理。所以生活中常常有这样一种情况：客户本能地对上门推销的销售人员抱有警戒心理，本能地对其不信任，在这种对立情绪的影响下，销售人员把自己的产品说得越好，客户就越会觉得他说的是假的；销售人员越是热情，客户越会觉得他虚情假意，只是为了骗自己掏腰包而已。

在实际销售中，很多销售人员并不了解客户存在的逆反心理，以为通过密集轰炸就可以说服客户，常常对客户一味地穷追猛打，而此时的客户大多怀有戒备心，一味强调自己的产品如何好，如何实用，只会让客户更加警惕，害怕上当受骗。这样的销售非但达不到签单的目的，甚至还有可能引起客户的厌烦。

所以，在客户表露出逆反情绪的时候，销售人员一定要适可而止，因为此时继续下去要么引起更大的反感，要么做无用功，丝毫无益于销售。那么，出现逆反心理的顾客可能会做出哪些反应呢？

1. 不发表意见

在销售人员苦口婆心地介绍和说服的过程中，客户态度冷淡、始终保持缄默，不发表任何意见。这个时候，说明顾客已经对产品失去兴趣了，他正在用消极的态度抵制你的聒噪。

2. 反驳

当顾客的逆反情绪强烈的时候，他常常会故意针对销售人员的说辞提出反对意见，想通过这种方式令销售人员知难而退。

3. 高人一等的作风

不管销售人员说什么，顾客都会以一句台词应对，那就是"我知道"，其潜台词就是"我什么都知道，求求你不要再说了"。

4. 断然拒绝

当顾客已经产生逆反情绪，而销售人员仍旧喋喋不休的时候，性格直爽的顾客会直接、坚决地告诉销售人员说"这件商品不适合我，我不喜欢"或者"我不想买"。

在销售过程中，如果销售人员能够很好地了解顾客的这种逆反情绪，并加以利用，就有极大的可能促成销售的达成。

顾先生的车已经开了很多年，最近频频发生故障，面对高额的维修费用，顾先生决定换一辆新车。几家消息灵通的汽车销售公司得知这一情况后，马上派销售员登门向顾先生推销桥车。

顾先生是一个非常有主见的人，面对一个个夸夸其谈、喋喋不休，动辄就说自己公司的桥车性能多么好、多么适合他这样的公司老板使用的销售员，顾先生非常反感，特别是那些口出狂言，嘲笑他"你的那台车已经破烂不堪，现在已经没有人再开了，更不要说公司老板了"的人，更是让顾先生火冒三丈。

成批的、源源不断的销售人员，在让顾先生反感的同时，也使他加强了自我保护心理：这群家伙为了推销他们的汽车，真是无孔不入，甚至还说出那些不堪入耳的话，我才不会上当受骗呢，无论怎样，无论谁说什么，我就是不买！

不久后，又有一名汽车销售人员登门造访，顾先生暗下决心：不管他说什么，我都坚决不买他的车，不上他的当。这位销售人员也是一位善于察言观色的人，看到顾先生冷淡的态度和一脸的不耐烦，他就知道此时已经不适合继续推荐下去了。于是，他决定换一种推销策略。在看过顾先生的车子后，这位销售人员只是对顾先生说："我看您的这部老车还不错，用上一年半载应该没有什么问题，现在就换未免有点可惜，我看还是过一阵子再说吧！"说完，给顾先生留下一张名片后就主动离开了。

这简直是太奇怪了，顾先生第一次看到这样的销售员，这就好像自己准备了一记重拳却一出手打在了棉花上，就这样他的心理防御系统瞬间消失了，逆反心理也不见了。自己的车虽然还能用，但的确有失身份，并且总是出故障，影响自己的工作和生活。所以，他还是决定买一辆新车。想起最后那位销售员，只有他没有急不可耐地向自己推销新车，只有他说得比较实在、比较可信。于是一周后，顾先生拨通了那位销售员的电话，并向他订购了一辆新车。

逆反心理就是一把双刃剑，它会导致客户拒绝购买你的产品，也有可能会促使客户主动购买你的产品。上面事例中的那位销售人员正是用一种完全不同的销售方式，消除了客户对销售人员的逆反心理，从而使客户心甘情愿地主动购买自己的产品。

那么，在销售过程中，销售人员如何才能找到客户逆反心理的突破口，从而促使客户产生主动购买的欲望呢？

1. 逆正常思维

某食品街有一家名酒展销中心，专门经销国内各种名酒，他们特意长期举办了"假冒名酒展览会"，并与真酒对比，向顾客传授各种冒牌酒的破绽及鉴别方法。此举令该名酒展销中心顾客盈门，销售额不断增加。

这就是一种逆正常思维的销售策略。在销售实践中，企业的推销和客户的购买、消费，大多数都处于一种正常的思维之中，企业常常做的是展示产品的质量多么好、服务多么到位等。但是，这种销售方法非但没有新意，还会让顾客习以为常。在销售过程中，如果能像上面故事中那样，将这些思维逆反，即一反常态，可能就是绝妙的销售策略，顾客自然会对此产生浓厚的兴趣。

2. 逆传统思维

传统思维根深蒂固，要改变这种思维习惯很困难。但是，传统思维对消费者的影响也非常大，所以一旦逆反成功，将会取得意想不到的效果。现实中就有通过许多逆反传统思维成功销售的实例，如上门推销是对商场购物的逆反、自选商场是对传统商场经营方式的逆反、由顾客自己定价是对商家定价的逆反等，这些做法能够为商家创造出巨大的经济效益。

3. 逆一般思维

意大利著名商人菲尔·劳耸利用这一思维创造的"限客进店"的经营方式就取得了很大的成功。他规定：进店顾客必须是7岁以下的儿童，成年人若要进店，必须由7岁以下儿童领入，该店专营7岁以下儿童用品。之后，菲尔·劳耸又在全国各地增设了许多限制不同顾客的"限客进店"商店，如新婚夫妇商店，非新婚夫妇不准进店；老年人商店，中青年顾客不准进店等。

这些就都是逆一般思维的销售策略。逆一般思维是一种极其特殊的、奇特的、与众不同的、别具一格的但也同样效果明显的促销思维。像故事中的菲尔·劳耸，他的那些限制措施，非但没有使顾客减少，反而激起了更多顾客的好奇心，生意自然越来越好。

4. 逆流行思维

一般商家的礼仪小姐或礼仪先生都要求有身高和长相的优势，一般商家播放的音乐都是流行音乐。但是美国的爱丽丝店却特立独行，它的礼仪小姐和礼仪先生选用的都是身高和长相一般，甚至较矮小的人；店内播放的也多是"过时"的名曲。结果，爱丽丝店反而因为独树一帜、与众不同，而吸引了众多的顾客。

爱丽丝店的销售策略就是逆流行思维的策略，也就是我们常说的"爆冷门"策略。目前许多人在追逐或跟随这种思维，销售人员如果能适当采用这种思维进行销售，就会使客户"意想不到"，从而产生良好的销售效果。

总之，反其道而行之，充分利用顾客的逆反心理，在销售过程中往往会产生让销售人员"意想不到"的效果。

廉价趋向行为特性——每个人都期望有优惠

某市有一条汽车路线，是从小巷口开往火车站的。不知道是因为线路短，还是沿途人少的缘故，客运公司仅安排两辆中巴来回对开。

开505的是一对夫妇，开506的也是一对夫妇。

坐车的大多是一些船民，由于他们长期在水上生活，因此，一进城往往是一家老小。505号的女主人很少让孩子买票，即使是一对夫妇带几个孩子，她也是熟视无睹似的，只要求船民买两张成人票。有的船民过意不去，执意要给大点的孩子买票，她就笑着对船民的孩子说："下次给我带个小河蚌来，好吗？这次让你免费坐车。"

506号的女主人恰恰相反，只要有带孩子的，大一点的要全票，小一点的也得买半票。她总是说，这车是承包的，每月要向客运公司交多少多少钱，哪个月不交足，马上就干不下去了。

船民们也理解，几个人掏几张票的钱，因此，每次也都相安无事。不过，三个月后，这条路上的506号不见了。听说停开了。它应验了506号女主人的话：马上就干不下去了，因为乘坐她的车的人很少。

同样是一辆中巴车，为什么会有不同的结局呢？就是因为505号的女主人给了坐车的人很多的优惠，而这种优惠又恰恰满足了人们贪小便宜的心理，这就使得她的车越开越兴旺。

与此相类似的，是商场的打折之风。

我们看到过这样的现象，只要是超市打折了，一定就会有很多的人大包小包的从超市里拎出来。为什么？因为打折的商品便宜，可以让自己少花点钱，因为客户都想买物美价廉的商品。

而怎样才能让客户感到他所买的商品是物美价廉的呢？最好的方法就是促销，或者降价，或者回赠物品，此时的商品相对于平时来说，价钱就低了一点，于是顾客就会抓住这一机会大肆购买，通过与平时同类商品的比较获得更多的利益。

但是促销也不是随随便便的，不能想怎么促销就怎么促销，因为促销要花费成本，如果促销的成本比盈利还高，那么这样的促销也就得不偿失了。所以，对于销售者来说，进行促销前就要知道采取哪一种促销手段。

1. 打折促销

一般商场打折，只是部分商品在打折，其它大部分商品是没有折扣的。为什么？就是因为考虑到成本的问题，所有商品都打折的话，销售者的成本肯定会增加，那么销售者所承担的风险也会增大。而对于客户来说，只要有商品打折了，他就能在这些商品上少花点钱，他们会觉得这是物美价廉的商品。

2. 赠品促销

赠品促销是指消费者在购买某一产品时可得到一份产品或礼品赠送，多用于在一定营销状况下，吸引消费者购买新产品、弱势产品和老顾客的重复购买。例如"太太"口服液在销售的过程中就规定：凡购买"太太"口服液一提，即可获赠放在产品包装内的高级化妆品一套。这样对于客户来所，吸引力就大了。

3. 活动促销

为了销售一款新型的高顶客货车，福特公司曾经与可口可乐公司联合举办过一次促销活动。消费者被要求根据该款新车的货仓容积量，来猜测货仓内可以容纳多少罐可口可乐，猜中者有机会得到一辆该款新车。另外，活动还设有10个小奖，获奖者每人可得12箱可口可乐。这次促销活动被命名为"猜中肚量，送您一辆"，引起了消费者的极大兴趣。人们纷纷到福特经销店内填写答案，参观车辆者络绎不绝，不少人由此了解了这款车的诸多性能和优点，福特公司的该款车型也因此销量大增。

要想让客户觉得产品物美价廉，这不仅仅是体现在价格上的，同时还可以通过赠送物品的方式让客户获得额外的好处，这也会满足他们这种追求物美价廉的心理。

占便宜行为特性——顾客要的不是便宜，而是感到占了便宜

古时候一个卖衣服和布匹的店铺遇到了一件麻烦事：铺里进了一件珍贵的貂皮大衣，但是一直都卖不出去。老板很着急，这要是砸手里了，可就要赔300两银子啊！

后来，店里来了一个聪明的小伙计，知道老板的担忧后，马上承诺说他能在一天之内把这件貂皮大衣卖出去。掌柜不信，几个月了我原价都没卖出去，你一天之内就能卖出去？

小伙子面对老板的怀疑，只是对老板说把貂皮大衣卖出去并非完全不可能，但是老板一定得配合他，那就是不管谁问这件貂皮大衣卖多少钱，老板都要大声地说是500两银子，然后小伙计就让老板去后堂算账了。

小伙计等了一上午，来了几个客人，但那件貂皮大衣却一直没人问津。直到下午，店里来了一位贵妇人，在店里转了一圈，最后看着那件卖不出去的貂皮大衣，问小伙计："这衣服多少钱啊？"

小伙计却假装没有听见，只顾低头忙自己的，贵妇人提高声音又问了一遍，小伙计才装作刚听见的样子，对贵妇人说："哎哟，夫人，不好意思，我耳朵有点不好使。我是新来的，还不知道价格，我这就替您问一下掌柜的。"

说完小伙计就冲着后堂大喊："掌柜的，那件貂皮大衣怎么卖？"

掌柜的大声回答："500两！"

"多少钱？"小伙计装作没听见的样子又问了一遍。

"500两！"

掌柜的声音更大了，妇人听得真真切切，但心里却觉得衣服太贵，不准备买了。

但是，这时小伙计却坦然、憨厚地对贵妇人说："掌柜的说了300两！"

贵妇人一听欣喜异常，这小伙计的耳朵还真是不好使，自己明明听老板说的是500两嘛。这下子，自己少花200两银子就能把衣服买到手。于是忙不迭地把钱给了小伙计，拿起衣服匆匆离开。要不然，等到老板出来可能就买不成了。

就这样，小伙计很轻松地把滞销很久的貂皮大衣按照原价卖出去了。

每个人都有占便宜的心理，顾客也不例外。小伙计正是利用了贵妇人想占便宜的心理，才成功地把衣服卖了出去。

销售人员都知道，顾客要的不是便宜，而是要感到占了便宜。有了占便宜的感觉，顾客就容易接受销售人员所卖的产品了。因此，顾客的这种想占便宜的心理正是销售人员的机会所在。

比如，很多人在购物时，常常用对方不降价自己就不买了来"威胁"销售人员，于是销售人员最终妥协，告诉顾客"今天你是第一单，算是我图个吉利吧""我这是清仓的价钱给你的，你可不要和朋友说是这个价钱买的"或者"就要下班了，我不赚钱卖你了"，于是顾客就会自以为独享这种低价的优惠，满意而归。这种情况并不少见，精明的销售人员总是能找借口卖出东西并让客户觉得自己占了便宜。由此我们也不难看出，大多数顾客并不是喜欢对产品的真实价格进行仔细研究，而只是想买到更便宜的物品，想占点便宜而已。

那么，销售人员怎么做才能让客户觉得是自己占了便宜呢？

1. 打折促销

仔细观察一下，我们就会发现，商场里最畅销的产品，往往不是价格最低的商品，也不是知名度最高的名牌，而是那些打折促销的商品。因为促销的本质就是让客户有一种占便宜的感觉。一旦某种以前很贵的商品开始打折或者促销，那顾客自然会认为这是商家的让利行为，此时购买无疑占了大便宜。

当然，在优惠的同时，销售人员还要传达给客户一种信息：打折、促销并不是天天有，碰上了是你运气好，下回就不一定能碰着了。这样，客户的心里才会更满足，才会更愿意购买你的产品。

2. 额外付出，施以小恩小惠

虽然每个客户都有占便宜的心理，但是又都有一种"无功不受禄"的心理，所以精明的销售人员总是会利用顾客的这两种心理，在生意刚刚开始或者未做生意之前就拉拢客户，送客户一些精致的礼物或请客户吃顿饭，以此来提高双方合作的可能性。在销售过程中，赠送顾客一些价值不高的小玩意，让顾客获得这些额外的所得，这样，顾客也会获得一种占便宜的心理。

3. 价格差

人们总是希望用最少的钱买最好的东西。这就是人们占便宜的心理的一种生动表现。所以，销售人员在推销产品的时候，可以利用客户占便宜的心理，使用价格的悬殊对比来促进销售。比如，销售人员可以让顾客知道，他得到某种商品所花费的钱比上一位顾客少了几十元，你的产品要比竞争对手的便宜几十元……这样顾客就能获得一种占便宜的心理。

总之，在销售过程中，销售人员一定要记住既要满足客户想要占便宜的心理，又要确保让客户实实在在得到实惠，还要兼顾自己的利益没有真的受损失，这样才能够保持和客户长久的合作关系，实现互惠互利。

怕被骗行为特性——心理安全感永远是第一需求

"这件衣服多少钱？"

"300元？"

"这么多，太贵了，150元钱吧？能卖的话我就拿走，不能卖就算了。"

"小姐，你太会砍价了，这样的价钱我一分钱都没有赚到。看你挺有诚意的，就180元吧，再少我真的卖不了。"

"就150元，多了我也不要了。"

"好啦好啦，就160元吧，让我也赚10元钱的车费。"

"不行，就只能给你150元，一分钱都不能多。"

"小姐，你的嘴真厉害，行，就150元吧。"商家边说边把衣服包起来。

在商场里，像这样的对话我们时常能听到，不仅能听到，有很多时候我们自己也在进行着这样的事情——砍价。

从心理学的角度说，砍价代表着客户一种怎样的心理呢？是为了得到优惠吗？是的。是怕销售员赚得太多了，为了获得心理平衡吗？也是的。但是还有一种可能就是客户之所以会讨价还价，是因为怕自己被骗，才尽可能地压低价格以保护自己的利益。

王芳自从结婚之后就做起了全职太太，每天都会去菜市场买菜，这天她又提着菜篮来到了菜市场。她来到一位卖菜苔的大嫂摊前，"菜苔多少钱一斤？"她问道。"三元。""两元行吗？"这位大嫂不答应，于是王芳掉头就走了。再往前走，她来到一位太婆的摊前，她看到有菜苔，于是凑过去砍价，太婆说两元五角一斤，少一分也不卖，于是王芳称了一斤。等太婆称好了，她不甘心，硬是从摊面拿了几根香菜心中才舒坦，太婆像是很理解她似的，竟然又给她添了两根。于是王芳提着菜篮高高兴兴地去买别的菜了。

这些事情对于王芳来说，是每天必做的，并且是她乐此不疲的事。

也许在常人看来，这是一件很有趣很开心的事。表面上买者卖者两个人是围绕着价格在争来争去，但是在这种讨价还价的背后，蕴含着丰富的心理活动。

首先，在谈价时双方在互相打探，收集对方说话方式和表情等信息，跟自己经验中的某一类人进行"匹配"，确定对方是哪一类型的人，接下来双方按一些"套路"来应对。买的人开始还价，并密切注意捕捉卖者的表情，再然后双方都陈述自己的理由，比如卖者说生意不好做，买者说厂里发不出工资等，当然，这时双方言语和表情都有些夸张。而从买者的角度来说，就是为了尽可能地多砍价，因为他对于销售者的定价是一无所知的，所以他担心自己在购买了这种商品后有可能被骗。本来不用那么多钱的，却花了那么多冤枉钱，那时他的心里就不平衡了。为了防止这种被骗的心理，于是客户就尽可能地砍价，通过这种方式来保护自己。

销售员与客户之间进行讨价还价，其实是一种不明智的表现，是一种资源的浪费。试想，双方在这一过程中要浪费多少时间，这些时间也许可以赚比砍下来的价钱更多的钱。同时，客户和销售员之间讨价还价是一种双方互不信任的表现，这种不信任对于销售员来说是一种危险的信号。那么，销售员怎样才能消除客户的那种怕被骗的心理呢？

1. 尽可能快地取得顾客的信任

乔·吉拉德说，要想到顾客购买汽车的钱，是他们辛辛苦苦挣来的，他们大多是不富裕的工薪阶层，很多人把买车看成一生中比较大的投资，他们希望自己的钱花得值得，他们不希望自己买到的是赝品，被人嘲笑，他们希望自己的购买行为被人看作明智的选择。所以，顾客会怕你，害怕你欺骗他们，而这一行很多行骗的故事更加深了顾客对于销售员的不信任，因此让顾客信任你，消除他的顾虑和担忧是非常重要的。当顾客信任你了，购买你为他推荐的产品，享受到你提供给他好的服务之后，他会喜欢上你，会把你的产品和服务到处传颂，于是，你的口碑就建立起来了。所以，你不应该仅仅把一个顾客看成一个单一的购买对象，你应该把他看成250个人，你让一个人满意了，就会带来250个人的光顾，反过来，你惹恼了一个人，你就失去了潜在的250个客户。

2. 满足客户的心理平衡

对于客户来说，他们需要的是物有所值的物品，但是就算他们对某件物品很喜欢，身为销售员的你也不能因为客户喜欢就漫天要价。也许客户确实是因为喜欢那件商品，当时购买很爽快，也许等他冷静下来之后，他会感觉自己上当受骗了，那时你就会失去这个客户，并且他会把他的事到处流传，到时候你的口碑就会变差，你失去的将不仅仅是他这一个顾客。

砍价，这是市场上最常见的一种经济现象，顾客之所以会这样，就是他们有一种怕被骗和不平衡的心理，你只要了解了客户的这种心理，那么你就会对顾客的砍价习以为常。

自私行为特性——顾客一定会十分关注个人利益

"各人自扫门前雪，莫管他人瓦上霜"，这句话虽然听起来太过残酷，但却是一种无奈的社会现实。事实上，关心自己是人们的一种基本心态，根本无可厚非。而对于客户来说，他们花费了金钱去换取商品，在这个过程中，他们更会自然地关注自己的需要是否被满足，自己的利益是否受到损害。这是人性使然，也是市场经济发展的必然结果。

但是在实际的销售过程中，很多销售人员关注的只是自己的产品能否卖出去，自己的销售业绩能否提高。所以，他们总是一味夸赞自己的产品多么优质、价格多么低廉，而没有从客户的利益和角度出发，不考虑自己的产品是不是适合客户或者客户是否会喜欢。这种销售方式给客户的感觉就是销售人员只注重自己能赚多少钱，只关注自己的产品，而没有给客户足够的关心和重视，客户的需求和利益没有得到满足，在这种情况下，客户就会毫不犹豫地拒绝销售人员所推销的产品。

小路能说会道，他本以为凭借着自己的这张嘴，一定可以在销售领域大有作为。但是销售工作开始一段时间以后，他变得越来越迷茫，几乎失去了信心。因为每次向顾客推销商品时，无论他说得多动听，顾客却总是不为所动，几个月下来，小路做成的生意一只手都数得过来。对此，小路很困惑，他觉得自己口才好、商品质量好、价格也公道，在和客户的谈论中，他也已经尽可能地把这些信息都传达给了顾客，结果却屡屡遭到顾客的拒绝。

相比之下，口才远不如他的同事小郑，业绩却非常好。于是困惑不解的小路便虚心向小郑请教销售成功的秘诀。

听了小路的描述，小郑马上找到了症结所在："无论什么时候，顾客最关心的始终是自己的利益。每一位顾客都希望看到销售人员推销的是自己最喜欢、最需要的商品，这样他们才会产生购买的欲望。所以，在销售过程中，提供的商品要始终围绕着顾客，让商品成为顾客需要的、想买的东西，而不仅是想卖给他们的东西。一味地介绍产品的质量有多好，有多畅销，价格有多低廉，而丝毫没有考虑顾客的感觉和需求，这样一来，本应该以顾客为中心的销售，就变成了以商品为中心的推销，顾客自然不愿意接受。"

小路听后，恍然大悟。在之后的销售过程中，他再也不以自己、以自己的商品为中心，而是始终以顾客为中心，围绕着顾客的要求和需要，给顾客介绍他们最需要的款式和档次，并仔细地为他们分析这些商品能够给他们带来的利益，能够给他们的生活带来的变化，以及顾客怎样选择、怎样搭配购买才最合算。结果没过多久，小路就赢得了顾客的认可，他的销售业绩也节节攀升。

小路的销售经历告诉我们，顾客需要的是销售人员的关心和重视，需要的是适合自己的、能给自己带来实惠的产品和服务。当销售人员能够真正从顾客的利益出发，真诚地为顾客考虑，让顾客感受到关心和真诚的服务，顾客就会接受你的产品和服务。

销售是一种压抑自己的意愿去满足他人欲望的工作。其实，销售人员不是卖自己喜欢卖的产品，而是卖客户喜欢买的产品，销售人员是在为客户服务，并从中获得利益。因此，在销售活动中，销售人员要时刻记住，销售的中心从来不是自己、不是商品，而是客户，要知道"满足客户的需要"，才是一切销售成功的前提。只有销售人员真诚地为客户考虑了，让客户感觉自己的利益得到了保证，客户才会愿意和你交易，甚至愿意和你建立起长久的伙伴关系，实现"双赢"。

被尊重行为特性心理——人人都想成为 VIP

每个人都渴望获得别人的重视和尊重，顾客也不例外。因此，这种心理需求正好给销售人员推销自己的商品带来了一个很好的突破口。如果在进行销售的时候，销售员能充分把握住顾客的这种心理，就会获得顾客的青睐，创造骄人的业绩。

张女士在朋友的介绍下去了一家商务会馆。会馆的经理向张女士推荐了VIP会员卡的项目。张女士考虑了一下，觉得比较划算，就办理了一张VIP会员卡。

有一次，张女士请几个客户在那家会馆吃饭。吃完结账的时候，张女士出示了自己的VIP会员卡。服务员接过去一看，是老板签字的会员卡，立刻满面笑容，不仅酒水按七折算，海鲜也打了八折，这为她省了不少钱，而且后来经理还亲自送来一盘水果布丁，说是算自己请客，希望他们下次光临。这种贵宾的待遇让她觉得非常满意。从此以后，只要接待客户，张女士都会把这家会馆作为首选。

受到重视和尊重是顾客很正常的心理需求。有调查表明：在转而选择竞争对手的商品的顾客中，有15%是因为"其他公司有更好的商品"，另有15%是因为发现"还有其他比较便宜的商品"，但是70%的顾客并不是由于产品因素而转向其他竞争者。而在这70%中有20%是因为"不被销售人员重视"。

在交往过程中，人人都希望得到周围人的认同、尊重和赞扬，没有人会希望自己被别人看作微不足道。况且顾客是我们的衣食父母，我们必须尊重顾客。销售高手都知道尊重、重视顾客的重要性，主动、适当地满足客户的这种心理需求，就会获得更大的市场，就会提高销售的成功率。

泰国的东方饭店是一家已有110多年历史的世界性大饭店。而这家饭店这么多年，几乎天天客满，不提前一个月预订很难有入住的机会。一个饭店能火爆到如此，自然有其特殊的经营秘诀——饭店对每一个入住的顾客都给予最细致入微的关怀和重视，把他们当成最尊贵的客人，使他们享受贵宾待遇。

除了饭店的住宿、餐饮、娱乐等消费的大环境让人倍感舒适和享受以外，具体的服务细节也让人倍感温馨和体贴。比如，史密斯先生入住了这家饭店，早上起床出门，就会有服务生迎上来："早上好，史密斯先生！"不要感到惊讶，因为饭店规定，楼层服务生在头天晚上要背熟每个房间客人的名字，因此他们知道你的名字并不稀奇。当史密斯先生下楼时电梯门一开，等候的服务生就会问："史密斯先生，用早餐吗？"当史密斯先生走进餐厅，服务生就问："史密斯先生，要老座位吗？"饭店的电脑里记录了上次史密斯先生坐的座位。菜上来后，如果史密斯先生问服务生问题，服务生每次都会退后一步才回答，以免口水喷到菜上。当史密斯先生离开，甚至在若干年后，还会收到饭店寄来的信："亲爱的史密斯先生，祝您生日快乐！您已经5年没来，我们饭店的全体人员都非常想念您。"

这样的环境和服务，让顾客享受到了最舒适的体验，也受到了最大的重视和关怀，因此，只要来过这里的顾客，都会愿意再次光顾。

这就是泰国东方饭店成功的秘诀所在，给顾客最大的重视，为其提供最体贴的贵宾式服务，从而紧紧地抓住顾客的心。

客户就是"上帝"，作为"上帝"，他们当然希望销售人员能给他们关怀和实惠、尊重和重视。作为销售人员，一定要重视和把握顾客的这种消费心理，积极迎合这种心理，不要总盯着顾客的口袋，还要考虑客户的脑袋。没有人愿意把自己的钱给对自己不尊重、不重视的人。要改变客户的态度，最起码要尊重客户，让客户心里清楚："我是尊重你的、理解你的。"只要你满足了顾客受尊重的心理需要，让他感受到自己就是"贵宾"，就是"上帝"，那么他们会主动把手伸进自己的口袋，购买你的商品。

男女消费行为特性差异——男性和女性想的很不一样

生理、心理以及思维模式方面的种种不同，决定了男女顾客在消费心理上有非常大的差别。对于销售人员来说，了解不同性别的顾客的消费心理，才能区别对待，才能有重点、有目标地突破男女消费者的心理防线，才能促进销售业绩的提升。总之，在销售过程中，认识男女顾客消费心理的差别、表现及其成因，对销售工作极为重要。

那么，男性和女性的消费心理究竟有哪些差别呢？

1. 男性注重理性，女性注重情感

男性消费者通常比较理性。他们在购物的过程中，更多关注的是商品的实际效用与基本功能，在购置大件、贵重的商品时，有较强的理性支配能力。

与男性消费者相反，女性消费者在消费过程中更注重情感。这具体表现为在销售过程中，女性消费者对商品的外观、形状，特别是其中表达的情感因素十分重视。以购买服装为例，服装品牌的款式、形状、色彩甚至品牌本身的寓意、商店的美感或环境气氛形成的温馨感觉，甚至销售人员的表情和语言等一切因素，都会影响女性消费者的购买动机，并且或多或少地决定着她们的购买行为。

2. 男性注重实用，女性注重完美

我们知道多数男性对逛街购物不大感兴趣，不到万不得已，他们一般不会主动要求去逛街，即便逛街也是速战速决。这其中的主要原因是男性对所购物品的需求相对要小一些，只要产品实用，这就基本上已经符合他们对商品的要求。比如买衣服，男性一般只需要几套西服就可以穿若干年。因为他们会认为，这些西服已经完全可以显示自我，表现自己的经济地位、品位和气质。

大多数女性常有这样的尴尬：在出门之前，面对衣柜里积存的众多衣物，却挑不出一件令自己满意的衣服。其实这不难理解，许多女性都是完美主义者，她们的本能就是追求完美。为了追求完美，女性到商场后就会逐一了解各种产品或服务，期望从中能找到一个全新、靓丽又充满自信的自我。

3. 男性购物迅速，女性享受过程

一般来说，男性到商场之前就已经非常明确自己所要购买物品的大致内容，到了商场后更是直奔目的地，完成购买活动后迅速离开。也就是说男性购物的目的性明确、行动力十足。对于多数男性来说，"逛"是一件让人头疼的事，买完自己想买的东西继续"逛"，则简直是一件要命的事。

而女性恰恰相反，她们购物时更多享受的是过程。根据调查显示，有21%和39%的女性分别很喜欢或比较喜欢逛街。此外，逛街对于女性来说还有重要的意义，一方面，逛街能够帮助女性释放压力、调整心态、收获快乐；另一方面，逛街的过程往往会给女性带来许多意外惊喜，因为对于女性来说，许多购买行为常常会在不经意的逛街中发生。

了解男女消费心理的差别后，销售人员就应该明白，在销售过程中，对于男女顾客，销售人员不能一视同仁，要区别对待。总的原则就是，销售人员在接待男性顾客时，要细心一些；而在接待女性客户时，就需要耐心一些。

一般的男性顾客，由于购买商品的目的比较明确，并且挑选商品时注重实用以及购买效率，所以，他们很容易就能做出买或不买的决定，不太爱挑来挑去。通常情况下，他们会比较相信销售人员。对于销售人员来说，这些都是成交的有利因素。但是，在这种情况下，销售人员的责任其实更重了。在这个过程中，就要求销售人员有更专业的知识，对商品本身的情况有更多的了解。同时，销售人员必须细心地帮助男性顾客挑选产品，否则东西买回去后就很有可能因为不合适或者质量问题而使顾客失望，造成很坏的影响；并且顾客上门退货或者调换货物，也会给双方带来许多麻烦。

而对于女性顾客来说，由于注重完美，并且她们自己也享受购物的过程，所以，女性顾客购买东西时通常都比较细心。这主要表现在以下三个方面。

1. 询问得特别细

产地、性能、价格和质量等，女性顾客可能无所不问，而且她们也特别注意其他消费者使用的情况。

2. 观察得特别细

女性消费者在购物时，会对商品进行仔细观察，不放过任何一点瑕疵。并且，她们也会特别注意观察其他顾客是否购买，效仿性较强。

3. 挑选得特别细

女性消费者在挑选一件商品时往往会货比三家、反复察看、互相比较、不厌其烦。

针对女性顾客细心的特点，销售人员要特别有耐心，而且要有针对性的接待。比如在她们挑选时，多拿出一些商品，让她们可以充分选择，不要催促；多介绍商品本身卖得快不快，价格高不高，其他人试用后的反馈等。

总之，销售人员要特别耐心细致，让女性顾客有一种宾至如归的感觉，这样，她们就会更加愿意购买你的商品了。

第二章

顾客怎样就会买
——消费者的身体语言

眼睛是顾客最大的信息发源地

俗话说，眼睛是心灵的窗户，如果窗户没有关起来的话，那么外面的人就能很清楚地看清里面的人在干什么。

所以，销售员在和客户谈话的时候，就要时时观察客户的眼睛。客户对你的话语感不感兴趣，对你的产品感不感兴趣，也许客户的嘴巴会骗人，但是他的眼睛是不能骗人的，因为他们的眼睛就是他们的内心写照。

成功的销售员都是一些善于观察的人，能够捕捉到客户眼睛里哪怕一*丝丝*的异样，从而调整自己的销售策略。

张洁是北大心理学专业的学生，但是她对销售这一行业特别有兴趣，于是在毕业的时候进入了一家空调公司做销售员。

经过培训之后，工作的第一天经理就交给她一位周姓客户，要她去拜访这位客户。张洁来到这位客户的家里，经过一阵寒暄之后，张洁开始转入正题。

"北京的气温在夏天的时候还是挺高的，你的房子又大，挺需要一台空调。"

"是啊，北京夏天的天气确实是有点高，特别是最近几年，夏天的天气越来越高了。"

"我们公司生产的空调绝对货真价实，并且最近也在搞优惠活动，可以为你省一笔很大的钱。"

"是吗？"这位客户直直地用眼睛看着张洁，眼睛一直都没有离开张洁的脸，看起来很认真的样子。

张洁以为这位客户被她的话打动了，于是说话更起劲了。

"我们公司的空调相对于其他公司的产品来说，在省电方面更胜一筹，这样一来，一年就能为你省一大笔钱，而我们公司的这种空调性价比也挺高的，一台空调用个好几年不成问题。"看着客户没有异议，张洁顿了顿，"我们的空调噪音也很低，在30分贝左右，所以绝对不会影响您的工作和休息。"

……

经过一段长时间的谈话之后，张洁拿出订单让客户在上面签字，但是客户却说："让我考虑考虑吧，我过两天给你回信。"

两天之后，这位客户也没有给张洁回信，就这样，这次销售泡汤了。

张洁不知道，其实客户在用眼睛直直地看着她的时候，就已经表明了客户对她的产品的态度，只是她没有发现，所以她这次推销才没有成功。

通过眼睛，我们可以发现客户的内心世界，但是客户的眼睛到底会泄露什么秘密呢？

1. 如果客户直直地用眼睛看着你，并不意味着他认可你

根据一般人的看法，客户用眼睛直直地看着销售员，就以为客户是对销售员的话语感兴趣，或者是客户已经同意了销售员的看法，但真的是这样吗？

有时候也许是这样的，因为如果客户连眼睛都不看你，又怎么会对你的话感兴趣呢？但是话又说回来，客户直直地用眼睛看着你，就一定是对你的谈话感兴趣呢？相信没有哪一个心理学家敢这样说，就

像案例中的张洁一样，尽管客户的眼睛时时停留在她的身上，但是客户最后还是没有签单，就证明客户没有认可她的说法与产品。

所以，不要以为客户盯着你看就是喜欢你，关注你。有时候客户转移他们的目光，反倒很可能代表他们已经被你的话打动，表示对你的认可。

2. 客户眨眼，表示他并不认可你

当你和客户交谈的时候，客户长时间地凝视你，但是却一直不停地眨眼，这大多是他对你的话不感兴趣。那就意味着你的话没有打动他，那么你得转换推销策略来打动客户的心了。

3. 客户用眼睛斜着看你，表示他对你的话不确定

侧目而视就是斜着眼睛看，当客户斜着眼睛看你的时候可就意味深长了。如果客户斜着眼睛看你，并且把眉毛压低，或者眉头紧锁、眯着眼睛，这就意味着他对你的话有猜疑。如果出现这种情况，你就要想办法把客户的目光拉回来，让他对你的话感兴趣。如果客户斜着眼睛看你的时候眉毛是上扬的，那就恭喜你，证明客户认可你，这时候你如果提出签单的要求，客户大多会答应的。

销售就是一种人与人之间的交流，两个人在交流的时候注视着对方的眼睛，是对别人尊敬的表现，同时也能从对方的眼睛中读懂一些东西，这些东西也许是话语没有表达出来的，因此，销售中你就要学会关注客户的眼睛，读懂客户眼睛里所表达的意思。

头部动作隐藏的信息

在身体语言中，销售员往往会通过阅读客户的头部动作，了解一个人内心发射的信号，从而洞察他的心理。在现实生活中，人们所说的话常常与身体语言在很大程度上是不一致的。相对而言，身体语言会更真实一些。

就像点头一样，销售员在和客户交谈的时候，如果客户频频点头，说明客户对销售员怀有积极或者肯定的态度；如果销售员自己在说的时候频频点头的话，那么就会暗示客户，使得客户也会不时地点头认可。这时候销售就成功了一半。

如果客户将头部垂下成低头的姿态，其基本信息就是"我在你面前压低我自己，我不会只认定我自己，我是友善的。"

如果客户边说边摇晃头部，说明客户正在说谎而且试图压抑住要表示否定的摇头动作，但又不能彻底。

这种头部的动作所表达的意思是复杂的，但是销售员只有了解这些动作的意思，才能很好地把握客户的心理。

十一国庆节快到了，今年国家规定国庆节加上中秋节共放八天长假，这对于赵宇来说，是一件天大的好事，因为这样，国庆时外出旅游的人就必定会增多。

赵宇是一家旅行社的营销员，这样一来，自己的业绩就会有大的提升。一天，赵宇早早起床收拾好，敲开了一家公司经理的门。双方入座之后，赵宇就打开了话匣子，他把他们公司所能提供的服务、价格、优惠、安全，条条是道地说了出来，只听得客户不时地连连点头，有时候又是把头斜向一边，手托着下巴做思考状。

赵宇见状，在这个时候急忙结束了谈话，拿出合同出来，叫客户签上了自己的名字。赵宇怎么就能一鼓作气地把这位客户签下来呢？因为他牢记着刚进入销售行业时培训老师讲的话，"要是客户在交谈时表现出频频点头的情况，就是你正式拿下订单的时候，你要做的就是拿出订单让客户签上他们的名字。"

众所周知，头部动作最常见的就是点头、摇头、低头、把头偏向一边这几种，那么这些动作各自蕴含了客户怎样的心理信息呢？

1. 点头

在大部分文化中，点头的动作用来表示肯定或者赞成的态度。你要是看到客户每隔一段时间向你做出点头的动作，这就表明客户对你的谈话很感兴趣，他点头就是暗示你可以继续说下去。但是你要注意客户点头的频率，因为不是所有的点头都是客户在肯定你。要是看到客户缓慢地点头，则表示客户对谈话内容很感兴趣，所以你就可以继续说下去；如果客户快速点头的话，就标明他已经听得不耐烦了，希望你能马上结束发言。

2. 摇头

当客户对你的谈话表示不赞同时，他会用摇头来回答你，这就表示客户不认可你的看法。而有时候客户嘴上说"我非常认同你的看法"，或是"这主意听起来棒极了"，又或者是"我们一定会合作愉快"，但是他又摇着头，这时候不管客户说出来的话多么诚挚，摇头的动作都折射出了他内心的消极态度。所以，你要注意客户的这种头部动作，以便调整你的销售策略。

3. 头部倾斜

假如你和客户交谈的过程中，看到有客户歪着头，身体前倾，做出用手接触脸颊的思考手势，那么你就可以确信你的发言相当具有说服力。这时候客户对你产生了信赖感，那么你推销的产品才能打动他们。

4. 低头

压低下巴的动作意味着否定、审慎或者具有攻击性的态度。通常情况下，人们在低着头的时候往往会形成批判性的意见，所以只要客户不愿意把头抬起来，那么你就不得不努力处理这一棘手的问题。你需要在发言之前采取一些手段，让客户融入并参与到你的谈话之中。这样做的主要就是为了让客户抬起头来，从而唤起客户积极投入的态度。如果你的策略得当，那么客户接下来就会做出头部倾斜的动作了。

点头、摇头是一些非常常见的动作，但是这些动作的发生是在人的心理控制下才进行的，那么这些动作也就暗含了客户的心理，是客户某种心理的反应。因此，销售员不能放过这些细微的动作，因为这些细微的动作也许能决定你的销售成败。

手部动作背后的语言

我们有过这样的经历：在和别人谈话时，别人有时候会把双臂紧紧交叉抱于胸前。这个动作表示什么意思呢？这一动作最主要的意思就是保护自己。每当我们感到有危险或遇到不愿遇到的事情时，都会下意识地将一只或两只手臂交叉抱于胸前，用自己的肢体形成一道身体防线来抵抗外来的危险，从而达到保护自己的目的。

所以，当一个人感到紧张不安想保护自己，或不愿接受他人的意见的时候，很可能会将双臂交叉，紧紧抱于胸前，借此告知对方他有些紧张或不安。

销售员在面对客户时也一样，客户把双手抱于胸前，那是因为他们对你怀有戒备之心，你的话刺激到了他，于是他借此保护自己。这个时候即使再继续谈下去，也是徒劳无功的，因为客户在内心已把你拒于千里之外了，所以你要做的就是把客户的心拉回来，消除他的戒备之心。

但是除此之外，客户还有很多手势可以表现他们的一些心理，特别是说谎。一般来说，客户本来对你的产品不感兴趣，但是为了让你早点离开，于是装作喜欢你的产品来敷衍你，但是实际上他是不会购买你的产品的。因为这是一种说谎的行为，而客户为了掩饰这种说谎的心理不得不借助于手势。身为推销员的你，只有懂得了这些手势，你才能很好地推销你的产品。

销售员："陈总，您好！"

客户："你好！"

销售员："我是人寿保险公司的销售员，最近我们公司推出了一种新的保险业务，不知道您有没有兴趣了解一下。"

客户："哦，真的吗？那你给我介绍一下这项保险的优点在哪里。"

销售员："这项保险主要是针对小孩的教育，您家的小孩只要入了这个保险，每年向缴纳200元的保险费，连续交十年，那么他从第三年开始就能每年分得100元的红利，十年之后，还能把这笔钱还给您。"

客户："看起来这个保险不错哦，很值得。"（说完之后，客户摸了摸自己的鼻子。）

销售员："是啊，只要入了这种保险，小孩将来的教育就不用愁了。"

……

客户："让我再考虑一下，明天给你回话。"

这位销售员最后还是没有攻下这位客户，但是有一点让人很纳闷，客户在回答销售员的问题之后，为什么会摸鼻子呢？

这种行为隐含着有什么信息呢？

有时候销售员对客户说的话摸不着头脑，不知道客户的话是真是假。但是有一点是要明确的，那就是客户尽管说了谎，但是嘴上却说得好好的，让销售员信以为真。但是不管客户怎样说谎，客户的手势却是不能隐藏这些说谎信息的。

1.用手遮住嘴巴

当客户说谎话的时候，他们往往会不自觉地用手遮住嘴巴。遇到这种情况，你应该停止交谈并且询问客户，"你有什么问题吗？"或者"我发现你不太赞同我的观点，让我们一起探讨一下吧。"这样就可以让客户提出自己的异议，销售员也有机会来解释自己的立场并且回答客户的问题。

2. 触摸鼻子

美国芝加哥的嗅觉与味觉治疗与研究基金会的科学家们发现，当人们撒谎的时候，一种名为儿茶酚胺的化学物质就会被释放出来，从而引起鼻腔内部的细胞肿胀。科学家们还通过一种可以显示身体内部血液流量的特殊成像仪器，揭示出血压也会因撒谎而上升。这项技术显示人们的鼻子在撒谎的过程中会因血液流量上升而增大，科学家们将这种现象命名为"皮诺基奥效应"。血压增强导致鼻子膨胀，从而引发鼻腔的神经末梢传送出刺痒的感觉，于是人们只能频繁地用手摩擦鼻子以舒缓发痒的症状。所以，要是你在与客户交谈的时候发现客户触摸自己的鼻子，那很有可能是客户在撒谎。

3. 摩擦眼睛

根据实验表明，大脑通过摩擦眼睛的手势企图阻止眼睛目睹欺骗、怀疑和令人不愉快的事情，或者避免面对那个正在遭受欺骗的人。如果客户表面上看起来对你的话很感兴趣，但是他们时不时地用手摩擦自己的眼睛，那么也表明他们表现出的感兴趣，也是在说谎。

4. 抓挠耳朵

当和客户谈妥之后，你拿出订单让客户在上面签字，但是客户却用手抓了抓自己的耳朵，这一个细微的动作表示的是客户对你的产品不是真的感兴趣，尽管他嘴上说你的产品如何如何好。

5. 抓挠脖子

当客户在与你交谈的过程中，时不时地用手指抓挠脖子，那是客户疑惑与不确定的表现，等同于他在说，"我不太确定是否认同你的意见。"当口头语言和这个手势不一致时，矛盾会格外明显。比如，客户说"我非常喜欢贵公司的产品"，但同时他却在抓挠脖子，那么我们可以断定，实际上他并不喜欢。

6. 拉拽衣领

德斯蒙德·莫里斯发现了一种现象，就是撒谎会使敏感的面部与颈部神经组织产生刺痒的感觉，于是人们不得不通过摩擦或者抓挠的动作消除这种不适。这种现象不仅能解释为什么人们在疑惑的时候会抓挠脖子，还能解释为什么撒谎者在担心谎言被识破时，会频频拉拽衣领。这是因为撒谎者一旦感觉到听者对他的话产生了怀疑，那么他们的血压就会升高，升高的血压会使脖子不断冒汗，因此他们不得不去拉拽自己的衣服。只要客户和你交谈时出现了这样的动作，那么可以肯定地说，客户是在说谎。

7. 把手指放在嘴唇之间

大部分用手接触嘴唇的动作都与撒谎和欺骗有关，但是将手指放在嘴唇之间的手势却只是内心需要安全感的一种外在表现。所以，遇到做出这个手势的客户，你不妨给予他承诺和保证，这将是非常积极的回应。

客户为了尽快地把你打发走，他们就会频频点头认可你的产品，并且说对你的产品表示出很大的兴趣，但是他们会找借口说过几天给你答复。当时也许你会信以为真，但事后又会后悔莫及，所以你必须识破客户的这种谎言，最好的方法就是识别他们的手势动作。

顾客的坐姿说明了什么？

对于销售员来说，要多留意客户的习惯，因为客户的习惯有时候是影响销售员能不能拿下订单的决定性因素。

梁漱溟认为，习惯对于个人和社会都是极为重要的，它使个人的性情、气质与社会的礼俗、制度联系起来，成为个体和社会群体的中介。所以每个人都有自己的习惯，而一种习惯是通过长时间的"内化"形成的，可习惯一旦养成之后，要改也不是一件容易的事。

正是因为习惯是人的一种"内化"，那么人又会把这种习惯"外化"成一种性格，这种性格就能反映一种心理。

就像坐一样，有侧着坐的，有翘起二郎腿的，有把腿放在桌椅上的，那么各种坐姿蕴含了客户怎样的心理呢？

所以，对于销售员来说，要多留意客户的习惯，因为客户的习惯有时候是影响销售员能不能拿下订单的决定性因素。

经理交给销售员小王一位难缠的客户。经理已经派出了几位销售员，但是每个都垂头丧气地回来。"这是一位很难缠的客户，小王，你要是能把这位客户攻下来，我请你吃饭。""好的，经理，这可是你自己说的啊，一言为定！""一言为定！"

于是小王开始准备，他知道，对于难缠的客户，不能贸然去拜访，不然吃亏的还是自己。所以他花了三天时间来搜集该客户的资料，同时他又去请教了拜访过该客户的几位销售员，尽管他们提供的信息不多，但是每个人都提到了一个现象，就是他们在拜访该客户的时候都看到这位客户把腿放在了办公桌的椅子上。

这是一个很值得注意的因素，于是小王找来身体语言的各种书籍，终于找到了该身体语言所暗示的信息。

最后小王针对该现象采取了相应的对策，这位客户就这样被攻下来了，自然的，小王还从经理那里美美地吃了一顿大餐。

坐姿其实是一种习惯，这种习惯也反映出人的性格，同时也表露了客户的心理。

1. 骑跨在椅子上

骑跨在椅子上的人喜欢把腿放在椅子扶手上，这种人想借椅子获取支配与控制的地位，同时，也希望借椅背来保护自己，因为椅子的后背可以扮演盾牌的角色，它不仅能保护人的身体，还会让骑跨在椅子上的人产生挑衅与支配的欲望。习惯于骑跨椅子的人一般行为相当谨慎，他们能够在不引起他人注意的情况下，完成从正常坐姿向骑跨坐姿的转换。

面对这种坐姿的客户，你要想使客户把腿放下来，有一个最简单的办法就是让该客户改变坐姿，那就是站在或者坐在他的身后，因为这样能够让他感到自己容易遭受攻击，从而不得不改变坐姿。

2. "弹弓式"坐姿

这种坐姿意味着冷酷、自信，无所不知，这种坐姿还伴随着把手放在后脑勺上的动作。

有这种坐姿的客户大多是男性，这种客户通常用这种姿势给销售员施压，或者故意营造出一种轻松自如的假象，以麻痹销售员的感官，让销售员错误地产生安全感，从而在不知不觉中踏上他预先埋好的地雷。针对这种客户，你要想"攻克"他们，只需要跟他一起做出

"弹弓式"姿势，就能有效地应对他的挑衅。因为通过模仿他的动作，你们之间又重新形成了平等的地位。这样，客户对你的态度也会有大的改观。

3. 准备就绪的坐姿

这种坐姿一眼就能看出来，如果客户在听完你的陈述后做出准备就绪的坐姿，而且交谈的气氛又相当融洽，那么这时你可以大胆地询问对方的想法，多半能够得到肯定的回答。

在向目标客户推销商品的时候，如果客户在抚摸下巴的动作之后，紧接着做出准备就绪的坐姿，那么客户给予肯定回答的几率会超过一半。相反，如果在销售员给予购买意见之后，客户先是抚摸下巴，继而双臂交叉的话，这笔生意很可能就谈不成。

4. 起跑者的姿势

这种姿势传达出一种结束会谈的愿望。表达这种愿望的肢体语言包括身体前倾，双手分别放在两个膝盖上，或者身体前倾的同时两只手抓住椅子的侧面，就像在赛跑中等待起跑的运动员一样。

如果和客户交谈的过程中，客户做出了这样的动作，那么你最好重新引导他们对你所推销的产品产生兴趣，或者尝试转换话题的方向，又或者干脆结束你们的会谈。

客户怎么坐，就像客户的手怎么放一样蕴含玄机。客户翘起二郎腿，表明他对你的产品不是很感兴趣；客户采用一种"弹弓式"坐姿，证明他想以这种姿势来对你施压，因此，在你面前客户怎么坐，腿怎么放，你要能识别出其中的含义。

千万不能忽视顾客的笑容

笑是人类最自然的表情，不同的笑容代表着不同的含义。销售人员在推销产品的过程中，肯定会碰见各种各样带笑的顾客。如果你想要了解客户"笑"的背后所隐藏的真正含义，就要善于观察和分析。

赵军是一名优秀的健身器材推销员。有一次，他登门拜访一位客户，来到客户门前，刚敲了几下门，门还没打开，一阵爽朗的笑声就从屋里传了出来："哈哈！谁啊，这又是我的哪一位好朋友来了啊？"接着就打开了门。

打开门一看，那位客户发现来的是一个陌生人，便微笑着问他是哪位。赵军作了一番自我介绍后，那位客户就一脸微笑地把他请进家门，并热情地招待了他。

在闲聊的过程中，赵军开始仔细地观察这位客户。他发现这位客户脸上总是挂着笑容，想起他之前那爽朗的笑声，赵军认为他是一个性格开朗乐观的人，可以适当地跟他开开玩笑，如此一来，就能拉近彼此的距离。

于是，赵军微笑着说道："先生的这个大肚子里面装的肯定都是些高兴的事儿，看您总是乐呵呵的，跟大腹便便的弥勒佛倒是挺像！"

那位客户听赵军这么一说，哈哈大笑起来，拍着自己的肚子说："哪有，我这都是脂肪，想减掉它们都还来不及呢。"

赵军趁机说道："那您就使用一下我们的健身器材，我相信过一段时间以后，就看不见这些脂肪了。"

赵军的一番话正合顾客的心意，两人谈话非常愉快。谈到最后，那位客户非常爽快地决定购买健身器材。

故事中的赵军正是从客户的"笑"里读懂了客户的性格——爽朗。针对客户的这种性格，他采用开玩笑的方式开始了这次销售活动，也在最后赢得到了客户的好感，并最终成功地卖出了健身器材。因此，作为一个销售人员，一定要洞悉客户笑容里的含义，这会给销售工作带来很大的帮助。

在销售人员接触的众多客户中，会表现出很多笑的类型，而不同类型的发笑则有着不同的含义，表达着客户不同的心理。

1. 微笑

微笑的特点是唇部两角微微向上翘起，略呈弧形，齿不外露。微笑是一种悠然自在、心满意足、表示友好的笑。在人际交往中，微笑是最为常见的一种笑。客户对销售人员微笑，说明客户比较容易接近。当一向严肃的客户对你报以微笑，那么销售的成功性就很大。

2. 苦笑

苦笑一般出现在遇到比较为难的事情又无法解决的时候，表现了人们内心的一种无奈和痛苦。在销售过程中，如果销售人员给了客户很大的压力和其他一些苛刻的条件，客户一时难以做出决定，就会表现出无奈的苦笑。这时销售人员不能再给客户施压，否则很可能导致交易失败。此时，你应该去寻求一种更为妥当的办法来解除客户的无奈和痛苦，只有帮助客户找到两全其美的办法，才能得到客户的感激和信任。

3. 浅笑

浅笑又称抿嘴而笑，多见于年轻女性表示害羞时。一般来说，浅笑表示客户说错了话，或者因为某些话题让人感到不好意思而显示出的一种害羞。如果客户浅笑的话，就表示销售人员已经获得了客户的好感。

4. 轻笑

轻笑的特点是嘴巴微微张开一些，上齿微露，但不发出声响，比微笑的程度更深一些。它表示欣喜、愉快，例如会见亲朋好友时，会轻轻一笑。轻笑的客户表示他很愿意见到你，或者对你的商品很感兴趣，如果遇到这样的客户，一定要好好把握，切莫错失良机。

5. 大笑

大笑是一种程度很深的笑，具体表现在：嘴巴大张，呈现为弧形；上下齿暴露在外，并且张开；并从口中发出"哈哈"的笑声。如果客户大笑，说明他内心十分开心，心情很愉悦。如果这时销售人员适时地提出成交要求，那么很可能会获得成功。

6. 含笑

含笑是一种程度最浅的笑，它不出声，不露齿，仅是面含笑意，表示愿意接受对方的好意。一般的客户为了表示礼貌，都会含笑对待销售人员，即使不喜欢销售人员的商品也不至于怒目而对。

7. 皮笑肉不笑

这是一种很轻蔑的笑，表示对别人的不屑一顾，或者对别人的观点不赞同。这样的客户大多比较严肃，面对客户的这种笑，销售人员不必灰心和失望，而应该积极地寻找突破口，改变话题，引起客户的兴趣，并用事实证明自己产品的优势，进而使客户相信并接受自己的观点。

生活中还有其他各式各样的"笑"，以上只是几种比较常见的类型。作为销售人员，想要了解更多"笑的含义"，就应该在平时生活中仔细观察、总结。这样，在面对顾客各种各样的笑时，能揣测出其背后的含义。

　　不同的笑容反映出人们不同的心情，也反映出了人们不同的性格。只有洞悉顾客笑容里的含义，才能真正"理解"你的客户。

走路姿势不同，购买行为也不同

如何准确掌握客户的性格特点，是每一个销售人员都应该考虑的事情。掌握一个人的性格特点并不难，方法是多种多样的。比方说，从客户走路的姿势就可以看出来。

每个人的行为方式不同，也就决定了每个人的性格都存在着一定的差异。所谓"行为方式反映性格特点"，说的就是这个道理。销售人员想要在较短时间内了解客户的性格特点，明确他们的处事风格，就要善于留意并观察他们的行为方式，而一个人走路的姿势则是体现其性格特点的重要方面之一。

通常情况下，销售人员会遇到以下几种"走路姿势"。

1. 步履匆匆

步履匆匆型的这种客户走路总是健步如飞，风风火火。他们往往会表现出精力充沛的样子，办事果断迅速，讲求效率。但是有时候难免因为急躁而显得草率，容易出现纰漏或者发生错误。

销售人员在应对这样的客户时，要学会为客户着想，在客户容易出错的地方给其善意的提醒，这样才能满足客户的心理，获得客户的好感及其认可。

2. 慢条斯理

慢条斯理型的客户走路总是缓慢的、谨慎的，头往往是微低着，对什么事情都不紧不慢、漠不关心，给人一种冷漠的感觉。其实他们的内心是热情的，而且非常渴望与人交往，是典型的"外冷内热"型的人。如果你主动去接近他，就会发现其实他们为人善良诚恳，修养很高，做事很谦虚，并且重情重义。

销售人员在应对这样的客户时，应该给他们更多的理解和关怀，用自己的真情实感打动他们。与这样的客户交流沟通时，不能急躁，应该顺着客户的步调，一步一步地接近他们。操之过急的销售方案会给客户带来压力，而遭到客户的拒绝。

3. 行方踱步

行方踱步，就是踱方步走路。这样的客户往往会比较庄重和严肃，对事情认真负责，做事情很理智，不会因为一时冲动而做出什么决定。销售人员在应对这样的客户时，要用"以诚相待"的方式去与之沟通，尽量少和客户开玩笑，以免因自己的不庄重而让客户感到反感，在沟通时话题要抓住重点，力求务实，用实际效益来说服客户，而不是发表空洞的长篇大论。

4. 昂首阔步

昂首阔步型的客户走路时抬头挺胸、昂首阔步，一副成竹在胸的样子。这样的客户充满自信、聪明好学、知识丰富，主观意识比较强烈，做事情反应迅速、有条不紊、有很强的组织能力，一般在工作和事业上会比较成功。

销售人员在应对这样的客户时，应该以同样的自信去应对，使自己的语言明确、条理清晰，对客户提出的问题能够应答自如，这样才能够赢得客户的信赖。如果销售人员在与客户沟通时表现得吞吞吐吐、啰哩啰唆，则会让客户感到怀疑和厌烦，使交易失败。要相信客户说的话，因为自信的客户不希望自己受到置疑。只有做到适当地"应承"客户，才会得到客户对你的好感。

5. 横冲直撞

此类客户走路时自我感较强，不管是人多人少，都如踏进无人之境。他们所表现出来的往往是只顾自己，不顾别人。这样的客户会让人感觉有些不近人情，因此也容易得罪人，把事情办砸。但是这些人也有他们的优点：为人坦率、真诚、无心机，让人觉得比较容易接近。

销售人员在应对这样的客户时，一定不能弄虚作假，即使你有半点的虚伪也会让客户无法接受。只有做到诚心诚意，才能得到对方的信任，只有得到了对方信任，销售活动才有可能继续进行下去。

以上只列出了销售活动中几种较为常见的"走路姿势"，通过我们的分析，相信你一定对"从走路的姿势分析顾客的性格"有了初步的了解。然而理论来自实际，要想有更多的发现和认识，就需要自己在现实生活中慢慢总结。

要明确客户"走路姿势"中所蕴含的"性格特点"，需要销售人员善于留意和观察，并在与客户的进一步交流中加以验证，从而掌握客户的性格特点，采取适当的应对策略，这样才能使交易获得成功。

顾客眉宇有变化，心理同样有变化

通常情况下，人们可以运用语言之外的其他形式来表达某种情绪和态度。比如，手语、眼语等。其实，"眉语"也是这样类似的一种无声而有形的"身体语言"，这些无声语言有时甚至比有声语言更能传达出人们内心的情感。"眉语"就是指在特定的交流环境中，人们用眉毛紧锁或舒展等动作来代替语言，以此表达自己的真情实感。

古人将眉毛称为"七情之虹"，因为眉毛可以表现出不同的情态。通过眉毛，人们不仅能够传达自己的情意，还可以彼此进行交流。比如，大家耳熟能详的"眉来眼去""横眉立目""眉飞色舞""眉目传情"等就是一种以眉毛为载体的交流。

在销售过程中，销售人员应该通过"察眉"来了解客户的心理变化，洞察客户心中的真实情感。下面我们就来看看一个成功销售人员是如何通过"察眉"来进行销售的。

李小姐准备买一辆新车，她来到汽车销售点转了一上午，也没有买到合适的车，要么是价格不合适，要么就是款式不中意。她感到很累，带着失落的心情不知不觉中来到了一个汽车销售人员所在的展区。销售人员见李小姐眉头紧锁，一副疲惫不堪的模样，就猜到她在购车的过程中肯定不顺利。于是就走过去，问道："小姐，你想要买车吗？"

"哦，我随便看看的。"李小姐看了看销售人员，随便应付了一句。

"您看起来很累的样子,不如先过来坐一会儿,休息一下,买车最重要的就是选择自己喜欢而且价格合适的车,所以急不得。"尽管李小姐一副不耐烦的样子,销售人员还是安慰道。

销售人员的这句话正中李小姐的心思,于是她便坐下来向销售人员说起了购车的经过。销售人员从李小姐口中透露出的信息知道她想要的车的款式和价位,于是便给李小姐介绍了一款同类型的车,并且在价格上降了许多。李小姐一看,便眉毛上扬,但是很快又皱起了眉头,她问:"价格便宜了,是不是功能上就会有所欠缺啊?"销售人员注意到李小姐眉宇间的变化,知道她对这款车很满意,但又有所顾虑,于是就赶紧做了合理的解释。

最后,李小姐很满意,眉开眼笑地购买了那款车。

案例中的销售人员之所以能够成功地推销出那辆车,就是因为注意到了李小姐眉宇之间的变化,从李小姐的"眉语"中读懂了其心思。

在销售过程中,"察眉"是销售人员不可缺少的一种"窥心"技能。如果你掌握了这种技能,你就可以从客户的眉宇变化间读懂他们的心思,读懂他们对产品的态度和看法。

不同的"眉语",表达了不同的人物情绪,我们常常见到的"眉语"表现形式有以下几种。

1. 皱眉

皱眉一般表示不高兴、不耐烦,或者很为难。它具体表现在:双眉皱起,脸部跟着上扬,额头上出现长长的水平皱纹。如果客户皱眉,这说明他对销售人员说的话不满意,而且不愿意再听销售人员啰嗦的话语,此时顾客有很强的抗拒心理。

2.闪眉

闪眉一般表示惊喜。它具体表现在：眉毛上扬，但又立刻降下，一闪而过，同时还伴着扬头和微笑的动作。如果客户闪眉，那么成交就是很有希望的事情了。

3.耸眉

耸眉一般表示厌烦，或是无奈。它具体表现在：眉毛上扬，停留一会儿又降下，同时伴有撇嘴的动作。如果客户耸眉，就表示他有抗拒心理，露出不愉快的表情，并表示不愿意接受。遇到这样的情况，销售人员要保持冷静，对客户的心情表示理解，用最有力的保证去说服客户。

4.扬眉

扬眉一般表示高兴，心情愉悦。它具体表现在：双眉扬起，略向外分开，眉间皮肤伸展，使眉间短而垂直的皱纹拉平，而整个前额的皮肤向上挤紧，形成水平方向的长条皱纹。如果销售人员的商品正合客户的心意，那么客户立即会产生一种"踏破铁鞋无觅处"的欣喜感，这时客户的眉毛就会自然上扬，传达出欣喜和愉悦之情。

除此之外，还有很多含义深刻的"眉语"，这就需要销售人员从现实生活中去观察，去体会。作为一名销售人员，平时要多注意观察客户的"眉语"，通过"眉语"来洞察客户的心理变化，学会用"眉语"与客户进行交流，与客户产生共鸣，让客户接受自己，进而促成销售的成功。

第三章

不同性格的顾客，不同的消费行为——顾客性格分析

理性型顾客的具体行为及对策

有一次，保险销售大师戴维·考角去拜访索科尔医生。当他到达时，索科尔医生已经在诊所的休息室里等候他。

戴维·考角坐下以后，索科尔医生说话了："我不希望你拜访我而一无所获，但一想到我生前投入的钱只能在死后才能发挥作用，我就感到不太好受。"

戴维·考角说："这可以作为不投保的最好理由，但是保险并不只是在人死后提供补偿，它可以在你退休后为你提供生活保障。实际上，从保险中获取的回报比从银行储蓄中获取的要高得多。因此为什么不将现在收入的一部分用来确保将来的生活呢？你肯定遇到很多推销人员，他们只是劝你花钱消费，只有我劝你存钱。"

"我从没这样考虑过，但我已经开始储蓄了。"医生说道。

戴维·考角说："是的，但如果你还没有存到足够可以照料家人的钱就去世了，怎么办？保险是一种独特的理财工具，如果你健康长寿，它可以给你提供养老金；如果你不幸去世，它可以为你家人的生活提供保障。我知道讨论生死不是一件令人愉快的事，但这是我们不能回避的。要知道工作中，你每天诊治的病人也曾拥有健康的身体。"

医生说："但我是医生，而且身体健康，我认为没有投保的必要。"

戴维·考角说："我们可以这样假设一下，假设你是一台印钞机，你妻子小心翼翼地将它存放在地下室里。需要用钱时，她就会每年造出一叠10万美元的钞票，即使她把它妥善地保管在你们干燥通风的地下室里，即使机器结实耐用，我也可以肯定，她会千方百计给机器投保，以防出故障。而你就像这台机器一样担有风险，什么事都可能发生，天有不测风云——车祸、抢劫、疾病，她必须为你投保。"

医生对戴维·考角的话有点儿感兴趣了。"我明白你的意思，"他说，"如果我决定投保，需要多少钱？"

"我得先详细看看你的情况，再给你一个确切的数字。我们这样做，实际上是拿出你的收入的一小部分，以确保你和家人的将来。"

索科尔医生最终投保了30万美元。

通过故事，我们可以看出，索科尔医生对于是否投保很谨慎，他对戴维·考角的产品进行了理性的思考，并且在心中的疑惑被戴维·考角充满逻辑的回答化解掉以后，他才做出了购买决定。因此，索科尔医生属于典型的理智冷静型客户。

理智冷静型客户，大多是具有很高的知识水平或者受教育程度较高的人。他们通常不会轻易地对销售人员的话做出评价，而是以一种审慎的态度来对待销售人员的每一句话。因此，销售人员面对这种类型的客户时，通常都会承受很大的压力。

作为销售人员，与此类客户接触时，你要认识到虽然说服他们的难度较大，但他们仍然是最好的潜在客户。一旦你解释清楚了产品的优点和缺点，让他们确信购买你的产品利大于弊，那么他们就会购买。

因此，对理智冷静型客户进行说服时，你应保持冷静、沉着，在他们面前展现你的专业形象和缜密的思维，以理服人、以利诱人，打消他们的疑问，促使其完成最终的签单。

犹豫型顾客的具体行为及对策

与干练型客户相对的，是犹豫不决型客户。这种类型的客户对销售员推销的产品有心想买，但总是拿不定主意，迟迟不肯签单。这时销售员要给客户提出一些建议，也许只要销售员提出一点小小的建议，客户就能拿定主意签单了。

其实，犹豫不决型客户相对于其他类型的客户来说，更容易生成订单。尽管这种客户在签单的时候犹豫不决，但只要他们下定决心购买，就不会轻易变卦。他们缺少的只是做决定时的一种推力，这种推力需要销售员及时地给予。

小张是鸿祥保险公司的推销员，有一次她在推销产品的过程中就遇到了一位犹豫不决型客户，那她是怎样给这位客户建议的呢？

小张："您好！很高兴认识您！真巧呢，您买的保险跟我自己的完全一样。"

客户："真的吗？有这么巧？你们自己也买了这个险种？"

小张："是呀，险种不错，当然自己要买一点哟。我虽说是保险公司的人，同样面临着风险呀！"

客户："本来这个险种你们已经有好几个业务员给我讲了，但我始终还是不太清楚细则，下不了决心购买。"

小张："那让我再跟您讲一遍。您若满意，就买。不满意再说，好吗？"

客户："那你说，这个险种我买5份，到期给我5万元吗？身故后是否还给5万元？"

小张："不是这样的。此险种是一个定期生死两全保险，即如果缴费期20年后被保险人仍生存，可获得生存金5万元，同时您还享受公司一定额度的红利；如果在20年中不幸身故，保险公司同样赔付5万元。"

客户："那我买5份，每一份503元，那么每年就得缴2515元，20年已经缴了50300元，到期才拿回5万元，那我不是亏了吗？"

小张："按这个表面数字上算，您是不太合算。可您想过没有，一旦买了这个保险，从次日开始，您就已经拥有了5万元的保障，其实此时您只是花了15元钱买了最便宜的附加定期险呢！"

客户："那'附加定期'是什么意思？"

小张："在一定的时间段内，比如20年，被保险人若发生意外身故或疾病身故，保险公司会按保额赔付。比如说买了5份，就可以获得5万元的保障。这比我们公司现有的附加幸福定期、附加意外伤害险还要便宜。"

客户："如果按你这么算，倒好像没有吃亏。但买了这个主险后，我还能享受其他的保障吗？"

小张："当然可以！您还可以享受我们的住院费用和住院安心补贴呀！"

客户："我知道。但我和其他公司的同类险种比较过，你们的缴费明显要高呢。"

小张："是这样的，但您发现没有？别的公司在保额上与我们的不同，您在我们这里买此种险种，可以享受更大、更多、更全的保障。"

客户："我买了这一年期的险种，如果不出险，这钱不是白交了吗？"

小张："是的。这就是我们平常所说的花钱买平安。宁愿钱吃亏，不愿人吃亏。"

客户："那当然。但我目前身体很好，我现在不想买这健康险，以后再说吧！"

小张："行。但请您还是慎重地考虑一下，不要后悔哟！"

客户："就这么办，5份鸿祥。"

……

犹豫型客户需要销售员适时地给出建议，因为他们自己拿不定主意，那么他们更愿意把自己的决定交给销售员来做，所以销售员就要抓住这一机会，成为客户信任的人，帮助其决定而生成订单。

1. 当客户犹豫不决时，你可以让他先买一点试试看

客户在你的建议下想买你的产品，可又对产品没信心，这时你就可以建议客户先买一点试用看看。只要你对产品有信心，虽然刚开始订单数量有限，然而对方试用满意之后，就可能生成大订单了。

2. 在客户挑选产品的时候，帮助其挑选

客户都有这样的心理：就算自己有意购买这种产品，但是要从自己的口袋里掏钱，就显得不情愿，所以也就不喜欢迅速签下订单，他们总要东挑西拣，在产品颜色、规格、式样、交货日期上不停地打转。这时你就要改变策略，暂时不谈订单的问题，转而热情地帮客户挑选颜色、规格、式样、交货日期等，一旦上述问题得到解决，你的订单也就落实了。

3. 当客户征询自己的意见时采用反问式的回答

所谓反问式的回答，就是当客户问到某种产品，不巧正好没有时，就得运用反问来促成订单。例如，客户问："你们有银白色电冰

箱吗？"这时，你不能回答没有，而应该反问道："抱歉！我们没有生产，不过我们有白色、棕色、粉红色的，在这几种颜色里，您比较喜欢哪一种呢？"

4.采用快刀斩乱麻的战术

在尝试上述几种技巧后，都不能打动客户时，你就得使出撒手锏，快刀斩乱麻，直接要求准顾客签订单。譬如，取出笔放在他手上，然后直截了当地说："如果您想赚钱的话，就快签字吧！"

有时候客户不是不需要你的产品，只是他们对你的产品还不熟悉，不敢就这么贸然地签下订单，他们总是寻求一种最安全的心理，希望自己购买的产品能确实发挥作用，所以你要做的是给客户这种承诺。

爽快型顾客的具体行为及对策

有些人做事情干净利落，这种人都是干练型的人。

如果在销售中碰到这样的客户，你会如何向他们推销呢？

相信所有的销售员都碰到过这样的客户，因为很多客户就是一些公司的老总，这些人做事情干脆利落，毫不含糊，要不然他们也就不会有那样的成就了。

这样的客户说一是一，说二是二，不喜欢拖泥带水。他们这种豪爽、不拘小节的性格，本来是一个很好打交道的人，但是很多销售员往往一碰到这样的人就失败，为什么呢？这是一个值得所有销售员深思的问题。

张和是一家公司的老总，为人豪爽，做事干脆利落。王强是一家空调公司的销售员，能干，销售业绩一直在公司里名列前茅。

一天，王强去张和公司推销产品，一走进张和的办公室，王强就礼貌性地和张和握了握手，并且问候张和："张总，最近还好吧？昨晚您看了皇马队对巴塞罗那队的球赛吗？皇马队表现得太差了，那个球踢得没法说了。罗纳尔多本来有好几次进球机会的，但总是在最关键的时候出了问题。埃莫森还被罚了好几次黄牌，也真够可怜的。"张和看着滔滔不绝的王强，一脸的茫然，因为他对足球一点兴趣也没有。

王强见张和没有做声，于是就改换话题。因为他是来谈业务的，于是就和张和套近乎，开始询问张和的家庭问题，此后，王强又从家庭问题谈到天气，从天气谈到爱好，从爱好转到自己所要推销的产品上来。绕了这么大的一个圈子，原来就是想向张和推销空调。本来是三言两语就能说明白的事，王强却绕了一个大圈子。而且在整个沟通过程中，一直都是王强在讲，张和面无表情地坐着，偶尔附和几声，丝毫没有表示出对王强的产品有兴趣，最后，这次谈话不得不在张和的打断下结束，而双方连联系方式都没有留下就结束了。

其实王强是一个很能说的销售员，能说对于一位销售员来说，是一种很好的能力。但是是否对于每一位客户都要能说呢？这就未必了。就像张和一样，张和自己是一个干脆利落的人，那么他希望上门推销的销售员也是一个干脆利落的人，不喜欢绕弯子。要是此时的王强不那么能说，说话直截了当一些，也许这笔生意就做成了。

那么，要是碰到了像张和一样的干练型客户，销售员要怎样做才能尽快拿到订单呢？

1. 拜访客户之前，多搜集客户的资料，对客户有个全面的了解

要是连对客户一点都不了解就贸然地去拜访，弄不懂客户是一个什么样的人，那么在与客户交谈的过程中，你就永远都处于被动，那时不管你的销售经验多么丰富，也会因与客户谈不到一块而告吹。

2. 已了解到将要拜访的客户是干练型的客户，那么你自己也要显得干练一些，因为这是给对方的第一印象。具体要注意以下几点：

（1）注意着装的问题，可以着深蓝色的西装，手里拎个皮包，皮鞋擦得很亮，理着精神的发型，脸上带着职业的微笑。

（2）站有站相，坐有坐相，自己的规范动作可以让你在客户面前更有面子！

（3）讲求产品报价的技巧，突出自己的优势和特点，可以让客

户更了解你的做事风格！

（4）关于产品演示简单明了，不做具体深化。

（5）有自己的原则，对于小客户，一张名片、一份宣传材料足矣！不夸大，不乱捧。

（6）成交时机要细心把握，需要及时处理的问题要及时解决，不要给客户下回的理由，更不要让客户等着你来解决这个本来就简单的问题！

3. 和客户交谈的时候，要开门见山，不要拐弯抹角

这种客户喜欢的就是做事爽快，那种拐弯抹角的方式是他们最鄙视的。所以，你一走进他们的办公室，就要说明你的来意，开门见山地讲你所推销的产品的功能，相比其他同类产品的优势，或者本行业未来的发展趋势，这些实用性的东西往往能打动这类客户。

4. 做事干脆利落，不拖泥带水

去会见这种干练型的客户，你要在约定的时间内准时赶到，因为他们不喜欢别人迟到。你说什么时候来签单、什么时候来送货，都要按时到达，这样在他们的心目中你的印象分就会大大提高。

什么样的性格就决定了什么样的做事风格，而推销员按照客户的这种做事风格去推销，才能得到客户的欣赏，他们会把你看作知己，相反，你的做事风格与他们的大相径庭，那么你要想获得销售的成功也是不大可能的。

计较型顾客的具体行为及对策

　　斤斤计较型客户总希望从销售人员那里获得最大的优惠。因此，作为销售人员，你要理解他们讨价还价的天性，在和他们打交道时要有耐心，不要急躁、倦怠或害怕。

　　刘菲是一家手机专卖店的销售员，一天，一位打扮入时的女孩走进了店里，刘菲赶紧招呼这位顾客。

　　"您好，您要买手机吗？看看这边的几款，都是最新款的机型。"

　　女孩拿起其中一款手机看了起来，从她欣喜的表情上，刘菲断定她对这款手机肯定是"一见钟情"，但女孩看了一会儿，说道："这款手机的造型不好看，显示屏也不够大，按键也不太舒服。"

　　一听这话，刘菲立刻就明白了，这个女孩是相中了这款手机，只不过想挑点儿毛病，便于砍价。

　　"小姐，这款手机可是非常畅销的，很多像你这样的时尚女孩都在用这款手机。"

　　"那这款多少钱呢？"

　　"原价1560，最近我们在搞活动，可以给您打个9折。"

　　"这个太贵了。"

　　"那好，就再给你便宜点儿，8.5折，这可是最低折扣了。"

　　"可是，我觉得这款手机看上去不够大气。"

　　"这款手机可是经典款式了，三年之内绝不会过时。"

"可是，我还是觉得这有点儿瑕疵。"

看到女孩想买却又不断地挑毛病，刘菲知道她就是希望能再便宜些。

"小姐，如果您决定买的话，我们再送您一个很精美的U盘，好吧？"

"真的吗？"

"真的，好看又实用的U盘。"

"那我就要这个了。"

故事中的女孩为了获得更多的折扣，不断地对商品挑毛病。对销售人员而言，她就属于斤斤计较型的客户。

斤斤计较型客户总希望从销售人员那里获得最大的优惠。为此，他们会和销售人员进行持久的讨价还价，分文必争。此时，如果销售人员紧张或者缺乏经验，为了获得订单而主动降价，那么就会走进他们的"圈套"。

也许你会觉得这种类型的客户是因为爱占便宜才不断地讨价还价，其实对这种类型的客户而言，讨价还价就像是天生的"爱好"。同时他们通过讨价还价进行拖延，以观察销售人员的反应，一旦销售人员不能坚守底线，他们就会乘胜追击、步步紧逼。

对于此种类型的客户，销售人员既不能放弃防线，又不能寸步不让，而应当在看似已经没有商量余地的时候适时地给予客户一些实惠，让客户感到在这场价格较量中占了上风。但给予客户的实惠一定要有度，过了这个度，销售人员无论如何也不能再让步。你不要害怕失去交易机会，因为对于订单来说，激起客户得寸进尺的贪婪心理，就显得更为麻烦和可怕。只要你对自己的产品有信心，坚守住自己的底线，客户最后还是会买的。

善谈型顾客的具体行为及对策

几年前，纽约电话公司碰到了一个对接线员大发脾气的用户，他说要他付的那些费用是敲竹杠。这个人怒火满腔，扬言要把电话线连根拔掉，并且到处申诉、告状。最后，电话公司派了一位最干练的"调解员"去见那位用户。这位"调解员"静静地听着，让那个暴怒的用户淋漓尽致地发泄，不时说"是的"，并对他的不满表示同情。

"他滔滔不绝地说着，而我洗耳恭听，整整听了三个小时。"这位"调解员"后来对别人说道，"我先后见过他四次，每次都对他发表的论点表示同情。第四次会面时，他说要成立一个'电话用户保障协会'，我立刻赞成，并说我一定会成为这个协会的会员。他从未见过一个电话公司的人同他用这样的态度和方式讲话，他渐渐地变得友善起来。前三次见面时，我甚至连同他见面的原因都没有提过，但在第四次见面的时候，我把这件事完全解决了。他所要付的费用都照付了，同时还撤销了向有关方面的申诉。"

显然，这位"调解员"面对的是一位讲起话来口若悬河、滔滔不绝的人，不管别人是否愿意听，他只顾发泄自己的抱怨。

在销售过程中，我们也会碰见这样的客户，他们喜欢发表意见，一开口就停不下来，并且不喜欢在说话的过程中被打断。他们占据了销售会谈中大部分的讲话时间，有时甚至会越扯越远，脱离会谈的中心话题。这样的客户，就是滔滔不绝型客户。

遇到这种类型的客户，大部分销售人员都会感到头痛，因为在客户讲话的过程中，自己很难有发表意见的机会。一旦客户的讲话脱离了销售，自己也不好意思打断或阻止客户正在兴头上的话题。然而，如果不加以阻止，自己又实在不愿意将时间浪费在听客户"侃大山"上。怎么办？无奈之中，很多销售员要么委曲求全，继续忍受，要么落荒而逃，失去宝贵的销售机会。

那么，面对滔滔不绝型的客户，正确的做法应该是怎样的呢？具体说来，首先你应该弄清客户是否有购买意向。当客户开始侃侃而谈时，你应该想方设法从客户的谈话中判断出客户对你的产品是否有需求，是否有购买意向。如果客户有很高的购买可能性，那么你要做的就是认真倾听，从客户的谈话中发掘可以插话并将话题引向销售的机会；如果客户没有购买意向，那么你就应该借故礼貌地离开，以节省宝贵的时间。

冲动型顾客的具体行为及对策

一个业务员想和一家公司的总经理见面，他请秘书把自己的名片递进去。该总经理正忙着，不耐烦地把名片丢了回去。

秘书退了出来，把名片还给了业务员。业务员很客气地说："没关系，我下次再来拜访，请总经理留下这张名片就行了。"在业务员的请求下，秘书又进去，再一次把名片递给了总经理。

总经理发火了，把名片一撕两半，丢给了秘书，并从口袋里拿出十块钱，说："十块钱买他一张名片，够了吧！"

当秘书出来将情况说明以后，业务员非但没生气，还很开心地说："请你跟总经理说，十块钱可以买两张我的名片，我还欠他一张。"边说边又从口袋里掏出一张名片交给秘书。

这时候，总经理走了出来，微笑着说："你进来吧，我不跟你谈生意还和谁谈？"

在销售工作中，我们经常会遇到像故事中的总经理一样的客户：脾气暴躁，为了一些小事、稍不高兴就会发火。这样的客户，我们将之归纳为脾气暴躁型。

脾气暴躁型客户大多数都是急性子，做事缺乏耐心，一旦内心产生了对某人或某事物的不满情绪，无论这种情绪有多么小，都会马上展现出来。同时，他们还有着强烈的自尊心，喜欢靠贬低和斥责他人来证明自己的价值，他们身上充满了浓烈的火药味。

面对这类性如烈火的客户，很多销售员都会望而生畏，大多都会躲得远远的。而一些"勇敢"的销售员即使想攻下这类客户，也会感觉像刺猬在手掌上打滚一样——棘手。那么，对于脾气暴躁型客户，我们到底该如何应对呢？

首先，我们要认识到脾气暴躁型的客户并不是恶人，他们之所以脾气不好，是因为他们的情绪控制能力较差。因此，面对这类客户，最好的做法就是帮助其提高情绪控制能力。比如，我们可以委婉地提醒他们注意"形象""小不忍则乱大谋""遇事要有平常心"等，相信最终通过一些语言技巧的积极引导，他们会逐渐地学会如何保持冷静。

其次，和这类客户进行交谈时，我们讲话要注意用词和语气，避免对客户产生刺激。无论客户表达的观点如何违背我们的看法和价值观，我们都要保持平和的心态，绝不与客户争辩。即使客户提出的要求关乎大是大非或原则问题，我们也不可以直接否定，而要以一定的语言技巧委婉地表达我们的意见，尽量不与其发生语言冲突。

总之，对于脾气暴躁型客户，我们一定要以冷静的心态来对待，在和他们的交往中，销售人员既不能屈服于他们的盛气凌人，也不要和他们进行争辩对抗，要用真诚、幽默和机智去"征服"他们。

虚荣型顾客的具体行为及对策

"小姐，你今天真漂亮。"

不管什么样的女性，只要听到这句话之后，她肯定会心情愉悦回答你："谢谢。"这就是赞美的作用。

1968年，美国心理学家罗塔尔森和雅各布森做了一个有趣的试验：他们对一所小学中6个班的学生成绩发展进行预测，并把他们认为有发展潜力的学生名单用赞赏的口吻通知学校校长和有关教师，并再三叮嘱对名单保密。实际上，这些名单上的人名是他们任意选取的。然而让人出乎意料的是，8个月以后竟出现了令人惊喜的奇迹：名单上的学生个个学习进步、性格开朗活泼、求知欲强、与老师感情甚笃。为什么8个月之后竟会有如此显著的差异呢？这就是期望心理中的共鸣现象。原来，这些教师得到权威性的预测暗示后，便开始对这些学生投以赞美和信任的目光，态度亲切温和，即使他们犯了错误也没有严厉地指责他们，而且通过赞美他们的优点来表示信任他们能改正，实际上他们扮演着皮格马利翁的角色。正是这种暗含的期待和赞美使学生增强了进取心，使他们更加自信自强，奋发向上，故而出现了"奇迹"。这种由于教师的赞美、信任和爱而产生的效应，他们把命名为"皮格马利翁效应"。

所以"皮格玛利翁效应"留给我们这样一个启示：赞美、信任和期待具有一种能量，它能改变人的行为，当一个获得另一个人的信任、赞美时，他便感觉获得了社会支持，从而增强了自我价值，变得自信、自尊，获得一种积极向上的动力，并尽力达到对方的期待，以避免对方失望，从而维持这种社会支持的连续性。

毫无疑问，人人内心都有一颗虚荣的种子，只要这颗种子不发芽，不损害别人的利益也就无可厚非。作为销售人员，面对客户的这颗种子时，就要真心地去赞美他们，好好地利用好"皮格玛利翁效应"。

乔治·伊斯曼是柯达胶卷的发明者，这项发明为他带来了财富，使他成为世界著名的企业家，但是即使他拥有这么大的成就，也需要得到别人的赞美。

乔治·伊斯曼要建造一所音乐学院以及一座剧院来纪念母亲。纽约座椅公司的董事长詹姆斯·爱德莫生希望能取得这份生意订单。当詹姆斯·爱德莫生被带进办公室时，乔治·伊斯曼正低头翻阅一些文件，他抬起头摘下眼镜，看着詹姆斯·爱德莫生说道："你早，我能帮你什么忙吗？"

詹姆斯·爱德莫生说："你的办公室真漂亮，如果我有这么棒的办公室，我会尽心尽力工作的，你知道我是个经营木材生意的人，但在我一生中，还从没有见过这么雅致的装潢。"

乔治·伊斯曼道："噢，要不是你提醒，我什么也不知道，这办公室确实不错，当我每一次使用时，心里高兴极了，现在因为事情比较忙，我几乎没空慢慢欣赏这些优美的建筑，只是习惯性地每天坐着办公。"

詹姆斯·爱德莫生环视整个屋子，摸着窗框说："这是橡木做的吧？"乔治·伊斯曼回答："是啊！那是从英国进口的，我朋友特地为我挑选的。"然后，乔治·伊斯曼还带他参观每一项设计，并谦虚地请他也为社会谋点福利，兴办一些学校或救济儿童，还拿了一些纪念照片给他看。

詹姆斯·爱德莫生乘机引发他过去的雄心，乔治·伊斯曼认真地说起童年时的往事：母亲为了他上学替人做帮佣，小时候贫困的痛苦使他下定决心要努力赚钱，让母亲过好日子。他夜以继日地工作，全心投入于实验中，最后终于发明了透明胶卷。詹姆斯·爱德莫生在早上10点15分与乔治·伊斯曼见面，但一个小时过去了，两个小时过去了……鼓舞和赞美，激发对方谈话的欲望，不知不觉间过了很长时间……

自不待言，这份价值9万美元的订单，毫无疑问地被詹姆斯·爱德莫生争取到了。从那以后，他们成了最要好的朋友。

但是赞美是不是每次都无往而不利呢？

一位保险推销员去拜访一家超市的采购经理。见面时，这位销售员见什么就赞美什么，听得别人毛孔都竖起来了，他还在赞美。最后自然是一无所获。可见赞美虽好，并不是可以随便用的。那么，如何才能用好赞美这把双刃剑呢？可以试着注意以下四点：

1. 赞美要有事实根据，不能无中生有

本来是身材肥胖的客户，你却赞美她魔鬼身材；本来是一个家庭主妇，你却赞美她是一个女强人……这样的赞美不仅收不到理想的效果，反而会适得其反。因为销售员这样的赞美是无中生有，根本就是一些没有根据的话，这让客户听不出你是在赞美她，反而她会认为你是在讽刺她。那么这样的推销也会是注定要失败的。

2. 要珍惜你的赞美

赞美虽好，但要省着点用，不要逢人就不停地赞美。有些人从事寿险营销工作时间长了，赞美成了一种习惯，看到谁都要赞美一番。

殊不知，时间长了，人家都知道你这个特点，你再赞美别人也就不起作用了。因为，你在人们的印象中形成了一种看法：这个人就是这个样。当然，珍惜赞美，并不是说尽量不要去赞美，而是不该赞美时，决不浪费赞美；该赞美时，也要毫不吝啬地赞美。

3. 要恰到好处地赞美

要想使赞美真正起到作用，还得在赞美时注意做到恰到好处。

人都爱听好话，但是，如果赞美不能恰到好处，轻者，难以起到改善关系、促进沟通、进行激励等作用。重者，则有可能会引起赞美对象的反感。

4. 在赞美时，应尽量采用新闻式的赞美，而尽量不采用评论式的赞美

新闻式的赞美是通过对事实的真实具体的再现，给赞美对象予以肯定。评论式的赞美，则是用抽象的语言和评论者主观的意见给赞美对象作出评价。如赞美别人能干时用：在×××中，你通过怎样的努力，克服了哪些困难，最终取得怎样的成绩，真了不起等等来进行赞美。而不是直接说：我一看到你就觉得你是个能干的人，很有魄力的人，我很佩服你等等来进行赞美。前者比后者无疑令赞美对象容易接受得多，而且也更容易由赞美引入让对方感兴趣的话题，从而起到促进沟通的作用。

赞美这把双刃剑，对从事营销工作的人，有很大的作用。因此，应该熟悉、掌握它。不仅要懂得珍惜它，恰到好处地运用它，最重要的是要真诚地运用它。

下篇

消费者是如何被诱导的？

第四章

销售员如何做，消费者才会信任你

真实是销售员拥有的最有价值的东西

马克·吐温说过："当你处在进退两难的境地时，就说出真话。真实是他们拥有的最有价值的东西。"

乔·吉拉德也曾说："所有最重要的事情，就是要对自己真诚；并且就如同黑夜跟随白天那样的肯定，你不能再对其他人虚伪。"

人与人之间的交往贵在真诚，只有真诚相待才能够彼此长久相处。在销售活动中，同样遵循这样一种心理规则。销售员只有真诚做人，才能创造出吸引客户的"强磁场"。

世界上没有十全十美的东西，包括你所销售的产品也难免有不尽如人意的地方。这可能会给我们的销售带来很大影响，甚至最终导致销售的失败。有些销售员对客户的种种挑剔极力进行掩藏，试图蒙混过关。可是世界上没有永远不被揭穿的谎言，千万不要把别人当傻瓜。当你讲的一个谎言被拆穿后，你所有的优点将在短时间内一扫而光！

要知道，没有产品是尽善尽美的，有时销售员也可以利用这些不利因素使销售转败为胜。

一些人对汽车销售员的印象不太好，当他们面对销售员时，就有种被欺骗、被愚弄的心理戒备，因此，销售员必须要比不同职业的其他人更努力地说真话。

乔·吉拉德在做汽车销售员时，他尽全力给他的客户以合理的价格进行交易。乔·吉拉德了解客户心目中关于推销员的恶劣形象，他更加努力要做一个对客户讲诚信，并让客户可以信赖的推销员。其实，这对于乔·吉拉德来说，不仅仅是一件有关名声、信用的问题，而是一件求生存的事情。"说真话"使他成为世界上最伟大的推销员。他总是面对面诚恳地对每一个客户说："我不仅站在我出售的每一部车子后面，我同时也站在它们的前面。"

虽然许多客户告诉乔·吉拉德，他们可以在别的地方找到更便宜的车子，但是他们还是紧跟着乔·吉拉德，原因是乔·吉拉德对客户很诚实，值得客户永远信任。

乔·吉拉德凭借自己的诚信赢得了客户的信任，同时也为自己造就了一个"强磁场"。正如他总结出的"250定律"：每一位顾客的身后，大体有250名亲朋好友。如果您赢得了一位顾客的好感，就意味着赢得了250个人的好感；反之，如果你得罪了一位顾客，也就意味着得罪了250位顾客。他用真诚为成功铺就了一条康庄大道。日本的大企业家小池也同样做到了这一点。

小池年轻的时候也曾做过销售。有一次，他居然在短短的半天时间里，就和30多位客户做成了生意。但是后来他发现自己的产品比其他厂家的产品贵很多，如果同他订货的客户知道这种情况一定会认为他不讲诚信，这让小池深感不安。

后来他居然决定让客户退货，即使自己不赚钱，也要讲求诚信。于是小池带着订单和订金，花了整整三天时间去逐个找客户老老实实说明情况，并真诚地请他们取消订单。然而客户都被小池的诚意所打动，不仅没有取消订单，还加深了对他的信赖和敬佩。

这些回头客还给小池带来了更多的客户，前来和小池订货的客户络绎不绝，最终使他成就了自己的伟大事业。

成功后的小池在总结经验时说："做生意就像做人一样，第一要先学会做人，其次才能做好生意。"

其实，销售员在销售过程中，不仅仅是向客户推销产品，更是在向客户推销自己的人品。销售员是诚实还是奸诈，直接影响着客户的心理反应和交易成败。

古人曰："巧诈不如拙成。"投机取巧、坑蒙拐骗虽然暂时可以获得一点小利益，但都不是长久之计，而老实、真诚看起来比较愚笨，但最终会赢得客户内心的赞赏，从而为生意带来长久的利益。

其实产品的某些缺陷和负面信息，早晚会被客户察觉的。所以，事先告诉客户这些信息，这样，客户会感觉到你是一个非常讲诚信的人，反而更想和你合作。

发自内心地尊重每一位顾客

人与人之间的关系是相互的，你在尊重他人的同时，也是在尊重自己。作为一名销售人员，尊重每个客户，视他们为朋友、为亲人，才能赢得客户的尊重与信任。

富兰克林年轻的时候，把所有的积蓄都投资到了一家印刷厂。后来他又想办法使自己成为费城州议会的文书办事员。这样一来，他就可以获得为议会印文件的工作，那样可以获利很多。可是，期间却出现了一件意外的事情。议会中有位有钱又能干的议员，非常不满意富兰克林的这一行为，他不仅不喜欢富兰克林，还对其公开斥骂。

面对这种情形，富兰克林决心要改变对方对自己的态度。那么，该怎么办才好呢？

听说那个议员的图书室里藏有一本非常稀奇而特殊的书，于是富兰克林就给他写了一封便笺，表示自己想一睹为快，请求议员把那本书借给自己看几天。那个议员有点感到意外，不过还是马上叫人把书给富兰克林送去了。

过了大约一个星期，富兰克林把书还给那个议员，还附上一封信，表达了自己强烈的谢意。当他们在议会上再次相遇时，那位议员居然跟富兰克林打了招呼，并且极有礼貌。从那以后，那位议员变得乐意帮助富兰克林，直到富兰克林被选为总统。他们渐渐地成为了挚友，关系一直持续到富兰克林去世为止。

在市场营销当中，尊重客户的重要性更加明显。尊重客户才能赢得客户的心，不尊重客户就会让自己在市场竞争中败得一塌糊涂。

速溶咖啡产生于美国20世纪初期，在上市之初，速溶咖啡制造商麦斯威尔咖啡的决策层认为，速溶咖啡与传统的手磨咖啡相比，能让美国的家庭主妇从繁琐的咖啡制作中解脱出来，省时省力。因此，他们决定向美国家庭主妇展开宣传攻势，大力宣扬速溶咖啡省时省力的这一基本特点。此策略推出了许久后，市场却反应平平，没有达到推广速溶咖啡的目的。可以说，当初的营销策略是失败的。

麦斯威尔的营销人员百思不得其解，只好求助于营销心理方面的专家。通过营销心理专家广泛而深入的分析，终于找到了问题的症结所在。原来在20世纪初期，美国家庭主妇的观念里，制作咖啡的繁琐过程会被视为勤劳的表现。主妇们自己制作咖啡，是一个勤快的家庭主妇的标志，而购买速溶咖啡则有悖这一观念。购买速溶咖啡是省时省力，但却成了懒惰家庭主妇的表现，难怪速溶咖啡不能被家庭主妇所接受。

了解这一微妙的消费心理之后，麦斯威尔咖啡决定重新调整营销策略方案，转而诉求速溶咖啡的醇香美味，并邀请当时的总统罗斯福为之做广告。在罗斯福总统的那句"滴滴香浓，意犹未尽"的强力感召下，广大的美国家庭主妇争相品尝速溶咖啡的醇香美味。从此，速溶咖啡进入美国的千家万户，麦斯威尔也因此成为美国最具竞争力的咖啡品牌。

人人都有自尊心，一个人的自己身份或地位再低微，在人格上也绝不允许别人轻易亵渎读甚至污损。尊重别人，才会赢得别人的尊重。因此，优秀的销售员总是用平等的心态真诚地对待每个客户，按照推销大师乔·吉拉德的"250定律"，在任何情况下，都不要得罪哪怕是一个客户。如此一来，销售员的客户资源会不断得以有效地扩充。

有一位汽车销售员，第一次从事汽车销售，老板给他定了30天的试用期，眼看着29天过去了，他却连一部车都没有卖掉。最后一天，他像往常那样起了个大早，到各处去推销，到了下班时间还是没有人来买车，老板准备收回他的车钥匙，不过这位推销员不想就这样放弃，他说还没到晚上12点，自己还有机会，于是这位推销员坐在车里继续等。

午夜时分，传来了一阵敲门声。原来是一个卖锅者，身上挂满了锅，冻得浑身发抖。卖锅者看见车里有灯，就来上前问车主是否要买一口锅。

推销员打量了下这个家伙，心想怎么比自己还落魄，但他还是请那个卖锅的坐到了自己的车里来取暖，并递上热茶。两人开始聊天，这时汽车推销员问卖锅者："如果我买了你的锅，接下来你会怎么做？"

"继续赶路，卖下一口锅。"

汽车推销员又问："全部卖完以后呢？"

卖锅者回答说："回家再背几十口锅接着卖。"推销员继续追问："如果你想使自己的锅越卖越多，越卖越远，你该怎么办？"卖锅者说那就得考虑买部车，不过此前没考虑过。

因为都是从事销售工作的，两个人越聊越投机。后来天亮时那位卖锅者决定买一部车，先订货，五个月后提货，定金是一口锅的钱。正是因为这张订单，推销员被老板留了下来。后来，他的业绩越做越好，自己开店当了老板。

当然，尊重客户讲究的是有礼有节，不卑不亢。尊重客户，必须是有原则地尊重，得体地尊重。而在实际的销售过程中，有的推销员却是彻头彻尾地阿谀奉承客户，大气不敢出，更不会说半个"不"字。这样低三下四的行为也不是正确的尊重，俗话说过犹而不及，有时这样反而让客户讨厌或反感。

还有一种情况是一部分客户喜欢在销售员面前摆谱，故意刁难销售员。碰到这种客户，一味的尊重也是谈不成生意的，因为这种客户本身就没有尊重我们销售员。对他们，必要时给予硬气的回击，效果会更好。

记住顾客的名字，看似简单实则不易

一个人长大独立成人后，逐渐会形成对自己的认识和评价。在心理学上，这被称为自我意识。自我意识包括三个层次：对自己及其状态的认识；对自己肢体活动状态的认识；对自己思维、情感、意志等心理活动的认识。

每个人都对自己的名字特别敏感。对于那些对我们的名字感兴趣、牢记我们名字的人，我们通常会觉得他对我们有兴趣或好感，在心理层面上我们会有，一种受重视的感觉。因此，要成为一个优秀的销售人员，记住客户的名字，并在下次见面的时候能正确地称呼，对销售工作的顺利开展非常重要。

卡耐基小的时候家里养了一群兔子，他每天都要找寻青草来喂食兔子。但年幼时，他家中并不富裕，母亲还吩咐他做其他的杂事，所以，有时候根本没有充裕时间去找到兔子最喜欢吃的青草。

后来，卡耐基想了一个办法：他邀请邻居家的小朋友到家里看兔子，并让每位小朋友都选出自己最喜欢的那只兔子，然后用这些小朋友的名字分别给这些兔子命名。

自从每位小朋友有了与自己同名的兔子后，这些小朋友每天都会迫不及待地送最好的青草给与自己同名的兔子吃，就这样，卡耐基再也不用为兔的粮食问题操心了。

名字的魅力就是这么奇妙。其实是因为在心理上，每个人都希望别人重视自己，而重视自己的名字就如同看重自己一样。

小尚是一家知名啤酒公司的销售员，在加入这家啤酒公司时，和所有职场新人一样，他也是内心忐忑，不知道如何融入公司这个大集体。不过让他迅速上位的，是因为记住了某客户的名字，成就了公司一个比较大的单子。

客户张先生并不是他们的大客户，只是很偶然地来过一次，与公司并没有很密切的业务来往。当张先生再次到来时，小尚准确地叫出了他的名字。这让张先生很是感动，于是当有合作的机会出现时，张先生很快就选择了小尚。

销售人员在面对客户时，若能经常流利地以尊重的方式称呼客户的名字，客户对你的好，也将越来越深。有一定工作经验的销售人员，总会密切注意潜在客户的名字有没有被杂志或其他媒体报导，如果你能带着有报导对方名字的剪报一同拜访初见面的客户，客户能不被你感动吗？能不对你心怀好感吗？

柴田和子31岁进入日本著名保险公司——第一生命株式会社新宿分社，并在这里开始了其充满传奇色彩的保险行销生涯。她创造了世界寿险销售第一的业绩，并因此荣登吉尼斯世界纪录，此后逐年刷新纪录，至今无人打破。她的年度成绩能抵上800多名日本同行的年度销售总和。

柴田和子非常重视记住客户的名字。有一次，她打电话给一家公司的常务理事平泽先生。平泽先生在六七年前还只是一位课长，现在已是财务部长。虽然柴田和子只见过平泽先生一次面，但柴田和子不只记得他的声音，连他的姓名也能叫得出来。

"是平泽部长吗？我是'第一生命'的柴田。六七年前你可是课长，现在高升了，平泽先生。"

平泽先生非常高兴，由于他的感动，柴田和子找他投保的事宜也得以顺利展开。

柴田和子认为，作为一个顶尖的寿险业务员，只记住对方的名字远远不够，对于客户的亲人的姓名也要一一牢记，在偶然遇见时，能够问道："你女儿×××怎么样？你儿子×××读书怎么样？"

"你怎么知道他们的？"

"社长，你以前不是为他们投保了吗？"

"你还记得呀！那可是20年前的陈年旧事了。你可真了不起！"

可见，打招呼时，若你能喊出对方的亲人的名字，定能获得客户更加强烈的好感。

那么，实际操作中，怎样才能记住客户的名字呢？

首先对对方的印象要清晰。这个人长得怎么样，头发是长还是短，脸部表情有什么特征，喜欢笑还是一本正经，等等。然后要反复地复习和联想，要在你的大脑加深对他的印象，直至你能在最短的时间内叫出对方的名字。当你没听清或不确定对方的姓名时，要主动去问。"请您再说一次您的姓名，好吗？""对不起，是弓长张，还是立早章？"如果因为自己不用心称呼错了对方的姓名，就会给交际带来尴尬或让人觉得你不礼貌。

中国人在称谓上的喜好也各不相同，有的受西方的影响比较大，比较随意；有的则喜好称呼官名。具体情况需要依据自身所处的社会和文化环境来定。

以顾客为目标进行换位思考

换位思考的实质，就是设身处地为他人着想，真诚地帮助、理解他人，为他人解决问题。在销售过程中，换位思考是赢得客户的有效方法。所以，在销售过程中，销售人员一定要学会以客户的利益为重，站在客户的立场上考虑问题，并尽心尽力地帮助客户解决问题。

高女士从事升降机销售工作多年，销售业绩一直非常突出。当别人问到她的成功秘诀时，她的回答只有简简单单的一句话：换位思考，站在顾客的立场上替他们解决问题。

2011年6月，有一位客户给高女士打来电话，说他们需要一台升降机，主要用于楼上大厅内安装灯泡，高度需要6米。通过沟通，客户非常满意高女士公司的单柱铝合金升降机。这种升降机不但能帮客户节省费用，而且自身重量较轻，更方便上下楼运输。

但是，当高女士把单柱铝合金升降机的详细方案交给客户时，客户却马上提出了疑问，说高女士提供的型号和他们想要的不一样。高女士销售升降机多年，对产品非常了解。当她得知客户的实际情况后，他觉得客户提出的型号有些不合适。虽然可以把客户自己报上来的那一型号的机器卖给客户，高女士也能得到更多的提成，但是想到客户的利益，高女士还是选择了把自己认为合适的型号方案提供给了客户。

当高女士把设计方案及改变型号的原因向客户做了详细解释后，

客户满意地说："高女士，谢谢您，我原本对这些也不太了解，现在我非常相信您。因为您给我们提供的这份资料，是完全站在我们的立场考虑的，不但技术参数完全符合我们的需求，还为我们节省了1/4的费用。当初我还考虑，假如这次购买设备超出我们的预算，我们就只能等到元旦后才能重新递交申请追加资金。现在看了您的方案，我真高兴。按照您的方案，我们不但没超出预算，还为公司节省了一笔费用。你们这种为客户着想的做法，非常令我感动，我一定尽快给您答复。"

结果，还没到一天，客户就打来电话，同意高女士提供的交易方案，这笔生意就这样做成了。

高女士能迅速让客户签单，就是因为她切实地站在顾客的角度考虑问题，拉近与顾客的心理距离，从而赢得了顾客的信任。

那么，在具体的销售过程中，销售人员应该如何站在顾客的角度替顾客解决问题呢？为了更好地换位思考，销售人员首先要假设自己是客户，然后问问自己：自己真正需要的是什么？我想购买什么样的产品和服务？我会要求什么样的售后服务？这样才是真正地站在客户的立场去看问题、思考问题、解决问题。

美国汽车大王福特曾经说过："成功没有什么秘诀可言，如果非要说有的话，那就是时刻站在别人的立场上。"在销售活动中，如果销售人员能够始终做到以顾客利益为中心，理解顾客的观点，时时站在顾客的角度上看问题，知道顾客最需要的和最不想要的是什么，发自内心地替顾客解决问题，那么，顾客自然心无芥蒂，对销售人员的信任自然倍增，而销售人员的销售工作也会干得更出色。

倾听，比滔滔不绝有效得多

销售，不仅仅只是销售人员的自我讲述，也需要客户表述自己的看法，这才是一项完整的销售活动。

通常情况下，销售人员只是自己激情地"演讲"，忽略了客户的"存在"，这样的销售是不会成功的。这个"存在"就是指客户自己对产品或其他相关事情的看法，如果有客户愿意对一件产品或相关事情表述自己的观点，其实在很大程度上已表明了客户有购买相关产品的意愿，而此时，销售人员唯一能做的就是倾听。用倾听这种无声的推销术，让客户感受到你足够的诚意和热情。

销售发生于言语，而购买却发生于无声。其中所隐藏的道理就是要善于"倾听"。

李晟是一个非常出色的保险推销员，即使再难对付的客户，只要到他手里，都能够轻松搞定。当同事向他请教成功的秘诀，他说："只有两个字——倾听。"

一次，他去拜访一位姓刘的客户，按响门铃以后，等了很长时间，刘先生才打开门，问他是做什么的。李晟刚表明身份，刘先生便开始破口大骂："又来骗人，离我远点吧，我讨厌你们这些卖保险的！"说完之后，就"砰"的一声把门关上了。

这样的情况虽然让李晟猝不及防，但很快就冷静下来。他心想刘先生可能是被无诚信的保险推销员欺骗过，因此对销售人员失去了好感。于是，他再次按响了门铃。刘先生开门发现还是他，便要发作。而李晟没有给他机会，说："刘先生，先向您表示深深的歉意，我为我假冒的同行对您造成的伤害前来道歉，愿意倾听您的抱怨和责骂。"刘先生还没有见过这种主动上门找骂的人，觉得他不像坏人，就让李晟进屋谈话。

李晟坐在刘先生的对面说："我想，您一定对我们保险推销员有很多的误解和抱怨吧，我很愿意听取您的批评和建议。"这一句话引起了刘先生无限的感慨，于是他的话匣子打开了，对李晟诉说起了自己被骗的事情。

在倾听过程中，李晟不时地对刘先生的遭遇表示同情，认同他的想法，并且表情严肃，对那些假冒的保险推销员表现出非常愤怒和不满的样子，这使得刘先生感到他是和自己站在同一立场上的。在倾听的过程中，李晟发现，其实刘先生并不是不想买保险，只是在那次被骗之后，已经不愿再相信别人了。

李晟抓住这一点，用有效的证据来说明自己是正规保险公司的销售人员，他们的产品和服务是绝对有保障的，最后刘先生相信了他，并在几天后，放心地签了保单。

李晟用倾听的方式消除了客户的怀疑和反感，最终成功地促成了交易。从这个例子中我们可以看到，销售活动中，销售人员要用心去倾听客户的陈述，对客户的话要表现出极大的兴趣，这样才能使客户消除戒备心理，增加心理认同感。那么，如何倾听才是最有效的倾听呢？

1. 认真倾听

中途不要打断客户说话。要把所有的注意力都放在客户身上，保持目光在客户的脸上，但不要盯着客户看，要运用一点技巧，比方说注视他的嘴和眉毛，目光轻微地上下移动，等等。

2. 适时反馈

在倾听过程中，销售人员绝对不能像木偶一样不住地点头，而是要适时地做出反馈，让客户感到你对他的陈述是很认真听的，表明你对客户说话内容的重视性。

3. 礼貌回复

遇到需要回复的话题，销售人员要礼貌地对客户进行答复。回答之前，稍加停顿，认真思考过后再回答，这样更会增加客户对你的好感。

4. 灵活提问

注意提问题的方式和技巧，要让客户面对这些问题时能说更多的话，而不是用简单的"是"与"不是"来回答，只有话题谈开了，你才有更多的机会去了解客户到底需要什么样的产品或服务，同时提问时要抓住重点。

总而言之，倾听这种"无声的推销术"在很多情况下都具有"此时无声胜有声"的神奇效果，在满足客户受尊重的心理的同时，也能在一定程度上让客户感受到你的热情和诚意，消除对你的戒备，进而用"善意"来回报你。

要聊就聊顾客喜欢的话题

两个陌生人在一起聊天，怎样才能聊得畅快长久？当然是要有共同的话题！试想，如果两个人没有共同的话题，这场谈话还能进行下去吗？

在销售活动中，要想从客户那里了解更多的信息，要想拉近自己与客户的心理距离，要想达到自己期望的销售目的，销售人员应该试着探索客户喜欢的话题，然后多谈客户喜欢的话题。

古人说得好："酒逢知己千杯少，话不投机半句多。"销售人员与客户见面时，如果能选择对方感兴趣的话题，就可以拉近双方的距离；相反，如果所谈的内容让对方毫无兴趣，则会使谈话很快结束，销售自然不容易成功。

销售人员在与客户谈话之前，应该做好相应的准备。例如，事先了解客户的性格、兴趣、爱好等，然后针对当时的气氛、实际的情况和客户的心情来调整自己的谈话内容，跟客户有"共同的话题"。

李成是一家酒店用品公司的销售经理，他想将公司的酒店用品推销给一家大宾馆。在近两年的时间里，他每个星期都去拜访那家宾馆的经理，参加这位宾馆举行的各种活动，甚至开房间住在那家宾馆，希望能做成生意，但都没有成功。

后来，李成改变了做法。通过了解，他得知那位宾馆经理是当地旅馆招待协会会员，目前非常想成为该会的会长。于是，李成就以这个话题跟宾馆经理展开了谈论，并及时地提出几条建设性的意见。几次谈话后，有一天，李成接到了宾馆负责采购的负责人的通知，要李成前去洽谈酒店用品的生意。

生意谈成之后，李成说："我对他紧追了两年，费尽心机想得到订单，最后还是通过谈论他所感兴趣的话题才获得了成功。"

在销售活动中，要令客户心动，让客户有意与你建立营销关系，就要让客户对你感兴趣，而感兴趣的前提是在交流中有共同的话题，而这些话题也应是客户喜欢的话题。

销售人员推销产品时往往直奔主题，虽然简单明了，但所达到的效果往往并不理想。在难以正面突破的时候，寻找与客户交流的"契合点"，则会事半功倍。这个"契合点"就是选择客户感兴趣的话题，话题有了，话匣子自然也就打开了。更多的交谈也是为了更好地了解客户的心理，了解客户的真正需求，从而为自己找到相应的"切入点"。

H公司的汽车销售人员刘鑫在一次汽车交易会上结识了一位潜在的客户。通过对潜在客户的言行举止的观察，刘鑫分析这位客户对豪华型轿车十分感兴趣。他便将自己公司的产品手册交给了客户，可是这位客户一直没给他任何回复，这让刘鑫很不甘心。于是他试着给那位客户打电话，可客户说平时工作很忙，周末会和朋友一起打高尔夫球。

后来经过多方打听，刘鑫得知这位客户酷爱打高尔夫球。于是，他上网查找了大量有关高尔夫球的资料。一个星期之后，刘鑫不仅对周边地区所有的著名高尔夫场了解得十分深入，而且还掌握了一些打高尔夫球的基本技巧。再给客户打电话时，刘鑫对销售汽车的事情只字不提，只是告诉客户，自己无意中发现了一家设施特别齐全、环境十分优雅的高尔夫球场。在接下来的周末，刘鑫很顺利地在那家高尔夫球场见到了客户。他对高尔夫球知识的了解让那位客户迅速对其刮目相看，并大叹"相见恨晚"。在返回市里的路上，客户主动表示自己喜欢驾驶豪华型轿车，刘鑫告诉客户："我们公司正好刚刚上市一款豪华型轿车，这是目前市场上最有个性、最能体现品位的汽车……"一场开端良好的销售沟通就这样开始了。

美国教育学家卡耐基曾经说过这样一段话："在去钓鱼的时候，你会选择什么当鱼饵？即使你自己喜欢吃起司，但将起司放在鱼钩前端也钓不起半条鱼。所以，即使你很不情愿，也不得不用鱼喜欢吃的东西来做鱼饵。"同样，就算你对某个话题很感兴趣，也很有见地，但是如果客户不愿意聊起这个话题，即使你说得再多，也是没有用的。

因此，要学会去抓住客户感兴趣的话题，尤其是对客户的了解还不够深入的时候。因为每个人的兴趣都不一样，这些兴趣还存在"或深""或浅"的问题。例如有人精通足球，有人却连越位都不知道；有人对烹饪很感兴趣，有人却连粥也不会煮……每个人所关心、感兴趣的内容都不尽相同，所以也要因人而异，因事而异。

如何准确把握这个"度"，这里有一个窍门，那就是"观察"。销售人员在与客户谈话时，要随时观察对方的表情、态度，甚至语气；还要不断思考"这个话题对对方而言是否感兴趣""这个话题是否会引起对方的不愉快"等，诸如此类的问题。

如何引起话题，这里有以下几种方法。

1.谈论客户的工作

如谈论客户在工作上取得的成就等，加深客户对你的好感。

2.谈论客户的爱好

兴趣爱好类，如体育运动、休闲方式等。

3.谈论客户的健康

如提醒客户注意自己和家人身体的健康等。

4.谈论当今时事新闻

通过对时事新闻的关注，找到可以与客户共同探讨的话题。

同时，销售人员还要注意，当话题被引起的同时，一定要仔细观察并迅速判断这个话题是否有继续展开的必要，这点对销售人员也至关重要。

好的销售员都是幽默高手

在销售活动中，时常会出现这样的一种现象：当一个客户听你做产品介绍时，通常会在10分钟后便开始转移注意力，产品介绍时间越长，客户对产品失去兴趣的可能性就越大。所以，作为一个优秀的销售人员，必须清楚这样一个事实：人们不可能一直有耐心地坐下来与你交谈。如何紧紧抓住客户对产品的兴趣，是每个优秀的销售人员都必须考虑的事情，这就需要运用一些技巧，比如保持幽默感。

幽默是一种特殊的情绪表现，它能降低人的心理戒备，缓和紧张的气氛，它是促进人与人之间积极交往的有力推动器。对于一个销售人员来说，幽默不是万能的，但没有幽默却是万万不能的，一两句俏皮的对话，可以缩短你与客户之间的"距离"，进而营造出一种良好的沟通氛围。

这里有两个经典的小故事。

一天，李丽在帽子店里挑选帽子，"这顶灰色兔皮帽子看起来还不错，就是不知道兔皮怕不怕被雨淋？"店主回答："当然不怕！您什么时候见过兔子在下雨天打伞？"

推销员小王在一次订货会上，向全国各地的经销商介绍："我们厂的雨披，不仅材质好，还经久耐用。"刚说完，他就拿起一件雨披往身上披。可谁知道这件雨披上居然有破损。只见小王微微一笑，不慌不忙地说："大家请看，像这种有破损的，我们包退包换！"

当你遇到一个意想不到的提问，当你遇到一件猝不及防的事情，用幽默的方式巧妙回应，结果往往会出人意料，这就是幽默的妙处。

幽默在人际交往中能营造出一种沟通的氛围，用幽默的方式能够使交谈气氛更加轻松融洽，利于交流。

当你滔滔不绝，照本宣科式地向你的客户介绍产品时，你是否想过这种方式太过普通，毫无新意可言。没有新意，自然勾不起客户的兴趣。客户对谈话内容失去了兴趣，也就意味着对你失去了兴趣，更意味着对产品失去了兴趣，自然而然，这是一项失败的销售活动。

如果你的脑海里拥有幽默细胞，并且能够在特定的环境下适时地将它们释放出来，到最后你会发现，"它们"原来很有用。

陈景弈是一个幽默风趣的人，他常常用自己的幽默把客户逗笑，很多成功的交易都是在一个轻松愉快的谈话中完成的。

有一天，陈景弈去拜访一位客户。"您好，我是H公司的销售人员陈景弈。"他边说边双手呈上自己的名片。客户接过名片，很不屑地看了他一眼，对陈景弈说："昨天，也来过一个销售人员，同样的方式，同样的开场白，不过我没有等到他把话讲完，就打发他走了。同样，我对你们的产品不感兴趣，也不想浪费你的时间，你还是走吧！"

"真谢谢您为我着想，恰恰相反，我的时间实在是太充裕了，一点也不怕浪费。我有个不情之请，希望您允许我占用您五分钟的时间，让我介绍一下我们的产品，我觉得这件产品是非常适合您的，如果不向您介绍一下，我觉得这会是一件很遗憾的事情。我保证，如果您听完后还是不满意，我当场在地上打个滚，要不翻个跟斗也行。无论如何，请您给我一点点时间吧！"陈景弈一脸正经地说。

客户听了忍不住笑了起来，说："你真的要翻跟斗吗？"

"没错，就当着大家的面表演，就这样躺下去……"陈景弈一边回答，一边用手比划着。

"好，我非要你当众打滚儿不可。"客户乐了。

"行啊，我也害怕当众出丑啊，看来，我还必须得向您用心介绍不可了。"

说到这里，陈景弈和客户对视一眼，开怀大笑起来。

幽默的重要性是不言而喻的，幽默的首要目的就是要让对方笑起来。在销售活动中，要想尽办法让拒绝你的客户笑起来，只有开怀大笑时，人与人之间的陌生感才会随之消失。有了良好的氛围，有了继续沟通的必要，成交的机会也就来临了。

在平时，头脑中一定要多些"幽默细胞"，只有懂得如何恰当地运用幽默调节气氛，才能将与客户见面时的紧张局面转化为和谐局面。客户的戒备心理一旦打破，便会认为你是一个容易相处的人，并且觉得和你相处是一件非常愉快的事情。这样，你的销售肯定便胜利在望了。

第五章

销售员要知道的销售心理效应

登门槛效应：大生意，往往都是从小买卖开始谈

1966年，美国社会心理学家弗里德曼与弗雷瑟一起做过这样一个经典实验：他们派人随机访问郊区的一些家庭主妇，在访问之前，把她们分为两组。他们先访问其中的一组家庭主妇，要求她们将一个十分精致的小招牌挂在她们家的窗户上，这些家庭主妇见到那个精致的小招牌，都愉快地同意了。过了一段时间后，他们再次访问这些家庭主妇，并要求他们将一个不仅大而且不太美观的牌子放在庭院里，结果显示，有超过半数的家庭主妇都同意了。与此同时，又派人去访问另一组家庭主妇，直接提出将不仅大而且不太美观的招牌放在庭院里，结果只有不足20%的家庭主妇同意。

上述这种现象被称为"登门槛效应"。这种效应又称为得寸进尺效应，主要是指如果一个人接受了别人的一个微不足道的要求，为了避免认知上的不协调，或者想给他人以前后一致的印象，就有很大的可能接受更大的要求。这种现象犹如登门槛时要一级台阶一级台阶地登，这样才能更容易、更顺利地登上高处。下面这个经典的故事有效地说明了"登门槛效应"：

有一个小和尚拜师学武艺，可是，师父却什么也不肯教他，只交给他一群小猪，让他天天放猪。在寺庙前有一条小河，小和尚每天早上都要抱着一头头小猪过河，傍晚时分，他再把一头头小猪抱回来。每天都做着同一件事，小和尚郁闷极了，心里时不时地埋怨师父，总

觉得师父没教他什么武艺。

然而，有一天，小和尚在与师父交手的过程中，发现自己的功力增强不少。那一刻，他才发现，原来自己在不知不觉中练就了卓越的臂力和轻功。因为小猪一天天在长大，因此，小和尚的臂力也在不断地增强。在那一刻，他才明白了师父的用意，原来师父在运用"登门槛效应"教他练武艺。

故事中的师父教小和尚练武艺的方法确实是"登门槛效应"的运用，因为小猪会一天天地长大，相应地，小和尚的臂力也会不断地增强。"登门槛效应"得到了许多人的认可，也被人们广泛地运用到各个领域中，比如，教育领域等。很多推销人员也运用这种效应进行推销。

在销售领域中，登门槛效应是指推销员只要能把脚踏进客户的门槛，那么他就有很大的机会推销成功。一般情况下，那些拥有丰富经验的推销员不会向顾客直接推销自己的产品，而是先提出一个人们都能够或者乐意接受的小要求，从而一步一步地达到自己的推销目的。日本推销之神原一平就深知"登门槛效应"，我们一起来看看他是怎么运用"登门槛效应"来进行推销保险的：

有一次，原一平去拜访一位准客户，但刚见到那位客户，他就找了一个适当的理由，讲了几分钟就走了。没过几天，他又第二次去拜访那位准客户，一见到那位客户，他就亲切地说道："您好，我是原一平，前几天打扰您了。"

"你今天的精神蛮好的，今天没忘记什么事吧？"客户因为对他上次一来就走感到十分好奇，这次就热情地回答道。

"这次不会一来就走了，不过我有个请求，就劳烦您今天请我吃顿饭吧！"

客户一听，大笑道："你是不是太天真了，还是进来吧！"

原一平也笑道："既然厚着脸皮来了，很抱歉，我就不客气了。"

回家后，原一平立即写了一封诚恳的致谢信："今日冒然拜访，承蒙热诚款待，铭感于心，特此致函致谢。晚辈沐浴在贵府融洽的气氛中，十分感动。"除此以外，他还买了一份厚礼，跟信一起寄出。关于这份厚礼，原一平也有自己的标准：如果吃了准客户1000日元，他一定回报客户2000日元的礼物。

20天后，原一平进行了第三次访问。他刚到客户家，客户就热情地拉着他的手说："快进来吧！你的礼物收到了，真不好意思，让你破费啦！对了，我刚卤好一锅牛肉，吃个便饭再走吧！"

"谢谢您的邀请，不巧今天另有要事在身，不方便再打扰您。"

"那么客气啊，喝杯茶的时间总还是有吧！"

……

喝完茶后，原一平很快就与客户签下了订单。

原一平不愧是日本的推销之神，他先采取"一来就走"的妙招引起客户的好奇心，为第二次的拜访作铺垫。第二次再见客户时，自然就亲近了许多。原一平此时便开始运用"登门槛效应"，趁机向客户提出一个能让客户接受的小小要求——请他吃饭。通常情况下，客户都能接受这样的要求。然后写信、寄礼物来表达自己的感激之情。这样，原一平便巧妙地与客户建立起了进一步的关系。最终达到了自己的推销目的。

"登门槛效应"不仅体现在销售领域，还常常体现在生活中。在生活中，如果我们一下子就向别人提出较大的要求，一般情况下别人很难接受。如果缩小差距，逐步提出要求，那么人们就比较容易接受。

先得寸再进尺，往往容易实现目标。但作为推销员，虽然应该掌握一些推销技巧，但务必要记住：一定要在保证质量的情况下进行，否则只会适得其反。

首因效应：第一印象十分重要的

"首因效应"，又称首次效应、优先效应、第一印象效应，它是指人与人之间在第一次交往中给对方留下的印象，在对方的头脑中形成并占据着主导地位的效应。

心理学家曾做过这样一个实验：将一系列无关联的字词呈现在被试者面前，让他们看一眼再拿开，然后让他们回忆。结果显示，被试者更容易记住位于开始部分和末尾部分的字词，而中间部分却记忆模糊。从心理学的角度来讲，前者就叫作"首因效应"。

看了上面的实验，大家不禁又问，这是为什么呢？因为新的刺激能引起人的兴奋，在大脑皮层留下比较深的痕迹。不仅如此，我们还有一个习惯，在思考问题时，容易先入为主，把初次印象作为思考问题的起点，在分析问题、判断问题时都是从这个起点开始的。因此这个起点在思维上就会留下一种惯性。在人际交往的过程中，由于首因效应，我们给别人的第一印象通常会在对方心中留下深刻的烙印。因此，如果你想给别人留下良好的印象，你就绝不能忽视第一印象。

销售心理学通常认为，"首因效应"开个好头就成功了一半。推销员如果给客户留下的第一印象不好，那么很可能就没有第二次见面的机会了。因此，推销员如果想赢得客户的好感，就绝不能忽视自己的"登场亮相"。

俗话说，"人不可貌相，海水不可斗量"。然而，在现实生活中，大多数人都或多或少地以外表去评价和判断别人。尤其是对那些比较陌生的人，假如我们不了解他，那么就只能通过外表去猜测他的真实情况。

有一项研究表明，客户更青睐那些穿着得体的推销员。还有一项研究表明，穿商务制服和领带的推销员所创造的业绩，要比身着便装、不拘小节的推销员高出大约60％。下面这个例子就是突出的证明。

有一个非常受欢迎的咨询顾问被邀请去演讲。那天，这位咨询顾问演讲非常成功，获得大家热烈的掌声。通常情况下，讲演会结束之后，都会举行自助酒会，即大家以联谊会的名义交换名片。在这个酒会上，有许多支持者到场。就在大家交换名片时，有人意外地发现这位咨询顾问穿了一双白色的袜子，并惊讶地叫了出来。这个人的叫声惊动了很多人，他们都不约而同地望着那双白色的袜子，脸上也露出了惊讶之情。因为像这样的场合，就常识来说，应该穿黑色或深蓝色系列的袜子。这位咨询顾问因为这个小小的细节，失去了许多生意。

故事中那位咨询顾问虽然演讲非常成功，却因为一双白色袜子失去了许多生意。由此可知，穿着得体是多么重要。在推销工作中，推销员给客户留下的第一印象非常重要。客户是否接受你，很大程度上取决于你给客户留下的第一印象。

好的第一印象通常会使推销员的推销工作事半功倍，因为给客户留下的第一印象很难改变，需要付出更多的时间和精力，甚至遭遇尴尬的局面。所以，作为推销员，在第一次拜访客户时，一定要多下功夫，让自己"闪亮登场"。我们来看看著名销售大师布莱恩·崔西的故事：

有一次，布莱恩·崔西穿着笔挺的西装去拜访一位客户。在向客户推销产品时，他并没有说太多销售方面的话题，由于他的个人形象比较鲜明，对方一下子就记住了他。

布莱恩·崔西第二次去拜访客户时，客户非常热情地接待了他。在聊天的过程中，客户提起了崔西初次见面给他留下的第一印象。他说："你的言谈举止间透露出儒雅自信的气质，这让我很快就对你产生了好感，并且非常信任你。"这次生意成交后，这位客户又向布莱恩·崔西介绍了许多潜在客户。

布莱恩·崔西儒雅自信的气质给客户留下了深刻的印象，很快促成生意成交就成了情理之中的事。这也正是"首因效应"所起的作用。试想一下，如果布莱恩·崔西穿着便服，言谈举止很随意，那么他还能给客户留下良好的第一印象吗？还能谈成那笔生意吗？答案当然是否定的。所以说，客户能不能接受你，很大程度上取决于你留给客户的第一印象。上面的两个故事给推销员带来了以下启示：

1. 穿着要得体

推销员穿着得体往往能给客户留下良好的第一印象，如此一来，就更容易促成生意成交。

2. 注重个人卫生

对推销员来说，个人卫生也是不可忽视的。一般情况下，邋里邋遢的人会让人本能地排斥和反感。在注重个人卫生时，还应该注意以下几点：

（1）勤于洗澡：洗澡会使你看起来神清气爽。

（2）护理头发：经常洗头，使头发保持光滑整齐。

（3）经常修面：男士每天修面两次，保持颜面干净。

（4）指甲卫生：指甲保持清洁，不要被烟熏黄。

3. 言行举止，大方自信

言行举止不仅能够体现出你的教养程度、做人态度、职业素质，还会给别人留下深刻印象，成为别人判断你的标准之一。以下几点有助于规范你的言行举止：

（1）在和客户见面前，要放松一下心情。

（2）给客户递送名片时，要显得从容。

（3）学会等待。

（4）自信地向客户打招呼。

（5）端正你的态度，在奉承和勇敢之间找到一种平衡。

作为一名推销员，如果你在第一次与客户见面时，表现出缺乏尊严、怀疑或担心等表情，那么客户很可能对你产生偏见，由此对你产生怀疑，进而怀疑你推销的商品。这样，你的推销工作就很难进行。

晕轮效应：借助顾客信任之人帮助你

晕轮效应，又称为"光环效应"，它属于心理学范畴，是指人们对他人的认知判断首先是根据个人的好恶得出的，并由此推断出认知对象的其他品质的现象。最突出地表现为人们对人、对事物的看法。早在20世纪二十年代，美国著名心理学家爱德华·桑戴克就提出了晕轮效应。他认为，人们对人的认知和判断往往只从局部出发，扩散而得出整体印象，即常常以偏概全。比如如果认为某人具有某个突出的优点，那么这个人就被积极肯定的光环所笼罩，并被赋予更多好感。相反，如果认为某人具有某种突出的缺点，那么这个人就被消极否定的光环所笼罩，甚至认为其一无是处。"爱屋及乌""情人眼里出西施"都是晕轮效应的突出体现。

心理学家戴恩曾做过这样一个实验：让被试者看一些照片，照片中的人有的很有魅力，有的中等，有的没有魅力……被试者看了照片后，他再让被试者在与魅力无关的特点方面评定这些人。实验结果显示：被试者赋予有魅力的人更多理想的人格特征，比如和蔼、成熟、稳重等。

在现实生活中，我们往往看到很多名人广告，歌星、体育明星等出名人物所作的一些宣传更容易被消费者所接受。这种名人效应给推销工作也带来了启示：由于顾客有"求名心理"，总是会相信一些知名度高的、信誉好的商品。因此，一些有经验的销售员便利用名人效应来进行推销。下面有一个很经典的故事：

有一个书商是一个深谙推销之道的商人。有一次，他新出一本书，为了推广开来，他亲自给总统送了一本。过了一段时间以后，他又亲自去拜访总统，问道："那本书写得怎么样？"

总统出于礼貌，就礼节性地回答道："很好。"书商知道后、非常高兴。第二天，他就在报纸上打出一则广告："这是一本总统称赞的书……"果然不出书商所料，那本书十分畅销。

由于第一本书的畅销，没过多久，书商又出了第二本书。这次，他又给总统送了一本。过了几天，他又去拜访总统，问道："这本书写得怎么样？"

总统吸取上次的经验教训，为了避免又被利用，就搪塞道："还没看完。"书商得到总统的答复后，在回来的路上，边走边思索。回去的第二天，他又在报纸上打出一则广告："这是一本总统忙里偷闲看的书……"人们十分好奇，又纷纷购买。

过了一段时间后，书商出了第三本书，又送给总统一本。几天后，他再去拜访总统，问道："这本书写得怎么样？"

总统害怕再次被利用，便索性不回答。书商面对不发一语的总统，立即计上心头，一回去就在报纸上打出广告："这是一本总统读了默默无语的书……"人们更加好奇，再次纷纷购买。

接着，书商又出了第四本书，仍然送一本书给总统。总统再三被利用，恼羞成怒，当场就把书撕掉。让总统没想到的是，第二天报纸上照样打出广告："这是一本令总统暴跳如雷的书……"

故事中的书商就是抓住消费者的"求名心理"，利用总统的名义来进行推广。人们喜欢总统，爱屋及乌，自然会喜欢他看过的书，不管是总统认为好的书，还是让他暴跳如雷、气愤得撕掉的书，对人们都有吸引力。这种现象就如现在很多人追求名星一样，比如，某位著名的明星穿过某款衣服，他本来并不喜欢，但由于一些人喜欢那位著名的明星，也会喜欢那款衣服。故事中的那位书商之所以能让那些书畅销起来，就是因为他运用了晕轮效应—客户因为喜欢总统而喜欢他看过的书。

无独有偶，我们来看看阿迪达斯足球运动鞋是怎么被推销的：

1936年，第十一届奥运会在德国柏林举行。在奥运会举行期间，阿迪·达斯勒突发奇想，制作出一双带打子的短跑运动鞋。

鞋子是制作出来了，可是，怎么将它卖出去呢？这个问题一直萦绕清阿诊'达斯勒。就在他大伤脑筋时，他突然听到一个消息：美国短跑书将醉文斯最有希望夺冠。阿迪·达斯勒突然灵机一动，立即把钉子鞋无件畔给欧文斯试穿。结果不出他所料，欧文斯在那届运动会上四次夺得金牌。

当所有的新闻谋介、亿万观众都争睹名星风采时，那双造型独特的运动鞋自然也特别引人注目。奥运会结束后，由阿迪·达斯勒独家经营的这种定名为"阿迪达斯"的新型运动鞋便开始畅销世界，成为短跑运动员的必备之物。

阿迪·达斯勒在一筹莫展之际，将眼光投注在即将取胜的美国短跑名将欧文斯身上，将钉子鞋送给欧文斯试穿。结果，欧文斯一举夺得金牌。他一旦出名，自然会获得很多人的追捧。人们大多受晕轮效应的影响，自然会喜欢穿在他脚上的钉子鞋。由阿迪·达斯勒独家经营的这种定名为"阿迪达斯"的新型运动鞋

自然开始畅销世界。这就是晕轮效应产生的作用。

晕轮效应就像星球的光环一样，不断向周围弥漫、扩散，从而掩盖了其他品质或特点。所以作为推销员就要掌握晕轮效应，并运用到工作中来。

印刻效应：学会转换角度

曾有这样一个故事：

从前，有两个很穷的樵夫，他们靠每天上山拾柴糊口。

有一天，他们在山里发现两大包棉花，棉花的价格远远高过柴的价格。两人喜出望外，当下各自背了一包，赶路回家。

走着走着，其中一名樵夫眼尖，看到山路上有一大捆布。走近一看，发现竟是上等细麻布，足有十多匹。于是，他便和同伴商量，放下棉花改背麻布回家。

然而，同伴却认为自己背着棉花已走了一大段路，到了这里再丢下，自己先前的辛苦岂不是白费了？因此，他坚持不愿换，继续前行。

又走了一段路后，背麻布的樵夫又突然望见林中闪闪发光。走近一看，他发现地上竟散落着数罐黄金，心想这下发财了，于是赶忙邀同伴放下肩头的棉花，改用挑柴的扁担来挑黄金。

但是，同伴看了看那黄金，怀疑那些黄金不是真的，仍不愿丢下棉花，还劝他不要白费力气。发现黄金的樵夫感到很无奈，只好自己挑了两罐和伙伴赶路回家。

走到山下时，天空下了一场大雨，两人在空旷处被淋了个透湿。更不幸的是，背棉花的樵夫肩上的大包棉花吸饱了雨水，重得无法再背，不得已只能丢下，最后空着手和挑黄金的同伴回家去。

面对上等的细麻布与黄金，一直背棉花的樵夫竟然不为所动。他这种心理其实就是被心理学家称为"印刻效应"的体现。"印刻效应"的发现来源于德国习性学家海因罗特的一项实验。

1910年，海因罗特在实验过程中发现一种十分有趣的现象：刚刚破壳而出的小鹅，会本能地跟随在它第一眼见到的自己的母亲后边。这并不是因为他知道那是自己的母亲，如果它第一眼见到的不是自己的母亲，而是其他动物，比如一只狗、一只猫等，它也会自动地跟随其后。值得注意的是，这只小鹅一旦形成了对某个物体的跟随反应，它就不可能再形成对其他物体的跟随反应了。用简单易懂的话来说，它只承认第一，却无视第二。

故事中的那位一直背棉花的樵夫就跟小鹅一样，如果他第一次见到的是细麻布或者黄金，那么他可能就会选择这些背回家。这种"印刻效应"可能也会给他带来意想不到的收获。可是，事物不是一成不变的，总是发展变化的。如果一味地坚持不变，那么自然会失去更多。如果推销员也像故事中的那位背棉花的樵夫一样，那么他最终也会失去客户，一无所获。所以，作为推销员不要受印刻效应的影响，应该善于转变思维，这样才能获得更多客户的青睐。我们来看看日本销售大师原一平是怎样打破印刻效应的影响的：

有一次，原一平打算去拜访一家知名公司的总经理，可是，这位总经理是个不折不扣的"工作狂"，日理万机，不但不容易接近，而且连见他一面都非常困难。考虑再三，原一平决定采用直冲式拜访。

"您好，我是原一平，我想拜访总经理，请您替我通传一下，只要几分钟就可以了。"原一平一见到总经理的秘书，就直接对他说道。

"很抱歉，我们总经理现在不在，你以后有时间再来吧！"秘书是一位训练有素的人，原一平刚一进去就被请出来了。

等秘书离开后，原一平突然发现一辆漂亮的轿车，于是便问旁边的警卫："警卫先生，车库里那辆轿车好漂亮啊！请问，是你们总经理的座驾吗？"

那位警卫想都没想，就回答道："是啊！"

原一平守在车库铁门旁，竟在不知不觉中睡着了。就在他睡得正香时，突然有人推开铁门。原一平惊醒了，刚回过神时，那辆豪华轿车已载着总经理扬长而去。第二天一早，原一平又来到这家公司，但秘书还是说总经理不在。

原一平望着秘书那张面无表情的脸庞，知道这样硬撞是不行的。如果改用"守株待兔"的方法，可能会更好。于是，他静静地站在该公司的大门旁等待这位总经理的出现。

很快，1小时，2小时……10小时过去了，原一平还一直守候在那里。皇天不负有心人，原一平终于等到总经理的豪华轿车出现了，看到总经理那熟悉的身影坐进轿车时，他一个箭步冲了上去，一手抓着车窗，另一手拿着名片，大声说道："总经理您好，请原谅我的鲁莽行为，不过，我已经拜访您好几次了，但每次您的秘书都不让我进去，在万不得已的情况下，我才用这种方式拜见您，请您多多包涵。"

总经理听到原一平如此诚恳的话语，便连忙叫司机停车，打开车门请原一平进去。两人经过一番详谈，总经理不但接受了访问，还向原一平投了保。

原一平在面对秘书的冷漠时，迅速地转变思维，知道那样硬撞不可能取得任何成效，于是他果断地由硬撞转为"守株待兔"。在他坚持不懈的努力下，终于等到总经理的出现，并成功拿下保单。如果原一平受印刻效应的影响，一直坚持硬撞，那么只会浪费自己的时间，不可能让客户投保。

如果想做一名优秀的推销员，就要像原一平那样，勇于打破印刻效应带来的影响，转变自己的思维，进行创新，才能赢得更多的客户。

踢猫效应：销售员一定要擅长情绪管理

"踢猫效应"是指一个人的恶劣情绪反应很容易波及他人的情绪反应。请看下面一则事例：

有一家公司的董事长为了整顿公司，决定从自己做起，规定自己早到晚回。可是，有一天早上，他看报太入迷忘记了时间。为了不迟到，他驾着车在公路上超速驾驶，结果不仅迟到了，还被警察开了罚单。

这位董事长愤怒之极，一来到办公室，就将销售经理叫来训斥了一番。销售经理觉得很无辜，气急败坏地走出董事长办公室，把秘书叫到自己的办公室，并对他挑剔一番。

秘书无缘无故被人挑剔，自然是一肚子气，一走出经理办公室，就故意找接线员的茬。接线员挨了顿训，只好无可奈何、垂头丧气地回到家。一回到家，看见儿子正在屋子里跟小猫玩，便不由自主地对着儿子大发雷霆。儿子莫名其妙地被父亲训斥一番也很恼火，便将正跟自己玩的小猫狠狠地踢了一脚。小猫一下子窜到桌子下面，惊恐地望着自己的小主人。

上面的故事就是"踢猫效应"的体现，故事里那一连串的情绪反应就是因为公司董事长早上迟到受罚产生的情绪反应波及到其他人。试想一下，如果董事长早上能够反省自己，有效地控制情绪，及时改正自己的错误，那么就不会有那么多人因此生气，那只小猫也不会受伤。

所以，作为领导，就要有效地控制自己的情绪，正确对待错误，不对下属发泄自己的不满，避免引起连锁反应。因为人的不满情绪和糟糕心情，一般会沿着等级和强弱组成的社会关系链条依次传递，由金字塔尖一直扩散到最底层，无处发泄的最小的那一个元素，则成为最终的受害者。一般情况下，人的情绪都会受到环境及一些偶然因素的影响，当一个人的情绪变坏时，潜意识就会驱使他选择下属或无法还击的弱者发泄。

"踢猫效应"不仅在管理方面有所体现，在销售领域也是如此。有些推销员因为受到上司的批评心情不好，就对客户大发雷霆，结果失去了一桩生意。

　　小王是一家公司的推销员。一天早上，刚到公司时，就被经理叫到办公室狠狠地训斥了一番，主要针对他这个月业绩过低。

受了批评的小王十分郁闷地走进自己的办公室。刚到办公室，手机就响了起来。他拿起手机，看都没看号码，径直地接了起来。一接起电话，他就愤愤不平地朝手机吼道："你有完没完啊，不许再打我的电话。"

对方想说什么还没来得及说，小王就一下子挂断了电话。过了好一会儿，小王的情绪才慢慢地缓和了下来。等他冷静下来时，才想起刚才接了一个电话，于是打开手机查看电话号码，结果一看，他顿时失色。原来那是一位重要客户，那位客户曾说，如果决定买下他的产品，今天就打电话给他，想必是决定买产品了。想到这里，小王后悔莫及。

故事中的小王受了上司的批评，不但没有反省自己的过失，还任由情绪泛滥，因此错失了一桩生意。如果小王面对上司的批评，平心静气地总结自己的过错，那么他也不会将气撒在客户的身上，更不会失去一桩生意。

所以，作为一名推销员，工作中你难免会遇到一些麻烦事，比如，被冷淡、受批评、遭拒绝、甚至挨骂等。为了很好地处理这些不顺心的事，就要求你具有善于控制情绪的能力。如果你不善于控制自己的情绪，那么你就会像故事中的小王一样，遇到一些使自己情绪激动的问题，便失去理智，结果失去一桩生意。与其事后后悔莫及，何不有效地控制自己的情绪，让嘴巴服从大脑，而不是让大脑跟着嘴巴走。

推销员如果能接受批评，就能从善如流，少犯错误；如果善听批评，就能做到虚怀若谷，工作、学习、生活中就会少走弯路，少犯错误；如果听不进批评，一听到批评就生气，或暴跳如雷，那么这样的人早晚会摔跟头。

对销售员来说，切不可让自己的情绪过于波动，更不能任意发泄自己的不满，必须学会有效地管理情绪，时时保持乐观而稳定的生活态度树立良好的形象。下面几种控制情绪的方法可供大家参考：

1. 分散情感法

分散情感法是信息和交际圈扩大的结果，新的信息必然使人产生新的兴趣，因为新的社会接触给人的情感表现找到了更广阔的天地。所以，当你发现你的感情特别强烈地集中于某一点时，要学会有意识地分散情感，不断地告诉自己如果不能分散情感将会对自己的身体及工作产生十分不利的影响。

2. 集中情感法

集中情感法是指面对某件特别重要的事情时，要有意识地排除许多分心的事情，进而把全部情感集中在这件事情上。所以，当你面对某件特别重要的事情时，要利用你所有的精力和时间来创造机会，寻找更多的客户，排除浪费情感的活动。

3. 移情法

移情法是指把情感从刺激性的事件上移开，转嫁到中性事件上来。所以，当你处在毁灭性情感之中时，要在心中幻想出一种无所谓的事件来替代现实中的事件。假如你把这些情感集中在了小事、幻想的客体上，那么就要把情感移到具有较高社会和文化价值的事件上来。

要运用上面这些情感驾驭方法需要付出一定的努力，作为推销员的你，应该根据自身个性和成熟程度来选择具体的方法。

投射效应：顾客想什么？站到对方立场你就明白了

北宋著名文学家苏东坡与佛印和尚是好朋友。有一天，苏东坡去拜访佛印和尚。来到佛印和尚处，见佛印和尚身披黄袍装，身材魁伟，于是灵机一动，笑呵呵地对佛印和尚说："佛印啊，你知道你看上去像什么吗？"

佛印一下子愣住了，还没反应过来，苏东坡就说道："你看上去就像一堆大粪！"佛印听了并没有生气，而是微笑着问道："东坡兄，你知道你看上去像什么吗？"

苏东坡一听，以为他要以牙还牙，急忙收敛了笑容，小心翼翼地问道："你看我像什么？"

佛印过了一会儿，才一字一句地说道："东坡兄，你一袭学士长袍，满面红光，活像一尊佛啊！"

苏东坡一听非常高兴，暗想佛印和尚也有愚蠢的时候。因此，一回到家，他就乐滋滋地将这件事告诉了他的妹妹——苏小妹。他以为苏小妹会为他感到高兴，没想到，苏小妹听完直跺脚，连声说道："哥，你上当了！"

苏东坡一惊，急忙问道："怎么了？"苏小妹慢慢地说道："哥，你真糊涂啊！你不知道佛教里有句话叫'心中有佛，见人是佛'；'心中有大粪，见人是大粪'吗？"

苏东坡一听，顿觉羞愧不已。

上面这个故事反应了心理学上的"投射效应"。所谓"投射效应"就是指以己度人，认为自己具有某种特性，他人也一定会有与自己相同的特性，把自己的感情、意志、特性等投射到他人身上并强加于人的一种认知障碍。故事中苏小妹所说的"心中有佛，见人是佛""心中有大粪，见人是大粪"就是"投射效应"的体现。佛印和尚也深知"投射效应"，面对苏东坡的奚落，并没有采取以牙还牙的方式进行还击，而是巧妙地运用"投射效应"，以相反的方式称赞对方，看似称赞实则贬低。

"以小人之心，度君子之腹"就是一种典型的投射效应。一般来说，投射效应有两种表现形式：

1. 感情投射

感情投射就是认为别人的好恶与自己相同，把他人的特性硬纳入自己既定的框框中，按照自己的思维方式加以理解。比如，自己喜欢某一事物，跟他人谈论的话题总是离不开这件事，不管别人是不是感兴趣、能不能听进去，他都要说个没完。如果引不起别人的共鸣，他就认为是别人不给面子，或不理解自己。

2. 认知缺乏客观性

认知缺乏客观性就是认为自己喜欢的人或事是美好的，自己讨厌的人或事是丑恶的。这种把自己的感情投射到这些人或事上进行美化或丑化的心理倾向，就失去了人际沟通中认知的客观性，从而导致主观臆断并陷入偏见的泥潭。

认识了投射效应的表现形式，那么作为推销员的你怎么来避免投射效应所带来的负面影响呢？现在很多推销员常常站在自己的角度去考虑问题，而不能设身处地地为客户着想，这样当然很难赢得客户的认可，客户自然也不会购买你的产品了。我们来看看原一平是怎么站在客户的立场上为客户考虑的：

有一次，原一平去拜访一位退役军人。那位军人有军人的脾气，固执己见，说一不二。原一平面对他那张冷漠的脸庞，深知如果没有让他信服的理由，说再多也是白费力气。怎么才能让他信服呢？除了设身处地地为他考虑以外，再也没有更好的办法了。因此，他开始站在对方的立场上认真地思考了起来。

过了好一会儿，原一平才对那位军人说："保险是必需品，人人不可缺少。"

那位军人冷笑着说道："年轻人的确需要保险。可我就不同了，我不但老了，还没有子女。所以不需要保险。"

原一平听完这话，灵机一动，立即回答道："您这种观念有偏差，就是因为您没有子女，我才热心地劝您参加保险。"

军人有些诧异地说："道理何在呢？"

原一平见引起了他的兴趣，便故意压低声调说："我常听人说，为人妻者，没有子女承欢膝下，乃人生最寂寞之事，可是，单单责怪妻子不能生育，这是不公平的。既然是夫妻，理应由两个人一起负责。所以，当丈夫的，应当好好善待妻子才对。"

原一平见那位军人没有吭声，又接着说："如果有儿女的话，即使丈夫去世，儿女也还能安慰伤心的母亲，并担起赡养的责任。一个没有儿女的妇人，一旦丈夫去世，留给她的恐怕只有不安与忧愁吧，您刚刚说没有子女，所以就不用投保。如果您有个万一，请问尊夫人怎么办？您赞成年轻人投保，其实年轻的寡妇还有再嫁的机会，她的情形就不同了。"

军人听了原一平的一席话，默不作声，过了好一会儿才点头说："你讲得很有道理，好！我投保。"

军人所生活的家庭是一个很特殊的家庭，如果原一平只是站在自己的立场去劝军人买保险，比如为自己或者为自己的孩子买保险，那么一定会导致那位军人反感。原一平正是因为克服了"投射效应"的负面影响，站在军人没有孩子的特殊立场上设身处地地为军人考虑，最终才让军人信服，从而进行投保。

所以，作为一名销售员，不能按照自己是什么样的人来认知他人，而要按照被观察者的真实情况来进行认知。投射效应是一种很严重的认知心理偏差，所以，作为销售员的你，一定要辩证地去对待别人和自己，这是克服投射效应的良方。

示范效应：百闻不如一见

从销售领域来说，示范效应是指将你的产品展现在客户面前，用你的产品"说话"。有人肯定会问，产品怎么"说话"？有这样一项调查，假如能对视觉和听觉做同时诉求，那么视觉的效果比听觉效果要大8倍。一些很有经验的推销员便使用示范，将产品展现在客户面前，用动作来代替语言，使整个销售过程更生动，使整个推销工作也变得更容易。我们来看看下面这个故事：

在一次投标中，琪卡感冒嗓子哑了，但他只用了两句话和两个动作就签订了一项合同。那是一个微波炉餐盒招标会现场，现场有十几家公司。那天，琪卡只带了商品样品和一个公文包。

等所有人都详细介绍自己的商品后，琪卡才哑着嗓子很费力地说："我是某餐盒制品公司的推销员，我叫琪卡。我这里有一份关于我们公司产品质量的客户满意调查表，请大家过目。"

大家接过调查表认真地看了起来，其中一位招标经理很惊讶地说道："没有想到，他们一个新成立的公司会在这么短的时间里就让使用者的满意度达到100％。"大家听了，都点了点头，把惊异的目光投向琪卡。出乎大家意料的是，就在这时，琪卡把餐盒狠狠地摔到了地上，并用脚踩了三脚。餐盒在琪卡的脚下由扁到恢复原状，速度相当快。他这一动作更令大家惊讶。

过了一会儿，琪卡说道："我们的产品还可以在80度的高温里不变形。"说完，把餐盒放进了微波炉里。

招标商看到这样的情况，都纷纷点头。琪卡也趁机拿出合同请他们签字。就这样，琪卡签下了2000万美元的订单。

故事里的琪卡巧妙地运用了示范效应，将自己的产品真正地展现在客户面前，让客户亲眼见证产品的质量，消除客户的顾虑，客户也就放心购买了。经验丰富的销售员都明白：任何产品都可以拿来做示范。一般来说，5分钟所能表演的内容比10分钟所能说明的内容要多得多。不管你销售的是债券、保险，实物形态的商品，它们都有一套示范的方法。经验丰富的销售员都懂得把示范当成真正的销售工具。

有些人也许还不相信，示范为什么会产生这么好的效果？因为示范除了会引起客户的兴趣外，还能让客户亲眼看到产品的质量。所谓"眼见为实"，说的就是这个道理。然而，那些平庸的推销员常常认为他的产品是无形的，认为不能拿什么东西来示范。事实并非如此，无形的产品也能示范，虽然比有形产品要困难一些，但你也可以用影片、挂图、图表、相片等视觉辅助用具，这样在介绍产品时，也不会显得单调。

也许你的商品很普通，但如果能用示范动作将商品的使用价值栩栩如生地介绍给客户，就一定能引起客户的注意。比如，你在向客户推销太阳伞时，与其干巴巴地说，不如轻松地将太阳伞打开，扛在肩上，再旋转一下，那么就能充分展示出伞的风采。如此一来，就能给客户留下深刻的印象，从而对你的产品产生好感。

如果你的商品具有特殊性质，那么你的示范动作就应该把产品的特殊性表达出来。比如，你在推销一把锋利的刀时，那么你就可以展示用刀砍物体，将它锋利的特性通过示范动作展现在客户面前。这样，你的产品就能得到客户的认可。如果想要顾客对你推销的产品产生兴趣，那么就必须使他们清楚地认识到他们在接受你所推销的产品后会得到哪些好处。但许多推销员在推销产品的过程中，却往往忽视了这一点。为了引起客户的兴趣，作为推销员的你可以在洽谈业务时，一开始就向客户介绍你产品的优点，然后将这些优点示范给客户看。那么，怎样将产品的示范发挥最大的效用呢？可以参照以下步骤进行：

1. 把示范时所用的台词写下来

在示范产品的优点时，除了具备一定的动作之外，还要有一定的台词，这样才能让客户更容易接受。

2. 预先练习

把设计好的整个示范过程反复演练，要演练得十分流畅和逼真。在练习的过程中请你的家人、同事或朋友来观看，并诚恳地请他们提意见。

随时记住显示"给客户带来的好处"。

在示范产品时，要以客户为核心，让他明白你的产品究竟会给他带来什么好处。

3. 让产品迎合客户的需求

在示范产品时，用你的产品去迎合客户的需求，而不是要求客户去顺应你的主张。

4. 让客户参与示范

在示范产品时，除了自己亲自动手示范，还可以让客户示范，让客户真正地认识到产品的优点。

5. 适当地把产品拿开

在客户开始厌倦产品之前就把产品拿开，这样反而能增强客户想要拥有这个产品的欲望。

6. 说明产品的每一项好处

在展示说明时，让客户同意你所提到的第一项产品的好处。

7. 操作产品时，要表现出珍爱产品的态度

在向客户示范产品时，你一定要小心翼翼地拿起产品，让客户看清楚，并且要不时地对自己的产品表示赞赏。

8. 在示范时尽量使用动作

如果你展示的产品是机器，那么就要把机器操作给对方看；如果向客户展示图表，那么就要当场画给客户看。

9. 无法展示的产品可以打个比方

如果你的产品无法展示给大家看，你可以打个比方，使客户产生联想，并获得生动理解。

从众效应：人们总是会追随大多数

1952年，美国的一位心理学家设计了一个实验，研究一个人受他人影响的程度会有多大。

这个实验的过程并不复杂，只是让被试者做出一个非常容易的判断——比较线段的长短。在实验的过程中，心理学家会拿出一张画有一条竖线的卡片，然后让被试者比较这条线和另一张卡片上两条线中的哪一条线等长。事实上，这些线条的长短差异非常明显，正常人是很容易作出正确判断的。

这位心理学家首先找了五个人，并将实验的目的告诉他们，让他们在测试的时候故意做出错误的判断。然后，心理学家又找来了一些志愿者，并骗他们说这个实验的目的是研究人的视觉情况的。

心理学家请参加实验的志愿者一个一个走进实验室，与那五个"托儿"一起进行测试。那五个"托儿"故意异口同声地说出错误答案。于是，许多志愿者开始感到迷惑，他是坚定地相信自己的眼力呢，还是说出一个和其他人一样但自己心里认为不正确的答案呢？

从总体结果看，平均有33％的人判断是从众的，有76％的人至少做了一次从众的判断，而在正常的情况下，人们判断错的可能性还不到1％。

在生活中，人们经常会不自觉地以多数人的意见为准，以多数人的行为为准则来对事物进行判断或对自身行为进行调整。这就是人的从众行为。

社会心理学家C. A. 基斯勒认为，从众行为的产生源于人的四种需求或愿望：（1）与大家保持一致以实现团队目标；（2）为获取团队中其他成员的好感和认可；（3）为了维持良好的人际关系；（4）不愿意感受到与众不同的压力。而更多的心理学家则认为，个体从众行为的基本动因有三种：（1）以群体行为作为行动准则或参照标准；（2）希望被大家喜欢和接受；（3）不愿意感受群体带来的压力。

从众心理是一种普遍的社会心理现象，无论是生活还是商业活动中，几乎人人都有从众心理。销售人员如果能合理地利用人们随波逐流的从众心理，通过客户之间相互的影响力，给客户施加无形的群体压力，必然能够制造出更多的成交机会。

不同类型的人，其从众心理的强度是不同的。一般来说，女性的从众心理大于男性，性格内向的大于性格外向的，自卑的大于自信的，文化程度低的大于文化程度高的，年龄较小的大于年龄较大的。因此，在实际的销售活动中，销售人员还应该根据客户的类型，灵活利用客户的从众心理。

超限效应：不要试图挑战顾客的忍耐度

超限效应是指，由于刺激过多、过强或作用时间过久，从而引起心理极不耐烦或反抗的心理现象。销售人员如果重复、冗长地讲解一件事情，会使客户产生超限效应，即客户会从最初的接受变为不耐烦，甚至会产生反感和逆反的心理和行为。

有一次，美国著名幽默作家马克·吐温在教堂听牧师演讲。牧师呼吁大家捐款，因为教堂的某些地方需要修葺。

最初，马克·吐温觉得牧师讲得很好，使人感动，准备捐款。过了十分钟，牧师还没有讲完，马克·吐温有些不耐烦了，决定只捐一些零钱。

又过了十分钟，牧师还没有讲完，于是马克·吐温决定一分钱也不捐。

又过了半个小时后，牧师终于结束了冗长的演讲。马克·吐温由于气愤，在开始募捐时，已经离开了。

马克·吐温的捐款态度为什么会有360度的转变呢？显然，是超限效应在起作用。牧师演讲冗长，他的讲话对于马克·吐温刺激过多、作用时间过久，从而引起了马克·吐温的反抗和逆反心理。

生活中，超限效应的例子也是屡见不鲜。比如，我们小时候都有过这样的感受：当我们的所作所为不符合父母的要求，父母如果不厌其烦地重复对一件事进行批评，甚至把不相关的事情也牵扯出来唠叨，我们的心理就会由最初的内疚不安转变为最后的逆反厌烦。

对于销售人员而言，在推销过程中，同样要注意超限效应的问题。在向客户介绍产品时，要注意客户情绪的变化，切忌作过于冗长、重复的介绍。因为一旦你讲话过多、过长，很可能会由于刺激过多、过强或作用时间过久而使得客户失去耐心，产生超限效应。这样的话，你得到的将不是订单，而是客户的拒绝。

第六章

激发顾客的
内在需求

充分了解顾客的根本购买理由

人们做某件事情或采取某种行动，最基本的动机就是得到内心的某种满足感。如果不能给人带来一定的满足感、愉悦感，反而使人感到厌烦、无聊、压抑，甚至痛苦，人们一定会拒绝它。

有一个烟瘾很大的人，一直都想戒烟，但是不管使用什么方法，都不能达到很好的效果，总是过一段时间以后，他就不能控制自己，又开始复吸。因为他常常会给自己找出各种理由，说服自己没有必要这么折磨自己。

神奇的是，一位心理学家用了一个很简单的方法就让他下定决心坚持下来，最终成功烟戒。亲友们欣喜地发现，这个有着严重烟瘾的人，居然真的不再吸烟了。

这位心理学家使用了什么样的神奇方法呢？其实很简单，心理学家只给他看了两张照片，一张是不吸烟的健康人的肺，一张是因吸烟患有肺癌的人的肺。

他看着那张被厚厚的焦油覆盖和损坏的肺的照片，内心深受震撼，他呆呆地看了两分钟，什么也没说就离开了。从此以后，他再也没有吸过烟。

是什么力量让这个烟瘾如此严重、屡戒都不能成功的人，最后如此简单地下定决心戒烟呢？那就是吸烟这种行为所带来的严重后果，真正激发了他发自内心的厌恶，而对不吸烟这种健康的行为，产生了发自内心的认同，由此产生了强烈的戒烟动机。

因此，我们可以通过改变某种思想观念，来改变行为的意义，从而改变人们的行为方式。当某种原本令人厌恶的行为给人带来某种满意的体验，人们就会接受它；而当某种原本会给人带来快感的行为，却对人造成某种伤害，人们就会摒弃它。这就是内心满足感对人们的行为动机的激发作用。

顾客的购买动机，就来源于他得到了各种心理满足：寻求快乐的满足，如读书的快乐、色香味感官体验的快乐、户外运动的快乐等；寻求自身价值的满足，如得到尊重、恭维、体现自己更高的能力和社会地位等；寻求审美的满足，如一款设计精美、理念独到的化妆品、电子商品等，会让购买者体会到一种独特的美的享受；寻求归属感的满足，如别人有的，我也应该有，否则就是"out"了。这就是很普遍的"从众心理"，它既表现了人们的盲目跟风，也更深刻说明了人们希望得到一种集体归属的深层心理满足。除了从众心理，人们天性中还有好奇心理、追求个性的心理等。这些心理的满足，都会在时机成熟时，激发人们购买的动机，从而产生购买行为。

从大的方面来说，购买动机可分为感情动机、理智动机、惠顾动机等。

感情动机是指由于人的各种喜、怒、哀、乐的情绪和情感认知所引起的购买动机，它又可分为情绪动机和情感动机两种。情绪动机，是由外界环境因素的刺激，如商家的广告、表演秀、降价等刺激以及自身生活中偶发的事件而产生的好奇、兴奋、发泄等所激起的购买动机；而情感动机是由于商品本身的包装、样式、色彩等方面的特点引起顾客的喜爱而产生的购买欲望，这样的顾客对商品价格不求便宜，而求适中或偏高。

晓晓今天心情特别郁闷，因为跟男友吵了一架，原计划共度一个温馨的周末，她却一气之下独自跑出来散心。她漫步在大街上，像往常那样，不由得走进了热闹、熙攘的购物中心。

她有一个习惯，每当生闷气或情绪低落的时候，就用疯狂购物来发泄内心的烦躁和郁闷。让自己尽情地享受美食，成为一个饕餮之徒；放手购买平时舍不得买的衣物、饰品等，用这些物品作为情感上的安慰和补偿。她的不良情绪也确实渐渐随着金钱一起发泄出去了，平静的心情也像手中越来越多的物品一样，慢慢回到内心。

晓晓的这种购物，正是典型的情绪动机引起的行为。

理智动机是对所购对象经过认真了解和考虑，在理智的约束和控制下产生的购买动机。在理智动机的驱使下做出购买行为的顾客，比较注重商品的质量，讲求实用可靠、价格便宜、使用方便、设计科学合理，以及效率等。

惠顾动机也叫信任动机，是指顾客对某些企业或销售人员建立了信任和偏好而产生的购买动机。这种动机的顾客会重复地、习惯地向某一销售员或卖场购买。

销售人员要促使销售工作的顺利进行，一定要善于观察、推测和了解顾客的购买动机，调动客户购买的积极性。这就要想方设法了解客户的心理，善于发挥一些心理影响力，来调动和改变顾客的行为，引起他内心的满足感，让他从购买商品中获得实惠，获得利益，获得好处，从而产生强烈的购买动机，而主动掏钱购买你的产品。

"好面子"是人之常情

"面子"在中文语汇里是一个古老而微妙的概念。在中国社会中，它代表着体面、尊严，甚至决定生死。中国民间有句古话："树活一张皮，人活一张脸。"可见，面子在国人心中的分量。

在中国古代，衣锦还乡、光宗耀祖是最有面子的事情。时间推移到现代，人们讲求面子的表现方式有所不同，但心结依然很重。如改革开放之初，人们有钱了，以为手上的戒指越多、腕上的手表越高档越有面子，空着手都不好意思跟人打招呼。后来又以买大奔、住别墅、等为"有面子"。

《中国青年报》社会调查中心的一项调查显示，只有7%的公众不太注重面子问题。在现实生活中，为了面子，有的人即使对某件事一无所知也要夸夸其谈，即使工资少得可怜也要抢着买单，就算囊中羞涩也要在女友面前表现大方等现象时有发生。这正是根深蒂固的"讲面子"的观念在作怪。

有个勤工俭学卖花的小女孩雯雯，就熟谙顾客的这种心理。她通常在晚上和节假日出去卖鲜花。在长期的实践活动中，她积累了丰富的销售经验。

这是很平常的一个晚上，她照例来到电影院门口卖花。

迎面来了一对情侣。看着男孩对女孩殷勤的态度，她知道自己的生意来了。

"先生，你的女友像花一样漂亮，买束花送给她吧，这样会让你们度过一个更加温馨、浪漫的夜晚！"

"这花怎么卖的？"

"50元一束。"

"不是吧！别人都只卖35元，你怎么卖得这么贵？"

话刚落音，他忽见女友一撇嘴，估计在想："50块钱的花都舍不得送，还说喜欢我！"

他下意识地赶紧掏出钱包，准备把花接过来。

这时，雯雯乘胜追击："先生，这一束更漂亮，更配的您的女朋友呢！"

他不敢再犹豫，赶快把一张50元的钞票递了上去。

"对不起，先生，这一束贵一点，是75元的。"

在这种情况下，他还能说什么呢？

他只有乖乖地掏了钱。

可以说，在当今的生活环境中，"面子"是一个绕不过去的人情世故。从心理学上分析，"好面子"折射出人们渴望被尊重、受恭维的虚荣心的弱点。作为一名销售人员，特别需要知道如何利用人好面子的心理特点，去开展自己的销售工作。

一天，老牛走进一家商场。他刚发了奖金，想买一套想了好久的西装。

售货员迎了上来，热情地招呼他说："先生，您好！有什么需要帮忙的？"

老牛也直爽，说："我想买一套质量好的西装。"

售货员向他介绍了不同品牌和型号的西装，经过试穿，老牛最终选购了一套适合自己的西装。他感觉挺满意，正要转身离去，售货员说："先生，您的那件衬衣跟这套西装不太搭配，好像一个高档房间摆了低档家具，降低了外套的整体感觉。"

这一说，老牛也感到确实是这样，于是又在销售员的推荐下，选购了两件与西装匹配的衬衣。衬衣、西装都穿好了，一照镜子，真觉得气质提高了一大截。突然发现，还缺一条领带，鞋子也上不了台面。

于是，在售货员的热情服务中，老牛配置了全套的行头：衬衣、领带、西装、皮鞋等。

老牛花光了所有的奖金，但心里美滋滋地想：明天我将以全新的形象站在同事面前，多有面子啊，他们一定会对我刮目相看！

这位销售人员巧妙利用老牛的面子心理，促成了销售成果的最大化。

面子的标准因人们的年龄、个性、价值观、经济收入等不同而有很大的差异。比如：年轻人认为拥有越新潮的物品越有面子，中老年人则认为拥有越贵重的东西越有面子，而追求个性的人认为拥有越独特的物品越有面子。

面子有正面和负面之分。比如：赞扬一个人"您穿着这件衣服显得特别精神！"这是正面提升一个人积极向上的尊严感，从而促进销售的达成。也可以用负面贬抑的方法，比如：说"您的这身穿着，让我觉得您比较老气，比您实际年龄更大"，这样从反面来刺激他的购买欲望。

在实际的销售过程中，只要我们善加利用人们好面子的心理特点，一定会激发顾客的购买欲望，使他乖乖地掏钱买单。

适当引入一些"竞争"

人们都有不甘落后的心理。这种心理如果用在精神追求上，叫"积极上进"，如果用在物质享受上，就叫"攀比"。

攀比心理人人都有，并不是孩子的专利。法国剧作家莫里哀的笔下有个攀比心理十足的典型人物——"茹尔丹先生"。这个"茹尔丹先生"攀比心非常重。从服饰穿戴到家庭聚会，他处处向"上等人"看齐，却又很不得体。甚至裁缝给他裁错了衣服，编瞎话哄他，他也信以为真，结果闹出不小的笑话。

这个人物形象在现实生活中也很常见，具有很强的代表性。我们身边充斥着许许多多的"茹尔丹先生"。"别人有的，我也要有"，这种普遍的心理，也无意中会带动很多商品的热销。

刘小姐家住北京朝阳区某高档住宅小区。10年以前，她所在的这个小区有些家庭条件特别好的邻居，率先购买了变频空调，成为左邻右舍艳羡、攀比的对象。后来她发现，他们小区的大部分业主，都陆陆续续地购买了全直流变频空调。这些变频空调室外机，成为那里高品位生活的象征。

人是群居的物种，因此人们在社会群体活动中，难免会把自己与别人比较，虚荣心和好胜心强的人，在攀比心态上要比普通人强。人在心理上的这个弱点，可以作为销售中的一个攻心术来应用。

很多商品在购买前，萦绕在消费者脑海中最多的就是"谁谁都有了，我也要有""连某某都能坐这么好的车，我也要去买"等念头。

对销售人员来说，可以利用消费者的攀比心理，进行对其参照群体的对比，有意强调其参照群体的消费动向，来最终达成销售。

小王是一个成功的保险销售员。她的销售秘籍之一，就是利用人们的攀比心理。

比如，公司刚刚推出了一款新的保险险种，她会马上在头脑里过滤一下平日积累的准客户名单，然后约见、拜访，并在拜访中充分利用攻心术促成签单。攀比心理是她屡用屡见效的"撒手锏"。

她会告诉客户："某某名人就购买了这种保险，这会给他带来怎样的收益。或者周围某某人，条件还不如你，却也买了这个保险。因为他们眼光独到、考虑长远、善于为亲人负责任等。"

她从各个角度、正反两面进行比较，激发准客户微妙的攀比心理，让他觉得不买这个保险，既有经济上的损失，更是人格上的缺陷。

攀比心理，更多地表现在奢侈品的消费上。中国品牌战略协会的一份研究报告显示，中国的奢侈品消费人群，靠自己的实力和财富来消费的只占4成左右，其余6成是靠家庭的财富在消费。

这部分人主要是年龄在30—35岁之间的年轻人，绝大多数是攀比和炫耀的心态在作祟。LV背包、Catier手表、Dior香水、Dim-hin套装，这些都是动辄成千上万元的高价奢侈品，在中国却可以找到大量30岁上下的年轻消费者，可见攀比心态对商品消费的影响力。

消费者的攀比心理，是基于消费者对自己所处的阶层、身份以及地位的认同或期望认同，继而选择所在的阶层人群为参照所表现出来的消费行为。

"600万元买宾利！"在火热的车展上，"不买最好的，只买最贵的"成为富人们的一个炫富消费观念。住别墅不算稀奇，买个荒岛做岛主才叫豪华；开奔驰又算什么，驾游艇开私家飞机才叫牛，等等，不一而足。

销售人员在销售中，可以针对不同的人群，以其同类人做比较，激发顾客的攀比心理，有效促成销售的成功。

最重要的购买理由，一定要重复说

销售人员要想排除客户的异议，运用"重复定律"是一个很好的方法。

心理学研究证明，在人的潜意识当中，如果不断重复地听到一些人、事、物，那么这些人、事、物就会在潜意识里变成事实，得到人们的认可。这就是心理学的"重复定律"。

如果在销售过程中，销售人员能够善于运用这一定律，对能满足客户需求的产品特点反复重复说明，就会在客户的头脑中形成清晰的印象，促使客户认同产品，从而采取购买行动。

甲乙两个销售员卖同一款手机，然而获得的销售效果却大不相同。

甲："嗯，这么说，您决定购买一部手机啦？"

顾客："是啊。女儿10岁生日，我和她妈妈决定送她一部手机作为生日礼物。不过一定要功能简单一点的，因为她还小，不太能接受复杂的操作，我们也不想她因玩手分散注意力而影响学习。所以一定要买一款简单实用、适合孩子使用的手机。"

甲："您的预算大概是多少？"

顾客："1000元左右吧。"

甲："好的。我觉得这款手机挺符合您的要求，目前特价，只售880元，物超所值，能为您节省……"

顾客："嗯……"

甲："您看它色彩鲜艳、机壳的图案很可爱，您的孩子一定会喜欢……"

顾客："对不起，使用起来是否方便容易呢？"

甲："我正要介绍……"

顾客："让我先考虑考虑再说吧。"

在上面这个案例中，销售员甲为什么销售失败？这是因为他把注意力集中在产品为客户省钱这个特点上，却忽略了满足顾客最想要的"简单方便"的特定需求了。

尽管该手机具有许多特色，但顾客只想给女儿买一款容易使用的手机，所以没有接受销售员的推荐。

我们再来看看乙是如何销售的。

乙："嗯，这么说，您决定购买一款手机啦？"

顾客："是，不过一定要简单、好操作的。她只有10岁，我和她妈妈希望能和她随时保持联系，对她的安全更放心。但我们不想让她因玩手机分散注意力而影响学习，所以一定要功能简单、容易使用的类型。"

乙："容易使用的？好的。您的预算大概是多少呢？"

顾客："1000元左右吧。"

乙："好的。我觉得这款手机最符合您的要求，目前特价，只要880元，这是在您预算范围内最容易使用的手机。它有一键发送功能，可以最方便地与家人保持联系。除了接打电话、收发短信等基本功能，它还能储存学习资料、听音乐，可以成为您女儿提高学习成绩的帮手呢！它的操作模式简单明了，一学就会，非常容易。"

顾客："嗯……"

乙："它具有卫星定位功能，能随时确保您孩子的安全。而且它辐射最小，有利您孩子的身体健康。"

顾客："就这么简单？"

乙："就这么简单！您打算今天就买吗？"

顾客："现在有货吗？"

乙："当然。"

顾客："好吧。"

销售员乙在听到顾客的特定需求是一部"使用简单、安全"的手机后，就为顾客描绘了一幅如何轻松使用的情景，并将对方的特定需求重复了四次。通过不断重复"容易""安全"这类词语，加深了顾客的印象，使之认同了乙的推荐，最终促成了销售。

所以，销售员要先倾听顾客的描述，了解顾客的需求，当顾客提出的需求非常明确时，销售员就可以通过使用"重复定律"，消除客户的购买异议，从而引导客户在心理上认可产品。

要注意的是，销售员在重复产品能满足客户的需求时，最好使用感性的语言，把"创造感觉法"与"强化印象法"一起运用，让语言产生一种无形的推动力与感染力。

比如，你卖的是按摩床垫，而客户的最大需求是减肥的话，你就可以突出床垫通过按摩人体的特定穴位，可以达到辅助减肥的功效。你的话语可以这样说："使用了这种床垫，您每天晚上睡着的时候，脂肪都在自动燃烧，那种变苗条后的轻松感觉，会让你感到非常美妙和舒服。"你通过这样感性的语言，引导客户想象减肥成功后的美好体验，就强化了产品在客户心中的印象，客户自然想要拥有这种产品。

你还可以用一些短句来强化印象，比如"你一定不会忘记""这么美妙的东西，相信你会记住""你会常常想起""这将给你留下深刻的记忆"等。

同样，你也可以从亲情的角度来打动顾客："你的孩子会因此感激你的""你的妻子会永远记得这份美妙的礼物"等。

能准确了解客户的心理，再运用重复的方法，一定可以找到与顾客的共同点，从而很快消除客户的异议，将客户的心紧紧吸引，从而达到销售的成功。

顾客感兴趣的点，一定要多强调

俗话说："打蛇打七寸，擒贼先擒王"，销售人员要敏锐地感知顾客的购买兴趣点，并抓住这个最强有力的成交要素，反复予以强化刺激，就能成功达成交易。美国销售培训大师伯恩·崔西将这个策略称之为"热点攻略"。

每件商品或服务都有自己独特的功能和价值，当这个功能和价值与顾客心中的某个需求点相吻合时，就成为顾客的购买兴趣点，也是他后来实施购买行为的内在动力。

一对年轻夫妻想买一套房子，但财力有限，他们决定买一套二手房。

他们与房产销售人员小陈约好，周末到某小区去看房。这个房子比较老，装修也很陈旧，很多人来看过，但最终都没有成交。有了这些前例，小陈今天也没报太大的期望。

他们一起来到房前，小陈正要带他们进入房内，那位妻子忽然惊喜地拉着丈夫的手臂说："快看，正在开花的樱桃树！多美啊！你知道吗？我小时候就有一个梦想：长大后要住在一个有开花的樱桃树的房子里！"

聪敏的小陈把这位女士的话记在了心里。他带他们来到客厅，丈夫挑剔地说："这里面的地板太破旧了，必须换新的。"

小陈说："这房子是比较旧，所以装修恐怕不尽如人意。不过站在这里只要一瞥，就能看到那棵漂亮的开花的樱桃树。"

那位女士的眼睛不由自主地又看向窗外的那棵樱桃树，嘴角浮起微笑。

他们来到厨房，丈夫说："厨房太小了，也没有煤气管道。"

小陈说："不错，以前的房子结构和配套设施都不太先进。不过，当你做饭累了的时候，抬头望望近在咫尺的美丽的樱桃树，闻着花儿散发的清香，会感到生活真美好。"

他们又来到卧室，丈夫说："这墙纸太老旧了，要全部弄掉重新粉刷才行。"

小陈说："是的。不过你注意到没有？只要你站在卧室的窗前，就能将樱桃树的美景尽收眼底。"

房子看完了。显然从内部条件来说，这不太符合他们的理想，但那美丽的开着花的樱桃树已经攫走了那位妻子的心，让她实在舍不得放弃。最后他们还是购买了这套房子。

在这个案例中，销售人员小陈非常机敏地抓住了客户的兴趣点——开花的樱桃树，并一再地强调它，勾起了顾客内心最深的欲望，以致他们忽略了商品自身的其他缺陷，急切地想要拥有它。

其实在每件商品或服务中，都有一棵"开花的樱桃树"。销售人员要学会找到顾客心中那棵"樱桃树"，即顾客的购买兴趣点，紧紧抓住它，反复刺激它，一定会达到理想的销售效果。

这种"热点"攻略的销售技巧，正是高业绩销售员的"制胜法宝"。它其实也非常简单。无论是通过细心观察、巧妙提问还是专注倾听，你的核心点就是要设法找到并确定顾客的购买兴趣点，即他最关注的问题，也就是客户要在你的商品或服务中寻求的首要益处，和他最想得到的某种满足。然后，你就要集中全部精力，让客户相信会从你的商品中得到这些关键的益处和满足。

如果你把握不住客户的重心，只是提供给客户购买兴趣点以外的信息的话，无论你说得多么天花乱坠，也无法打动客户，最终让你觉得徒劳无益，白白浪费时间，还有一种很不舒服的失败感。

例如，你作为一个笔记本电脑的销售人员，知道它可分为带红外线接口和不带红外线接口两种。如果来了一个准顾客，你极力向他推荐这个产品特色，说它如何先进、如何给顾客带来便利时，顾客却没有多大兴趣，说这个功能对他来说无所谓，可有可无，你会觉得自己很傻，这个交易也就很难成立。而如果这正巧是顾客的兴趣点，他要找的就是红外线接口功能，你才可以重点强调这个特色，打动他的心，最终顺利实现交易的目的。

讲好一个故事，胜过说一堆道理

故事是人们喜闻乐见的一种文学形式，从古至今都受到人们的欢迎。在销售活动中，销售人员也可以利用讲故事的方式，来达到更好的销售效果。

心理学上有一条"情感与理性宣传定律"，是说人的心理既有感性的一面，也有理性的一面。在销售宣传中，有时诉诸情感更有效，有时诉诸理性更有效。

在情况比较紧急的情况下，诉诸感情比理智的效果更好；如果有足够的时间，那么理性的销售宣传就比较有效。但销售人员与客户相处的时间是有限的，如果没有很快说服客户，可能这个单子就泡汤了，因此，当我们跟客户处于博弈状态时，也许一个美丽、生动、感人的故事，就是最具"杀伤力"、最能抓住客户的心的制胜法宝。

有一个汽车销售员，就用一个小故事搞定了三个客户，赢得了一笔不大不小的生意。

小赵在一个汽车行做销售工作。这天，车行来了三位客户，这三位客户特别谨慎，先后来了几次，都没有做出购买决定。他们看得问得特别仔细，还提出要到维修车间看看。

于是，小赵陪同客户向维修车间走去。从展厅走到维修车间有三分钟的路程，在路上，小赵忽然想起一个故事，于是问道："你们知道在我们这里，车辆最怕什么吗？"

这个问题让三位客户一愣。小赵接着说："最怕鸽子。鸽子的粪中有一种特殊的生物酸，对车顶有腐蚀作用。这是我们的修车师傅告诉我的。"

"有一次，一个客户提新车，刚拿到钥匙准备进车时，一只鸽子飞过。我们的李师傅看到鸽子飞过车顶时落下了一撮粪便，就眼疾手快地用手接住了。但客户却没有注意到这个细节，还伸出手来要与他握手。李师傅把那只握着鸟粪的手放在胸前，另一只手做出请的姿势，鞠躬请客户进了车。客户启动了车，开走了。"

"事后我很好奇，就问李师傅为什么那么在意一点鸟粪？他告诉我说，你一定要告知客户，要小心防范头顶的鸽子，如果没有带遮掩的停车位，就最好买个车罩。"

"所以，我才知道车辆最怕的是空中的鸽子。"

三个客户听后，抬头看看空中，果然看到有若干只鸽子在飞翔。他们也注意到维修车间外面的几辆车都盖着车罩。他们的心被打动了，于是停住了脚步，其中一人对小赵说："我们不去车间看了，你给我们定三辆带车罩的车吧。"

小赵用鸟粪的故事，让客户看到了他所在的那家企业认真负责、处处为客户着想的服务精神，这让他们感动并认为值得信赖，才坚定了他们犹豫不决的心。

故事之所以有如此大的魅力，是因为人都是情感型动物。著名心理学家马斯洛认为，人的动机是由不同层次的需求组成的，包括生理需求、安全需求、社交需求、尊重需求和自我实现需求。其中精神方面的需求占据了一大半。

人的情感需求与物质需求，构成了市场需求总量。只有满足人们需求的产品，才能成功售出，实现其价值。而故事所传达出的各种情感满足，正是占据人们需求绝大部分的精神需求，因此可以带来可喜的销售效果。

通常，我们在强调产品或服务的时候，使用的都是一些常规的方法，即展示设备、技术、笑容、态度等，但这些展示都停留在描述上，是调动理性思维的，也就是主攻左脑的。但讲故事就完全不同了，它可以传递给客户更多的情感元素，让客户的右脑高速运转，更偏重于感性感知。讲故事和听故事的过程，也将销售人员想要传递的内容感性化，从而促使客户感性地下订单。

海尔能够成就一个家电王国，就是依靠许多感人的故事，诠释了它"真诚到永远"的服务理念，从而打动了无数人的心。

某地一位老人买了一台海尔空调，因不方便搬运，就打了一辆出租车回家。在他上楼找人帮忙搬货时，黑心的出租车司机却将空调拉跑了。这则消息被当地晚报报道后，在社会上产生了极大的反响，人们纷纷同情老人，指责不义的出租车司机。

海尔集团首席执行官张瑞敏从报上看到这则消息后，马上让空调事业部免费赠送给老人一台空调，并上门安装。老人非常感谢。张瑞敏由此看到了企业服务的盲区，指示企业内部自查，并制定更贴心的服务措施。空调事业部由此完善了服务内容，提出了"无搬动服务"——用户购买海尔空调只要交款，以后所有的事情都由公司来办，消费者只等着享用就可以了。

海尔的措施，为自己赢得了优秀的形象和口碑。

故事营销成功的关键，首先是故事具有传播性、趣味性，同时又朗朗上口，才能确保营销的有效性；第二，要与正面的社会价值观相结合，如正直、真诚、善良、孝敬等，才能得到社会的认可；第三，要能引起人们的购买欲望。通过故事赢得顾客的信任，如上面那位汽车销售员，或让顾客得到一种美好的体验，如海尔把顾客当朋友、让顾客感到温暖和尊重等。这都会有力推动顾客的购买动机和行为。

销售人员要注意的是，讲故事要有针对性。在讲故事之前，需要透过所了解的信息对客户的心理进行分析，快速、准确地捕捉客户的需求，才能说出恰当的故事，引起顾客的心理共鸣，从而成功售出你的商品。

销售与口才

李向阳 编著

北京时代华文书局

图书在版编目（CIP）数据

销售与口才 / 李向阳编著. -- 北京：北京时代华文书局，2019.12
（销售圣经）

ISBN 978-7-5699-3412-0

Ⅰ.①销… Ⅱ.①李… Ⅲ.①销售—口才学 Ⅳ.①F713.3②H019

中国版本图书馆 CIP 数据核字（2019）第 297230 号

销 售 与 口 才
XIAOSHOU YU KOUCAI

编　　著 ｜ 李向阳

出 版 人 ｜ 陈　涛
选题策划 ｜ 王　生
责任编辑 ｜ 周连杰
封面设计 ｜ 景　香
责任印制 ｜ 刘　银

出版发行 ｜ 北京时代华文书局 http://www.bjsdsj.com.cn
　　　　　北京市东城区安定门外大街136号皇城国际大厦A座8楼
　　　　　邮编：100011　电话：010-64267955　64267677
印　　刷 ｜ 三河市京兰印务有限公司　　电话：0316-3653362
　　　　　（如发现印装质量问题，请与印刷厂联系调换）
开　　本 ｜ 889mm×1194mm　1/32　印　张 ｜ 5　字　数 ｜ 120千字
版　　次 ｜ 2020 年 2 月第 1 版　　印　次 ｜ 2020 年 2 月第 1 次印刷
书　　号 ｜ ISBN 978-7-5699-3412-0
定　　价 ｜ 168.00元（全 5 册）

目录

deepCONTENTS

第一章　金牌销售一定是说话行家

对于销售人员来说，要想赢得客户的喜欢与接纳，就必须具备一定的沟通技能与说话艺术，只有这样，才能打开与客户沟通的大门，彼此的心灵才能产生共鸣，并为双方的交易关系搭起一座桥梁。

第二章　销售的话要直击人心

什么话最能打动人心？那就是说到心坎儿上的话。如果你的言谈刚好能契合客户的心理需求，刚好是客户的所思所想，那么，接下来的销售还有什么难的呢？

第三章　销售要有战略和战术

销售是个技术活儿，是需要你用你的智慧去完成它的。话该怎么说，怎么有策略得说，怎么说才能达到目的，这些都是销售员每天都需要面对的问题。

第四章　开拓客户必备的销售口才

在你接近客户之前，需要为自己"造势"，"造势"的话该怎么说，该让谁说，该对谁说，这些都是你张开嘴巴之前要考虑清楚的问题。

第五章　产品介绍时的销售口才

一位著名企业家说过："不论是顾客还是老板，都只需要专业的人才。"

对于销售人员来说，仅仅是博得客户的好感是不够的，更重要的是要赢得客户的信任，使其最终购买我们的商品才是最终目的所在。因此，对于有关商品的专业知识也是销售人员必须掌握的。业务素质应该是销售人员的基础"硬件"。

营销人员是否具有良好的业务素质，直接影响其工作业绩。营销人员应具备的业务素质是指其业务知识。一般来说，业务知识主要包括企业知识、产品知识、顾客知识、市场知识等方面。

作为一个优秀推销员，必须了解自己的企业、自己所推销的产品、自己将要面对的竞争者，成为行家里手，才算是一个职业推销员。

第六章　谈判磋商必备的销售口才

在销售中，经常看到往往因一句话而毁了一笔业务的现象，如果能避免失言，销售员的业绩肯定会百尺竿头，更进一步。在重要场合的谈判中，作为一名优秀的销售员，更是要慎言慎行，一不小心，就会毁了整个销售。

第七章　促成交易必备的销售口才

在销售活动中，成交的时机是非常难于把握的，太早了容易引起客户的反感，造成签约失败；太晚了，客户已经失去了购买欲望，之前所有的努力全部付诸东流。那怎么办呢？有经验的销售员告诉你，当成交时机到来时，客户会给你一些"信号"，只要你留心观察，就一定可以把握成交时机。

第八章　售后服务中必备的销售口才

很多销售员对客户的抱怨不以为然，认为只要能说服客户从钱包里掏钱就可以了，至于他们那些意见没必要太理会，其实这是大错特错的。

从某种意义上来说，客户是销售员的衣食父母。他们还应尊重客户，认真对待客户提出的各种意见及抱怨，并真正重视起来，这样售后服务才能得到有效改进。

第一章

金牌

销售一定是说话行家

对于销售人员来说，要想赢得客户的喜欢与接纳，就必须具备一定的沟通技能与说话艺术，只有这样，才能打开与客户沟通的大门，彼此的心灵才能产生共鸣，并为双方的交易关系搭起一座桥梁。

1．有一流的口才才有一流的业绩

在这个万象杂陈的社会，作为销售人员，其最基本的日常工作就是要面对形形色色的顾客，并时刻准备着去应对各种各样的突发事件。不论是与顾客的接触，还是对突发事件的处理，都离不开双方之间的有效沟通，而这种有效沟通恰恰正是建立在销售人员出色的口才基础之上。

因此，销售人员需要具备一流的口才技巧。因为，在销售实践中，销售人员要面对的更多的是对自己所推销商品不甚了解的顾客，如果缺乏相应的推销口才技巧，那么很难吸引顾客的注意力、打开销售局面，也就谈不上商品的成功销售了。

一个经验不足的推销员，挎着一个小包走进了一家公司。进去之后，他径直走到最近的一张办公桌前，低声问道："小姐，财务部在哪里？"

对方答道："在斜对面。"

过了一会儿，财务部的出纳进来了，"主管，来了个推销验钞机的，要不要？"

"不要，这种小商贩的东西不可靠。"

出纳离开后，推销员又走进了主管的办公室，大概知道是主管不同意购买，于是就踌躇着走到桌边，一时间竟忘了称呼，唯唯诺诺地说道：

"要不要验钞机，买一个吧。"他几乎是在用乞求的语气重复道。

"我们不需要，就这样吧。"主管头也不抬地说。

过了一会，一直没人理他，那位推销员自感无趣，碰了一鼻子灰，最后只好悄悄地退了出去。

看起来，这个推销员是让人同情的，但我们应该知道的是，市场不相信眼泪，更不会去同情弱者。因为这个推销员的推销口才基本上没有任何技巧可言，平淡的话语很难让人对其人及其商品产生兴趣，因此对他的拒绝也是在情理之中的。

销售员要想成功地实现销售，一个至关重要的环节就是首先用自己的言谈来吸引客户的注意力，使客户对推销的对象产生兴趣，进而才有可能说服客户，并促使其最终做出购买的决定。在推销的过程中，销售员应该想方设法通过短暂的接触和谈话来博取对方的好感，也就是要充分展示自己的口才魅力，这是进行成功销售的一个必要前提。

日本著明推销之神原一平，在打开推销局面、取得客户对自己的信任上，有一套独特有效的方法：

"先生，您好！"

"你是谁啊？"

"我是明治保险公司的原一平，今天我到贵地，有两件事来专程请教您这位附近最有名的老板。"

"附近最有名的老板？"

"是啊！根据我调查的结果，大家都说这个问题最好请教您。"

"哦！大伙儿都说是我！真是不敢当，到底什么问题呢？"

"实不相瞒，就是如何有效地规避税收和风险的事。"

"站着不方便，请进来说话吧！"

　　陌生拜访时销售员的日常工作之一，就像开始提及的那个推销人员，就未免显得有点唐突，而且很容易招致对方的反感，从而导致了顾客的拒绝。如果先拐弯抹角地恭维客户一番，再根据自己的推销需要，提出相关的问题，就能够比较容易地获得对方的好感，那么，随后的推销过程就会顺利很多。

　　从以上反正两个推销实例我们不难发现，销售口才的好坏与得当与否，在很大程度上左右着销售工作的成败。

　　在当今社会，一个人要想在与别人的交往中取得有利地位，获得成功，就离不开好口才，而销售工作尤其如此。在面对顾客的销售过程中，如果我们连话都说不清楚，辞不达意，与客户沟通起来总是说不到客户心里，难以打动对方，甚至让客户感觉别扭，所以也就根本谈不上销售的成功。可以说，作为销售员，口才的好坏直接关系到能否顺利将商品推销出去。拥有好口才，会让你的销售之路越走越平坦，因为，成功销售离不开好口才。

　　◎好口才可以吸引客户的注意力；

　　◎拥有好口才可以自如地与客户进行交谈；

　　◎好口才可以激发客户的兴趣，激起对方的购买欲望；

　　◎好口才可以消除客户的疑虑，赢得对方的信任；

　　◎好口才可以将相关信息有效地传递给客户；

　　◎好口才能够缓解销售中的气氛；

◎好口才能让你摆脱销售中的沟通困境；

◎好口才可以让你掌握洽谈的主动权；

◎好口才可以变被动为主动，扭转局面；

◎好口才帮你有效实施推销策略，完成交易；

◎好口才有助于赢得更多的客户。

归根结底，销售工作的各个环节都离不开口才的发挥。在现代社会，良好的口才是每一个有追求的销售人员所必须具备的一项基本本领。拥有好口才，是销售员走向成功的关键和有力保证。

2. 会说话才能赢得大客户

产品要好看才能好卖，销售员要会说才能有大客户。销售员更要有一张会唱歌的嘴。把不动听的说动听，把方的说圆。当然，这并不是要提倡欺蒙客户，而是要巧妙地利于语言魅力与客户打交道。

美国的新泽西与宾夕法尼亚是相邻的两个州，为了降低机动车的保险支出，两个州都制定了相应的法律。制定法律的目的是，假如驾车的人放弃对某些交通事件的起诉权，就可以少缴纳一些保险费。但两个州法律的表达方式却截然不同。

其中，宾州的规定是：要拥有所有交通事件的起诉权，除非另外声明。

新泽西州的规定是：要自动放弃某些交通事件的起诉权，除非另外声明。

在新泽西州，有80％的人选择有限起诉权，而宾州只有25％的人做同样的选择。

为什么会出现这样的结果？仔细研究一下，这两种说法的意思是一样的。但是结果截然不同。一个是假定拥有完全的起诉权，可以声明只要求有限起诉权，那样可以少交钱。另外一个说法是：假定现在拥有的就是有限起诉权，有权获得完全起诉权，但需要声明才能获取，并且需要交钱。比较而言，人们更倾向于选择不交钱的那一种方案。

所以说，会说话是一门艺术，同一个意思，表达方式不同，结果就不同。做为销售员一定要明白这个道理，然后才能运用。虽说人们要买的产品是为了实用，但外观、造型、包装并非不重要。在现代商业竞争日益激烈的情况下，后者更日显重要。只有看起来让客户舒服的产品，才能刺激客户的购买欲。古时候，有个卖珠人，为了好看和方便，给珠子配了一个雅致的盒子，这样很快便将珠子卖掉了。有趣的是，买珠子的人把盒子留下，而将珠子拿来还给原来的卖珠人了。这便是买椟还珠的寓言。可见外观、装潢的作用了。装潢好了，还要看销售员的嘴巴。能把要说的做到比唱的还好听，这样客户才愿意买。

一家钟表店出售一块造型过时的手表，这种手表已多年不生产了。有一天恰巧来了一对夫妻，丈夫给妻子买表。这妻子眼睛近视，需要手表时针和分针都很粗大，且颜色与表面反差要大，刚好这块过时的手表符合这些特点，只是造型太丑了些。丈夫否定了这只表，刚要走，卖表人拉住了他，对他说："这块手表外形的确有点过时，但这块手表的时针、分针粗大对你妻子却很合适，你错过了这个店，还买不到呢！"丈夫觉得卖表人说得有理，便买了这块手表。很显然，如果不是这个卖表人会说话，这个生意肯定泡汤了。能言善辩，说话中听，是销售员必备的一种素质。

销售员主要的工作是为了销售产品，可是客户被得罪了，他肯定不会买销售员销售的产品。所以，只要不欺骗客户，会说话就是一门艺术，能让不顺耳的话顺耳，不满意的客户满意。打个比方说，一位妇女身材很胖，她要买一双高跟鞋。如果直接告诉她：你这么胖，还穿高跟鞋！她听了肯定会生气。可是假如巧妙地这样说：你的脚比较丰满，中跟鞋会更稳当。她不一定会生气。同样一个事实，同样一个意思，她听起来就舒服多了。

很多销售员简单地认为好的语言表达能力就是滔滔不绝，事实上远非如此。判断销售员是否具有好的语言表达能力，要从他所使用的语言的说服力上分析。销售的核心是说服，说服力的强弱是衡量销售员水平的标准之一。很多时候滔滔不绝不但不能说服客户，还有可能引起客户的反感，真正的说服需要技巧。那些真正具有说服力的销售员并非都能口若悬河，只要掌握方法，一个木讷、呆板甚至说话结巴的销售员都能够具有超强的说服力。

要想成为具有说服力的一流销售员，应该避免消极的语言，给客户积极的感受。具有说服力与感染力的语言，首先必须是积极的。很多销售员不太注意这一点，所以在销售过程中总得不到客户的热烈回应。一位机器设备销售员在回答客户有关产品性能方面的问题时是这样回答的："胡总，您说的问题确实存在，这对您的使用不会造成很大的影响。"后来那次销售砸了。几天后，另一位销售同样机器的销售员也来拜访胡总，面对同样的问题，这位销售员是这样回答的："胡总，我保证您今后几年都会因为购买了我们的产品而高兴的！易于操作、功率强劲一直都是这款机器的特点！"最后这位销售员成功了。从逻辑上说，两名销售员所说的内容是相同的，但是因为前一位使用了消极的语言所以大败而归，而后一位使用了积极的语言而取得了成功。

不管面对的是怎样的客户，也不管所处的环境如何，如果有积极的词汇可以选择，那么就要完全避免不必要的消极词汇出现。销售员要说"这种产品真的不错！"而不要说"它绝对不会出差错"；要说"我们能为您提供更加全面周到的服务"而不要说"和我们合作您就不必再担心合作伙伴不能履约为您带来的损失"。

总的来说，销售员说话，一是要准确、得体、热情；二是要善于以褒代贬；三是要委婉文雅有礼貌；四是要简洁、中肯、客观。这就是销售员要掌握的语言能力。

3．第一句话就要打动客户

有销售经验的人都知道，前往客户处进行陌生拜访，并不是一种理想的推销方式，它的成功率也不高。但是，如果能提前预约到客户的话，那么就会极大地增强推销活动的针对性与成功率。

对销售员来讲，一旦能让客户接受你的推销"预约"，那么你就已经完成了推销的关键性工作，接下来就是如何向客户介绍你的产品或服务了。

无数销售员的成功经验证明，预约客户的方法可以使推销工作变得更加容易。一旦你清楚地认识到预约客户的奥妙时，就不会再毫无目的地盲目奔走了，而是只需努力地做好预约工作，就可以实现目标了。

首先对客户进行预约的好处在于：

第一，能够节约双方的时间。预约不但节省了销售员自己的时间，还节省了客户的时间。

第二，预约可以让客户产生这种想法：推销员知道他们很忙，所以才特意预约他们。他们会认为这是销售员在为他们着想，而且也是一种对他们的尊重。所以，在具体的接触过程中，这类客户自然就会珍惜和销售员在一起的时间，并且会更认真地听销售员的推销。

在预约客户的过程中，销售人员需要掌握一定的语言技巧。如果预约的客户是你认识的，应该很好处理。如果对方是你不认识的，他通常会问："你见我有什么事吗？"

你应该切记的是，这时可不是向客户推销的好机会，如果你说你想推销什么的话，那么很可能就会导致预约的失败。因为，在这时，你并不知道接电话的人是否需要你所推销的商品，所以正确的预约应该只是一次会谈而已。

所以，销售人员在给客户打预约电话时，要不断地提醒自己，千万不要谈生意。因为，此时你的任务只有一项，那就是成功预约到客户。

艾伦曾通过电话预约一个名叫博格的客户。这是一个非常繁忙的商人。下面是艾伦和他的对话：

艾伦："博格先生，我是鲍勃·艾伦，是理查德·弗兰克先生的朋友。您一定还记得他吧！"

博格："是的。"

艾伦："博格先生，我是人寿保险推销员，理查德先生建议我应该结识您。我知道您很忙，我能在这个星期的某天去打搅您5分钟吗？"

博格："你见我有何贵干？是想推销保险吗？几个星期前就有许多保险公司已经和我谈过了。"

艾伦："那也没关系，博格先生。如果我想向您推销什么，就算您看走眼了。明天早上9点，您能不能给我几分钟的时间呢？"

博格："好吧。我9点半还有另一个约会。"

艾伦："如果见面时间超过了5分钟，也算您看走眼了。"

博格："好吧。你最好在9：15到。"

艾伦："谢谢，我一定准时到达。"

就这样，艾伦成功地预约到了商人博格。

当然，也有些成功的销售员并不采用这种预约的方式来开展业务，但是只要客户向他们询问，他们都会在每星期那固定的几天给客户打电话的，而且这几天的时间也是固定的。换句话说，他们这也是一种预约。因此，对销售员来讲，只要能让客户接受你推销的"预约"，你就已经完成了销售的一个关键环节，接下来就是如何向客户介绍你的产品或服务了。

在实际的销售过程中，我们经常会遇到一些很难约见的客户。然而，正是这些难以求见的客户，一旦和他们完成了预约，他们就将会是最好的客户。只要你足够尊重他们，并把握住机会，他们一般是不会拒绝你的。

那么，在预约客户时需要注意哪些问题呢？以下就是和那些难以求见的客户打交道的行之有效的预约时的语言技巧。

技巧一：

"约翰先生，什么时间见您最好呢？是早上还是下午？或是这个星期的什么时间？"

技巧二：

"这个星期由您安排时间，我们一起吃午饭好吗？12点或12点半都行。"

技巧三：

如果客户的时间确实很紧，但又确实想见你的话，你可以这样问："您今天进城有车吗？"如果他说没有，你可以用自己的车去送他，还可以趁机向他解释："这样的话，我们就可以有几分钟在一起了。"

方法四：

如果预约的时间提前太多的话，你将会发现许多客户会设法在预订下来的某个固定时间和你见面。例如，当你在本周五早上制订下一周的工作计划时，不妨先给一个客户打电话说："您好，我下星期三会到您的邻居家去，我可以去拜访您吗？"当对方同意后，你就可以和他定下具体的时间。

4. 好口才让陌生感顿时消失

相信几乎每一个销售员都曾经遭遇过客户的冷遇，吃过闭门羹，特别是在对客户进行陌生拜访时就更是如此。而客户之所以冷遇销售人员，大多是出于他们的疑虑和反感——有的是对销售人员的疑虑和反感，有的是对产品的疑虑和反感。如何消除客户的冷漠和反感，是决定销售工作能否顺利进行的一个关键。这时，如果销售员拥有杰出的口才，就有助于消除客户的疑虑，促进交易的成功。

两个不太熟悉的人互相交流时，冷场是经常可能出现的情况。向河水中投块石子，探明水的深浅再前进，就能有把握地过河；与陌生人交谈，先提一些"投石"式的问题，在略有了解后再有目的地交谈，便能谈得更为自如。如"老兄在哪儿发财？""您孩子多大了？"等。

青竹商城刚刚开业，为了有一个好的开始，商城的老板对所有的销售人员宣布：

"谁做成了第一笔生意，谁就将获得1000元奖金。"

为了得到这1000元奖金，所有的销售人员都使出了浑身解数。

所有的销售人员都清楚，来到刚刚开业的商场，大多数的消费者都持有一种"看看这里到底怎么样"的心理，真正想要购买商品的顾客只占很少一部分。

有几位顾客进门了。其中一位女士停在了小王的化妆品专柜前，小王紧紧抓住这个时机，热情地招呼说：

"您好，欢迎光临，有什么要我帮忙的？"

女士看也不看小王，眼睛继续东扫扫西看看。

小王又问："你看中了哪一种？需要我给您建议吗？"

这时，女士有些不耐烦地说："我随便看看！"

情况突然陷入了沉默。小王想了一会，决定不放过这次机会，更何况，这也是对自己能力的一个挑战。眼看女士马上就要离开，小王稍稍提高了声音说道："其实你的皮肤很好，不涂任何化妆品都会很好看。"

女士听了这句话很开心，但还是不说什么，好像也没有打算买东西的样子，却不急着离开了。小王又说："但是也不能不注意保养，只有保养得好，皮肤才不容易衰老。如果不注意保养，再好的皮肤过了二十五岁都会开始衰老，挡也挡不住。等到那个时候再开始保养，就已经来不及了。"

女士抬起头说："那什么样的保养品比较好呢？"

"您属于混合性皮肤，根据我的经验，您应该适合这一种。"说着，小王从柜台里拿出了一瓶化妆品。"这个牌子的化妆品质量好，效果也好，而且价钱也不贵，更重要的是厂家已经有一百多年的历史了，品质绝对是信得过的，您可以放心使用。"

那位女士还有些犹豫不决，拿着瓶子闻了又闻。场面再一次陷入了尴尬。

小王见状又说："这种是雨天过后小草的清香，刚开始闻可能不太习惯，但是它的确很迷人，可以给人一种清新的感觉，这跟您的气质也很适合。而且我们商场刚刚开张，肯定是全市最低价。"

女士听了，不再犹豫，随即买下了这件商品。临走时她对小王说："你真是厉害，其实我本来只是打算随便看看的，昨天刚买了一瓶，你看，在你的劝说下，我又买了一瓶。"

最终，小王赢得了那份奖金。小王的成功之处就在于说了一些客套话，避免冷场，因为一旦冷场，就给顾客制造了离开的机会。

5. 妙语连接起与客户的内心之桥

随着市场上商品的越来越丰富与竞争的越来越激烈，现在的客户也变得越来越理智，说服他们购买你的产品的难度也越来越大。但我们应该知道的是，这个世界上本来就没有好办的事，但也没有办不成的事。这种严峻的市场现实，对广大从事销售工作的人员来说，不仅仅只是一种挑战，而且更是一种机遇。因为，机遇永远只会垂青于那些有准备的人，但问题的关键是，对此，你准备好了吗？

销售是一项极具挑战性的工作，它要求从业人员要根据市场的变化及客户消费心理的变化，来不断地对自己的销售策略与沟通技巧进行优化调整。必须承认的是现在的客户正变得越来越理智，他们不会再因为花言巧语就轻易地掏出自己的钱包，但是我们应该知道，如果能够在销售用语上多花费一些心思，有时确实能够起到意想不到的效果，能够将"一盘死棋"彻底盘活，这种逆转，从以下的案例中可见一斑。

美国新泽西州的一对老夫妇准备卖掉他们的房子，他们委托一位房地产经纪公司承销。这家经纪公司为这栋房子在报纸上刊登了一个广告，广告的内容很简短："出售住宅一套，有六个房间，壁炉、车库、浴室一应俱全，交通十分方便。"

但是，广告刊出一个多月后仍然无人问津。无奈之下，那对老夫妇只好又登了一次广告，这次他们亲自撰写了广告词："住在这所房里，我们感到非常幸福。只是由于两个卧室不够用，我们才决定搬家。如果您喜欢在春天呼吸湿润新鲜的空气，如果您喜欢夏天庭院里绿树成荫，如果您喜欢在秋天一边欣赏音乐一边透过宽敞的落地窗极目远方，如果您喜欢在冬天的傍晚全家人守着温暖的壁炉喝咖啡，那么请您购买我们的这所房子，我们也只想把房子卖给这样的人。"结果，广告刊出还不到一个星期，他们就搬家了。

这对老夫妇最终成功地推销出了他们的老房子，发生这种逆转的关键在于他们那更富煽动性、更具吸引力的销售广告语言。因为，他们的推销语言中不仅含有商品的信息，同时也运用了更具艺术性的语言将相关信息表述得更加新颖，更有针对性，从而增强信息刺激的力度，从而加速了客户将购买意图转化为购买行为的进程。

无数的成功销售实践一再证明，拥有好口才，特别是那种能够很好地抓住客户心理弱点的口才，是促成销售成功的一个关键前提。它完全能够使已经陷于僵局的销售工作取得重大突破。

台湾某著名电脑公司推销员阿信苦闷极了，自己在推销电脑的过程中几乎绞尽了脑汁，去谈论产品的性能如何如何好，但客户们似乎都没有兴趣。电脑推销不出去，他对自己也越来越没有信心，于是心灰意冷地走进一家餐厅，闷闷不乐地自斟自饮。

坐在他邻桌的是一位太太和她的两个孩子，他们正在吃午餐，那个男孩长得胖乎乎的，什么都吃，长得很结实；那个瘦弱的女孩却紧皱着眉头，举着双筷子将盘子里的菜翻来拨去，就是不吃。

那位太太有些着急，轻声开导小女孩："别挑食，要多吃些蔬菜，不注意营养怎么能行呢？"这样一连说了几遍，但小女孩仍将嘴巴撅得老高，还是不肯吃。这位太太渐渐失去了耐心，不断地用手指敲桌面，脸上布满了怒容。

看到这种情景，阿信喃喃自语："这位太太的蔬菜跟我的电脑一样，'推销'不出去了。"正说话间，一位年轻服务员走近了那个小女孩，对着她的耳朵悄悄说了几句话。让人感到意外的是，听了服务员的话后，那女孩马上就大口大口地吃了起来，边吃边斜视着那个男孩。

那位太太很惊奇，就把服务员拉到一边问道："你用了什么办法，让我那丫头听话？"

服务员微笑着说:"马不想喝水的时候,随你死拉活拽它也不会靠近水槽,要想让它喝水,得先让它吃些盐,它口渴了,你再牵它去喝水,它就会乖乖地跟你走。太太,不瞒您说,你经常带孩子来吃饭,我也经常看到小男孩欺负小女孩。我刚才激妹妹说:'哥哥不是老欺侮你吗?吃了蔬菜,长得比他更胖,更有力气,看他还敢打你吗?'"

旁观的阿信听了后暗暗叫绝:"太妙了,自己的电脑推销不也是这种道理吗!"有了这种想法后,他立即对自己曾经的失败推销经历进行了反思,找出了其症结所在,并对自己下一步的推销工作进行了优化调整,随后便开始了行动。

第二天,他敲开一家公司采购部负责人的办公室,这家公司他以前曾经来过多次,但都没能成功。

这一次,阿信不再滔滔不绝地讲述产品性能,而是微笑着问:"先生,我不想多说我的产品,我只想问贵公司目前最关心的是什么?贵公司目前为什么事而烦恼?"

对方叹了口气:"承蒙先生这么关心,我就直说了吧,我们最头痛的问题,是如何减少存货,如何提高利率,您的产品我们真的没兴趣呀。"

阿信却没有说什么,马上回到电脑公司,请专家设计了一整套方案:如何使用自己公司的电脑,使公司存货减少、利率增加。

当阿信再度去拜访这个公司采购部负责人时,边出示那套方案,边热情介绍:"先生,请您看一下这套方案,希望能够减轻您的烦恼。"

采购部负责人将信将疑翻开那些资料,越看越高兴:"先生,你的策划方案太好了!请将资料留下,我要向上级报告,我们肯定会向你订购电脑的。"

后来，他们果真向阿信订了一大批货。

阿信的这种销售经历，真可谓是"山重水复疑无路，柳暗花明又一村"。

6. 一句话调动客户的好奇心

人们只有在真心喜欢一件商品，而且确实需要这种商品时，才会心甘情愿地去购买，而喜欢的基础便是好奇心与兴趣，是购买的欲望。正由于此，那些成功的销售人员总是善于从这个突破口入手，用自己巧舌如簧的口才去激发顾客的购买欲望。

在20世纪60年代，美国有一位著名的推销员乔·格兰德尔，由于他经常在推销的过程中施展一些小招术，而被人们称为"花招先生"。他在拜访客户时，通常会把一个三分钟的蛋形计时器放在顾客的桌上，在顾客展现出惊奇的表情后，再对他们说说："请您给我三分钟，三分钟一过，当最后一粒沙穿过玻璃瓶之后，如果您不再需要我继续讲下去，我就立即离开。"就这样，顾客就被他的这种离奇的言行吸引住了。

此外，他还会利用各式各样的花招，让自己有足够的时间来向客户推销，并让对方对他所销售的产品产生兴趣。

"太太，您可知道世界上最懒的东西是什么？"

顾客摇摇头，表示不知道。

"那就是您存放起来不花的钱，它们本来可以用来购买空调，让您度过一个凉爽的夏天。"推销员说。

他就是这样通过制造一些悬念，来激起对方的好奇，随后再顺水推舟地来推介自己的商品。

格兰德尔的这种利用口才销售的方式，到后来逐渐发展成了一种有效的推销模式，其基本特征如下：

（1）在与顾客见面时进行恰当的提问

"您想知道，能够使你的营业额提高50％的方法吗？"

对于这种问题，相信大部分的人都会回答有兴趣。当顾客被这种问题吸引并为之所动时，销售人员就应该立即接着说："我只占用您大概10分钟的时间来向您介绍这种方法，当您听完后，您完全可以自行来判断这种方法是不是适合您。"

在这种情况下，由于销售人员已经提前告知了客户，不会占用他太多的时间，而且同时又让顾客明白了，在销售的过程中主动权是掌握在他们手中。这样就有效消除了顾客的抵触心理，从而才能够使销售活动进一步向前发展。

（2）好口才才能掌握推销的主动权

在与顾客接触的过程中，一个好的销售人员是不能够让顾客感到你是在强迫他们购买的，也就是要让他们认为主动权是在他们手中的，但是销售人员也必须掌握好一个度，即用你的言谈来牵引顾客的思路。

作为一个成功的销售员，必须要让顾客的思想跟着你走。如果达不到这种程度，就不能将局面引向对自己有利的方面。这样下去的话，销售工作也就很难取得成功。所以在与顾客沟通的过程中必须要掌握主动权，而掌握主动权的关键又在于你的销售口才。

大量的销售实践证明，巧妙有效的语言表达，完全可以使本来极不利于自己的形势发生逆转。

一个销售员是这样开始与顾客的沟通的：

"哦，好可爱的小狗，是英国的金毛寻回犬吧？"

顾客看到对方说话很友善，又在夸赞自己的小狗，心中很高兴，于是回答说："是的。"

销售员接着又说："这狗毛色真好，您一定经常给它洗澡，很累吧？"

顾客笑嘻嘻地答道："是啊，不过它也算是我的伴，也给我的生活增添了不少快乐，习惯了，也就不觉得累了。"

销售员于是进一步分析说："人不能太孤独，是得有个陪伴，养犬是调节精神、有利身心健康的活动，我觉得应该大力提倡。"

顾客听了这位人士的话，心里感觉很舒服。于是，就和销售员攀谈了起来。而销售员也就抓住这个机会，并适时转换话题，来巧妙地推介自己的产品。这种情况下的销售，成功的概率也就比较大了。

因此，销售员在接近顾客时，如果讲些容易被顾客接受的话题，尤其是一些对方感兴趣的话题，就很容易与对方攀谈起来，并将商品适时销售出去，这也是推销成功的一种屡试不爽的最基本方法。

（3）好口才能赢取顾客的信任

好口才并不代表一定要口若悬河，并不是要具有把死人说活了的本事。一个称职的优秀销售员，在面对顾客时，他们会根据对方的脾气、性格与禀赋，来准确揣摩顾客的心理，抓住顾客的弱点，因人、因情况而异来展开自己的推销活动，来准确地使用推销语言，而非使用一些让人难以置信的花巧辞令，仅仅准确抓住顾客的心理需求，言简意赅地介绍商品的性能、用途、质地以及维修、保养等知识，也许并不需要太多的、精彩的语言，就能够真正赢得顾客的信赖。

有一位推销员到乡村去推销电饭锅。由于当时农村大多采用的还是原始的烧火煮饭，根本就不知道电饭锅是什么。只见这位推销员走进一家炊烟袅袅的农家，在厨房里一边帮主人烧火，一边感慨道：

"要是做饭不用烧火该多好啊！"

主妇笑了起来：

"天下哪有这种好事啊，再说我们祖祖辈辈都是这么做饭的。"

"有啊，"推销员看时机成熟了，就拿着电饭锅说："我这口锅煮饭就不用烧柴，你不信的话，咱们可以试试看。"

说完他便忙着放水，下米，插电源。同时向主妇解释其原理及使用的方法。饭煮好后，主妇一尝，不烂不糊，味道很好。推销员于是乘机说："更妙的是，用这种锅煮饭的时候你不用一直在旁边看着，可以休息或干些别的事情。"

主妇做梦也没有想到居然还有这种好用又方便的东西，而且这种产品是该销售员专门挑选好，为农村市场准备的，操作简便实用，物美价廉。于是那位早就想从繁忙的厨房事务中解脱出来的主妇，当即就决定买下了一台电饭锅，并且还跑到她的左邻右舍那去介绍，做了义务推销员。

7. 成交往往决定于一两句话

归根结底，销售的过程也就是销售人员"说服"顾客的过程，一个称职的销售员应该在与顾客沟通的过程中，去消除顾客心中的一个个疑虑，最终说服他们做出购买的决定。这个"说服"过程的长短乃至成败，直接取决于销售员的口才技巧与说话艺术。

哈罗德是一个成功的服装推销员，他专门面向高端顾客推销男士高级职业套装。

哈罗德的推销对象一般都是一些有较高社会地位的人，因此，他为自己设计了这样一种常见的接触客户时的开场白："我到这儿是想能成为您的服装供应商。我知道，如果您从我这儿买服装的话，您肯定是因为信任我，信任我的公司和我的产品。我希望您能对我有信心，首先我想向您先简单地介绍一下我自己。

"我做这份工作有几年时间了，在这之前我上过大学，专业就是时装设计，也学过纺织，我相信自己不会比别人差，尤其是在帮助您挑选适合您的服装时不会比别人逊色。"

"我们的公司已经有三十多年的历史了，我们拥有自己的商店。自从开业以来，公司以每年20%的增长速度在扩展，而且大部分的销售额都来自回头客。我们愿意为顾客提供所需要的各式服装，而且一直努力希望成为本行业的佼佼者。当然我们是否最好，就取决于您和其他顾客的判断了。我保证，只要您给我一点信心，看到我的产品，就会发现我们确实很棒。"

"我公司生产职业套装、运动套装、休闲服饰、轻便大衣和家居服装等等，只要是您需要的，我们就能生产。我们可以为您订做您喜欢的样式，所有服装都出自于我们自己的商店。您不可能从别人那里买到像我们这样做工精细，并且价钱如此公道的服装。当然，您可以买更昂贵的服装，也可以买更廉价的服装，但是您付出同样的价格从我公司购买时，您会得到更棒的产品，这也正是本公司最具竞争实力的优势。

"先生，您认为如何呢？"

哈罗德采取这种介绍方式已经许久了，而且也收到了非常好的效果。在推销过程中通过恰当得体的自我介绍来说服顾客听下去，来建立信任，并在建立信任的过程中进行推销。

有一次哈罗德向一位律师推销几种西服，在哈罗德告诉他价格之前，他一直盯着两件西服看。

想了一会儿，他问哈罗德："这两件多少钱？"

当哈罗德报出价钱后，他就不再说话了。根据多年的销售经验，哈罗德知道他是觉得贵了，知道除非他能赢得对方的信任并能摆出理由让他相信，用比他以前所花的要多得多的钱来买这两套西服对他而言，是个明智的选择，不然的话这笔交易就很难完成了。

这时，哈罗德注意到停车坪上的新凯迪拉克（车检牌上说明那是这位律师的车），便装出一副神秘的样子问他："我能问您一个问题吗？"

"问吧。"他回答说。

"您开的什么车？"

"哦，我有辆凯迪拉克。"

"那在这辆凯迪拉克前，您开什么车？"

"也是辆凯迪拉克。"

"在您开凯迪拉克前，您还开过什么牌子的车？"

"那是辆雪铁龙"。

"您记不记得，当您从雪铁龙换到凯迪拉克时对价钱是不是也很关心呢？"

他很快就理解了哈罗德的用意所在，说："我明白了。"那时，价钱也就不再是个问题了，而他一次就买了那两套西服。

如果一个时常在服装上花钱很少的顾客抱怨哈罗德产品的价格高时，哈罗德会说："先生，我知道您觉得比您平时多付这100多美元是不值得，我理解您的心情，但我相信，一旦您穿上我们生产的西服，您一定会觉得您比以前更出色。我可以向您证明一下您该信任我的产品，我愿意给您一个试穿的机会。这样好吗？在30天左右您可以拿到西服，然后还有60天的试穿时间，如果您觉得不值，可以随时把我叫过来，我会把那100多美元还给您。这样，您就不必多花钱了。"

这种做法也给哈罗德带来了不少成功的买卖，而且还从未有人60天后要哈罗德退回100多美元。他们的反应通常是："好，我想我该相信您……"或者别的相同意思的话。

所以，我们说销售的过程就是一个说服的过程，销售现场也是销售人员口才水平的一个试金场所，销售员话术水平的高低直接左右着销售活动的发展方向。

第二章

销售的话要直击人心

什么话最能打动人心？那就是说到心坎儿上的话。如果你的言谈刚好能契合客户的心理需求，刚好是客户的所思所想，那么，接下来的销售还有什么难的呢？

1. 指责客户是最愚蠢的行为

心理学研究表明：人的内心深处，都有一种渴望得到别人尊重的愿望，也就是说，人们都喜欢听好话，正所谓"好话一句做牛做马都愿意"。

"你家这楼可真难爬啊……"这是很多上门服务的销售人员嘴上的通病，尤其是那些新人，说话往往不经过思考，不经意间就伤害了客户。这样的例子屡见不鲜，很多销售人员为了打一个圆场，有一个开场白，见了客户第一句话便说："这件衣服不好看，一点都不适合你。""这个茶真难喝。""你这张名片有点儿土！"虽然销售人员是无心的，并没有真正批评指责客户的意思，但是，在客户眼里，你就是在批评他们，会让他们感觉不舒服。

心理学研究表明：人的内心深处，都有一种渴望别人尊重自己的愿望，也就是说，人们都喜欢听好话，正所谓"好话一句做牛做马都愿意"。所以说，人人都希望得到别人的尊重和肯定，人人都喜欢听好话。你上来就对客户说一些难听的话，就算客户再有耐心，对你的印象也会大打折扣！

"赞美与鼓励可以让普通人变天才，批评与抱怨可以让天才变普通人"，在这个世界上，几乎没有人愿意接受批评。销售人员在推销工作中，几乎每时每刻都要和人打交道，说话非常有必要注意技巧。

有时候，销售人员还经常犯这样的毛病，对客户是客客气气的，可是对于竞争对手却丝毫不留情面，或者对其他销售人员说一些刺耳的、带有攻击性色彩的话语，甚至把对方说得一钱不值。如果你这样，就会让客户觉得你是个没有自信，不值得信赖的人，从而导致整个行业形象在客户心里有所下降。

不管你是对人，还是对事，只要你说难听的话，都会引起客户的反感，因为你说话的时候，更多情况下是站在自己的角度看问题，过于主观，效果很可能会适得其反，对你的销售只能是有害无益！

如此说来，是不是就应该多说赞美性的话呢？是的，赞美的话语必不可少，但是也要注意适量。说得太多，往往会让客户觉得你很虚伪，缺乏真诚。比如现在的保险人员，他们在说话的时候就存在一些弊病，一位老大妈这样说："这些卖保险的，说话都是一套一套的，嘴巴甜得要命，这保险公司培训出的都是一个模式，满嘴的油腔滑调，就会耍嘴皮子！"看看，客户的实际心理就是这样。老大妈的话无形中提醒我们：与客户交谈时，赞美的话要出自内心，不能不着边际地瞎赞美。好话也要会说，会说的人更能让人信服。

还有这样一种情况，经常听同事说，某某客户怎么怎么坏、怎么怎么讨厌，我们不能否认确实有一些客户是不适合跟我们合作的，甚至根本不配和我们合作。但是，我们不能把牢骚挂在嘴边，即使不能合作也要客客气气，对客户尊重一些，你对客户好一点，也许这个客户还能给你提供更多的准客户。每一个人都有自己的个性，每个人都有自己做事情的方法，我们不能改变这一切，但是要尝试着去让客户看待问题的方法和自己的趋向一致，不能只是一味地去抱怨和批评！对于存在的差别，我们怎么才能更好地和客户沟通呢？

我们如何更好地和客户沟通？销售人员不是完人，客户也不是，但是客户是我们的上帝，是我们的工作对象，我们对待上帝要更宽容一点——商人的大多数行为不都是受利益驱动的吗？明白了这一点，我们就不会抱着埋怨的态度去批评客户，说客户的不对了。只要你理解了他们80％的行为，沟通就变得很容易了！

2. 每一句话开头先说"我们"

从心理学角度来讲，一个人对自己的关心要远远大于对他人的事情的关心，关注自己是人的天性。所以，很多情况下，人会不自觉地总是替自己说话。销售员在工作中要学会"忍"，不能时常把自己挂在嘴边。

在人际交往中，也许你会发现，那些社交经验丰富的人们，一般很少直接跟你说"我怎么着怎么着"，都是说"我们怎么怎么样"。这样虽然有拉关系、套近乎的嫌疑，但是，这招很有效，简直可以称得上是人际交往的"助推剂"。

在人际交往中，很重要的一条就是少说"我"，多说"我们"。乍一看，就差了一个字，也没什么特别。但仔细想想，里面的"水"还是很深的。"我们"表明说话的人很关注对方，站在双方共有的立场上看问题，把焦点放在对方，而不是时时以自我为中心。

这也是很多销售员总结出来的经验，面对形形色色的客户，我们不可能准确地把握每一个人的心理，但是有一条准则却是相同的，你为客户着想，即使不能让客户绝对信任你，但也会让客户喜欢你。

毫不夸张地说，你试着注意一下自己每天说"我"的次数，你会发现，自己几乎每句话都提到了一个"我"字。所以，销售人员要尽量避免这样情况的出现，避免老是说"我"。

如果想成为一个受客户欢迎的人，请你必须牢记：少说"我"，多说"我们"。关注客户，客户才会更关注你！

人人都喜欢戴高帽子，人人都喜欢被别人重视。所以销售人员要把握客户这种微妙的心理，在和客户谈话的时候多说"我们"，少说"我"！

再想想看，既然人人都喜欢被别人重视，那我们就必须学会重视别人。如果客户在炫耀自己的能力，就让他炫耀好了，即使你很讨厌他，也要装作喜欢听他讲话的样子。对于常和客户打交道的销售人员来说，取得对方信赖是一件获得对方青睐的重要法宝！

首先，说"我们"表明你对客户较为重视。你的态度本身就意味着你的价值，如果你对客户总是说"我怎样怎样"，客户肯定会认为你是个自私的人，一点也不在乎他！

其次，说"我们"还意味着你是否有和客户继续交往的欲望。对于许多客户来说，他们跟你谈话的目的并不是单纯地想解决问题，更重要的是希望销售人员真心地关心自己。

"我"和"我们"表面看上去只是一个称谓问题，只有一字之差，但是给我们的心理感觉却完全不同。事实上，当你在客户面前频繁地说"我"的时候已经失去了你自己，更失去了客户对你的信心。当然，也要注意，不能事事说"我们"，有些东西可不是我们这些销售人员能掌握的，过犹不及就不好了！

3. 客套话是前奏曲

说客套话的目的无非是拉近销售人员与顾客双方的距离。在实际交流中，客套话随口而出的可能是答应对方一些事情，如果你对此没有充分认识，说过就忘记了，那可能就会坏事。因为你可能是随口说说，而对方却放在心上，如果你没有做到，那就是辜负了你自己的承诺，让人家失望了，怎么能推销成功呢？

乔·理特奉上司指示，秘密进入某家公司进行消费调查。正巧理特认识这一家大企业公司的董事长，这位董事长很清楚该公司的行政情形，理特便亲自登门拜访。

当他进入董事长室，才坐定不久，女秘书便从门口探头对董事长说："很抱歉，今天我没有邮票拿给您。"

"我那12岁的儿子正在收集邮票，所以……"董事长不好意思地向理特解释。

理特便说："我有朋友在银行国外科，每天都有许多来自世界各地的信件，有许多各国的邮票，哪天带点过来。"

接着理特便开门见山地说明来意。可是董事长却含糊其辞，一直不愿作正面回答。理特见此情景，只好离去。

第二天下午，理特又去找那位董事长，告诉他是专程替他儿子送邮票来的。董事长热诚地招待了他。理特把邮票交给他，他面露微笑，双手接过邮票，就像得到稀世珍宝似的自言自语：

"我儿子一定高兴得不得了。啊！多有价值！"

董事长和理特谈了40分钟有关集邮的事情，又让理特看他儿子照片。一会儿，没等理特开口，他就自动地说出了理特要知道的内幕消息，足足说了一个钟头。他不但把所知道的消息都告诉了理特，又召来部下询问，还打电话请教朋友。

理特没想到区区几十张邮票竟让他圆满地完成了任务。

一句看似平常的客套话，一个真心的举动，一些不值钱的小礼物，打动了董事长的心，理特也顺利地完成了任务。人常说：要讨母亲的欢心，莫过于讨得她孩子的欢心。聪明的人应该利用孩子在交际过程中充当沟通的媒介，一桩看似希望渺茫的事，经过孩子的起承转合，反倒迎刃而解。其实，再强硬、再难打交道的人，只要能找到他感情的软肋，那么事情就好办了。

王东是某著名空调品牌的厂家销售人员，两个月以来，他没有卖出任何商品，这在他的销售生涯还是头一次出现。在公司的销售业绩登记簿上，他也排到了最后一位。一天，他暗暗发誓：今天一定要卖出一台空调，否则将辞去这份工作。

怀着这样的心情，他敲响了一户人家的房门。

"您好，可以占用您几分钟的时间吗？我是空调销售人员，这次厂家搞活动，空调降价幅度高达20%，如果您有意向购买空调的话，这是一个绝好的时机。"

女主人露出感兴趣的神态，说："是吗？我正想买一台空调，我家的刚好坏了。"

经过一番详细介绍，女主人还是犹豫不决："这真的是最大优惠了吗？我听说另外一种牌子的空调也在搞活动，他们是买一台空调，赠送一台微波炉。你们为什么不这样做？我想我还是买那一家的比较划算。"

王东认为女主人的话有些离谱，就想开个玩笑，于是笑了笑说："好吧，如果你购买我们的商品，我们就可以赠送给你一台微波炉！”

女主人听后，信以为真，立即打电话给王东所在的厂家，问道："如果我在贵公司购买空调，是否可以赠送给我一台微波炉？你们的业务员在我这里，是他跟我说的。"

王东所在的厂家十分重视此事，为了维护公司的信誉，以及对王东的这种不负责任的承诺的惩罚，公司决定：卖给这位女士空调，而且按照承诺，赠送给她一台微波炉，只不过微波炉的钱由王东来出。从此以后，这件事就成了公司教导其他员工的反面教材。

在交际场上，说出去的话就像泼出去的水一样，无法收回。

"不管怎么样，这次价格让你便宜两成！"

"无论什么时候都免费进行维修！"

"这个和那个就白送给你了！"

在总想卖出、让对方买下的心理的支配下，很容易会无意中说出多余的话来，而让对方抓住意外的许诺。

在说出没有商量余地的话之前，一定要在脑子里盘算一下，必须明确表明：在某种范围内自己要承担一定的责任。

处理纠纷时更必须注意不要做口头上的许诺，千万不要为了安慰对方而说出对自己、对自己公司不利的事；如果对纠纷内容没有十分的把握，就不要依对方所说的去办。

"我方将很快做出处理，请原谅！""那件事，我会负责的。""这个，我知道怎么处理！"等宜慎用。俗话说："君子一言，驷马难追。"答应别人的是要兑现的，即使客套话也不例外。

当今社会，说话开空头支票已成为一些人的习惯，嘴上说得好听，做起来却是另一套。一旦时间久了人家认清了你的本来面目，你说得再好听也无法把话说圆。

"空头支票"是个人信用的组成部分，一旦开出而不能兑现，必然使自己的信誉度降低，因此，"空头支票"还是少开为佳。轻率地承诺，很容易被抓住这样的把柄：

"那时你曾发话，责任由你承担的！"

"你向我们承诺过！"

不要在纠纷的当场许下诺言，而应该采用以下的话来平息纠纷：

"我们一定会努力查明问题的真相！"

"待和上司商量后，我们将酌情做出妥善处理！"

"这件事还是让我考虑考虑吧。"

"我试着干干看吧。"

但有时语言表达容易含糊不清，所以一旦找到对方能理解的妥协点，就要清楚说明哪些可做、哪些不能做，而认真地予以解决。如果有可能的话，最好将其付诸书面形式，处理纠纷也是商业交涉，最后一定要弄得一清二楚。

如果你总是对朋友开"空头支票"，这个"行"、那个"没问题"，但又不付诸实际行动，那么你将失去别人的信赖，你与对方的关系就难以维持下去了。

4. 分分钟找到与客户的相同点

我们唯一的目的是打破客户厚厚的心理隔膜，巧妙地化解他们的偏见，让客户能够自然地接纳你。找"一些相同点"，再加以扩大，这是我们销售时的一把利器！

一对老人对自己女儿的婚姻大事非常看重，他们心目中的女婿必须年龄要适合自己的女儿，学历、家庭都要达到一定的水平，可是女儿所选择的对象偏偏是一位"学、经、年"皆不足的青年。虽然这对老人都是非常开明的人，但是在女儿的婚事上却谨慎得很，非常反对女儿嫁给这个"学、经、年"皆不足的年轻人。虽然年轻人委托了一些能说会道的"高手"来说亲，可是结果仍然是被婉拒……

后来年轻人把"准岳丈"的上级领导都找来了，领导对"准岳丈"说："为了令千金的幸福着想，我们的确应该慎重再慎重，但是不能不为孩子们的幸福着想，就算找个有钱人，也不能让你的女儿幸福，这又何苦呢？"

"说客领导"劝告夫妇二人站在自己女儿的立场上来重新考虑一下这桩婚事。他们经过一段时间的考虑，认为"领导"说得很有道理，如果总是坚持自己的标准，女儿独守空闺也不是个办法，毕竟岁数也不小了。再加上年轻人嘴甜，慢慢也就感化了这对老人。最后，老人尊重了女儿的意愿，终于答应了这桩婚事。后来，这对年轻人过得一直很幸福。

为什么那些说媒"高手"不能打动这两位老人的心呢，也许是因为他们总是站在委托人男方的角度上考虑问题，向这对老人采取了"进攻式"的方法。这对老人能答应他们女儿的婚事，很大程度上是因为老领导那句"为了令千金的幸福着想"的"相同点"。没有这一点，这件事情恐怕就无法办成。"一些相同点"促成了一桩美满的姻缘……

销售的道理也是如此，在销售的时候，找出与对方的相同点并加以扩大能更好地拉近你和客户之间的心理距离。比如，你知道了某某老板对成本控制十分关注，优秀的销售人员就会说："您可以放心，我们是以贵公司的成本预算为第一考虑因素，才为贵公司量身定作了这套方案……"在电视上，你也会经常看到这样的场景：某保健品电视广告中，李大妈会说，"以前腿老疼，吃了某某药，现在一口气能上六楼了……"这就是广告人寻找相同点以引起消费者共鸣的一种手段！

原一平准备去拜访一家企业的老板，由于各种原因，他用尽各种各样的方法，都无法见到他本人。

有一天，原一平终于找到灵感。他看到附近杂货店的伙计从老板公馆的另一道门走了出来。原一平灵机一动立刻朝那个伙计走去。

"小二哥，你好！前几天，我跟你的老板聊得好开心，今天我有事请教你。"

"请问你老板公馆的衣服都由哪一家洗衣店洗呢？"

"从我们杂货店门前走过去，有一个上坡路段，走过上坡路，左边那一家洗衣店就是了。"

"谢谢你，另外，你知道洗衣店几天会来收一次衣服吗？"

"这个我不太清楚，大概三四天吧。"

"非常感谢你，祝你好运。"

原一平顺利从洗衣店店主口中得到老板西装的布料、颜色、式样的资料。

西装店的店主对他说："原先生，你实在太有眼光了，你知道企业名人某某老板吗？他是我们的老主顾，你所选的西装，花色与式样与他的一模一样。"

原一平假装很惊讶地说："有这回事吗？真是凑巧。"

店主主动提到企业老板的名字，说到老板的西装、领带、皮鞋，还进一步谈到他的谈吐与嗜好。

有一天，机会终于来了，原一平穿上那一套西装并打一搭配的领带，从容地站在老板前面。

如原一平所料，他大吃一惊，一脸惊讶，接着恍然大悟大笑起来。

后来，这位老板成了原一平的客户。

原一平告诉我们，接近准客户最好的方法就是投其所好。培养与准客户一样的爱好或兴趣。当准客户注意你时，就会有进一步想了解你的欲望。

推销员看到一个小孩蹦蹦跳跳，东摸西抓，片刻不停，也许会心中生厌。但一名推销高手，却对他母亲说："这孩子真是活泼可爱！"

孩子是父母心中的"小太阳"，看到孩子，不论长相啥样，也不管可爱与否，推销员应该说的是："喔！好可爱的孩子！几岁了？……"这样一定能打开对方的话匣子，把小宝宝可爱聪明的故事说上一大堆。这种和谐的气氛自然能"融化"她的借口，顺利推销你的商品。把客户和你的"一些相同点"加以扩大，往往能获得良好的说服效果。如果对方和你有偏见，你不能直接说出来，你可以将自己的想法说成是"偏见"，让客户听到你的"偏见"后，会以此为借鉴，反省自己的想法，因此发觉自己所坚持的观点不一定是绝对的。

我们唯一的目的是打破客户厚厚的心理隔膜，巧妙地化解他们的偏见，让客户能够自然地接纳你。

5. 让你的销售变成帮助

让你说话的口气像朋友，让顾客觉得你是在帮他们。这是每一个渴望成功的销售人员起码应该养成的工作习惯，也是所有销售部门最基本的工作方式，也是所有营销人员必须学会的一套新思维！

很多顾客走出商场的时候，会这样说："本来我想买那件东西，但是讨厌的销售员嗡嗡唧唧，用一堆老掉牙的推销伎俩向我施压，简直是在强迫我购买——感觉很不爽。"

所以说，销售人员在和客户交谈的时候，不能用推销员的口气说话，要像对待朋友那样去帮助客户。这也就是我们一直在强调的站在客户的角度想问题。

站在客户的角度考虑问题，不但能赢得客户的好感，还可以减少经营过程中许多不必要的麻烦。

一次一位顾客想买洗衣机，本来人家已经考虑好了自己想买的品牌，没想到一进商场，销售人员上来就是一通热情的介绍，什么水流洗涤方式啦，电脑主控板口啦，发动机电压稳定不稳定啦……将一些消费者根本无需了解的行业细节一股脑地灌了下去。

最后，顾客听他说了一番话，长了一些学问，很委婉地谢绝了这个销售员的建议，走向了另一个大商场。也许你会问：为什么？销售人员做得不对吗？让顾客多知道一些专业知识不是更好吗？这样的想法是对的，但是没有找到顾客购物的突破口。简单地说，没有说到顾客的心里去。

顾客会这样想：我家的电压一直很稳定，我对什么"高科技、全功能"也不太感兴趣，我只关心洗衣机好用不好用。看到销售人员在那边口若悬河，也许顾客早就捂紧了自己的钱包，生怕你掏走自己的钱。

销售人员，你为什么不能先试着搞清楚顾客的意图呢？上来就像例行公事一样宣传你自己的产品，可惜这样的宣传毫无沟通的价值。站在客户的角度想问题，不是让你口若悬河，是让你说话的口气像朋友，让顾客觉得你是在帮他们。这是每一个渴望成功的销售人员起码应该养成的工作习惯，也是所有销售部门最基本的工作方式，也是所有营销人员必须学会的一套新思维！

"先生，您好。我们的皮鞋全部是意大利进口，可以满足您低、中、高各档需求。您现在看到的这家店是我们公司在全国开设的第一百零八家连锁店。我们经营的理念是：总有一款适合您。先生，您看您需要哪一双？"这样的话似乎有些可笑，就像事先背好的套话，缺乏创意和诚意。

相信这是很多顾客在购物时遇到最多的一种推销方式，被人们戏称为"最能打击顾客购买热情的推销方式"。所以，尽管很多销售员总是在抱怨自己说得口干舌燥了，最后很多顾客还是无动于衷，甚至面无表情地转身离开。

这是为什么呢？人们都相信这句话："王婆卖瓜，自卖自夸。"你越是无的放矢地对自己的产品夸夸其谈，顾客就越容易反感甚至怀疑你的意图。

于是，无数顾客就眼睁睁地从我们眼皮子底下溜走了。那我们究竟该怎么说好呢？不妨试试这样说："先生，您好，我是售货员。不好意思，我能占用您几分钟时间，向您介绍一下我们最新款的皮鞋吗？"你这样一说，开门见山，直接限定好了做生意的气氛。如果顾客点头同意了，你再开始你的演讲不是更好？说话的时候多从顾客穿鞋的角度想想，一般他是不会走开的。这样既保住了自己的面子，也能让顾客产生浓厚的购买兴趣。

接下来，你再这样说："先生，您真有眼光，您现在看到这双鞋是我们店里刚进的一款新鞋，或许很适合您，您可以试试。"顾客听了你的话，会感觉自己受到了特殊的关照，心理上对你有了认同感，最后付款成交的概率就会很高。

6. 与销售无关的话题尽量简单

不要把那些必须跟客户讲清楚的重要的话拼命地硬塞给他们，在你讲解的过程中，可以换一种角度，从客户感兴趣的小故事、小笑话着手，用幽默的方式来刺激客户，然后再转回到正题上来，也许这样效果会更好！

无可避免地，销售中一定会存在一些枯燥性的话题，有时候，这些话题你不得不讲解给客户听。但是，这些话题讲出来人人都不爱听，甚至一听就会打瞌睡。不讲吧，这是业务需要；讲吧，客户又不爱听。这时候，销售人员该怎么办？

销售专家们对此又有什么好的方法呢？简单来说，就是要把话往简单里说。尽量把这些话讲得简单生动，有些对产品不是很重要的地方甚至可以概括来讲，一带而过。这样，客户听了才不会感到了无生趣，才不会打瞌睡。

想让你的销售达到预期效果，最好不要把那些必须跟客户讲清楚的重要的话拼命地硬塞给他们，在你讲解的过程中，可以换一种角度，从客户感兴趣的小故事、小笑话着手，用幽默的方式来刺激客户，然后再转回到正题上来，也许这样效果会更好！总之，对于枯燥无味的话题，客户不爱听的话，销售人员最好是能保留就保留起来，束之高阁，有时比和盘托出要高明一筹！

下面，就让我们来看看美国人是怎样把枯燥繁琐的折扣方法告诉客户的。

一位女士走进西部航空公司的售票厅，对售票小姐说："我要两张旧金山的机票。"

"好的，女士，不过，这种机票有多种优惠价格，不知道您适合哪一种？"小姐答道。

"优惠？"女士漫不经心地说，"我听说过你们有优惠，但是不知道你们有什么优惠啊？"

"您是美国印第安人吗？"

"不是。你问这干嘛？"

"那真是太遗憾了，如果您是印第安人，并在凌晨4点启程，又在次日清晨返回的话，我们可以给您减价30％，但现在只有8％的优惠。"

"哎，真可惜，请问你们还有别的优惠条件吗？"

"有啊，如果您已经结婚50年以上并没有离婚，将要去参加您的结婚纪念活动的话，我们给您优惠20％。"

"不好意思，还有别的吗？"

"有，如果您是一位度假的国家驻外使馆人员，可以给您15％的优惠。"

"很遗憾，我正和先生一起旅行。"

"哎呀，女士您怎么不早说？您先生还不到60岁吧？如果你们不赶在周末旅行，那就能享受到20％的优惠。"

"抱歉，我们只有周末才有时间旅行！"

"是这样啊，那请问您和您先生有当学生的吗？如果你们其中一人在上大学，并且在星期五乘飞机，我们可以给您45％的优惠（耶稣在星期五遇难，因此星期五被视为不祥之日）。"

"差不多能便宜一半啊！可惜我不符合你们的条件，小姐，您还是给我那8％的优惠吧，谢谢您的详细介绍……"

想想看，这么名目繁多的优惠条件，要是一件一件说出来有多烦人啊，顾客是不会听你在一边啰里啰嗦的！销售员要学会这种富有幽默色彩的讲话方式，用一些有趣的话来引导客户，会取得更好的效果！就算你不能达到"幽默"的境界，尽量化繁为简也能不断激起客户的关注。枯燥的话题，束之高阁比和盘托出更高明！

7. 说通俗的话别说太专业的话

让我们仔细分析一下，那些喜欢满嘴专业名词的人就像满嘴之乎者也的老学究一样不招人喜欢！其实，在客户眼里，"这些销售人员是在把我们当作小学生吗？满口都是专业名词，让人怎么能接受？""既然听不懂，我们不可能了解这些东西，更谈不上购买了！"

李勇在保险公司还没干两个月，就处处以保险专家的身份自居，一上阵，就一股脑地向客户炫耀自己是专家；一张口就是一大堆专业术语，把客户搞得一头雾水，听了都感到压力很大。在和客户交谈的时候，李勇接二连三地狂吐专业名词，什么"豁免保费""费率""债权""债权受益人"，让客户不再一头雾水了，倒像是坠入了五里云雾中……客户们对他这个所谓的保险专家很反感，拒绝也就变得顺理成章起来，可笑的是李勇还沉浸在专家的梦里，到了年底，和同事们比，业务果然是第一，只不过是倒数的！

这就是客户心中真实的想法，他们不是在讨厌专业，而是在讨厌专业名词。如果你能把这些专业性术语转换成简单的话语，让客户听得明明白白，一定能有效地达到沟通的目的，这样你的销售才会达到没有阻碍交易效果。

这也是很多营销专家们总结出来的宝贵经验，不要说"专业名词"，多用通俗易懂的语言，这样最容易被大众所接受。

所以，销售人员在交易活动中要多使用通俗化的语句，要让客户听得懂，这是销售的第一步。在讲解产品和业务时语言必须简单明了，表达方式必须直截了当。如果不能达到这一点，很可能就会产生沟通障碍，最终影响交易的实现。

王总的公司要搬到一个新的办公区，急需安装一个能够体现公司特色的邮件箱，于是让秘书去找家公司咨询一下。秘书拨打了一个电话，接电话的销售员听了秘书的要求，很诚恳地跟秘书小姐说："贵公司最适合CSI邮箱了，方便实用更能体现贵公司的企业文化！"一个CSI把秘书小姐搞得一头雾水，特意跑到总经理办公室去问了一下，王总也搞不懂。

于是，秘书小姐又问这个销售人员："麻烦你能说得详细一点吗？这个CSI是金属的还是塑料的？是圆形的还是方形的？"

对方对于秘书的疑问感到很不解："如果你们想用金属的，可以选择FDX，每个FDX还可以配上两个NCO。"天啊，秘书崩溃了，一个CSI不算，竟然又冒出了什么FDX、NCO，简直是要人命！这几个字母把秘书彻底打败了，她一头雾水，只好无奈地对他说："再见，有机会再联系吧！"

　　于是，一桩交易就这样夭折了……

　　上面的案例告诉我们：一个销售人员首先要做的不是你的专业，而是要用客户明白的语言来介绍自己的商品！客户搞不懂，自然不会买你的账！

第三章

销售

要有战略和战术

　　销售是个技术活儿，是需要你用你的智慧去完成它的。话该怎么说，怎么有策略得说，怎么说才能达到目的，这些都是销售员每天都需要面对的问题。

1. 要说服对方，首先就是要避免争辩

得到这个"是"字的反应，本来是个极简单的方法，可是却常被人们忽略了。在大多数时候，人们喜欢通过争辩来说服一个人。但是，争辩的结果是，任凭你争得面红耳赤，往往只会激怒对方，却不能说服他。

事实上，争辩不是个好办法。要说服对方，首先就是要避免争辩。

林肯无疑是此道高手，他往往能很轻易地说服对手。他的办法是："在我们开始辩论的时候，首先要找出一个双方赞成的共同立场，这就是获得胜利最好的方法。"

还有一个推销员爱力逊的故事：

在我负责的推销区域内，住着一位有钱的大企业家。我们公司极想卖给他一批货物，过去那位推销员几乎花了10年的时间，却始终没有谈成一笔交易。我接管这一地区后，花了3年时间去兜揽他的生意，可是也没有什么结果。

经过13次不断的访问和会谈后，对方只买了几台发动机，可是我希望——如果这次买卖做成，发动机没有毛病的话，以后他会买我几百台发动机的。

发动机会不会发生故障？我知道这些发动机是不会有任何故障

的。过了些时候，我去拜访他。我原来心里很高兴，可是我似乎高兴得太早了点儿，那位负责的工程师见到我就说："爱力逊，我们不能再多买你的发动机了。"

我心头一震，就问："什么原因？难道我们的发动机有什么问题吗？"

那位工程师说："你卖给我们的发动机太热，热得我的手都不能放在上面。"

很显然。他是在找借口，还是不想买我们的发动机。只要有一点常识的人都知道：要将手放在正在运行的发动机上，根本就是不可能的。

我知道如果跟他争辩，是不会有任何好处的，过去就有这样的情形，现在，我想运用让他说出"是"字的办法。

我向那位工程师说："史密斯先生，你所说的我完全同意：如果那发动机发热过高，我希望你就别买了。你所需要的发动机，当然不希望它的热度超出电工协会所定的标准，是不是？"他完全同意，我获得他的第一个"是"字。

我又说："电工协会规定，一台标准的发动机，可以较室内温度高出华氏72度，是不是？"

他说："是的，可是你的发动机却比这温度高。"

我没和他争辩，我只问："工厂温度是多少？"

他想了想，说："嗯——大约华氏75度。"

我说："这就是了。工厂温度是华氏75度，再加上应有的华氏72度，一共是华氏147度。如果你把手放在华氏147度的物体上，是不是会把手烫伤？"

他还是说"是"。

我向他作这样一个建议："史密斯先生，你别用手碰发动机，那不就行了！"

他接受了这个建议，说："我想你说得对。"

我们谈了一阵后，他把秘书叫来，为下个月订了差不多3万元的货物。

爱力逊费了几年的时间，一直进展不大，最后才知道争辩并不是一个聪明的办法。应该充分了解对方的想法，设法让对方回答"是"，那才是一套成功的办法。

2.30秒注意力原理，你需要不断地有新东西

在说服式销售中，沟通不在于你说什么，而在于你怎么说，并让客户感觉到了什么。

说服是一门艺术，沟通表达更要讲技巧，不同的语言会产生不同的效果，这就是高手和普通人的区别。引起客户的兴趣是所有销售的开始，再好的产品，如果客户不感兴趣也卖不掉，更何况现在同类产品的厂家众多。

要想赢得客户的青睐和信任，首先你必须要让对方注意你及你的产品并产生兴趣。为了达到这个目的，在与客户沟通之前，你要问自己下列问题，并分别用一句话来回答：

· 我要说什么？

· 我的策略依据是什么？

· 我要表达的中心是什么？

· 哪一种表达方式最有可能达成目的？

· 我能否充分论证这一表述？

· 是否还有其他与此相适应或相关联的必要表述？

· 这一表述是否与我的客户的需要和兴趣相关？

要揣摩客户的心理，客户没有时间反复和你讨论过程，他只关心结果；客户没有时间反复和你交流沟通，他只关心自己的利益和好处。麦肯锡公司要求每一位咨询顾问要在30秒之内，说明自己的意图并将其方案推销给客户，你能做到吗？

"为什么有人会比自己成功十倍，收入多百倍乃至万倍，难道真是他们比自己聪明那么多倍，运气好那么多倍吗？显然不是。那么，你想不想知道他们是如何做到的？"这是世界行销大师杰·亚伯拉罕为一家国际训练机构作课程推介时所写的广告名言。当你看到这段话时，你是不是至少有兴趣翻看这份快讯商品广告，看看后面的资料，看看里面说的是什么秘诀和方法。

缺少变化的语言会使场面显得呆板而沉闷，而你所说的一切也将变得枯燥乏味和苍白无力，因此你也不会受到客户的青睐。如果你有很多建议，就应选择富于变化的语言来表述，因为变化能为你的发言增加情趣。

人们在一定的语意流中只能捕捉到有限的信息量。这就意味着，即使客户有时间听你讲话，他也不可能把你说的话完全吸收进去。因为听众的持续注意力只有30秒。环视你的房间，把注意力集中在一盏灯上。不出30秒，你的注意力就会转移到其他的东西上。假使这盏灯可以跳动或者发出声音，也许能重新引起你的注意。但是在静止不动或没有任何变化的情况下，它就无法继续吸引你，你会失去对它的关注。

这种规律被广泛运用于广播和电视广告当中，很多电视或广播广告，其节目长度都是30秒，这就是"30秒注意力原理"。

一个人听你说话的注意力持续时间是30秒，这也意味着如果你想让他一直保持兴趣和注意的话，那么每隔30秒你就要有些变化。

如果你想吸引客户的兴趣，那你自己必须变得很有趣。

它能激发顾客的想像力，增加你的吸引力，这是说服销售过程中必不可少的。在你刚开始试着让自己的语言和动作有所变化时，你可能会觉得有些不自然，但只要你勤学多练，一定会大大提升你的语言影响力。

记住，顶尖的销售高手是能不断变换手段的变色龙。

3. 摆事实讲道理的同时，你需要不断地暗示

说服不是一个单纯的心理过程，在说服进行中，需要配合一定的语言暗示来进行。这些语言会不自觉地在被说服者的心中产生影响力，在被说服者的意识中留下印记。说服中运用合适的语言不仅使得说服的效果更为显著，也能强化被说服者对说服过程的信任和接受。

语言的魅力是我们难以估量的，有时一句简单的话、一个轻柔的语气都可能给人带来无法形容的力量。恰到好处的语言运用，会给人的生活增添动力，而一些不合适的语言则有可能会影响到人的心境以及对生活的态度。强有力的语言不一定是华丽的词汇，有时，平常而又简单的语言依然可以带来不同凡响的影响。

受暗示性是人的心理特性，它是人在漫长的进化过程中形成的一种无意识的自我保护能力，它是人的一种本能。人们为了追求成功和逃避痛苦，会不自觉地使用各种暗示的方法，比如困难临头

时，人们会安慰自己或他人："快过去了，快过去了。"从而减少忍耐的痛苦。人们在追求成功时，常常会鼓励自己说："坚持一下，我一定可以的。"这些简单的语言都给了人们强烈的暗示，让人们在无形中有了强大的抵抗困难或勇于进取的动力。

在读书求学的过程中，我们会常常面临学习的困难和打击，当自己感到无助的时候，如果老师这个时候给我们一点鼓励的话，我们失落的心就会重见光明，重新激发出进取的信心；在小时候，当受到伤害感到委屈的时候，如果妈妈说上一句"孩子，不要担心，妈妈会陪你去解决"之类的话，立刻会给我们受创的心灵增添温暖；在陌生的地方，陌生人一句问候的话，也会让我们找到些许家的感觉。这些在平常看来很一般的语言，在特定的场合下却能带来不一样的作用。

其实，暗示语言的神奇力量在于，它是通过给人施加一定的激励，来增加人心灵的力量，唤起人们潜在的欲望。

在许多情况下，我们都可以感受到来自语言的暗示，比如，广告语对顾客的暗示作用，有时，我们可能记不住这个广告的影像，但却会因为一些很有说服力的广告语而对该产品产生极大的兴趣，这是一种无意识的行为，是语言暗示的结果。一遍遍的宣传在人的潜意识中积累下来，当人们购物时，人的意识就受到潜意识中这些广告信息的影响，左右人的购买倾向，让人自觉不自觉地去购买这个产品。

在说服的过程中，一些词语的应用相当有技巧。经常使用刺激消费的用语，会让你的销售业绩成倍增长。比如"当你使用它的时候……"，这句话具有暗示的效果，具有说服的作用。向客户的潜意识里灌输他已经购买了这个产品，你现在是在教他怎样使用产品，而不是说服他购买。当客户在潜意识里认可了这个产品，就会激起对产品的占有欲，从而产生购买的欲望。

不同的词语是具有不同的暗示作用的，有些词语可以帮助你对客户进行说服。

和客户沟通要习惯说"当"，而不要说"如果"或"假如"。比如"当你使用这台笔记本电脑的时候，它会大大提高你的办事效率，并给你带来最好的效果，我敢肯定你一定会非常喜欢并乐于使用它"。这样能激起客户的占有欲，并引起兴趣。而如果你说"假如你有这样一台笔记本电脑，你使用起来会非常方便"，这样的语言会使客户感觉——我也许会拥有它，也许不会。

成交高手喜欢用"我们来……"句型刺激客户的购买欲望。因为这样会营造一种合作的气氛，表示"你"和"我"是同一阵线的，而不是相互对立的。如果你说"我们来做某某事"，客户就不会产生压力，甚至会认为这就是双方的共识。

例如对客户说"我们来看看，当你今天购买产品时，你能得到哪些额外的优惠"，就远比平铺直叙地说"你今天购买产品，一定物超所值"好听多了。其实两种说法的内容是一样的，但是"我们来……"句型让客户更容易接受。

以"我们现在要向你证明，这种服务'如何'为你节省更多的钱"作为开场白，绝对优于"采用我们的服务，绝对可以帮你省钱"。因为"如何"一词引起了客户的好奇心，是开启客户心灵的一把钥匙。"想不想看看某种东西'如何'运作？"相信任何人都会感到好奇，忍不住靠向前去听听人家还要说什么。

去翻翻销路最好的流行杂志，数数上面的标题用了几个"如何"。再观察其中的广告和文章，算算有多少"最新"和"即可"，因为大家都喜欢"最新"的方式，享受"即可"的满足。因此，建议你在销售过程中，常用这些词汇。

一般人会对"你认为"起头的问句感到有些犹豫，但是一旦他们有答案时，他们会比较坚定地维护自己的立场。

"感觉"是个很温和的字，"认为"比较强硬，而"依你之见"则是最肯定的。当你问："依你之见，这是不是能够解决你的问题的最佳选择？"你就是在请这位客户说出最确定的立场。假如回答是肯定的，他可能就会决定买。也有些话语会勾起客户对过去购买某样东西的恐惧的回忆，这些词语我们就要尽量避免使用。

当你问一个人："你对于那东西的感觉如何？"这是一个很容易回答的问题。如果你问别人的感觉，他们没办法表达自己的感受。当你问一位客户："你对目前生意状况的感觉如何？"或"你对最近一次选举的感觉如何？"你的问句是完全中立的，且绝对不会得到一个非常情绪性的反应。

说服式词语能够鼓舞客户、吸引客户，更能够娱乐客户，引导客户点头称是。只要平时多加练习，一定会让你的说服力大增，进而大幅提升你的销售业绩。

说服的"风格"总是比"技巧"更重要，而经过千锤百炼的说服式词语，正是营造这种"风格"的关键，同时也更能够凸显促进成交的威力。所以，平时要养成收集各种词汇的习惯，这就是精通表达技巧的第一步。很多词语都能够表达强烈的言外之意，这些词语都是一些具有说服性的词语。在销售时使用这些具有关键意义的充满感情色彩的词语，会增加感染力，有助于调动客户的情绪，促进成交。

4.想方设法让顾客说"是"

一天，一位购买生产机器发动机的顾客到王总的公司来投诉，销售员老马接待了他。顾客说："你们这发动机也太烫了点吧，连碰都不能碰一下，看看吧，我的手都被烫红了！"老马好言相劝一番，最后跟着这位顾客到他的工厂去探究一番。老马看过后说："既然是这样，我们不能再要求您继续再订购我们公司的产品了，您应该选购一些按照质量监督局所订的热度标准的发动机，以免给您造成身体和财产的损失！"

"YES！"

"根据质量监督局的标准，发动机的温度可高过室温达华氏72度。是这样吧？"

"YES！"

"那您的工厂的室温是多少？"

"75度左右吧！"

"75度加上72度等于147度（63.9摄氏度）！您看看，温度这么高的水，手放进去，超人也会烫伤的，对不对？"

"YES！"

"好啦，请您以后使用发动机时注意一下，千万不要用手直接去碰触发动机，否则难免会烫伤您。你看我说得对吗？"

"YES！"

顾客在老马有理有据、"步步逼近"的策略下不断地说"YES"，最终决定仍然继续订购他们公司的产品。

心理专家认为：人在说NO以表达拒绝时，全身的肌肉、神经、内分泌腺都会感觉到紧张，影响到心理，态度自然会变得僵硬起来。但是，在说YES的时候，身体机能和心理反应却是放松的，一方面会积极地接受外界事物，另一方面心情也会变得好起来。销售人员想打破客户的心理防线，想要客户消除警戒心，能听你说话，最好是诱导他说"YES"！

如果你去和客户傻乎乎地说什么"你不必对我有戒心""我所说的绝对错不了"，不仅达不到缓解客户戒备心的目的，很可能还会起到反作用。为什么？因为对方的深层心理已经被你无情地揭露了出来，所以客户只好把自己的心理障壁再加厚一些以应对你"赤裸裸的挑战"，防止被你再次突破！

美国的女精神分析医师来希蔓主张：在心理治疗中，最重要的不是去跟患者说，而是多听患者说，听得多了自然能够掌握对方的心思，进而和对方产生共鸣。销售心理术的原理正在于此。

但是，也不能一味地保持缄默，沉默往往是消极的，你老不说话就会让客户感觉自己好像面对着一堵墙在自言自语。因此，我们不仅要会听，还要会说，说话的目的是要鼓励客户打开心扉，说出心中真实的感觉，必须让对方知道我们很在乎他。很简单，几个小动作就能帮你实现：点头表示同意，叹息表示关心，微笑表示赞赏……

销售人员要牢记：开始的时候，不管你同意不同意客户的说法，你都要表示同意，即使他说得很不靠谱，你也得全盘接受，这是心理学上一项很重要的方法！

销售高手们在交流的时候曾谈到这样一个问题：原则上，一个推销员的成功率说服占20％，沉默占80％！不知道喜欢大说特说的销售员们看到这样的比例会作何感想……实际上，销售高手们在客户面前都在尽量控制自己说话的欲望，多听顾客的心声，待顾客畅所欲言之后，再加以有力地"回击"，让顾客不停地跟你说"YES"！

5. 说能说的话，不能说的坚决不说

从销售心理学来讲，总是质疑客户的理解力，客户必定会产生不满，会让客户感觉得不到最起码的尊重，进而产生逆反心理，这样的谈话可以说是销售中的一大忌！

除了上述销售人员需要谨记的说话方式，还有一些话是销售人员打死也不能说的！你知道是哪些话吗？接下来就告诉你。

不说主观性的议题

在商言商，销售人员最好不要和客户说一些与你的推销无关的话题，要说就说那些"今天的太阳好大"之类的话。最好不要去参与什么政治、宗教等涉及主观意识的话题，你说得对也好，错也好，这些对你的销售没有任何实质意义！

一些新人由于刚入行不长时间，经验不足，难免会出现跟着客户一起议论主观性的议题的时候。争得面红脖子粗，貌似"占了上风"，但是可惜啊，一笔业务也就这么告吹了！这样争吵有什么意义呢？有经验的老推销员，开始会随着客户的观点展开一些议论，但是会在争论中将话题引向推销的产品上。对与销售无关的东西，销售人员要全部放下，尽量杜绝，闭口不谈，因为主观性的议题对我们的销售没有任何好处！

不说夸大不实之词

不要夸大产品的功能！因为客户在以后的日子里，终究会明白你所说的话是真是假。销售人员不能为了一时的销售业绩而去夸大产品的功能和价值，这样的结果就像一颗"定时炸弹"，一旦爆炸，后果将不堪设想！

任何产品都存在着不足的一面，销售员要客观清晰地帮助客户分析自己产品的优势和劣势，帮助客户熟悉产品和市场，让客户心

服口服。要知道，任何的欺骗和谎言都是销售的天敌！

不谈隐私问题

我们要体会客户的心理，而不是去了解客户的隐私，更不是把自己的隐私作为和客户谈话的谈资！大谈隐私也是很多推销员常犯的一个错误，"我谈的都是自己的隐私问题，这有什么关系？"错！就算你只谈自己的隐私，把你的婚姻、生活、财务等和盘托出，这些对你的销售有什么实质性的意义吗？没有！这种"八卦式"的谈论毫无意义，浪费时间，更浪费你推销的商机！

少问质疑性话题

在和客户谈话的时候，你是不是会不断地问客户一些诸如"你懂吗""你知道吗""你明白我的意思吗"这些问题？

如果你担心客户听不懂你说话，不断地以一种老师的口吻质疑他们的话，客户肯定会反感。从销售心理学来讲，总是质疑客户的理解力，客户必定会产生不满，会让客户感觉得不到最起码的尊重，进而产生逆反心理，这样的谈话可以说是销售中的一大忌！

如果你实在担心客户不太明白你的讲解，不妨用试探的口吻去了解对方："您有没有需要我再详细说明的地方？"这样说，会让客户更好地接受你。给推销员们一个忠告：不要把客户当成傻瓜，客户往往比我们聪明，不要用我们的盲点去随意取代他们的优点！

回避不雅之言

每个人都希望和那些有涵养、有水平的人相处，不愿意和那些"粗口成章"或者"出口成脏"的人交往。在我们的销售中，销售人员千万不能讲那些不雅之言，不雅的话对我们的销售必然会带来负面影响！

比如，你是个寿险推销人员，你和客户谈话的时候，最好回避诸如"死亡""没命了""完蛋了"之类的词语。那些有经验的推销员，对这些不雅之言往往会以委婉的话来替代这些比较敏感的词，如"丧失生命""出门不再回来"等。不雅之言，人们不爱听，销售人员的个人形象也会大打折扣，这是销售过程中必须避免的话！我们一定要注意，也许优雅的谈吐会让你走上成功的捷径！

6. 说多说少说深说浅的智慧

日本有一家关西药房，这家药房的老板人缘极好，不管是什么话，只要从他嘴里说出来，总是那么动听，因而生意兴隆。每当顾客一上门，他就马上起身相迎，客气地打恭作揖说"欢迎光临"，使进店来的顾客感到心情愉悦，产生被人重视的满足感。接下来，药房老板对于年纪大的人就说"你看起来真年轻"；对于爱美、喜欢打扮的小姐、太太说些"你身上穿的这套衣服很漂亮"之类令人听了舒坦又温馨的话。

有个推销员在一位姓张的顾客家里展示了一套炊具的功能。因为是在他们家中，推销员有机会看到他们的橱柜正缺乏他所推销的这种炊具。推销员自然认为这个顾客家需要一套炊具。然而他足足花费了两个小时，仍未达成交易。张太太不断地说："没有钱，太贵了，买不起！"

可是，当推销员无意中提及细瓷器的时候，张太太的眼睛就闪出了亮光。

张太太："你有细瓷器吗？"

推销员："巧得很，我们正备有世界上质地最好的细瓷器！"

张太太："你带着没有？"

推销员："你真走运！"

几分钟后，推销员带着一份瓷器定单离开了张家，金额比他曾试图兜售的炊具要高得多。

事实上，推销员并没有作过兜售，他所做的，不过是顺着顾客的欲念，选出她比较喜欢的式样，并且商定付款办法而已。

在商战中，如果想使自己的产品卖出好价钱，知道对方是个心烦气躁的人，用什么方法最容易使人就范呢？

试看这组话语：

"这个东西你不会买的，它太贵了！"

"看你这身装束和打扮，就不该买这个东西。"

"算了，别看了，老半天还看不够，没带钱就算了。"

"不是我小看你，你压根儿就拿不出这几个钱来买，我再降价，你也只是说说而已。"

以上的几个方面，是买卖双方常用的挑逗语。在商战中，不妨用这种激将法试试。某种职业、某种人群在性格上具有某些共同的特征，激将法在这些人身上会有不同的效应。一般来说，年纪轻的要比年纪大的易"激"，越是讲究衣着打扮的、好争高比强的、地位较高、受人尊重的人越怕别人看不起。只要你掌握了激将法，那无疑对你的推销技巧或是购买技巧将是莫大的帮助和补充。

但这种方式在运用时应注意，因为稍有不慎，都将引起双方的不愉快，反而与原意背道而驰。激怒对方的目的不是为了同他一决雌雄，而是为了争取商战胜利，达到推销或购买的价格目标。

因此，实施时应注意以下三点：

（1）注意时机

最佳的时机是在对方犹豫不决、情绪不稳时，不论是在产品推销中或是谈判中均如是。

（2）不搞人身攻击

"激将"的目的是"请将"，而不是让他和自己对阵，这一点在商战中尤其重要。

（3）不可假戏真做

激将法是通过看低对方来乱其心志、促成成交的，但如果真正激怒了对方，那也有可能造成难以收拾的结局。因此，要学会及时控制，以免造成不必要的损失。

总之，说巧妙话要恰到好处，否则，弄巧反成拙。

第四章

开拓

客户必备的销售口才

在你接近客户之前，需要为自己"造势"，"造势"的话该怎么说，该让谁说，该对谁说，这些都是你张开嘴巴之前要考虑清楚的问题。

1. 别人的一句话，比你的十句话更管用

每一位推销员都知道，销售过程中最大的障碍是什么？是信任！在中国的传统文化中，信任是做人处世的最基本法则，而信任的来源很大程度上是因为人们的心理存在敬畏。孔子说："君子有三畏——畏天命，畏大人，畏圣人之言。"而在今天的商业社会中，人们最相信的商业信息来源主要有两个：一是权威、专家。二就是朋友或关系密切的人。前者因为敬畏而产生信任。后者因为密切而产生信赖。这两个方面都是在销售工作中，尤其是在销售沟通中必须合理运用的关键因素。

有很多销售员认为，任何人只要肯介绍客户，他就是好的推荐人。从理论上来看这确实没有错，可是惟有本身也是合适客户的人士，才会更具有说服力。强有力的推荐人，对销售员来说，具有很高的价值。可是通常只有以下两种理由，客户才愿意为销售员做郑重的推荐：

第一种，推荐人跟销售员之间有非同一般的友谊，以至于推荐人可以不计后果，而且不管结果会怎样，都愿意鼎力推荐。客户多半来自销售员个人亲密的亲朋好友，再不就是曾经有恩于他，基于报恩，所以愿意大力相助。

第二种，推荐人有助人为乐的作风。也许是以前的客户、亲

戚、朋友或者是一些有社交来往的人——当然不是仅限于这些人。如果他对销售员有任何的不信任，通过他就无法把销售员的名字传播出去，为你做出色的产品宣传。

很多销售员会觉得要人帮忙介绍客户是一件非常难开口的事，因为觉得这对销售员的名声很不好。其实那是错误的，只要要求别人帮忙的说法适当，不但要求自然，而且寻求客户的技巧也会跟着大有改善。

不仅可以利用客户为自己宣传，还可以利用局外人为自己宣传。在一般情况下，法庭的陪审团很难对律师的辩词给予十分的肯定，所以最终的判决与律师的努力形成不了正比。面对这种情况，辩护律师通常请目击证人到法庭上提供最有利的证词，以增强辩护词的可信度，取得预期效果。不妨将这种方法引入销售当中，"证人"可以让销售员节省很多精力和脑筋。利用"局外人"销售，会非常快捷而又有效地获得客户的信赖。

当然，如果有第三方的现身说法是最好的办法，但销售人员在实际工作中遇到更多的是开拓陌生客户，这就要求推销员在与顾客沟通中想办法。

林凯是一家从事汽车配件销售公司的销售顾问，他得知某汽车生产商要采购大量配件，负责人是蒋经理，于是，林凯马上约了蒋经理面谈。

可是，刚见面，蒋经理就告诉林凯，由于公司临时有会，所以只有一个小时的时间。林凯马上告诉他："没关系，贵公司的业务繁忙，您能抽出时间见面，我已经很荣幸了。"

蒋经理告诉他："你知道，我正在负责采购的是一批关键的零件，质量相当重要。"

林凯回答说："恩，我知道贵公司一向以高质量著称。我们公司也是一个讲求质量的企业，以前也和其他一些知名的汽车生产商打过交道，所以对500强企业的采购模式有了一定的了解。"

蒋经理说："哦，看来你是行家了。那你们给知名汽车生产商提供的都是什么配件？"

林凯回答说："各种各样的配件都有。您知道，知名企业对质量的要求几乎达到了吹毛求疵的地步。就像与A名企的合作，当时有5家备选的供应商，他们花了3周分别考察了这些供应商。我们也没有想到，最后他们跟我们公司签订了两年的合约。"

蒋经理对此也有了兴趣，他问道："为什么他最后选择了你们呢？"

"我们在供应商中是唯一一家采用进口材料的，这就确保了我们的使用时限长；我们的加工工艺和生产流程都是国际上最先进的。同时，他们也很满意我们的售后承诺。所以，最后我们成了赢家。"

经过近一个小时的详谈，最后蒋经理和林凯已经就价格问题达成了一致，他们约定第二天进行具体的签约事宜。

在这个推销实例中，小林无疑是一个很出色的销售顾问，他熟练地使用了成功客户引证的销售技巧。在整个推销中，他虽然受到知名企业的强势压力和见面时间的限制，但仍然能主导整个推销谈话。他巧妙地将与其他知名企业的合作案例摆在客户的面前，并阐述了他们企业的优势所在，使客户打消了合作的顾虑，赢得了客户的信任。

2. 先交朋友再谈生意，让客户成为"自己人"

人在潜意识中总是相信自己的朋友，相信跟自己熟悉的人，而对陌生人往往有一些排斥和戒备，这是人之常情。如果你能够让你的客户感觉你就是他们的朋友，你的销售其实就成功了一半。不是吗？如果那样的话，他们对于你所说的一切，都会有一种信赖感；他们会对你的商品质量深信不疑，他们就永远成了你的"被说服者"。

销售人员小陈说："我的销售业绩一直就不好，不是我不勤快，主要原因是我不会讲笑话。一次，我和我们经理去谈生意，不到几分钟，经理就和客户像朋友一样开玩笑了，笑哈哈的。可我呢，像个木头桩子似地戳在那里，太失败了！"

经理看到他这个样子，就对他说："熟读唐诗300首，不会作诗也会吟嘛。如果那个客户说他很忙，你可以说，你不要赚那么多钱就好了嘛。这样，一边说一边笑，气氛很快就能缓和下来。"

其实，销售人员最关键的是要有灵活的头脑，思维敏捷更有利于沟通。在谈判的时候不要把客户当上帝，要把客户当成你的朋友，保持一种对待朋友的心态，客户就不会有拘束感！

很多销售人员觉得与客户谈生意是一件很严肃的事情，自己要注意礼节，说话要严谨，谈话内容最好是围绕着生意来进行。殊不知，很多经理级别的销售人员和客户谈判时，都会特别注意一些生意以外的东西，这些看似和生意无关的东西反而能影响到一桩生意的成败。

要赢得生意，首先要赢得客户的心。尤其是远道而来的客户，在短暂的宝贵的时间里，销售人员不可能马上就和客人谈什么新的采购计划，一般都是非常随意地与客人闲聊，比如生活情况、家庭、教育、有趣的事情等，完了再邀请客户吃晚饭。这种感觉就好像"他乡遇故知"一样，把客户当成了自己的好朋友。

实际上，能否与客户从普通的合作关系发展到能相互分享各自经历的朋友难度是相当大的，所花的功夫也比做成一桩生意要多得多。当然，意义也许比做成一桩生意还要深刻！

从营销学的角度上讲，最大程度地获取客户的终身价值是成功营销的重要标准之一。什么是客户的终身价值呢？简单地说，就是指一个客户为一种产品一生的花费能给公司带来的价值。这个终身价值反映的是客户对这件产品的忠诚度，忠诚度又来自于客户对这个产品的感情！

客户对产品的感情，包括对产品的质量、价格以及使用满意度等客观因素，还会受到主观因素，也就是和销售人员之间的关系的影响，甚至还可能会高于客观因素。和客户交朋友，不也是"把顾客当上帝"吗？

像朋友一样和客户谈生意，不仅能让客户感觉到自己受重视，也会对销售人员产生信赖感。长时间地保持这种信赖关系，会最大程度地发掘客户的终身价值。即使做不成生意，多个朋友也不是什么坏事！

当然，你也不可能和每一个客户谈生意的时候都像朋友一样，从客户关系管理上看，也不可能有那样的精力和资源。

销售人员在和客户谈生意的时候还要注意，必须保持一种认真、务实、诚信的态度，最好能形成一种习惯。想把生意做得长久一些，就一定要坦诚相待，努力去争取一个双赢，而不是花心思去算计对方！

把一个客户谈成你的朋友，有时候是一件很有成就感的事情。也许，这个朋友会带给你更多的生意，毕竟资源共享才能越做越强！

让客户感觉你是他们的朋友并不是一件容易的事情。这首先取决于你对待客户的态度。许多公司培训自己的学员的时候经常做这样的练习：

先找出四个学员，然后让每一个学员与之用不同的问候方式交流。

对第一个学员，你面无表情地只说一句："你好！"对方的反应也是冷淡的"你好"两个字；对第二个学员，你面带微笑，同时主动伸出手说："您好！"对方也是面带笑容主动和你握手说"您好"；对第三个学员，你说"您好！我姓某某"，同时伸出手，对方也和你的反应一样，并告诉你他姓什么；对第四个学员，你说："您好！很高兴认识您，我叫某某某！"对方也和你的反应一样，同时告诉你他的名字。

这说明对方对我们的态度，取决于我们给对方怎样的影响和刺激。销售中客户会根据我们的表现和态度来做出相应的反应，如果缺乏主动和热情，很难影响客户的想法和行为。更谈不上对客户进行"说服"了。

所以对于一个销售员来说，热情能让客户感到他与你是一种朋友关系，而不是销售跟被销售的关系。如果他们当你是朋友，就会相信你所说的一切。当签订订单的时候，他们也许会说，你的公司的业绩并不是最好的，但跟你在一起，是我最快乐的事。热情能带来幸运，因为人们都喜欢和热情的人在一起。一个销售员如果缺乏热情，面无表情，像机器人一样，那么谁也不愿接近他，更不用说购买产品了。

成功沟通的一个前提就是，要变客户为朋友。世界说很大就很大，说很小也挺小的，同一个城市，要遇到一个人很难，也很容易。要想拥有长远的生意、长远的客户，把客户当成是你的朋友，让他们感到把钱花在你这儿值得，并且信任你，这个很重要。

好多成功的销售员，在工作中跟其客户都成为了朋友。把生意当作友情来经营，让你跟客户都感到开心。这样既谈成一笔生意，又多一个朋友，多一条路。

3. 要想钓到鱼，就要像鱼那样思考

心理学家为推销员提出一种推销方法，这种方法要求推销员把自己想象成客户，即从客户的立场出发考虑问题。当客户对你推销的产品提出批评意见时，你要装出忘记自己的推销使命的样子，站在对方一边说话。

华森是一家电力公司的推销员，一天，他来到一所看来比较富有及整洁的农舍门前，不过门只打开了一条小缝，户主查理太太从门内探出头来。当她得知华森是电气公司的销售代表后，便猛然把门关闭了，华森先生无奈，只好再次敲门，敲了很久，查理太太才将门打开，但这次仅仅是勉强开了一条小缝，华森先生还未说话，查理太太就毫不客气地对他破口大骂。

虽然出师不利，华森却并不服输。他决定换个法子，再碰碰运气。他顿时改口气，大声地说："查理太太。很对不起打扰你

了，不过我今天来拜访您并非为了公司的事，我只是来向您买一点鸡蛋。"听到这句话，查理太太的态度稍微温和了一些，门也开大了一点。华森接着说道："您家的鸡长得真好，瞧它们的羽毛多漂亮，多光滑。您这些多明尼克种鸡下的鸡蛋，能否卖给我一些呢？"

门开得更大了，查理太太奇怪地问华森："您怎么知道我这些是多明尼克种鸡？"华森知道自己的话已经打动了查理太太，便接着说道："我家也养了一些鸡，可是没有您喂养的好，饲养得这么好的鸡我还真是没见过呢。而且，我饲养的鸡，只会生白蛋，也不知道查理太太有什么技巧。夫人您是知道的，做蛋糕的时候，用红褐色的鸡蛋，要比白色的鸡蛋好很多。我太太今天要做蛋糕，需要几个红色的鸡蛋，所以就跑您这里来了。"

查理太太一听这话，感到高兴万分，于是不再有丝毫的戒备心理，立刻从屋里跑了出来。华森则利用这短暂的时候，瞄了一下四周的环境，发现查理一家拥有一整套制作酸奶的设备，于是继续恭维道："我敢打赌，您养鸡赚的钱一定比查理先生养乳牛赚得多。"

这句话说到了查理太太的心坎里，她十分高兴。因为长期以来，查理先生不承认这件事，查理太太则总想把自己得意的事告诉别人。他们互相交流养鸡经验，彼此间相处十分融洽，几乎无话不谈。

最后，查理太太在华森的赞美声中，主动向他请教用电的好处，华森先生给她做了详尽的回答。两周后，华森在公司收到查理太太交来的用电申请书，后来，华森先生便源源不断地收到这个村落的用电订单。

任何一个顾客都有他的闪光点，仔细观察，找到顾客的闪光点，并真诚地适当夸大它，你的顾客一定会很高兴的。在遭到顾客拒绝的时候千万不要放弃，如果你能像华森先生那样善于观察，你也一定能得到顾客的肯定，这样一来，还愁你的产品卖不出去吗？

在这样的交流中，对方无形中就把你当作帮助自己拿主意的人来看待，对推销员本能的戒心就消除了。在这种情况下，客户很容易在推销员暗示下，做出购买产品的决定。

按照常理，推销员要说服客户购买自己的产品，必定要极力吹嘘，吹得过分一些，就难免有水分。长此以往，人们对推销货物者普遍形成了一种偏见，认为他们说的话没有真的。广泛宣传的产品收效甚微，其道理也就在这里。但当推销员以知心朋友身份出现时，顾客就会被对方的真诚所感动，从而被说服。

向所有营销人员重磅推荐非常重要的一个理念：不要仅仅把自己当作一个销售，更要把自己当作一个客户。

"小时候，我喜欢的事就是和爸爸一起去钓鱼。在钓鱼的时候，我发现父亲总是能钓到鱼，而我总是一无所获。对于一个孩子来说，实在是一件沮丧的事。于是我看着父亲的鱼筐，向父亲求教：'为什么我连一条鱼也钓不到，我的钓鱼方法不对吗？'可是父亲总是说：'孩子，不是你钓鱼的方法不对，而是你的想法不对，你想钓到鱼，就得像鱼那样思考。'因为年幼，我根本就不能理解父亲的话。那时，我总是想：我又不是鱼，我怎么能像鱼那样思考呢？这和钓鱼又有什么关系呢？"

一位资深的营销培训专家在给教室里挤得满满的营销人员上课，他不紧不慢地来回踱着步，毫不理会这些听课者越来越不满的表情。他接着说：

"后来，我上中学的时候，似乎体会到了一些父亲话里的真正含义。我仍然喜欢钓鱼，闲暇之余，我开始试着了解鱼的想法。在学校的图书馆，我看了一些和鱼类相关的书籍，甚至还加入了钓鱼俱乐部。在学习和交流的过程中，我对鱼类有了一些了解，也学到了很多有用的东西。"

"鱼是一种冷血动物，对水温十分敏感。所以，它们通常更喜欢待在温度较高的水域。一般水温高的地方阳光也比较强烈，但是你要知道鱼没有眼睑，阳光很容易刺伤它们的眼睛。所以它一般待在阴凉的浅水处。浅水处水温较深水处高，而且食物也很丰富。但处于浅水处还要有充分的屏障，比如茂密的水草下面，这也是动物与生俱来的安全感。当你对鱼了解得越多，你也就越来越会钓鱼了。"

"我知道，你们花了很多钱来这里，不是听我说废话的，我也不想说废话，这是我几十年来积攒的宝贵经验，绝对不是废话，请大家耐心一点。"营销专家用力地拍拍桌子，想控制一下台下营销人员浮躁的情绪。

"后来，我进入了商界，也和你们大多数人一样，也是从一个普普通通的销售员干起。现在还记得，我的第一任老板是这样跟我说的：'虽然我们每个人的职务不同，工作内容也不太一样，但我们大家都要把自己当作一个销售员，我们都需要学会像推销员那样去思考。'在以后的工作中，我一直这样要求自己，阅读大量销售方面的书，参加各式销售研讨会。但是，在学习的过程中，我渐渐发现，我们不仅要学会以一个销售员的心态观察问题，更要掌握客户的心态，就像我父亲说的那样：'如果你想钓到鱼，你得像鱼那样思考。'而不是像渔夫那样思考！"

"这也是我今天向所有营销人员重磅推荐的最重要的一个理

念——不要仅仅把自己当作一个营销者，还要把自己当作一个客户。"这位资深的营销专家重重地喊了这一嗓子，一下子把那些正在打瞌睡的家伙给震醒了！

一个专业的销售人员，想提高自己的销售业绩，就必须学会站在客户的角度想问题。但是，很可惜，现在有很多销售人员不知道这一点，他们往往喜欢站在自己的立场思考问题，而不能像一个普通的客户那样思考问题。

如果你想和你的老板相处愉快，并能更好地沟通，就必须得像他那样看问题。销售的道理也是一样的，你想从客户的口袋里掏钱，必须给客户一个掏钱的理由。这个理由源自哪里，源自客户的内心！只有真正体会到客户思维的销售，才是真正的销售高手。掌握客户的心理不是一件很容易的事，需要懂点儿心理学。初涉销售者，不妨学习一些心理学知识，相信会对你大有裨益！

其实，道理也很简单。你想卖给一个老太太一个足球几乎是不可能的，除非她要送给自己的孙子。以老太太的心态，替她想问题，这才是销售的王道！

4. 销售不是演讲，废话套话只能引起反感

客户需要的是实实在在的信息，不是销售的废话。你的话越简练越有吸引力，紧紧抓住客户的心理才是最重要的！又长又臭的聒噪只会让客户反感，本来有意合作，经过你一番"演说"，也许这事就黄了。

张女士到一家商场闲逛，在女装专柜面前想随意看看衣服。她还没站稳脚跟，一位销售人员就走到她的前面，一口一个"大姐"，热情地向她推销商品。"大姐，您看看需要点什么？""大姐，我们这里有最新款的冬装""您身材这么好，这件衣服肯定合适。"张女士在前面走，销售小姐在后面走，几乎是寸步不离。最后，张女士实在受不了了，对这位喋喋不休的小姐说："谢谢你，我想随便看看，不麻烦你工作了！"这位销售小姐只好悻悻地走了。

　　"说实话，我不喜欢这样又臭又长的谈话，本来想看看有没有合适的衣服，可惜挺好的心情被这些销售人员的过度服务搞坏了。"张女士无奈地摇了摇头。

　　比张女士更为恼火的是大学三年级的刘佳，刘佳的皮肤不是很好，脸上有些雀斑，和同学逛街的时候多少有些自卑。每次到商场，都有一些推销员上来搭讪，极力向她推荐什么祛斑美容用品，简直让刘佳无法忍受。相信有很多人都有这样的经历，体会过这种很无奈的感受。过度热情的打机关枪式的推销，往往让顾客厌烦。

　　为什么又臭又长的谈话引起顾客的反感呢？除了人的天性不喜欢别人的打扰以外，现在很多人喜欢把逛商场作为自己的休闲方式，购物只是其次，不需要销售人员的"喋喋不休"。你想想看，顾客不需要的东西，即使舌灿莲花，顾客也不会买。除了增加反感，几乎没有什么益处。

　　其实，大部分客户是这样认为的："你只要告诉我事情的重点就可以了，我不要又臭又长的谈话，请有话直说！"所以，切忌喋喋不休，有时候沉默也许真的就是"金子"，沉默也会有意想不到的效果。销售人员多说几句本没错，想多了解客户的感受和需求也无可厚非，但总是跟在客户的身边喋喋不休地推荐商品，是会让顾客厌烦不已的。

在和客户商谈的时候，道理也是一样的，客户需要的是实实在在的信息，不是废话。你的话越简练越有吸引力，紧紧抓住客户的心理才是最主要的，又长又臭的聒噪只会让客户反感，本来有意合作，经过你一番"演说"，也许这事就黄了。

虽说销售人员也有苦衷，但商场如战场，不积极主动，多和客户交流，机会就会越来越少。然而，在交流的时候也要注意到客户的反映，看看客户是否对自己的话感兴趣。如不"感冒"，请立即调整自己的话语，尽量取得和客户的共鸣。

听客户需要什么，听客户期待什么，听客户对自己的看法，这是非常重要的。人都有被尊重和独立思考的权利，狂轰滥炸式的话语往往适得其反。

作为一个销售人员，服务一定要周到、亲切，并注意观察客户的表情，从轻松的谈话中了解客户的消费能力。别总想着让客户先掏钱，殊不知，欲速则不达。有时候你越想"勾引"客户上钩，越让你失望。一个优秀的销售人员应以客户为中心，尽量做到真诚可信。

无干扰的服务是对顾客的一种尊重，长话短说也是一种对客户的尊重，所以，每一个销售人员都应该懂得这个道理，争取"长话短说，有话直说"！

别自以为什么都知道，认为客户无知

销售人员认为顾客什么都不知道，自己什么都懂，在和顾客交流的过程中，欺骗客户。

自己在那边狂吹滥侃、自吹自擂。其实，顾客已经恨得牙都痒痒了。在销售的时候，切记不能认为顾客无知，否则就算顾客不懂，也不会买你的东西。

王女士准备给6岁的儿子买一套合适的书桌和书柜。她选择了一家全国知名的家具代理商。这天，她来到这家公司的品牌店。

王女士一进门，一个销售人员就热情地迎了上来，迫不及待地说："欢迎光临，一看您就很有眼光。本店的家具质量上乘，设计一流，豪华高档，摆放在您的客厅里，一定可以大大提升您的品位。"

王女士很有涵养地笑了笑："谢谢，不过我对这些倒不是很重视。对了，你能给我讲讲这套家具的具体构造吗？"她指着一套家具说。

销售员的脸上堆满了笑容："非常乐于为您效劳，这套家具的边角采取的是欧洲复古风格，设计十分独特，还可以当作梳妆台用，非常适合您这样高雅的女士……"

王女士不得不打断了他的话："是这样啊，好像这也不是我最感兴趣的。我比较关心的是……"

销售员紧紧地跟在她的身边，马上就接过了她的话："哦，我知道了，您看看！这套家具采用的都是上乘木料，外面还配置了保护层，我敢保证它的使用寿命绝对在20年以上……"

王女士又一次打断了他的话："不好意思，关于这些，我都相信。但是我想，你是误会我的意思了，我更关心孩子……"

王女士本想说："我更关心适合不适合给孩子用。"还没等她的话说完，那个自作聪明的销售员就抢过了她的话："这位女士，这样的担忧，在我们店里，您完全可以省略。我们会为您的家具特别配置一些防护措施，能够避免小孩子在上面乱涂乱画。对了，您再看看，这件家具还是一件非常有价值的收藏品。如果您买全套的话，我们还可以给您优惠价……"

王女士实在听不下去了："对不起，我想我真的不需要，谢谢你。再见。"就在王女士转身离开的时候，她听到那个销售员还在嘀咕："不买就不要浪费我的时间嘛，真是的，什么人？"王女士苦笑了一下，对这样的营销人员彻底无语了……

这位销售员向顾客推荐了品位、质量、价格等一系列好处，可是不能做成这笔交易。原因在哪里？这样的销售人员错在不明白客户的心理，以为自己了解顾客，是想顾客之所想。本来，王女士确实是想买家具的，就因为这个销售员一副不懂装懂的样子选择了别的商家。不懂顾客的心理是很难达成交易的，作为一个销售员必须具备吸引顾客、提升顾客购买热情的能力，而不是去打击顾客的购买欲。

通过这个家具销售员的故事，我们可以看出，掌握客户的心理，懂得一些营销心理学，对一个营销人员来说是多么重要啊。也许就是这几句话，几分钟的时间，几千块的提成就从我们身边溜走了。你说可惜不可惜？

5.嫌货才是买货人，有批评说明有兴趣

"嫌货才是买货人"，顾客之所以"嫌弃"你的货物，不正是说明他对你的产品产生了兴趣吗？顾客有了兴趣，才会认真地加以思考，思考必然会提出更多的意见。这是事物发生的必然规律！如果一个顾客对你的任何建议都无动于衷，没有任何的异议，不用猜了，这个顾客绝对没有一点购买的欲望。

"嫌货才是买货人"是一句台湾俚语，意思是说，嫌货品不好的人才是真正的内行，才是愿意购买你产品的人。遇到挑三拣四的顾客，销售人员不能轻易地否定顾客的购买欲望，恰恰相反，我们要对自己的货物有信心，跟顾客诚恳地讲解产品的优势，不怕人嫌，不怕比较，嫌货才是买货人！

当人们关心你的产品，而又拿不定主意是买还是不买时，他们就会提出一些异议，可以把这些异议解释为肯定的购买信号，如果处理得当，成交就很有希望。

例如，客户已经有了一套完备的计算机系统，如果他和你成交的话，再买下你的，他就需要多付一笔费用，所以他会说"也许我应该继续使用现有的系统，这样可以节约一笔不必要的开支"。他的实际意思是想跟你确认，买下你的系统能不能给他带来好处。要是他只是说"我还是用我现有的好了"。那就说明他根本没有把你说的话听进去。除非你能做些试探，套出他的真正意图，否则成交的机会很可能微乎其微。

客户这样说："我并不觉得这个价钱就表示一分价钱一分货。"实际上他是在告诉你：你要证明给我看你的产品是物有所值的，甚至物超所值。

"我从来没有听说过你们这家公司呀。"则是：我愿意买你的产品，但我更想知道你公司的情况，信誉和质量是否都有保障？

"这个尺寸恐怕不适合我。"则是：你能证明它穿在我身上是合适的吗？

"我不想买什么，只是随便看看。"则是：我没有特别想买的，但是也没说什么都不买，你要是能说服我，我就买，否则，我就只是随便看看了。

"我正在减少开支，所以不想买任何新产品。"则是：除非你能使我确信你的产品真是我需要的东西，我才可能掏钱来买。

销售并不是那么简单容易的事。要是在做销售时，所有的客户都在合适的时间签字、开支票的话，那当然是再好不过的事了。但是正如大家知道的那样，人们会提出异议，是因为他们想知道这件产品为什么值得去买。由此我们就能看出一个销售人员是如何卖出自己的产品的。

在推销的任何阶段，客户都有可能对你的产品的任何方面提出异议。销售人员要时时刻刻做好这种心理准备，对客户的异议不能轻视，更不能心存芥蒂。什么叫推销？经验告诉我们，不断地解决顾客提出的所有异议，坚持下去，达成交易。不嫌你货的人，往往是走马观花的看客，他们是不会把精力浪费在你身上的！

打个比方，你向一个工薪家庭推销一种豪华型轿车，你口若悬河，大谈什么节能环保，顾客是不可能对你有什么异议的，因为他那点工资收入根本买不起你的豪华轿车。但你要向他推销一款皮鞋，也许他会很认真地跟你说："这个皮鞋款式有点老，皮子也不是很好……"实际上，这个顾客已经有些心动了，他的话已经无意间告诉销售员"我很有兴趣买一双"。即使现在不买，那也是你的尚待开发的潜在顾客。

当然，还有的顾客会直接告诉你"我不喜欢""我现在不需要"等无条件的拒绝性异议或者是明显的推托。这时，你可以拿起的产品离开了，他根本就没有买你东西的打算，他不符合做你的顾客的条件。

6. 选对池塘钓大鱼，做销售前先做筛选

很多刚参加工作的销售员，迫于压力，也急于站稳脚跟，几乎成天都在外面开发客户。似乎碰到的每一个人都会成为自己的客户，每一个人都可能会购买自己的产品或者服务，因为培训老师也是这么讲的，所有的客户都会被说服！

也许在你看来，所有的客户都极有可能接受你的产品或者服务，而且你自己的野心也很大，不放过任何一个可以发展为客户的人！这对刚入行的你来说，为了了解市场、早日出成绩，也是必要的。但是如果你想提高自己的业绩质量，而不只是客户数量，不想跑得那么辛苦却所得甚少的话，那么你就要动动脑筋，想一些策略了。

在一些针对销售员的培训课程上，培训老师也许会鼓励我们：只要信心百倍，就可以说服所有的客户！看一些励志类的书籍时，作者也会教导你：所有的客户都会被说服。这个论断对销售员的信心是一个极大的激励，仿佛天下就在我们脚下，客户就在我们手中，这个世界上只有我们销售员才是真正的霸主！这种激励对于一个销售员的精神面貌的改变也许有好处，但是，在我们开展日常业务工作时，就会体会到实际情况并不是培训时提到的那样，而总是有我们无法说服的客户存在。

在具体的业务实践中，如果你对客户有一个统计分析的话，会发现，你的客户当中有1/3的客户是你必须要说服的，也一定会说服的客户，而另外1/3的客户只是仅仅有购买意向的潜在客户，还有1/3的客户却是你永远也说服不了的。

这里就存在一个说服客户的技巧和顺序问题。

当我们拿到一大批的客户名单后，首先要对所有的客户资料进

行核实，这是许多公司训练新人的业务谈判能力的必修课之一。

这些客户当中，有一部分人是真正有交易意向的人，他们的确希望通过你的桥梁作用达成交易。而另外一部分客户暂时可能没有交易的意愿，但他们希望和你成为商业伙伴，在其需要交易的时候能找到你，获得你的帮助，从而达成交易的意愿。剩下的一部分客户则是没有价值的，是已经死去的信息，他们可能已经达成了交易，以后也不会再有交易的可能；有的已经更换了电话和地址。如果对方是公司的话，甚至其性质都已经发生了变化，和你目前从事的行业不搭界了；有的干脆拨过去就是空号，公司也人去楼空了；就是能拨通，可能也已经是居家住户了，而不是一家公司了。

这三类客户所占的比例相当，都在1/3左右。

对客户的筛选，是销售员必须做的一项工作。对于不合格的客户，一定要懂得放弃。这并非我们的业务能力不行，也不是客户实在太难对付，而是我们无法预知、抗拒的客观原因的作用。明白了这一点，你就不会感到迷惑。

有位业务骨干这样谈到他刚入行时的一次失败：

在我从事推销工作的第一年，对客户的寻找可谓是波折重重。有一次，在一家客户那里，我进行了不下于4次的拜访。然而，当我最终确定了报价后，客户根本就觉得不可能接受，最终我也没能说服他，这让我一度非常沮丧。还有一次恰恰相反，那是一家外资企业，他们对我提供的仅仅做了5%价格折扣的产品却直接签了合同，我仅仅只进行了一次拜访。也许这只是一种运气，但我更愿意相信有一些必然的因素在里面。

我的这次失败，就是由于找的是不合适的客户，使得在这个客户身上所投入的时间和精力被浪费；缺乏对合格客户的标准评估，使得识别潜在客户产生偏差而造成无法准确定位。

相信很多人都会有类似的体验，这样的情况见得多了，我们将很容易得出一个结论：如果选准客户的话，我们会很省力。事实上，客户名单、联系方式、家庭地址等只是简单的客户信息，我们要找的绝不仅仅是这些，更多的是要明确你的客户范围。

由此可见，对客户进行寻找、调查是多么重要。

对客户资料进行分析整理，确定你的客户范围，这是成功说服的第一步。在很大程度上，这决定着我们今后的目标与方向。

记住，你的努力方向与目标的偏差越大，你获得的成功越小。这正如一项"圈地运动"，如果你圈定的是一块贫瘠的土地，永远不可能获得丰收。

关于方向的选择：

（1）选择正确的行业。你要明确的是，在哪个行业出现了产品最大的需求，或者，我们的产品与服务本身就是为了哪些行业而设计制造的。这些行业拥有较大的需求量和产品接纳能力及购买能力。

（2）产品的定位如何？是低端、中端还是高端市场？哪种性质和规模的企业具有这样的需求能力？

（3）谁是最能发挥我们产品与服务价值的客户，即谁是最好的客户？

回答这些问题，对于销售员来说将能够很好地明确自己的进攻方向。

第五章

产品

介绍时的销售口才

　　一位著名企业家说过："不论是顾客还是老板，都只需要专业的人才。"

　　对于销售人员来说，仅仅是博得客户的好感是不够的，更重要的是要赢得客户的信任，使其最终购买我们的商品才是最终目的所在。因此，对于有关商品的专业知识也是销售人员必须掌握的。业务素质应该是销售人员的基础"硬件"。

　　营销人员是否具有良好的业务素质，直接影响其工作业绩。营销人员应具备的业务素质是指其业务知识。一般来说，业务知识主要包括企业知识、产品知识、顾客知识、市场知识等方面。

　　作为一个优秀推销员，必须了解自己的企业、自己所推销的产品、自己将要面对的竞争者，成为行家里手，才算是一个职业推销员。

1. 让自己成为专家，成为客户心中的权威顾问

假设你是德国刀具的销售人员。顾客问："这个刀子好在哪啊？"你说很锋利。顾客又问：如何锋利？你说是合全钢做的。顾客又问：用什么合金做的？你说不知道，反正这个刀很锋利就是了。想想看，顾客会怎么评价你。

你去医院看病的时候，希望接待你的是个老中医还是个初出茅庐的医科大学毕业的大学生？废话，当然是有经验的医师更值得信赖啦，不是说大学生的水平差，而是说人的心理往往趋同于那些年长一些、经验较丰富的人。

在销售过程中，做一个顾问式的销售人员能更好地帮助顾客收集信息、评估选择，减少购买支出。同时，还能让顾客产生良好的购后反应。作为一个销售人员不能只着眼于一次购买行为，而是要通过自己专业的知识和积极的态度，同客户保持长期合作关系。以顾客的利益为中心，坚持感情投入，适当让利于顾客，实现双赢。

销售不仅仅是一种职业，更是对人生的一种挑战，一种在激烈的竞争中进行自我管理的能力。所以销售人员必须专业，在力量、灵活性及耐力等方面一定要具有较高的素质。

如何才能做到专业呢？大体上有以下几点要求。

第一个要求：顾客不知道的，你要知道；顾客知道的，你知道

的要比顾客更详细。

由上面的例子可以得出，一个称职的销售人员想让顾客购买你的产品，就应该把话讲清楚，尤其是产品的功能和制作原理。想卖给人家刀子，就要懂得合金钢的原理，对刀的合金成分的比例要清楚。顾客不知道的我们要知道，顾客知道的我们知道得要比顾客更正确、更清楚。

第二个要求：除了知道自己的主业以外，还要知道其他很多相关的常识。

假如你第一次到北京玩，坐上了一辆出租车。你在路上随便指着一个建筑问司机，司机却说自己不知道。司机只管开车，只知道路怎么走，对北京的文化、历史却不是很了解。你会怎么看这个司机，是不是觉得这个司机很不称职。所以，一个合格的销售人员不但对自己本行业的专业知识有深刻了解，还要对产品相关的常识做一些基本了解。销售人员不但要专业，还要多元化。

第三个要求：你是帮客户"买"东西，不是"卖"东西给客户。

余先生经常到国外旅游，他说过这样一件事，相信会对销售人员有所启发。在欧洲喝咖啡，咖啡厅的工作人员教会了他很多喝咖啡的学问，比如喝咖啡是品咖啡，不能一口气喝光；喝咖啡不能吹，不管多烫都不能一面喝一面吹等。可是在国内的很多咖啡厅里，服务人员看到客人出洋相还在一边"幸灾乐祸"地嘀咕："不会喝就不要喝啊，装什么蒜？"你说，这是一个营销人员该说的话吗？让客人听到了谁还会来啊？一个销售人员必须具备帮助顾客的心态，而不是说："你会不会喝，这是你的事，我的目的就是把咖啡赶快卖给你。"

第四个要求：你的客户是永远的客户，而不是只来一次。

台北的诚品书店排名亚洲第一。全天24小时营业，地板纯实木，非常干净，顾客可以坐在地上看书。书店里有油画、鲜花、咖啡及优雅音乐，而且每周一、三、五下午两点到五点还有名人讲座。最难得的是，顾客只要能说出这个世界上已经出版的任何一本书，工作人员都会想尽办法帮你找到。所以，很多高层人士一有闲暇就来这里。因为，经营者知道：客户不是只做一次的，而是做永远的。

2. 让客户更相信你，想客户之所想

知识日新月异，人们对其他的行业知之甚少，当客户购买某种商品的时候，十分需要别人为你提供顾问式的服务。小到买日用品，大到买房、买车，都需要专业人士帮助解答相关问题。知识对于一个销售人员来讲，不仅仅是博得客户好感的工具，其更深层的意义在于，只有具备渊博的知识才能更好地为客户服务，才能真正急客户之所急，想客户之所想。

从某种意义上说，销售人员的工作是通过自己的商品知识为客户创造利益，协助客户解决问题。为此，销售人员必须坚持不懈地、全方位地、深层次地掌握自己销售的产品知识、本行业的知识、同类产品的知识。这样知己知彼，才能以一个"专业"销售人员的姿态出现在客户面前，能让客户增长见识和帮助他们解决难题，才能赢得客户的依赖。

因为我们也有这样的感觉：我们去买东西的时候，或别人向我们推荐产品的时候，如果对方一问三不知或一知半解，无疑我们会对要买的东西和这个人的印象打折扣。我们去看病都喜欢找"专家门诊"，因为这样放心。现在的广告也是：中国移动——通信专

家、九牧王——西裤专家、方太——厨房专家。我们的客户也一样，他们希望站在他们面前的是一个"专业"的销售人员，这样他们才会接受我们这个人，接受我们的公司和产品。

有一位"金牌营销员"，她是一位其貌不扬的小姑娘，但是销售记录让我感到很惊讶——她竟然创下了一个月销售抽油烟机700台的纪录。700台呀！平均一天就要销售25台抽油烟机，有的销售人员估计一年也达不到这个水平。

为什么她能够有这么好的业绩呢？原来这位"金牌销售人员"对产品的精通，已经达到专业水准。打开任意一个品牌的抽油烟机，连续听两三次后，就能够判断出其噪音大概有多大，功率大概有多大，叶轮的转速大概是多少；拍打机子几次后，她就能够判断出其所用的钢板有多厚。

原来，在做销售之前，她曾在一家抽油烟机企业做过一年的动平衡检验工作和噪声测试工作，这为她掌握产品知识打下了基础。成为销售员之后，她把这些知识进行总结，并专门抽时间到以前的单位向老师傅请教，经过几个月的钻研和练习，她终于掌握了其中一些规律性的东西。

对于产品有了深入的了解，在做销售的时候，她就能够用自己的专业知识，对各种品牌的抽油烟机给出一个中肯的评价。所以好多客户就是冲着她的名声，找她买抽油烟机的。

销售员要对所推销产品的方方面面都很了解，并能亲自动手操作进行示范，最好还会一些修理和排除故障的工作。此外，还应熟悉竞争产品的知识，以利于在推销时将竞争产品与自己所推销产品的优缺点进行比较，增强对准客户的说服力。如果销售员不了解竞争产品的情况，不了解竞争厂家的销售政策和价格政策，当客户夸竞争产品的优点或受到竞争对手的诱导时，你就会很被动。

比如一位客户想买一台数码相机，面对3000元的价格，客户很可能对你说"别处才卖2800"之类的话。如果你有丰富的行业知识和竞争对手信息，你就知道这是否属实：

"我想您要关注的应该不只是价格，您可以再了解一下他们的价格里是否包含我们提供的这几种配件，以免您还需要再付钱购买，如果也是包含这些的话，我个人倒是建议您仔细观察一下给您的产品是不是有问题，因为正规产品的价格我们这里是最低的。"这样心中有数才能使你更自信。

3. 让产品展示优势，把好处益处最大化

在与客户沟通中，销售员需要把自己的产品优势充分地展现出来，这样有利于打动客户。但销售员首先需要弄清楚，哪些是产品特征，哪些是产品的益处。

一般来讲，产品的特征就是指产品的具体事实，如产品的功能特点和具体构成；而产品的益处指的是产品对客户的价值。在介绍产品时，要把产品的特征转化为产品的益处，如果不能针对客户的具体需求说出产品的相关利益，客户就不会对产品产生深刻的印象，更不会被说服购买。而针对客户的需求强化产品的益处，客户就会对这种特征产生深刻的印象，从而被说服购买。

"的确，这个产品的牌子不太响亮，但它的优点却是最适合你的。它的节电功能可以让你尽情享受3天，你根本不必担心会用多少

电。而且它的价格也比同类产品便宜得多，何乐而不为呢？"一部手机销售员如是说。

一个空调销售员对顾客说："价格是高了点，但它的性能是卓越而人性化的，有了它，您就会有一个舒适的夏天。"

"我们的产品的服务是众所周知的，优异的性能再加上优异的服务，您使用起来就会更方便舒适。"

在上面的销售语言中，销售员的说辞都具有较好的说服力。他们能够抓住产品的特点，突出产品的长处，来淡化产品的弱势。销售员在向客户介绍产品时，如果不能让产品的价值和优势打动客户，在接下来的工作中就会非常被动。因此，介绍产品要扬长避短，针对客户的需求点中的关键部位来介绍产品的功能，以此来赢得销售上的成功。

那么，销售员在实战中，如何掌握展现产品优势、弱化劣势的技巧呢？

（1）掌握说明产品益处的方式

一般来讲，无论销售员以何种方式向客户介绍或展示购买产品的好处，通常会围绕以下几个方面展开：

◎省钱。

◎性价比。

◎方便。

◎安全。

◎爱。

◎关怀。

◎成就感。

针对这些方面，销售员要根据不同的客户采用不同的说明方法。

◎"产品先进的技术会给你带来巨大的效益。"

◎"方便的使用方法会给你节约大量的时间。"

◎"这种产品可以更多体现你对家人的关心和爱护。"

◎"产品时尚的外观设计可以体现出您的超凡品位。"

当然，销售员应该注意的是，说明产品益处时，必须针对客户的实际需求展开。如果提出的产品益处并不符合客户的需求，比如向需求实惠产品的客户推荐时尚而价格高昂的产品，那么这种产品的益处再大，也不会引起客户的购买兴趣。

（2）强化产品优势、淡化无法实现的要求

当客户说出愿意购买的产品条件时，销售员要将自己的产品特征和客户的理想产品进行对比，明确哪些产品特征是符合客户期望的，哪些客户的要求难以实现。在进行了一番客观的对比后，销售员就能有针对性地对客户进行劝说。

销售员要强化产品的优势，对客户发动攻势。如："您提出的产品质量和售后服务要求，我公司都可以满足您，一方面，我公司的产品的特点在于……另一方面，我公司为客户提供了各种各样的服务项目，如……"

在强化产品优势时，销售员必须保证自己的产品介绍是实事求是的，并且要表现出沉稳、自信和真诚的态度。

无论销售员多么努力地向客户表明产品的各项优势，可聪明的客户还是会发现，你推销的产品在某些方面达不到客户理想的要求，这是不可避免的。这时，你要主动出击，以免让客户步步紧逼，使自己处于被动地位。

如果你的产品达不到客户的要求，可以运用以下方法来弱化客户的异议：

◎只提差价：这种方法适用于很多产品的推销。如："只要多付800元，您就可以享受到纯粹的夏威夷风情。"

◎进行贴近生活的比较，这要求销售员对自己的产品要有相对程度的理解，并且这种理解符合大多数人的生活习惯。如："您只要每周少抽一包烟，这个产品的钱就出来了。"

4.不再掩饰缺陷，隐瞒和掩饰适得其反

在一家知名企业的内刊上有这样一句话："优秀的销售代表必须为产品说实话，他必须承认，产品既有优点也有不足的地方。"但是在销售中，为了尽快实现成交，一些销售人员会把产品的优势说得天花乱坠，但是对于产品固有的缺点和不足，他们则会百般掩饰和隐瞒。销售人员必须承认，产品既有优点也有不足的地方。如果产品明明具有某种缺陷，而销售人员却执意隐瞒、不敢承认，那么一旦客户发现真相，即使销售人员再做多少解释，都很难挽回客户的信任。

当然了，要承认产品的不足并非就是简简单单地将所销售产品的所有问题都罗列在客户面前。销售过程当中固然要对客户保持诚信、勇敢地正视产品不足，但是这也需要讲究一定的技巧。有时候，尽管销售人员已经将产品的所有真实信息都坦诚给客户，但是客户仍然认为你讲的话有水分；还有一些时候，当销售人员冒冒失失地将产品的某些缺陷告诉客户的时候，客户会因为接受不了这些缺陷而放弃购买。掌握一定的技巧，不仅可以使客户对你及你所销售的产品更加信赖，而且还可以更加有效地说服客户，使客户产生更加积极的反应。

（1）主动说出一些小问题

从来就没有完美无缺的产品，客户尤其深信这一点。如果销售

人员自始至终只提产品的优势，而对产品的不足只字不提，那你推销的产品不仅不会在客户心中得到美化，反而会引起客户的更多疑虑。他们可能会主动询问，也可能会在心里暗自猜疑。为了打消客户的疑虑，销售人员可以主动说出一些有关产品不足的问题，说这些问题的时候，态度一定要认真，让客户觉得你足够诚恳，但是这些问题一定是无碍大局的，对方可以接受的。

当销售人员主动地将产品存在的问题说出来之后，客户就会认为你更值得信赖。

（2）实话巧说

在告诉客户真相时，销售员也并不是要在任何情况下、对任何事情都实话实说。有些问题销售员虽然可以说出，但也不能一股脑全部抛出；有些问题是销售员不能如实说出的，如商业机密等。

关于这些不能说出或者不好说出的问题，销售员一定要格外注意，不要为了博得客户的一时高兴就信口开河。在说一些问题时，可以采用声东击西的策略，如："您说的价格问题，其实不是一个大问题，好的产品制造投入自然高一些。试想，如果你花较少的钱买了质量比较差的产品，心里是不是十分郁闷？而我们的产品质量是绝对可以信赖的。"

（3）为自己说过的话负责

销售员在与客户沟通时，不要轻易做出承诺，对自己做不到的事千万不要答应。而答应了客户的事情，就一定要想办法做到，这既是为客户负责，也是为自己负责。如果信口开河，随口答应，不但不能树立自己的信誉，还会失去客户对你的信任。

而如果销售员答应客户的事情无法做到，就一定要诚恳地向客户道歉，并尽量在别的方面对客户做出补偿。

（4）别去直指客户的问题

虽然销售员要尽可能将客户奉为上帝，但不可否认，这些"上帝"也各有各的不足。有的时候，他们会因为心情不好而把你当作出气筒；有时他们提出的条件太过苛刻；有时他们又碍于面子，不肯承认自己的真实需求……

对于客户的种种问题，销售员心知肚明即可，不要直接指出，这样可能会挫伤客户的自尊心，影响你们的进一步沟通。

即使顾客在最后关头突然改变主意，销售员也不能带有情绪，更不可指责、破口大骂，要相信他不买一定有他的原因，要设身处地地表达出你的理解和关切。第一次沟通只是交易的开始，即使客户不购买，只要给客户留下深刻的友好形象，不愁他不会再来。

5. 让语言更加专业，但需要解释清楚

良好的产品介绍更需要专业的语言，比如推销新式电子游戏类玩具时，推销员可以这么说：

"顾客，您好！我店新到一批新式电子玩具，类型和样式很多，从低档到高档都有。低的三四十元，高的1000元以上。因为是新式玩具，初销时的价格较低，它不仅对儿童游戏有帮助，而且可以当作家庭装饰品，这样一来您就不用愁玩具没处放了。您瞧，这里有一系列从最简单到最高级、复杂的玩具，制作质量很可靠，外型采用最新式的一体构造法，不易损伤。如果您要购买，可以让您的小孩从简单的玩具玩起，然后再玩较复杂的玩具，这对开发儿童的智力、提高他们的积极性很有益处。还有一点需要说明的是，这种玩具不仅适合儿童，而且更适宜作为成人教育、开发子女心智的

教具，最高级类型结构较为复杂，可自己动手组装成另外一种你所喜欢的玩具。出售这类玩具的同时，赠送一套组装零件，相信您一定会开发出更多的功能。"

在这里，我们推出一个FABE的概念。

FABE指的是这四个方面的内容：F代表商品的特征，A代表商品的优点，B代表客户的利益，E代表证据。

简单说来，要求推销员在推销商品之前，能够按照FABE做好详尽的说明准备工作，即先把商品分解成若干个部分：机能、外型、质料、耐久性、使用方便程度、品质、用途、价格等，然后就每一个部分写下它的特征，以及由此而产生的优点，而这些优点又能给客户带来什么利益，最后还必须提出证据证明该商品的确能给客户带来利益。这样推销员与客户面谈时能有条不紊地进行。

有位推销员来到一家零售店，向其负责人建议，在其玻璃制品柜中增加一项新产品——厨房常用的酱料瓶。推销员用FABE法这样开始他的介绍：

经理，您好！这是我们日用玻璃厂新开发成功的厨房用的酱料瓶，也是本厂今年的主要新产品。请允许我打扰您几分钟，向您作个详细的说明。

（拿起样品）"我们打开它的盖子，有舌状的倒出口，出口上刻有7厘米的槽沟，可以防止瓶内的液体外漏；而注入口可以倒入各种液体：油、酱油、醋等等。

这个瓶的最大优点是，倒完瓶内的酱油后，瓶口不会沾有残余的液体，可以保持周围的清洁，非常卫生。据我们所知，目前在市场上尚未有同类产品，相信销售前景相当可观，也可给您带来很大利益。本厂曾选择100个客户进行实验，经过一年的试用，反映甚佳。

我们再来看看它的外型。正如您所见，它有着光洁的圆锥型外表，圆顶状的盖子，摸起来舒服，看起来别致。有红、黄、绿三种颜色，任君选择。

由于它具有时髦而现代感十足的外型，所以不仅可放在厨房，也可放在餐桌、食品柜中，使家庭陈设倍添光彩。如放在贵店展销，不会占据太大的空间，看起来又很悦目，可以提高商店的形象，定能吸引顾客的眼光，成为畅销品……

如上述这般所述，商品的机能、外型直到价格都能无一遗漏地详细陈述。推销员说得头头是道、有条有理，顾客也听得明明白白。

使用这种方法，有以下几种优点：

（1）方便推销员做商品说明，由于准备得充分且全面，推销员介绍起来就会显得信心十足；

（2）由于此种方法是站在客户的立场上设计的，所以解说起来容易为顾客所理解；

（3）此种方法以事实为根据，有相当的逻辑性：特征→优点→利益→证据，所以比起其他的方法来说服力强；

（4）由于分析得很具体，就可以仔细观察客户对各点的反应，把握客户的真正兴趣或真正的需要所在。

另外，在介绍产品的时候，还有一种方法可以让顾客对商品了解得清清楚楚、明明白白，那就是让产品自己说话。

让产品先接近客户，让产品做无声的介绍，让产品默默地推销自己，这是产品接近法的最大优点。例如，服装的珠宝饰物营销员可以一言不发地把产品送到客户的手中，客户自然会看看货物，一旦客户产生兴趣，开口讲话，接近的目的便达到了。

运用产品接近客户时有如下应注意的事项：

（1）产品本身必须具有一定的吸引力，能够引起客户的注意和兴趣，这样才能达到接近客户的目的。在客户看来毫无特色、毫无魅力的一般商品，不宜单独使用产品接近法。在实际营销工作中，不同的客户会注意不同的方面，会有各自不同的兴趣。有人关心产品的技术指标和性能，有人看造型和色彩。正如人们所说：内行看门道，外行看热闹。因此，营销员应发挥产品优势，选用适当的接近方法。

（2）产品本身必须质地优良，经得起客户反复接触，不易损坏或变质。营销员应准备一些专用的供客户接近试用的产品，平时注意加以保养，以免在客户操作时出毛病，影响营销效果。

（3）产品本身必须精美轻巧，便于营销员访问携带，也便于客户操作。笨重的庞然大物、不便携带的产品不宜使用产品接近法。例如重型机床营销员、房地产营销员、推土机营销员就不好利用产品接近法。但是，营销员可以利用产品模型、产品图片等作为媒介接近客户。

（4）营销的必须是有形的实物产品，可以直接作用于客户的感官。看不见、摸不着的无形产品或劳务，不能使用产品接近法，如理发、洗澡、人寿保险、旅游服务、电影入场券等都无法利用产品接近法。

6.让疑虑层层消除，销售也是一个解决矛盾的过程

你剥过笋吗？

一层包裹着一层，然后你再一层一层地把它剥开。

征服客户，就如同剥笋。不把疑虑除去你就很难征服客户的心。

但消除别人的疑虑并不是一件容易的事，需要一点一点地层层递进、穷追不舍，把道理讲明白、讲透彻，这就是层层剥笋的方法。

一位电子产品营销员在推销产品时，与顾客进行了这样一番对话：

营销员："您孩子快上中学了吧？"

顾客愣了一下："对呀。"

营销员："中学是最需要开启智力的时候，您是不是很想提高孩子的智力？

顾客："是啊，不过还不知道怎样做才有效。"

营销员："我这儿有一些游戏软盘，对您孩子的智力提高一定有益。你肯定认为给孩子买游戏盘会耽误她的学习是吧？"

顾客："呵呵，是这么想的。"

营销员："我的这个游戏卡是专门为中学生设计的，它是数学、英语结合在一块儿的智力游戏，绝不是一般的游戏卡。"

顾客开始犹豫。

营销员接着说："现在是一个知识爆炸的时代，不再像我们以前那样一味从书本上学知识了。现代的知识是要通过现代的方式学的。您不要固执地以为游戏卡是害孩子的，游戏卡现在已经成了孩子的重要学习工具了。"

接着，营销员从包里取出一张磁卡递给顾客，说："这就是新式的游戏卡，来，咱们试一下。"

果然，顾客被吸引住了。

营销员趁热打铁："现在的孩子真幸福，一生下来就处在一个良好的环境中，家长们为了孩子的全面发展，往往在所不惜。我去过的好几家都买了这种游戏卡，家长们都很高兴能有这样有助于孩子的产品，还希望以后有更多的系列产品呢。"

顾客已明显地动了购买心。

营销员："这种游戏卡是给孩子的最佳礼物！孩子一定会高兴的！您想不想要一个呢？"

结果是，顾客心甘情愿地购买了几张游戏软盘。

在这里，营销员巧妙地运用了询问的艺术，一步一步，循循善诱，激发了顾客的购买欲望，使其产生了拥有这种商品的感情冲动，促使并引导顾客采取了购买行动。这位营业员够专业吧？

人的思想是复杂的，对某一事物不理解、想不通，往往就会疑虑重重，这就需要你据情释疑，把道理说透。学会用语言"剥笋"，你就可以征服客户于口齿之间了。

7. 让注意立时唤起，第一时间吸引顾客目光

面谈是整个推销工作的核心部分，事关推销工作的成败，因此，在进行相对来说比较复杂枯燥的专业知识介绍之前，你就应先将客户的注意力吸引过来，而后再牢牢地抓住它。

注意是人的一种复杂的心理现象，它是心理活动对客观事物的指向和集中。注意是人的大脑活动处于一种兴奋状态，是各种感觉、知觉、记忆、思维等多种活动的综合表现。任何人的购买活动都是以注意作为第一步开始的。如何才能引起顾客的注意呢？下面

一些方法会对你的推销工作有所帮助。

（1）抓好开头语

为了吸引顾客的注意力，在面对面的推销访问中，说好第一句话是十分重要的。开场白的好坏，几乎可以决定一次推销访问的成败。换言之，好的开场白就是推销成功的一半。专家们在研究推销心理时发现，洽谈中的顾客在刚开始的30秒钟所获得的刺激信号，一般比以后十分钟里所获得的要深刻得多。在不少情况下，推销员对自己的第一句话处理得往往不够理想，有时废话太多，根本没有什么作用。

比如人们习惯用的一些与推销无关的开场白："很抱歉，打搅您了，我……""哟，几日不见，您又发福啦！""您早呀，大清早到哪儿去呀？""您不想买些什么回去吗？"在聆听第一句话时，顾客集中注意力而获得的只是一些杂乱琐碎的信息刺激，一旦开局失利，接下来展开推销活动必然会困难重重。

开始即抓住顾客注意力的一个简单办法是去掉空泛的言辞和一些多余的寒暄。为了防止顾客走神或考虑其他问题，在推销的开场白上要多动些脑筋，开始几句话必须是十分重要而非讲不可的，表述时必须生动有力、句子简练、声调略高、语速适中。讲话时，要目视对方双眼，面带微笑，表现出自信而谦逊、热情而自然的态度，切不可拖泥带水、支支吾吾。一些推销员认为，一开场就使顾客了解自己的利益所在是吸引对方注意力的一个有效思路。比如：

"您知道一年只花几块钱就可以防止火灾、水灾和失窃吗？"顾客表现出很想得知详细介绍的样子，于是推销员又赶紧补上一句："您有兴趣参加我们公司的保险吗？我这儿有20多个险种可供选择。"

又如，某叉车厂推销员问搬运公司管理人员："您希望缩短货物搬运时间，为公司增加两成利润吗？"

对方一听，马上对上门访问的推销员表现出极大热情。

在上述两例中，如果推销员直截了当地问对方，是否需要参加保险，是否想购买叉车，而不是以问话的形式揭示保险、叉车带来的好处，推销效果显然会差一些。

在开场白中，推销员可以开门见山地告诉顾客，揭示你可以使对方获得哪些具体利益，如："王厂长，安装这部电脑，一年内将使贵厂节约15万元开支。"

"胡经理，我告诉您贵公司提高产品合格率的具体办法……"

这样的开场白肯定能够让顾客放下手头工作，倾听推销员的宣传介绍。

（2）出奇言

推销员上门访问时出其不意地讲一句话，往往能一下子抓住顾客的注意力。一位远道而来的推销商与客户洽谈交易时，为了吸引对方的注意力，他很喜欢用这样一句话来开始介绍他所推销的产品："说真的，我一提起它，也许您会不耐烦而把我赶走的。"这时顾客自然会作出如下反应："噢？为什么呢？照直说吧！"

不用多说，对方的注意力已经一下子集中到推销商以下要讲的话题上。

出奇言时，要掌握好时机、对象和语言的分寸，千万不要危言耸听，俏皮话也应少讲。可惜，有些推销员恰恰忘记了这一点，即使达到唤起注意的目的，也没有好戏再唱下去。

如有一位初学推销的年轻人在卖帽子时试图出奇言而制胜，不管对方是谁，劈头就说："老兄，瞧您这头发，稀稀拉拉的剩下几根，买一顶帽子戴上吧。"结果可想而知，他的推销努力失败了。

（3）引旁证

在香港，一家著名的保险公司推销经纪人常常在自己的老主顾中挑选一些合作者，一旦确定了推销对象，公司征得该对象的好友某某先生的同意，上门访问时他这样对顾客说："某某先生经常在我面前提到您呢！"对方肯定想知道到底说了些什么，愿意听这位经纪人讲下去。这样，推销双方便有了进一步商讨洽谈的机会。在唤起注意方面，推销员广泛引用旁证往往能收到很好的效果。

引用旁证时，推销员还可以引用一些社会新闻。谈论旁证材料和社会新闻时，首先应以新见长，最新消息、最新商品、最新式样、最新热点都具有吸引注意的凝聚能力。这种方法不大适用于匆匆而过的顾客，但对于一些老主顾，诸如住宿旅客、闲逸游人、洽谈对手、办公室人员却有着相当的作用。尤其是谈到竞争对手的新闻时，大可不必评头品足大发议论，因为买方和卖方看待问题的角度是不尽相同的。对卖方代表来说，别人的货不好，我的货自然比别人强；可是买方代表认为，别人的东西不好，你推销的东西也不一定是好的。既然如此，损人夸己式的谈论于推销无益。正确的做法是在客户面前多谈少评，客观公正。

（4）说话时，最重要的时刻是最初的十秒钟

因为这十秒钟就能决定一切了。精神散漫者及显示无兴趣者，他们情绪开始浮动也是在此刻；而想要让对方集中精神，引起他们的兴趣，也是此刻。

在最初的十秒钟要引起对方的兴趣，抓住对方的心，他们便能专心听你以后的介绍了。

第六章

谈判

磋商必备的销售口才

在销售中，经常看到往往因一句话而毁了一笔业务的现象，如果能避免失言，销售员的业绩肯定会百尺竿头，更进一步。在重要场合的谈判中，作为一名优秀的销售员，更是要慎言慎行，一不小心，就会毁了整个销售。

1．有意识地训练自己的说服力

说服力是后天不断学习、不断训练的结果，和天赋之类的东西没有什么关系，只要你有实现目标的勃勃雄心，持之以恒地训练自己，就一定能成为舌灿莲花的说服高手！

古希腊著名的演说家德摩斯梯尼，因小时口吃、说话气短，而且爱耸肩，所以登台演讲时，声音浑浊、发音不准，常常被雄辩的对手所压倒。但他毫不气馁，为了克服自己的弱点，战胜雄辩的对手，他每天口含石子，面朝大海朗诵；为了克服气短，他一面攀登陡坡，一面吟诗；甚至悬起两把剑来改正自己爱耸肩的毛病。不管春夏秋冬、雨雪风霜，数十年如一日，终于成为全希腊最有名气的演讲家、雄辩家。

这是一个很有说服力的例子，由此可见，雄辩的口才、强大的说服力并不是天生的，而是后天训练的结果。只要你有恒心，你也能成功。

前人的案例已经向我们明确地说明了后天训练对大脑和气质改造的强大威力，那么作为业务员我们从中会受到什么启发呢？我们应该怎么做，才能像无数的前辈一样出类拔萃呢？

尽管某位客户目前下的订单并不大，但是你能在业务工作中不只想着自己的佣金会有多少，而是你的工作能为客户带来多少利润吗？这位客户的利润升值空间还有多大？他在其他方面还有什么需求？尤其是广告、通讯、电力、地产、电脑等行业，其客户可能是各行各业都有，所以你的业务范围还可以拓展到客户的其他需要上。

这样你和客户的关系更为紧密，客户对你的依赖性也越来越大，你的生意不是也水涨船高，越做越红火吗？如果客户是做服装的，众所周知，服装行业是个暴利行业，而且中国的服装在国际上的销路也很好。但是近年来竞争激烈，工厂和商家遍地开花，加上服装本身特有的季节性和流行性，其销售上也是要受到一定限制的，所以你大可以发挥你的策划能力，在重大节日、突发事件、定期服装展销会上做文章，为商家出谋划策，如果能拉来名人做宣传的话效果会更好。

业务员要让自己更有说服力，一个很重要的条件，就是必须对自己的产品和服务充满绝对的信心。换句话说，你要说服客户，就得把你的信心传递给客户，让客户确信你的产品对他们有好处。如果你本身都缺乏信心，又拿什么说服客户呢？

除了信心之外，为了增强自己的说服力，业务员还需要一些道具或者说视觉辅助工具。你本人的感染力，再加上道具的刺激，会给客户留下深刻的印象。

比如说，你是一名房地产业务员，要说服客户购买你的房子。这时候，你可以使用的辅助工具有：看房子的时候为客户准备的饮料、果汁等有"附加价值"作用的东西。这是一种比较有趣的方法，客户在喝完你的饮料之后，会对房子的布局、环境更有认同感。

再比如，你是一名汽车业务员，要将一辆很酷的跑车卖给年轻人。你可以使用的"道具"有：让他戴上赛车手套，找找感觉；或者安排一位年轻性感的美女站在人行道上大喊："哇，你开这车好有性格。"

同样道理，如果你是一名保险业务员，你可以准备一套车祸残骸的照片，必要的时候拿给客户看。这样一来，就比较有说服力了。

作为一名优秀的业务员，其内在的精神气质决定着面对客户的说服能力的强弱。在日常工作生活中，你可以有意识地训练自己的"第二天性"。除练就一副金口才以外，还要炼化自己的气质，这就需要从你的思想境界上来着手。

（1）你要培养说服别人的野心

要志存高远，有职业野心，仿佛微软公司总裁的位子就是为你预备的，你现在只不过一步步向它走近而已，而先苦后甜也是每一个卓越人士的必经之路。你也可以拿苏秦"锥刺骨"的精神来激励自己——你也能像苏秦一样靠一张嘴说服天下。

（2）要注意自己的仪表

一个人的精神气质虽然是由内而外的，但外在表现也必不可少。当你的服装仪表与内在气质配合得天衣无缝时，就会为自己树立起一个成功的形象，从而增加客户的信任感。否则，邋遢的形象只会惹人反感。

英国某镇内有一位艺术家，常因一些地方问题到镇议会去控诉。他去时常穿一件油渍斑斑的工作服，胡子也不刮。因为他从来看不起那些以衣冠整齐来取悦于人的人，认为一个人只要有头脑，别人就会听取他的意见，穿着好坏无关紧要。

可事实是，年复一年，照样没人理会他。

心理学家塞肯曾召集了68名学生志愿者，吩咐他们每人跟四位行人谈话，请求他们支持一个反对校内早餐供应肉类的团体。在跟行人接触前，研究人员对每位志愿者的各种情况，如外表是否漂亮，口齿是否伶俐，能否令人信赖，能否说服人以及智力高低等等，都做了鉴定。结果发现，在相同条件下，外表漂亮者一般比不大漂亮者更为成功。

（3）通过读书来陶冶身心

平时要多看介绍世界经商名人的书籍，学习他们的管理方法、投资技巧、经商之道；还可以看经典的励志书，比如《最伟大的推销员》；如果你看过《孙子兵法》和日本宫本五藏的《五轮书》更好。

（4）要磨砺自己的心志，强化持之以恒的精神

世上学道之人如过江之鲫，得道者却凤毛麟角，原因是大多数人定力不够。这个世界上的诱惑和我们自身的弱点太多，太难以克服，正如《后西游记》中造化小儿擒拿齐天小圣的魔圈一样，名利圈套不住你，美色圈套不住你，贪恋嗔痴套不住你，骄傲圈却能套得住你，总有一个你无法超越的圈子套得住你！

2. 克服不良习性，保持清明的头脑

要成为一名顶尖的业务员，一定要想办法克服在日常生活和业务工作中的浮躁、贪婪、急于求成、唯利是图、目光短浅、恐惧、懦弱等不良习性。

唯有如此，你才能拥有坚强的心志。

当你独自一个人，手里提着公文包，站在繁华的大街上，人流如织、车流如梭，刺目的阳光让你眼前一片模糊，而你却不知该何去何从；你心里很急躁，想马上出发，可是实在想不出去哪里，只能待在原地。此时在你的耳边响起的或许是许巍的《那一年》，而

不是崔健的《假行僧》吧？

当你在晦暗的夜晚，行走在万家灯火的小区里，殚精竭虑，为了拿到一个订单而奔波，不知道哪一扇紧闭的窗户会为自己而打开，是不是感觉到迷茫绝望？是不是会虔诚地默默祈祷呢？

当你和客户谈判时，是不是心里紧张万分，既生怕客户跑掉，又担心自己的谈判技巧不够好，因此心里惴惴不安呢？

当你拿下了一个大单，却遏制不住自己的贪欲，起了做私单拿更大利润的念头呢？情与法是不是在你的脑海里已经萦绕了无数次呢？"为什么我辛辛苦苦，却只得了这么一点，他们在公司里坐享其成，有什么理由比我拿得多呢？"

当你在公司的业务干得风生水起，却有职业猎头盯上了你，因此暗地里请你吃饭的人更多了，聘请你的单位也有一打，而且人家给你开出的条件也很诱人，你不禁也有些心动，认为自己在哪里都会有一番事业的，而就在此时，公司高层也好像隐约感觉到了什么，你最近被单独召见的次数也无形中增多了，你心里不免有些得意也有些忐忑。现在处在风口浪尖上的你，是去还是留呢？

也许你在职业生涯中遭遇的远比这里所列出的复杂，但是无论你遭遇了什么，都不要失去清明的心志，知道自己该取什么该舍什么的人才是最有头脑的人。

3. 增加说服的真诚度

无论是要说服客户，还是在交谈中想让别人相信你，对你的话感兴趣，首先要强调的就是真诚。也就是说，不仅是用嘴，还要用"心"去说话。

公司要与客户进行一次十分重要的业务谈判，有个刚参加工作的业务员被选出来成为谈判团的一员。为了能顺利说服客户，谈判团进行了反复演练。

在业务谈判开始的第一天晚上，老板把那位新来的业务员喊到办公室里责骂："本公司有史以来还没有一个业务员比你更差劲！"

业务员替自己辩解道："既然这样，干嘛还挑我参加谈判团？"

老板答道："因为你会思考，而不是你会讲。但是光靠思考是不够的！现在，你把明天要说服客户的话，再重新演练一遍，看看问题出在哪里？"

他把一段话反反复复地说了一个钟头，最后，老板问："看出其中的错误了吧？"

"没有。"

于是，老板让他再来一个半钟头，两个钟头，两个半钟头。最后，他精疲力竭。

老板问："还看不出错在哪里吗？"

他说："看出来了，我没有诚意，我根本心不在焉，我说的话缺乏真情实感。"

就这样，他上了最难忘的一课，把自己融入了说话之中。从那个时候起，他就开始对自己所讲的话题热心起来。这时，严厉的老板才说："现在你可以去说服客户了！"

"真诚"是一种主观感受。也就是说，对方认为你是真诚的就行了，哪怕你在睁着眼说假话。换言之，说话的内容未必是真实的，但是参与语言行为的人认为是真实的就可以了。

此外，发自心灵的声音，还必须有声有色，妙语连珠。

为了使交谈取得良好的效果，应该注意语言的选择、加工和提炼，力求做到准确、生动、形象，说着顺口，听着悦耳。同时，还应注意语言的更新，不断地把生活中富有生命力和表现力的语言引进自己的言语之中，给人以清新之感。

如果颠来倒去，就那么几句老掉牙的话，词汇贫乏、语言无味，既不形象生动，也不新鲜活泼，怎么能产生感人的力量呢？又怎么能很快地进入角色呢？只有语言充满感情，才能长时间地留在人们的记忆里。

纯粹的理论和枯燥的说教，是没有多少说服力的。要想说服客户，必须配合生动的例子，二者缺一不可。同时，与客户交流的时候，举些例子也可以帮助自己理顺思路，这样做的好处是很明显的。

（1）你能够从苦苦思索下一句话的困境中解脱出来。这是因为，最容易复述的就是经验，就是例子。在与客户交流时，这种情况也是不会改变的。

（2）举一些例子，能够有效地把你逐步带进角色。实践证明，往往你的例子还没有讲完，你的紧张情绪就已经消失了，并且你已经为进入主题找到了机会。这种方法是经验丰富的高手经常采用的。

（3）例子形象，最容易获得客户的注意。

4. 让你的话更有煽动性

大凡成功的说服，都有一个共同的特点，那就是直入人心，能够引起客户的共鸣。而要想做到这一点，业务员的语言必须具有很强的煽动性才行。否则，如果你的话太平淡，听众是不会被打动的。比如，我们常见那些失败的业务员，他们总是在重复别人的观点，空话、套话连篇，却很少表达真情实感。也就是说，他们不愿用自己的声音说自己的话！

很多领导人物的讲话，堪称煽动性的典范。

第二次世界大战时期，德、意、日疯狂肆虐，英国面临国土沦丧的危险。时任英国首相的丘吉尔临危不惧，向民众发表了一次著名的演讲，他这样说道：

"我们决不投降，决不屈服，我们一定要战斗到底！我们将在法国作战，我们将在海上和大洋上作战，我们将不惜任何代价保卫我们的本土。我们将在海滩上作战，在陆地作战，在田野作战，在山区作战。我们宁愿让伦敦在地球上毁灭，也决不投降！……"

这段讲话极大地鼓舞了英国人民的斗志，很快传播到各个反法西斯战场。据丘吉尔的秘书说，口授演讲稿时，这位年近古稀的首相"像小孩一样，哭得涕泪横流"。这篇演讲没有高深的理论，更没有华丽的辞藻，但它炽热的爱国热情感人至深。澳大利亚前总理孟席斯评论道："丘吉尔懂得，作为演讲，要想感动别人，首先要感动自己。"

在说服中，对感情的利用和控制，需要注意以下几点：

（1）讲者不动情，听者不动心

情绪不到位不开讲，要尽快进入演讲的内容情境，此所谓"未成曲调先有情"。但是，感情应是自然的流露，切不要"挤情""造情""煽情"。

（2）感情传导重在和谐

说服的整个过程不宜大起大落，要在一个统一的基调中有起有伏，形成一个协调的整体。

（3）掌握分寸，注意感情的"流量"

过度的宣泄会"陷入感情"而难以自拔，所以不可信马由缰。要把持住感情的"阀门"，含蓄一些，宁可"收"一点，而不宜放纵。

5. 婉转的说服技巧

在说服客户时，不一定总是直来直去，有时候更需要婉转一些。因为有些事情直来直去可能会伤害双方的感情，这时便应该采用婉转的说法。毕竟，说服的目的是达成交易，进行合作，而不是为了吵架。

俗话说"和气生财"，婉转的语言向来是生意场上的制胜法宝。

古代时，有个地方新开一家理发店，门前贴出一副对联：

磨砺以须，问天下头颅几许？

及锋而试，看老夫手段如何！

这副对联论文句妙则妙矣，但实在可怕——磨刀霍霍，杀气腾腾，令人毛骨悚然。这家理发店因而门庭冷落。

另有一家理发店，也贴出了一副对联：

相逢尽是弹冠客，

此去应无搔首人。

"弹冠"取自"弹冠相庆"，含准备做官之意，上联又正合理发人进门脱帽弹冠。"搔首"，愁也。"应无搔首人"，即人皆心情舒畅，这里又指头发理得干净，人感觉舒适。吉祥之意与理发技艺巧妙结合，语意委婉含蓄。

这家理发店自然生意兴隆。

也许你会问，如果不婉转，那会怎么样？

试看下面几个例子：

·父亲走到孩子的房间，说："这地方看起来像个猪窝！"

·太太对丈夫说："你把我的话当耳边风！你不会学学把碟子放进水池之前，先把剩菜倒掉吗？"

·一位母亲向孩子吼道："你放的音乐太响了，邻居都被吵昏了头！"

·一位上司对下属说："你对这些资料的分析，特别是费用计算的方式全都错了！"

这种说话方式，因为不顾及对方的自尊心，即使内容正确，无形中也会影响说服力。要消除这种问题也不复杂，那就是把话说得婉转一点、客气一点，对方就容易接受了。

就上面几个例子而言，经改变后可以成为下面的说法：

·"每次看到这个房间没有收拾干净，我就替你难受。"

·"如果把碟子的剩菜先倒干净再洗，我可以省一半的时间。"

·"声音太大打扰了我的安宁，我难以习惯。"

·"我的分析和你的有所不同，我是这样计算的……"

这样说话，是不是感觉好多了，也不那么刺耳了呢？那么，在说服过程中，怎样说话才显得更委婉呢？下面举例说明：

说客户在"耍阴谋"或"耍心眼儿"，就不如说对方"不够明智"。

尽量避免说："我要证实你的错误。"这句话等于说："我比你聪明，我要使你明白。"这等于是一种挑战，会引起对方的反感。

即使对方真的错了，而你又非要说出来不可，不妨这样说："不过，我有另一种看法，但不见得对，还是让事实说话吧。"或者说："我也许不对，还是让事实说话吧。"

即使你认为，自己的看法绝对正确，也要避免用太肯定的字眼。例如"当然""无疑"等等，这会显得你很自负。要改用"我想……""我认为……""可能如此……""目前也许……"等等。

6. 说服力的关键：先声夺人

有道是"先发制人，后发制于人"，说服客户一定要抓住先机，争取主动。如果能抢在客户准备好拒绝的理由之前，先向对方发动进攻，往往能使对方措手不及，使其心理失衡，自乱阵脚。同时，说服时一定要做到有理有据，在情、理上都要使客户信服。

要做到这一点，见机要快，反应要迅速。

没有经过专门训练、不够老练的业务员，在与客户交流时往往不能处理好应答与提问的关系：或是只答不问，被对方牵着鼻子走，即先用完了自己的时间，又缺乏对客户的说服力；或是只问不答，提出的问题越来越弱，最后丧失说服力，给客户以质疑的机会。这些，都是说服失败的原因所在。

因此，只有有问有答、问答结合，才能使你牢牢掌握主动权。

另外，在说服客户时要拣对方最薄弱的环节抢先进攻，力求先发制人。取得优势后，乘胜进入下一回合，积小胜为大胜；陷入劣势时，及时转入对己方有利的阵地，并实施反攻；处于胶着状态时不纠缠，跳出来将话题拉向一个更高的层次，从而给人一种感觉：

似乎你牢牢掌握了主动权，新的话头总由你挑起，你挑到哪里，客户就跟到哪里，全场牵着对方的鼻子走。

先发制人还要求我们在说服客户的同时，预测客户可能提出的疑问，并使之失去作用，从而使对方无言以对，心服口服。

7. 从分歧中了解客户的需求

要做生意，却不知道客户购买或不购买的原因，就好像是蒙着眼睛在靶场射击一样。假如你开枪的次数够多（也就是说假如你拜访客户的次数够多），你一定会有射中的机会，但是想成为神射手的话，又谈何容易。

在美国，每年花在市场调查上的经费超过了十亿。做这样的研究的目的只有一个：发掘一般人的购买需求，以及他们购买的原因。随着我国经济的飞速发展，国内这样专门的调查机构也如雨后春笋般成长起来，而且还在起着积极作用。公司之所以愿意花这么多的钱做市场研究的主因就是希望产品或服务的广告设计能够更有效地迎合客户的真正需求。这样他们就可以裁减那些不能刺激业绩增加的广告及促销经费。

要成为顶尖的专业人员，必须自己去做市场研究，必须花时间去了解别人购买你的产品或服务的原因。同时，也必须发掘为什么别人不向你购买，而是向你竞争对手购买的理由。你做市场调查的理由和一般大公司做市场研究的理由没有差别，都是为了让自己花更多的时间在那些能够及早做购买决定，能够向你购买更多产品或服务，更能够把你推荐给其他潜在客户的好客户身上。

不要害怕去追根究底，这是一件很重要的事。了解成功和失败的原因是你改善的关键所在。大部分的人都会因为害怕被拒绝或否定，或害怕被批评，而停滞不前。因此，他们就会尽量避免问客户或潜在客户很直接的问题。你的焦点应该是要让自己的能力发挥到极致，要做到这样，就必须从别人那里了解你真正的表现程度。也就是要从对方不同的观点里去了解对方，解决你们理解上的分歧、异议。

在处理异议之前，要先自行模拟可能的异议有哪些，做事先演练，思索怎样回答才会让对方信服、满意。

销售人员在面对潜在客户对于价格上的异议时，可简单地告知"一分价钱一分货"而且服务是不打折扣的，并举例强调品质的重要性。也可告知对方，以他的身份、地位、气质、品位购买这样品质的商品与他是如何的相称，例举别的客户购买后又再回来追加购买的事实。

当人们关心你的产品，而又拿不定主意是买还是不买时，他们就会提出一些异议，销售员可以把这些异议解释为肯定的购买信号，如果处理得当，成交就很有希望。

例如，客户已经有了一套完备的计算机系统，如果他和你成交的话，再买下你的，他就需要多付一笔费用，所以他会说："也许我应该继续使用现有的系统，这样可以节约一笔不必要的开支。"他的实际意思是想跟你确认，买下你的系统能不能给他带来好处。要是他只是说："我还是用我现有的好了。"那就说明他根本没有把你说的话听进去。除非你能做些试探，套出他的真正意图，否则成交的机会很可能微乎其微。

客户这样说："我并不觉得这个价钱就表示一分价钱一分货。"实际上他是在告诉你：你要证明给我看你的产品是物有所值的，甚至物超所值。

"我从来没有听说过你们这家公司呀。"则是：我愿意买你的产品，但我更想知道你公司的情况，信誉和质量是否都有保障？

"这个尺寸恐怕不适合我。"则是：你能证明它穿在我身上是合适的吗？

"我不想买什么，只是随便看看。"则是：我没有特别想买的，但是也没说什么都不买，你要是能说服我，我就买，否则，我就只是随便看看了。

"我正在减少开支，所以不想买任何新产品。"则是：除非你能使我确信你的产品真是我需要的东西，我才可能掏钱来买。

有时，那些反对意见里就潜藏着客户渴望了解更多信息的意愿。而这正是他们向你微妙地传达他们对产品有兴趣的表现。但是，很多销售员却因此泄了气，放弃努力，转而去做另一次销售。

当有人说他不想买你的产品的原因时，他其实是在表达一种意愿，希望知道他为什么要买的理由。对这种类型的异议，要持欢迎的态度，因为这表示那些客户都在认真对待问题。如果一位客户只是一味地聆听而一言不发，那么，你想对他销售什么也同样困难得多。

还有一类最难对付，因为他们并不对某一个具体的东西表示反对，他们只会不断摇头，说一些否定的话，如"我没兴趣""我不喜欢"或者"我不想买"。在这种情况下，销售很难进行下去，他们完全不在乎产品的质量和价值，也不需要你的任何解释。

最理想的客户是能明确地向你解释为什么倾向于使用现有的产

品的人。例如，他说："××公司有一套很好的服务体系，无论什么时候出现问题，他们都会在24小时内做出答复。"

了解了他的异议后，你就可以集中注意力处理他的异议，设法使他相信你的公司能提供给他更好的售后服务，能够缩短维修服务时间，因为你们能保证在接到请求后立刻就能给予答复。

如果客户己从现有的渠道得到了优质的服务，那么你要得到他们的定单会更困难一些。一般来说，人们都非常相信并且愿意忠诚于那些曾为他们提供高质量服务的业务员和公司。

一位股民对一位股票经纪人说："我对我现在的经纪人很满意。她替我赚了不少钱，而且服务也很周到。另外，她还是我的一位好朋友。"

即使在这种情况下，客户的这番话也并非意味着你没有一点协商的空间和机会。你可以这样回答他："很高兴得知您最近财运不错。能听到这个好消息总是一件让人愉快的事，但是我相信您一定会同意无论多么优秀的股票经纪人都不能垄断好的建议。所以，请允许我和您保持联系，我会在适当的时候给您打电话。我想您不会介意的，对吧？"

第七章

促成

交易必备的销售口才

在销售活动中，成交的时机是非常难于把握的，太早了容易引起客户的反感，造成签约失败；太晚了，客户已经失去了购买欲望，之前所有的努力全部付诸东流。那怎么办呢？有经验的销售员告诉你，当成交时机到来时，客户会给你一些"信号"，只要你留心观察，就一定可以把握成交时机。

1. 说话时多用积极的字眼，让客户感觉到你的主动

在与客户的沟通与说服中，一定要在遣词造句上花些功夫。有一些"魔法词汇"是客户非常愿意从你那里听到的，你务必要充分理解这些关键词汇的重要性。

（1）"您好，我可以帮您做些什么吗？"

这种开放式的提问，可以获得客户好感，也能引起客户谈话的兴趣。因为你是在提供"帮助"，而不是"兜售"商品。人们都希望被帮助、被服务，以这样的提问开头，你就可以以一种积极的语调开始谈话。

（2）"您的问题，我们完全可以解决。"

客户与你沟通的真正目的，是要"买到"解决问题的方法。他们喜欢你用他们能理解的语言直接回答他们的问题。

（3）"虽然我现在给不了您要的答案，但我一定会尽快解决。"

如果客户提出的问题比较刁钻，你一时难以解决的话，就应该坦白地告诉他你不知道答案。在对所有的事实没有把握的情况下贸然地回答客户的提问只会让你的信誉损失得更快。为了测试对方是否讲诚信，精明的买家有时会故意提出一个你无法解决的问题。在

这种情况下最好给客户一个诚实的回答以提高你的信誉。

（4）"我们一定会满足您的要求。"

告诉你的客户，令客户满意是你的责任。要让客户知道，你们知晓他需要什么样的产品或服务，并会按照双方都同意的价格提供这种产品或服务。

（5）"我们将随时为您提供最新信息。"

客户最信赖的销售员就是那种能为他们及时提供最新消息的人，不管是好消息还是坏消息。因此，你要让客户知道，你将随时为他提供有关订货方面的最新信息。订货至交货的时间越长，这种信息的更新越重要。

（6）"我们保证按期交货。"

约定的交货日期就是你必须履行的诺言，即使"差不多"也不行。"星期一就是星期一。"五月的第一周就是五月的第一周，即使期间包含有国家法定假期。客户想听到的是："我们会按时交货。"能始终如一做到这一点的人很少，如果你做到了，客户就会记住你。

（7）"非常感谢您能接受我们的服务。"

说这句话的效果比简单地说句"谢谢你的订货。"的效果要好得多。你还可以通过交易完成后的电话联系，热情地回答客户的问题，来表明你对客户的谢意。

所以说，销售员在与客户沟通时，如果能频繁地使用让客户高兴的词语，这就向客户传达了这样一条信息，你是在真正地关心客户！以此表明你对他们的诚意，会使客户再次购买你的商品或服务，除此之外，客户还会把你和你的公司热心地推荐给其他人。

2. 找到关键点进行说服，一点打通全盘皆赢

现代营销学认为：销售就是服务，创造客户价值。但很多销售员关注自己太多，自己的品牌如何如何、服务如何如何，而对客户的需求偏好、期望值、价值观等却关注太少。

以推销牛奶为例，常常出现这种场景：

销售员：您好，我们又推出了一款新的配方牛奶，有什么什么特点，您看您需要不？

客户：不需要。

销售员：但是我们的牛奶确实很棒……

客户：这跟我有什么关系呢？我从来不喝牛奶，可我活得很好！

销售员：……

在这里，销售员根本没有考虑订户的需求，完全是无的放矢。所以，客户几句话就把他打发了，这是很失败的说服。

如果使用下面方法，就能容易被客户接受：

销售员观察订户一段时间，发现客户缺钙，找准合适的地点，比如上楼时，对客户说，您当心点，看您很累，我来挽您上去。

客户：谢谢你了，老了，腿脚不好了。

销售员：怎么能这么说呢，您还要再享几十年福呢，上点年纪的人钙流失得快，要注意补钙，这样腿脚才利索。

客户：可不是吗？不过吃钙片补充效果不是很好。

销售员：喝奶效果不错，因为人绝大多数营养都是从饮食中

获得的。阿姨，您看这样，我们刚好有低脂高钙的鲜奶，您喝喝试试。

客户：听起来确实很好，那我就试试看。

后面这位推销员之所以能成功说服客户，就在于他发现了"客户缺钙"这个要害，从而以此为切入点，找到了客户的潜在需求。

所以说，要使说服获得成功，就要找到客户的需求点，找到客户的弱点与软肋进行重点突破，并及时满足客户。把销售的理由变成客户需要购买的理由，由销售员"我要卖"转变为客户"我要买"。以客户为中心，以需求为导向，找到客户的软肋——这，才是说服的关键所在。

再看下面这个小故事：

一对老夫妇来看一所房子，当销售员把客户领到房间后，客户看到房间里的地板已经很破旧并变得凹凸不平，但当他们走到阳台上看到院子里有一棵茂盛的樱桃树，两位老人立刻变得很愉快。

老妇人对销售员说："你这房子太破旧了，你看地板都坏了。"

销售员看到了他们对樱桃树的喜爱，就对客户说："这些我们都可以给你们换成新的，最重要的是院里的这棵樱桃树，一定会使你们的生活更加安详舒适。"说着销售员把老人的目光引到屋外的樱桃树上，老人一看到樱桃树马上变得高兴起来。

当他们走到厨房时，两位老人看到厨房的设备很多已经生锈。还没等客户抱怨，销售员就对他们说，"这也没有关系，我们会全部换成新的，同时，最重要的是院里的这棵樱桃树，会让你们喜欢这里。"当销售员提到樱桃树时，客户的眼睛立刻闪出愉悦的光芒。"樱桃树"就是客户买下这所房子的"关键点"。

在这个小故事中，销售员通过观察客户的表情变化，敏锐地发觉在客户的潜意识中对樱桃树的喜爱。他能够迅速抓住这一点，因势利导，对客户进行种种暗示，给了客户一个购买的理由，从而及时发现、唤起甚至创造客户内心对于产品和服务的需要，恰到好处地对其进行说服，结果取得了成功。

3. 把握成交信号，找到那个合适的瞬间

在销售过程当中，成交时机总是若隐若现，难以把握。一流的销售员非常清楚，客户购买的时机只有那么一瞬间。其实这种仅此一刻的情形，大约20次销售中才出现一次，另外的19次都会出现许多隐蔽成交契机，所以，成功的关键就是要好好把握这些机会。

心理学上有一个名词叫"心理上的适当瞬间"，在销售工作中也有特定的含义，是指客户与销售员在思想上完全达到一致的时机，即在某些瞬间买卖方的思想是协调一致的，此时是成交的最好时机。若销售员不能在这一特定瞬间成交，成交的希望就会落空，再次成交的希望就变的渺茫。

在销售中，对"心理上的适当瞬间"的把握是至关重要的。把握不适当，过早或过晚都会影响交易。"心理上适当瞬间"的到来，必定伴随着许多有特征的变化与信号，善于警觉与感知他人态度变化的销售员，应该能及时根据这些变化与信号，来判断"火候"与"时机"。一般情况下，客户的购买兴趣是"逐渐高涨"的，且在购买时机成熟时，客户心理活动趋向明朗化，并通过各种

方式表露出来，也就是向销售者发出各种成交的信号。

成交信号是客户通过语言、行动、情感表露出来的购买意图信息。有些是有意表示的，有些则是无意流露的，后者更需要销售员细心观察。客户成交信号可分为语言信号、表情信号和行为信号三种。

第一，语言信号。

当客户有购买打算时，从其语言中可以得到判定。例如，当客户说："你们有现货吗？"这就是一种有意表现出来的真正感兴趣的迹象，这表明成交的时机已到；客户询问价格时，说明他兴趣极浓，商讨价格时，更说明他实际上已经要购买。

语言信号的种类很多，有表示欣赏的，有表示询问的，也有表示反对意见的。应当注意的是，反对意见比较复杂，反对意见中，有些是成交的信号，有些则不是，必须具体情况具体分析，既不能都看成是成交信号，也不能无动于衷。只要销售员有意捕捉和诱发这些语言信号，就可以顺利促成交易。

第二，表情信号。

从客户的面部表情可以辨别其购买意向。眼睛注视、嘴角微翘或点头赞许都与客户心理感受有关，均可以视为成交信号，客户的一举一动，都在表明客户的想法。从明显的行为上，也完全可以判断出是急于购买，还是抵制购买。及时发现、理解、利用客户表露出来的成交信号，并不十分困难，其中大部分也能靠常识解决，具体做法一要靠细心观察与体验，二要靠销售员的积极诱导。当成交信号发出时，及时捕捉，并迅速提出成交。

专门做保险销售的小杨说，他总是利用"以便……"句型来追踪成交契机。他的方法很简单。对客户说话时，每段话都接"以便……"随后详细说明有利于客户的所有专项。

"乔治先生，我们会在市场比较冷清的30天内开个会，以便作好充分准备，等管制一取消，可以立刻与分析师讨论。"

"李女士，我们希望现在就安排这件事，以便分公司能够将业务转交给您。"

运用这个简单有效的"以便……"句型，不单能引导追踪成交契机，还可以不断提醒客户，立即行动最为有利。所以，销售员从现在就可以开始用"以便……"句型，以便提高销售业绩，同时提升自己在公司的地位。

第三，行为信号。

行为信号是那些客户在形体语言上提供的线索。这些信号会告诉销售员，他们在心里上已经作了准备购买的决定。购买信号是突然的，销售员一定要细致观察客户，当客户出现购买信号，表示出购买的意愿时，销售员就要停止再谈论产品，而准备下一个步骤。

4. 在合适的点上提出成交，但需要把握技巧

销售成交是指客户接受销售员所销售的商品或销售建议，表明成交意向并采取实际购买行动的过程。在实际销售过程中，有以下几种成交技巧方法。

第一，假定成交。

假定成交法是指假定客户已经接受了销售建议而展开实质性问话的一种成交方法。这种方法的实质是人为提高成交谈判的起点。此技巧使用得当，可起到事半功倍的效果。

甲公司销售代表与乙公司代表进行销售谈判，双方开局谈得较融洽，甲公司销售代表可以适时地提出："您看什么时候把货给您

送去？"若此时乙公司代表对这句话的表情没有不愿之感，可以进一步试探性地问："您想要大包装，还是小包装？"或者直接说："这是订货单，请您在这个地方签个字。"

第二，异议探讨。

异议探讨法是指在提出成交请求后对还在犹豫不决的客户采取的一种异议排除法。一般情况下，处理成交阶段的异议不能再用销售异议的处理办法与提示语言，这时，通过异议探讨，有针对性地解除客户疑问便有了用武之地，解除疑问法的提问模式多为诱导型的。

甲乙双方已商谈成功，就在快签约时，乙方这时犹豫不决，甲方在此时不能放弃成交的良机，可以揣测乙方心理，对乙方的不确定予以答复。如："您不能做出决定是因为××吧？"一旦了解了乙方的疑虑所在，就可以进行有针对性地解答了。这种成交技巧一般来说较为奏效，解除疑问法适用于成交阶段的以下客户：

价格异议，如"如果再便宜点就好了。"

时间异议，如"我还要再考虑考虑。"

服务异议，如"万一运行中出了毛病可就惨了。"

权力异议，如"我自己做不了主，还得请示一下"等。

解除疑问法要与其他方法配合使用，即利用该法探寻与排除异议，然后利用其他方法促成交易。使用解除疑问法应正确分析客户异议，有目的地进行提问，有针对性地进行解答。

第三，避重就轻成交。

避重就轻成交法是指根据客户的心理活动规律，首先在次要问题上达成一致意见，进而促成交易的成交法。

日本丰田汽车公司想占领美国市场，与美国某汽产公司进行联营，二者在谈判中，日本一方就是采用了避重就轻成交法，在次要问题上做文章，一旦达成一致意见，再主攻重点的价格问题。

避重就轻成交法在以下几种情况非常适用：

交易量比较大或大规模的交易；

客户不愿意直接涉及的购买决策；

次要问题在整个购买决定中占有很重要作用的时候；

其他无法直接促成的交易。

使用此方法可以有效地分担成交风险，即使客户对某一细节问题提出否定看法，也不会影响整体的成交。

第四，直接发问。

直接发问法是指在适当时机直接向客户提出成交的成交法，是一种最简单、最基本的技巧。采取直接发问法可以有效地促使客户作出购买反应，达成交易；可以节省销售的时间，提高销售效率；可以充分利用各种成交机会，有效地促成交易；可以直接发挥灵活机动精神，消除客户的心理疑虑。正是其特有的优越性，使其成为用途广泛的成交方法。使用这种成交技巧，需要在不同的场合针对不同的客户，一般情况下，以下几种情况可采用此技巧：

（1）比较熟悉的老客户；

（2）客户通过语言或身体发出了成交信号；

（3）客户在听完销售建议后未发表异议且无发表异议意向；

（4）客户对销售品产生好感，已有购买意向，但不愿提议成交；

（5）销售员处理客户重大异议后。

直接发问法的使用也有一定的局限性：一方面，因语言过于直接外露，容易引起部分客户的反感，导致客户拒绝交易；另一方面，由于其使用条件是以销售员的主观判断为标准的，一旦把握失控，就会使客户认为在给他施加压力，导致客户无意识地抵制交易。

5. 面对犹豫的客户，需要你的语言来促成交易

在现实中，我们发现有很多胆怯的销售员，在接近客户、说服客户的流程中都做得很好，可就是成交不了。原因是什么呢？因为他不敢催促客户，或者说，不懂得帮客户下定决心的技巧。

与客户沟通的最后阶段，也是你帮助消费者下决心的时候。但往往这个时候，很多人是不敢催促客户成交的。其实只要你判断进入了这个阶段，马上就要用催促性的提问，促使他的成交，要不然他还会把钱多捂几天，这几天什么变化都可能出现。

那么，当客户只差一点决心就要购买了，销售员如何给予他这最后的决心呢？是单刀直入，直接催促他掏钱吗？当然不是，你还需要一些委婉的方法。

下面是一些常见的行之有效的方法：

（1）征询意见法

有些时候我们并不能肯定是否该向客户征求订单了，我们也许不敢肯定是否正确地观察到了客户的购买信号。在这些情况下，最好能够使用征求意见法，你可以这样问：

"陈先生，买了这本书，对你的工作是很有帮助的，不是吗？"

"在你看来这些书会对你的公司有好处吗？"

"如果买了这些书，一定对你孩子的学习有很大的帮助。"

这种方式能让你去探测"水的深浅"，并且在一个没有什么压力的环境下，征求客户订单。当然，如果你能得到一个肯定的答复，那你就可填写订单了。你再也不必重新啰嗦怎样成交了。象其他任何领域内的销售一样，你说得越多，失去订单的风险越大。

（2）从较小的问题着手法

从较小的问题着手来结束谈判就是请你的客户作出一个较小

的决定，而不是一下子就要作出什么重要的决定，比如让他们回答"你准备订货吗？"之类的问题。一般来说，这些试探或许会有助于推销。你所提的问题应该是：

"你看哪一种比较好？"

"你看是你们带走，还是我们给你送到府上？"

"我帮你拿到柜台去好吗？"

"如果您买了的话……"

"让我们把货送到您家？并且……"

（3）选择法

用以下的提问方法给你的客户以选择的余地——无论哪一个都表明他/她同意购买你的产品或服务。你可以让他进行一步小的选择："要这一种还是要那一种？"或者：

"你决定要哪一种产品？"

"是付现金还是赊购？"

（4）敦促法

你可以暗示商品非常畅销，如果客户不及时行动，将失之交臂。

"朱先生，这种产品销售得很好，如果你现在不马上要的话，我就不能保证在你需要的时候一定有货。"

同时把订货单递过去。如他对商品确有兴趣，就会添上一些栏目，推销也就成功了。

（5）悬念法

如果条件许可，又确实是这样，那么可表明现在买的好处：

"这个月要涨价。"

"这种型号的只有一件了。"

"唐先生，价格随时都会上涨，如果你现在行动的话，我将保证这批订货仍按目前的价格收费。"

但要注意，说得不妥当很容易失去顾客。

总之，当你已经将客户成功说服，让客户与你达成了一致，认为你所提供的产品能够满足他们的需求之后，你就要善于发现他们发出的购买信号，并不失时机地采用各种办法拍板成交，结束销售。

在与客户沟通的最后阶段，一定要用催促性的提问，临门一脚，帮助客户下定决心。这是铁定的规律，否则的话，你的流程要从头来一遍。

6. 达成成交协议后，有效地巩固销售成果

在客户决定购买，并达成成交协议后，作为销售人员，此时千万不要有大功已经告成的心态，一定不要太大意，而应该对成交结果进行确认，只有在双方确认的情况下才意味着交易的真正成功。这时就要注意，不要让客户感到销售员一旦达到了目的，就突然对客户失去了兴趣，转头忙其他的事去了。如果这样，客户就会有失落感，那么他很可能会取消刚才的购买决定。

对于有经验的客户来说，他会对一件产品发生兴趣，但他们往往不是当时就买。当客户的情绪低落下来时，当他重新冷静时，他往往会产生后悔之意。

所以，销售员一定要巩固销售成果，避免客户反悔。这就需要让对方确认成交结果。销售员可采用如下的做法：

（1）表示祝贺和赞扬

客户尽管已经同意购买，但在很多情况下，他还是有点不放

心，有些不安，甚至会有一点神经紧张。这是一个非常关键的时刻，沉着应对客户对销售员来说非常重要。客户在等待，看接下来会发生什么情况，他在观察销售员，看自己的决策是否正确，看销售员是否会"卷起钱就走"。现在，客户比以往任何时候都需要友好、真诚的抚慰，帮他度过这段难熬的时间。

所以，在成交之后，销售员应立即与客户握手，向他表示祝贺。记住，行动胜过言辞，握手是客户确认成交的表示。一旦客户握住了你伸出来的手，他要想再改变主意就不体面了。从心理上说，当客户握住你的手，那就表示他不愿意反悔。

销售员在与客户握手的同时，要向他表示祝贺，对他的明智之举表示称赞。例如：

"王先生，祝贺你……你做出了明智的决策，不仅你所有的亲友会羡慕你，而且你的房子的价值也会大大增加。"

"祝贺你，林先生……你得到了一件质量上乘的产品，你会享受到它的好处的。"

（2）填表进行确认

销售员应该是合同专家，应该能够在几秒钟内完成一份合同，甚至闭上眼睛也能完成这项工作。

但是，说到填表，很多销售员是不称职的，由于误填、不准确和填不好，致使很多交易都没做成。这些销售员熟知合同，却又对它很陌生，常常不知道怎样正确填写合同而使到手的买卖黄了。

有些销售员在填写合同的时候，常默不作声，把精力集中在合同上。这种沉默通常会引起客户的焦虑不安，接着，所有的疑虑和恐惧又会重新涌上心头。当这种情况出现时，销售员很可能还要再搭上许多时间去挽回这笔买卖，但在多数情况下这笔买卖是没有希望了。

销售员尽管已经知道了他需要填写的内容，但在填写时，仍要向客户证实这些内容。应该边写边与客户进行轻松的对话，目的是让这一程序平稳过渡，让客户对他的决定感到满意。销售员的填表动作要自然流畅，与客户的对话内容要与产品毫无关系。可以谈及客户的工作、家庭或小孩儿，以把客户的思绪从购物中解脱出来，同时可以表明自己并不只是对客户的钱袋感兴趣。

（3）感谢客户

这个细节是优秀销售员区别于其他人的细小差别之一。

说声谢谢不需要花费什么，但却含义深刻，给客户留下深刻印象。大多数销售员不知道在道别后如何感谢客户，这就是为什么他们常常收到客户的退货和得不到更多客户的原因。当销售员向客户表示真诚感谢时，他会对你非常热情，会想方设法给你以回报，会对你表示感谢。

请看下面的例子：

"季先生，我想对你说声谢谢，我想告诉你，我对你的举动十分感谢。如果你还需要我做什么，你可以随时给我打电话。"

当客户听到这些话时，他就知道他做出了正确的选择，他会对你的友情表示感激。在这种情况下，他怎么会改变主意让你失望呢？

（4）送一份小礼物

当完成一笔大生意，你可以送一份礼物给客户以表达你的谢意。关键在它表达的意思，而不在于钱的多少。这个礼物可以是一盒巧克力、一束花或一顿饭。这种感谢也可以是一种承诺。通常这份谢礼应该根据交易金额决定，比方说，你卖了一辆车给一位作家，可以送他一支300元的名牌金笔。然而，如果交易对象是政府机构时，送礼就要特别小心谨慎，不要触犯法律。

接受礼物就表示他对你有了义务，特别是当客户产生反悔之意时，礼物的作用就表现出来了。记住，你在这上面花出去的每一分钱会体现出它的价值的！

第八章

售后

服务中必备的销售口才

很多销售员对客户的抱怨不以为然，认为只要能说服客户从钱包里掏钱就可以了，至于他们那些意见没必要太理会，其实这是大错特错的。

从某种意义上来说，客户是销售员的衣食父母。他们还应尊重客户，认真对待客户提出的各种意见及抱怨，并真正重视起来，这样售后服务才能得到有效改进。

1. 当客户向你抱怨时，你要认真坐下来倾听

客户意见是你不断进步的动力，通过倾听，我们可以得到有效的信息，并可据此进行创新，促进业务更好的发展。同时，你还可以正确识别客户的要求，然后传达给产品设计者，以最快的速度生产出最符合客户要求的产品，满足客户的需求。

在一次进货时，某家具厂的一个客户向销售员抱怨，由于沙发的体积相对大，而仓库的门小，搬出搬进的很不方便，还往往会在沙发上留下划痕，客户有意见，不好销。要是沙发可以拆卸，也就不存在这种问题了。两个月后，可以拆卸的沙发运到了客户的仓库里。不仅节省了库存空间，而且给客户带来了方便。

而这个创意，正是从客户的抱怨中得到的。

实际上，能够直截了当地向你抱怨的客户并不多。大部分不满意的客户只会静静地离开，然后会告诉每个他们认识的人不要跟你做生意！所以，当有客户抱怨时，千万不要觉得麻烦，要把处理客户投诉看作改变客户意见、留住生意的绝佳机会。以下是几种处理客户抱怨的方法，会使不利因素变为积极因素：

（1）让客户宣泄他们的情感，鼓励他们讲出他们的不满。

（2）永远不要与客户发生争吵。

（3）永远不要对客户使用"你说的不是问题"等这类挑战性的语言。

（4）尽可能礼貌地与客户交换意见。

（5）为所出现的问题负责任，不要找借口。即使是因为你的员工生病或是由于供应商的差错出现问题，那也与客户无关。

（6）立即采取补救措施。要保证向客户提供解决问题的方案，拖延只会使情况变得更糟。

（7）给一线员工足够的权力使他们能够灵活地解决投诉。给员工足够的空间使他们能够在关键的时刻对规则做一些变通。如果你不愿意这么做的话，那你就要保证你或者其他有权处理客户投诉的管理人员随时在场。

切记，当客户向你抱怨时，你要认真坐下来倾听，扮好听众的角色，有必要的话，甚至拿出笔记本将其要求记录下来，要让客户觉得自己得到了重视，自己的意见得到了重视。当然，光仅仅是听还不够，还应及时调查客户的反映是否属实，迅速将解决方法及结果反馈给客户，并提请其监督。

2. 掌握处理客户抱怨的成功模式

如何处理客户的投诉与抱怨，是售后工作中一项非常重要的组成部分。

客户提出抱怨或投诉，表示客户对销售中的工作不满意，售后服务工作中最棘手的就是处理此类事情。但是，处理好客户的投拆与抱怨就会收到良好的效果。客户有投诉与抱怨是表明他们对这笔生意仍有期待，希望能改进服务水平，他们的投诉与抱怨实际上是企业改进销售工作、提高客户满意度的机会。如果提出投诉与抱怨的顾客的问题能获得圆满的解决，那么其忠诚度会比从来没有遇到问题的客户高很多。客户的投诉与抱怨并不可怕，可怕的是不能有效地化解抱怨，最终导致失去客户。

处理问题的过程最关键，处理客户投诉与抱怨是一复杂的系统工程，尤其是需要经验和技巧的支持，妥善处理好此类事情，绝不是一件易事，如何才能处理好客户的投诉与抱怨呢？

（1）耐心多一点

在实际处理中，要耐心地倾听客户的抱怨，不要轻易打断客户的叙述，也不要批评客户的不足，而是鼓励客户倾诉，让他们尽情渲泄心中的不满。当你耐心地听完了客户的倾诉与抱怨后，当他们得到了发泄的满足之后，就能够比较自然地听你的解释和道歉了。

（2）态度好一点

客户有抱怨或投诉就是表示客户对产品及服务不满意，从心理上来说，他们会觉得是你的公司亏待了他。因此，如果在处理过程中态度不友好，会让他们心理感受及情绪很差，会恶化与客户之间关系。反之，若服务人员态度诚恳，礼貌热情，会降低客户的抵触情绪。

（3）动作快一点

处理投诉和抱怨的动作快，一来可让客户感觉受到尊重，二来表示解决问题的诚意，三可以及时防止客户的"负面污染"对业务发展造成更大的伤害，四可以将损失减至最少。一般接到客户投诉或抱怨的信息，即向客户打电话或通过传真等方式了解具体内容，然后在内部协商好处理方案，最好当天给客户答复。

（4）语言得体一点

客户对产品和服务不满，在发泄不满的言语陈述中有可能会言语过激，如果服务中与之针锋相对，势必恶化彼此关系。在解释问题的过程中，措辞要十分注意，要合情合理，得体大方，不要说伤人自尊的语言，尽量用婉转的语言与客户沟通。即使是客户存在不合理的地方，也不要过于冲动。否则，只会使客户失望并很快离去。

（5）补偿多一点

客户抱怨或投诉，很大程度是因为他们采用该产品后，他们利益受损。因此，客户抱怨或投诉之后，往往会希望得到补偿，这种补偿有可能是物质上（如更换产品、退货或赠送礼品等）也可能是精神上的（如道歉等）。在补偿时，如果客户得到额外的收获，他们会理解你的诚意而再建信心的。

（6）层次高一点

客户提出投诉和抱怨之后都希望自己的问题受到重视，往往处理这些问题的人员的层次会影响客户期待解决问题的情绪。如果高层次的领导能够亲自到客户处处理或亲自打电话慰问，会化解客户的许多怨气和不满，比较易配合服务人员进行问题处理。因此处理投诉和抱怨时，如果条件许可，应尽可能提高处理问题的服务人员的级别。

（7）办法多一点

很多企业在售后服务中，处理客户投诉和抱怨的结果就是给客户慰问、道歉或补偿产品、赠小礼品等，其实解决问题的办法有许多种。除上述手段外，可邀请客户参观成功经营或无此问题出现的客户使用产品的情况，或邀请他们参加内部讨论会，或者给他们奖励等等。

3. 学会处理客户抱怨的语言艺术

在处理客户投诉的过程中，销售员绝不能推卸责任地说："这事不归我管""这不关我的事"，更不能去教训客户，与其争辩。如果在客户抱怨发生的初期，销售人员若能巧妙地运用语言艺术加以缓和，把抱怨平息在萌芽状态，往往能起到事半功倍的效果。

（1）诚恳使用"非常抱歉"来稳定客户的情绪

一般在抱怨发生初期，客户常常都会感到义愤填膺、情绪非常激动，以至于措词激烈，甚至伴有恶言恶语。在这种情况下，销售人员先要冷静地聆听客户的全部委屈，全盘了解让他们产生不满的原因，然后再诚恳地向客户表示歉意，用"非常抱歉""真是对不起"等话语来平息顾客的情绪。待客户情绪较稳定时，再商谈投诉之事，问题就容易解决了。

（2）妥善使用"请到贵宾室坐下来谈好吗？"

许多怒气冲冲的客户会在销售场所高声抱怨。在这些客户当中，有些人本来讲话的嗓门就大，加之情绪激动，嗓门就更大了；有些人是想借高声来压制对方，表明自己有理；也有个别的客户纯属于胡搅蛮缠。对于这些怨气冲天的客户，销售方即使增派调解人也无法使他安静下来。

特别是当抱怨的客户在一些店面型的销售场所大声吵闹时，会直接破坏销售的气氛，影响到其他客户的购物情绪，而有的客户也会只顾看热闹而没了购买兴趣，有的客户则也遇到同样的烦恼，往往会一走了之。而且，有的客户在情绪激动时，会说出许多不利于商店形象的话，诸如："你们公司怎么尽卖些假冒伪劣品""你们这家商店怎么这么不讲信誉"等，甚至该客户还对其他客户说："千万别买这儿的东西，都是骗人的！"诸如此类，这样对商店的影响将会极其恶劣。

在这种情况下，销售员应该试着邀请客户到另外一种场合进行交谈，具体方法有：

① 可对客户说："您看，站着讲话多不方便，请到贵宾室坐下来谈，好吗？"或者说："这里太热，我们先到办公室喝点茶，再慢慢谈好吗？"

② 引导客户到招待室（办公室）坐下，最好先泡一杯茶或倒一杯果汁招待客户，让客户缓和一下他的情绪。"来先喝口茶，慢慢谈。"

③ 当客户到招待室后，情绪还不能平静时，调解人（或当事销售代表）可以对客户说："我们现在正调查事件的原因，请您先休息一下。"或者说："负责人马上过来，请您稍候。"然后关起门来让客户一个人留在里面，以平息他过于激动的心态。

对于那些大声吵闹的客户来说，突然远离争吵现场，独自一人待在空旷的招待室里，精神会一下子松弛下来，加之销售方为他提供舒适的场所和茶水以缓解情绪，他会很快地冷静下来。

如果他是自我反省力很强的客户，甚至还会为刚才的激动而暗暗后悔。这虽然是一种解决问题的好方法，但一定要注意让客户独自等待的时间要适当：太短的话，客户的情绪未完全缓和下来，容易再度发怒；如果时间太长的话，客户又会认为没人理他，可能火气更大。所以，一般让顾客等待2~3分钟为宜。

（3）不忘使用说"这是我的错"等的道歉语

如果客户是由于使有不当而造成商品损害，从而进行投诉的话，这在一定程度上应归咎于销售员在销售时未介绍清楚。因此，在处理这类抱怨时，销售员应诚恳地向客户道歉，坦率承认是由于自己交待不周而给对方带来损失与麻烦。

（4）礼貌使用语："给您添麻烦了……""为了表示歉意……"

客户花了钱，买回去的商品却发现有质量问题；或者发现不适合，以颜色不好等借口退还，应尽量满足客户的希望和需要。在办理退换货的手续时，说"真对不起，还让您多跑一趟"。"给您添麻烦了，为了表示歉意，这瓶香水我给您用包装纸包装一下"。

在向客户解释或说明时，应把握好以下两点：

① 说话语气要婉转，不能让客户感到难堪。

② 不能老强调自己的清白无辜。一般人不喜欢承认自己误会了别人，因此，销售员在解释的时候，一定会受到客户表面上的抵抗。他们很可能会用"我不可能冤枉你"或"我决不会那么糊涂，连这么简单的事情都搞不懂"等话语来为自己辩解，掩饰自己的过惜。

在这种情况下，销售员不要反复强调自己是正确的，而应诚恳地告知客户，你并不是要使他难堪，只是想消除他的疑问和不满，这样，对方就比较容易接受你的说明了。

4. 处理客户抱怨最大的禁忌是火上浇油

那些产生抱怨的客户犹如一堆干柴，任何一点火花都会燃起满腔怒火。如果在沟通过程中，负责调解的销售员说话不慎、用语不当，就容易使客户更加火冒三丈，使矛盾更加激化。因此，在沟通中最好避免使用以下话语：

（1）这种问题连三岁小孩都会

当客户不了解商品特性或使用方法而向营业员询问时，销售员最容易说这句话，这句话极容易引起顾客反感，认为销售员是在拐

弯抹角地嘲笑他,

(2)一分钱,一分货

当销售员说这句话时,通常会让客户感到销售员是在小瞧他,认为他买不起高档品,只配用廉价品,因此,会伤害客户的自尊心。

(3)不可能,绝不可能发生这种事儿

一般商家对自己的商品或服务都是充满信心的,因此,在客户提出抱怨时,销售员常常用这句话来回答。

其实,当销售员说这句话时,客户已经受到严重的心理伤害了,因为这句话表示店方并不相信对方的陈述,怀疑他们是在撒谎,因此,必然引起顾客的极大反感。

(4)这种问题与我们无关,请去问生产厂家,我们只负责卖货

尽管商品是由厂家生产的,但是由于商品是在销售员手里销售出去的,所以就应当对产品本身的品质、特性有所了解。因此,以这句话来搪塞、敷衍顾客,表明销售员不负责任,不讲信誉。

(5)嗯……这个问题我不大清楚

当客户提出问题时,销售员的回答若是"不知道""不清楚',那么就会给客户留下一种不负责任的印象,从而会更加激化双方之间的矛盾。所以,作为一个尽职尽责的销售员,一定要尽一切努力来解答客户的提问,即使真的不知道,也一定会请教专门的人来解答。

(6)我决没有说过那种话

商场上没有"绝对"这个词存在,不管销售员说与没说,都不宜使用富有挑战意味的字眼,以免激起客户的逆反心理。

(7)我不会

"不会""没办法""不行"这些否定的话语表示的是无法满足客户的希望与要求,因此应尽量避免使用。

（8）这是本公司的规矩

"对不起，这是本公司的规矩"，以这种话来应付客户抱怨的销售员为数不少。

其实，公司的规矩通常是为了提高销售员的工作效率而制订的，制订相应的规矩与制度的目的是更好地为客户服务，而决不是为了监督客户的行为和限制客户的自由。因此，即使客户不知情而违反了所谓的规矩，销售员也不可以此作挡箭牌来责怪客户。

（9）总是会有办法的

这一句态度暧昧的话通常会惹出更大的麻烦。因为对于急着想要解决问题的客户来说，这种不负责任的说法只会让他们感到更加失望。

（10）改天我再和你联系

同样，这也是一句极不负责任的话。

在客户提出的要求或问题需要花费一些时间解决的情况下，最好的回答是："3天以后一定帮您办好""某月某日以前我一定和您联系"。

给客户一个明确的答复，一方面代表销售员有信心帮助客户解决问题，另一方面也不会让顾客感到是受愚弄。

以上是解决客户抱怨时应该避免使用的"禁言"，因为这些话语容易在有意或无意中对客户造成伤害，使抱怨升级，所以销售人员在面对客户的抱怨时，应该尽量避免使用。

5. 争执不能解决任何问题

一位女士来到一家服饰专卖店，销售员问："您好，有什么需要帮助的吗？"

"我上个星期在这里买了一套衣服，但昨天用洗衣机洗过以后，却出现了严重缩水的现象，这是怎么回事？"

"这款衣服啊，其他客户都没有反应过类似的问题。你确定你的洗涤方法是正确的吗？"

"是啊。"

"那你在洗过衣服之后，有没有把它拉展一下？"

"为什么？"

"这种料子的衣服必须这样处理，你在购买的时候我告诉过你了。"

"没有。早知道我就不买了。"

"我早就告诉过你，要看衣服牌子后的说明，算了。我再拿一套给你吧。"

"我不要另外一套，我要退货，请将钱退给我。"

与客户进行争论甚至于批评客户，这是销售员最大的失误，在上面的事例中，很明显是客户没有认真看这款衣服的洗涤说明所致。但销售员却以批评的语气对客户说话，严重挫伤了客户的自尊心，让客户丢了面子，导致了销售的失败。

不管客户的措辞如何偏激，销售员都尽量不要和客户起争端，因为争端不是说服客户的好方法。不论你和客户争辩什么，你都得不到好处。如果客户赢了，他就不会认可你这个人和你的产品。而如果你赢了，并且证明客户是错误的，他会感到自尊心受到了伤害，也会怨恨你的胜利，虽然你占了上风，但你失去了客户。

所以说，销售员应该尽可能不与客户争执，不要批评客户。争执和批评只能使问题更加恶化。

（1）对客户的感受表示认同

客户在投诉的时候，可能会表现出很多情感，如烦恼、愤怒、失望，泄气等，这是理所当然的。此时，销售员不要把这些表现当作对你个人的不满，你要知道，他的愤怒情感总是要找一个对象发泄，因此，客户冲你发怒，也仅是把你当作倾诉对象。

在客户有不满情绪时，为了维护好客户，理应给予重视和以最快的速度解决。所以销售员应该让客户知道你非常理解他的心情，非常关心他的问题。

销售员可以这样对客户说："李经理，实在抱歉让你感到不愉快了，我非常理解您的感受，请您……"

无论客户是否是对的，他所发现的产品问题是否是因为他误操作造成的，但他的情绪与要求都是真实的，所以销售员只有在认同客户的感受的基础上，才能进一步让客户说出问题，并找到解决方案。如果销售员一发现错误是因为客户造成的，就批评客户或对客户横加指责，这样不但不能解决问题，还会让客户的怒气更大，最终与销售员决裂。

（2）尽量克制自己的情绪

科学研究发现，当一个人面对另一个人的攻击时，会本能地做出搏斗或者逃走的反应，在这里，他的肾上腺分泌加快，心跳加速，身体自动会做出准备。这就是为什么销售员在遇到客户投诉时，要么想回避，要么心中会有股怒火，这些心态都会妨碍有效处理客户的投诉。因此，销售员应该学会抑制身体的这种反应，学会克制，让它回到安静的状态中去。

当顾客发怒、投诉时，就是向销售员施加压力，如果销售员以同样的态度对待顾客，顾客就会用更大的愤怒反击。但如果销售员克制住自己的情绪，以一种礼貌友好的态度对他，就会令顾客的怒火慢慢降低，直至恢复平静，这样问题就好解决了。

（3）说出客户的错误时要委婉

当销售员听完客户的投诉后，必须明确客户投诉的问题所在，责任所在。如果责任在产品或销售员这方，销售员应该毫不犹豫地向客户道歉，并提出相应的补救办法；如果责任在客户一方，因为他的使用不善或者误操作导致了问题的发生，销售员应该婉转地说出错误所在，不能正面直接批评客户。如：

"小姐，这个问题是因为错误操作造成的，说明书上有详细的操作方法，是我的问题，很抱歉在你购买产品的时候没有详细讲解给您听，我现在讲给你好吗？"

当客户发现问题在自己，而你又这么委婉时，他就不会对你再有什么恶意，而是在心中充满了感激。

6. 学会将意见客户变为忠实顾客

精明的销售员决不采取商品售出后即置客户于不顾的方式。一个有经验的老推销员说过："最好的潜在顾客就是目前的顾客。"如何留住老顾客，并以此发展新顾客，其最主要的方式是通过售后服务来检查顾客的满意程度。电话征询是最便捷的沟通方法。

例如，广州有一家护肤品销售公司，对其销售人员提出了"333售后服务"的要求。

（1）3天后

即在顾客购买产品3天后，销售员就应该打电话了解顾客对产品的使用方法，其目的是及时发现顾客使用产品中的不妥，给顾客带去非常关心他的感觉。

推荐用语；

"张小姐您好！我是某某公司的美容顾问，您前天在商场买的晚霜开始用了吗？"

"这个产品由于营养成分高，您使用时应注意……您是这么用的吗？"

"好，每天坚持用，过一段时间一定会有效果的。"

"使用中，您随时可打电话给我。"

（2）3周后

顾客购买产品3周后，销售员要打电话倾听顾客的使用感觉。其目的是了解顾客对所使用产品的感觉，树立顾客对品牌的信心。

推荐用语：

"我们的产品您使用后满意吗？"

"您使用后的效果明显吗？用与不用不一样吧？"

"我们许多顾客在使用产品3周后，都反映效果不错，您用了感觉怎么样？"

（3）3个月后

顾客购买产品3个月后，销售员要适时了解顾客皮肤的改善情况及进一步的需求。其目的是跟进服务，扩大销售。

推荐用语：

"您对我们的产品和服务有什么意见吗？"

"您的皮肤状况一定有所改善吧，有时间的话，请来我们专柜，我给您测试一下。"

"现在季节转换了，人的皮肤随着季节的变换，有不同的护理要求，我们公司最近刚好进了一批新产品，很适合您，有空来看看。"

"产品用完了吗？经过3个月，您可以进一步用某某系列的产品了。"

请注意：不要每次打电话都邀请顾客来柜台购买商品，这样会让顾客产生您不是真正关心他的皮肤而是关心他的钱的感觉。

7. "谢谢"是最简单有效的办法

有位销售冠军在介绍自己的推销经验时，谈到了他拓展业务的三个"谢"字。

第一个谢——每天出门推销回来，按照已拜访的客户名单——不管他们是否购买，都分别打电话道谢一次。

第二个谢——如果当日太忙，则会在稍后几天内分别给客户写信道谢。

第三个谢——在适当的时候，登门拜访，当面向客户表示感谢。

有人问他为什么对未购买的客户也要致谢，他回答说："如果只会向'钱'道谢，那就不是优秀推销员。优秀推销员之所以优秀，是因为他们懂得'感恩'。人家客户那么忙，还肯抽空接待我们，他们虽然未能购买我们的产品，但他给予我宾客般的礼遇，岂是一次刻意的道谢所能报答的？"

而之所以在达成交易之后给客户写封信，是基于以下考虑：

（1）接到客户的订单而表示感谢，是商场上的一种礼貌。

（2）与客户沟通感情，建立关系。

推销员和客户之间的关系是慢慢建立起来的。我国有两句谚语"一回生，二回熟，三回见了是朋友""亲戚越走越亲"，说的就是双方的感情关系随着相互交往次数的增加而增加。推销员跟客户的接触越多，彼此的关系就会越亲密。写信是接触客户的方法之一，也是成本最低廉的方法。

（3）减少了客户"买了以后又后悔"的感觉。

一般人在买了东西以后，常有"悔不当初"的感觉。他们往往在事后产生过多的联想，如"产品是不是真的像他说的那么好？""产品坏了的时候，他们真的能及时提供服务吗？"等等。但是当客户接到推销员的感谢函以后，这种感觉即会消失。

对那些没有成交的客户，销售员可以写信感谢他热情接待，强调生意不成人情在。对成交的客户，可以写信称赞他做了一个好决定，购买了一个令他满意的产品；告诉他，对产品和服务有什么不满意的地方请说出来，保证向他提供良好的服务。

为了使写给客户的信起到良好的作用，这位销售状元还想出了一些新颖的办法。比如把利用出差时机在各地拍下的自然美景和人文景观寄给客户，让客户一同欣赏。知道一些客户喜欢集邮，给他们寄信时就贴上纪念邮票。还利用自己认识人多、联系面广的特点，搜集一些对客户工作、生活有帮助的信息，告诉客户。

由于写给客户的信对客户都有帮助，因此，客户自然乐意收信、看信，感情无形中也就越来越深，关系自然越来越好。

销售员给客户写封信的意义不在于信，而在于与客户保持联系，融洽关系，沟通感情。推销员与客户保持密切的关系，可以战胜所有的竞争对手。西方企业界流传的一句格言是："你忘记客户，客户也会忘记你。"因此，作为一个推销员，永远不要忘记客户，也永远不要被客户忘记。

与客户保持联系，除了写信外，还可以打电话或登门拜访。成功销售者往往奉行三勤主义，即手勤——经常给客户写信；嘴勤——经常给客户打电话；腿勤——经常登门拜访客户。为了与客户保持联系，不妨给自己制订几条原则：

（1）对于没有成交的客户，要给客户打个电话或写封信。

（2）对于一次新的交易，第二天就寄出一封感谢信，向客户确认自己答应的发货日期，并感谢他们的订货；在发货之日，同样要写信或电话联系，告诉客户，货已发出；在估计客户可能收到货物时，再联系，询问客户是否收到货物，以及产品是否正常工作。

（3）在客户的生日，寄去一张生日贺卡，这是有效的一年联系一次的好方法。

（4）建立一套客户档案和他们购买产品的清单，当产品的用途和价格出现任何变化时，都要及时通知客户。

（5）做好路线计划，以便外出推销时，能够前去拜访那些买过产品的人。

（6）如果客户不是经常购买，可以进行季节性访问。

与客户保持良好的感情关系只是联系客户的目的之一而不是全部，销售员还要借助与客户的联系让客户为你推荐新客户。

参考文献

［1］［美］吉特默著．销售圣经．陈召强译．北京：中华工商联合出版社有限责任公司，2009．

［2］杜云生著．绝对成交．广州：广东南方日报出版社，2008．

［3］李智贤著．电话销售实战训练．北京：机械工业出版社，2008．

［4］［美］福瑞斯著．提问销售法．侯金刚译．北京：万卷出版公司，2010．

［5］孙路弘著．用脑拿订单．北京：中国人民大学出版社，2006．

［6］王宏著．房产销售人员超级口才训练．北京：人民邮电出版社，2010．

［7］孟昭春著．成交高于一切．北京：机械工业出版社，2007．

［8］张利庠著．王牌营销员培训宝典．北京：北京大学出版社，2006．

［9］［美］崔西著．博恩·崔西销售圣经．路言春译．北京：化学工业出版社，2010．

［10］卜鹤编著．超级说服力．天津：百花洲文艺出版社，2009．

全世界最贵的
销售技巧课

李向阳　编著

北京时代华文书局

图书在版编目（CIP）数据

全世界最贵的销售技巧课 / 李向阳编著. —— 北京 ： 北京时代华文书局，2019.12
（销售圣经）

ISBN 978-7-5699-3412-0

Ⅰ．①全… Ⅱ．①李… Ⅲ．①销售—方法 Ⅳ．①F713.3

中国版本图书馆 CIP 数据核字 (2019) 第 297238 号

全世界最贵的销售技巧课
QUAN SHIJIE ZUIGUI DE XIAOSHOU JIQIAO KE

编　　著｜李向阳

出 版 人｜陈　涛
选题策划｜王　生
责任编辑｜周连杰
封面设计｜景　香
责任印制｜刘　银

出版发行｜北京时代华文书局 http://www.bjsdsj.com.cn
　　　　北京市东城区安定门外大街136号皇城国际大厦A座8楼
　　　　邮编：100011　电话：010-64267955　64267677
印　　刷｜三河市京兰印务有限公司　　电话：0316-3653362
　　　　（如发现印装质量问题，请与印刷厂联系调换）
开　　本｜889mm×1194mm　1/32　印　张｜5　　字　数｜98千字
版　　次｜2020年2月第1版　　印　次｜2020年2月第1次印刷
书　　号｜ISBN 978-7-5699-3412-0
定　　价｜168.00元（全5册）

读懂销售，你就能改变自己的一生

在这个世界上，人们对于销售似乎出现了两种截然不同的态度，有的人对其唯恐避之不及，但是还有人却感激它的存在，并且借助销售的力量改变了自己的人生。然而事实的真相是，销售并没有人们想象中的那么难，这个世界上没有卖不掉的产品，只有不会卖产品的人。假如你没有高人一等的天赋，那么读懂销售，你就能改变自己的一生。

我在大学校园里做过很多调查问卷，希望毕业之后从事销售行业的同学勉强超过10%，这实际上是一个值得深思的现象。很多年轻朋友对销售工作谈虎色变，原因其实无非来自以下两点：其一是受到社会风评之后信心降低；其二就是没有学会销售的方法与技巧。但是更为现实地说，销售是我们踏足社会之后最具潜力的职业之一，如果想要快速在社会立足，学习销售的技能和方法是必不可少的。

大家都知道乔·吉拉德的故事，他在35岁之前还是一个负债6万美元的穷光蛋，但是通过汽车销售，他不光偿清了所有欠款，同时还成为了世界级的著名推销员。同样的故事在我们身边也发生过，1990年，董明珠在格力公司迈出了自己销售生涯的第一步，进而成为了优秀的企业家。可以想象，如果吉拉德依然做着给客人擦皮鞋的工作，董明珠还是抱着自己行政类的工作不放手，那么他们的人生注定不会如今日般光彩。

两年前，我和初中一位同学相遇，我请她在一家西餐厅吃饭。这位同学曾经是我们班的班长，大学毕业之后她去了一家房地产公司做行政，后来换的工作也都是文员、助理之类的职能岗位。看得出来，她对于自己的现状是不满意的，每个月固定的工资，相似的生活，来来回回毫无新意。而且她聊天的内容也都"缺乏营养"，大都是家长里短的邻里生活，或者是些办公室的人情闲话。

临走前，这位同学突然对我说："我真佩服你们这些出去闯荡的，我都感觉自己已经和你搭不上话了。我觉得自己的世界好狭小，如果能重来，我或许应该和你一样去商场里闯荡闯荡。"

确实，从内心而言，我认为自己成长了太多。销售是一门历练人的行业，它会在不知不觉当中让我们获得成长，我获得了财富，也开阔了眼界，同时结交了很多朋友，这是其他很多工作都不具备的。

而且销售也并非像很多朋友所说的那样枯燥、可怕：如果我们深入分析，就会发现销售其实是一门充满可变性的综合学科，一名优秀的销售员不单单需要懂得礼仪举止，同时还需要学习不同情境之下的心理现象。同时，有关于从业道德、肢体语言的知识，我们也都必须有所涉猎。事实证明，仪容整洁得体的人容易赢得顾客信任，机灵巧变的人容易促成订单，因此从事销售行业数年之后，我们往往会发生向好的改变，这就是所谓的进步。

记得在我刚刚从事销售行业的时候，有一次我接待的女顾客突然对我说："你今天的状态很不好，虽然你的语言和语调都在向我表示欢迎，但是你的表情出卖了你。你们这样虚情假意的言语，是老板教的吗？"

我心中暗吃一惊，因为之前从来都没有人这样和我说过话。而就在我发怔的瞬间，这位大姐又发话了："其实我也是做这一行的，小伙子，你这业务水平不行啊！"

在同行面前，我自认为运用纯熟的销售技巧都不敢用了，甚至对方说什么我都不敢妄加驳斥，所以最后这位大姐以一个非常低的价格提走了货。很多年后，当我再回顾这次经历的时候都会哑然失笑：这位大姐或许真的是同行对手，她来买货只是为了"刺探机密"；她同样也可能是一位普通的顾客，搬出那样的话来只是为了威慑不谙世事的新手业务员，进而为自己争取到最大的利益。但是无论如何，商场是一个充满变数的地方，在这里我们每天都需要和他人斗智斗勇，很多新鲜、奇特的事情也都会在这里发生。

从最初帮人看店卖服装，到后来独当一面成为地区销售代表，我积累了很多经验，同时诸多前辈也教给了我很多方法与技巧。因此，向年长的前辈们帮助我那样，再将我多年来的经验感悟分享出去，就是我创作此书的初衷。从销售的一般心理到交易行为当中的肢体语言、从提问技巧到策略引导、从性格捕捉到心理暗示，可以说销售的渠道和方法是多种多样的，我也希望以更为全面的角度向各位读者展示销售的意义和乐趣。

最后，我也衷心祝愿每一位读者都能够从我的论述当中汲取到营养，成为一名爱销售、会销售的社会精英，成为中国的乔·吉拉德！

目　录

目录

Section 03
策略引导——金牌销售员暗布"天罗地网"的绝招

Section 04
销售暗示——借助潜意识的力量拿下客户

Section 01

销售心理

——成功销售者一定是优秀的心理学家

销售其实是一门运用心理学技巧来牵引人心的活动，顾客为什么会有消费渴望、推销者如何说才能获取更多的信任、哪些话语出口之后会将自己置于不利的境地，如此等等。在商海摸爬滚打多年，我非常清楚心理博弈在商业行为当中所具有的不可动摇的地位，无论是西方社会标榜的"契约精神"，还是古老东方商人提倡的"忠信为本"，在这些经商理念的背后其实都隐藏着深刻的商业心理。又或者说，以上种种，其实都是商业人士对外界做出的一种心理攻势，那就是"与其他人比我们是更可靠的"。

　　从另一个方面来说，人类步入互联网时代之后，商品交易行为更加频繁，消费者可选择的范围也更加广阔，因此单纯讲究"做好货"、"热诚服务"已经难以在竞争当中站稳脚跟，我们更需要的是从宏观角度探寻消费者内心的秘密。正所谓知己知彼百战不殆，当做到来人不开口，已知三两分的时候，任何销售策略都将是无往不利的。

1. 销售专家恶补心理学的秘密

在闯荡社会之初我换过很多工作，有的时候一份工作只做几天就离开了，当然这样做事是挣不到钱的。这样的日子一直持续了两年多，我逐渐开始意识到经济实力对于一个人而言的重要性，于是开始尝试着从事销售工作。

我知道人们对销售持两种不同的看法，有的人对销售谈虎色变，而另一些人则认为销售是一个非常简单且充满诱惑的存在。对于以上两种看法，我的立场也是很明显的，我认为我们不应当将销售看作一件"可怕的工作"，而是需要找到其内在的规律。在这里，心理学的学习其实就是非常不错的选择。

我的第一份销售工作是在一家服装店里做导购，店里还有一位业务员，我管她叫陈姐。同在一家店里工作，我发现自己干的很多，但是效果却非常差，而陈姐每天上班都很悠闲，但却能把业绩做到我的两到三倍。

为此我找过陈姐向对方讨教过很多次，但是无一例外，每次还没等我开口，她就把话题岔开了。一直到后来陈姐去了其他公司，她才对我说了一番意味深长的话语："卖货一方面靠诚信，另一方面还得看人，为什么说'得看人'呢？你如果对一位还没拿定主意的客人极力推销，或者是人家只是进来看看你就缠着不放，那么你做得越多对方的反感程度就会越大。就像是你一直想向我请教怎么卖货，你说咱俩同在一家店工作，我把这些东西都告诉给你了我是不是挣得就少了？"

我后来仔细思索过这番话的意味，发现它其中含有非常深刻的内涵。"看人"其实就是看透一个人的内心所想，知道对方到底需要什么，然后才能以此为突破口进行销售。

世界上一流的推销员，其实都是心理学领域的高手——他们或者不愿意面对这一事实，或者真的不知道自己在心理学方面的高深造诣。但无论如何，这些人就是一些老练的"心理控场专家"。很多人认为乔·吉拉德成功的原因在于他的勤奋和执着，但这并不是一位伟大销售者的全部。在漫长的销售过程中，乔·吉拉德所做的一切其实都与客户心理有关，无论是寄送名片，还是为客人建立体系档案。

实际上，心理学在销售过程中有极高的使用率，很多销售员们不愿意面对这一点是因为他们需要在公众面前保持"诚实可信"的形象——因为心理战术在人们的社会观念当中，往往是会被视作"心机过深"的。

不过，某一理论的借鉴或使用，并不会随着人们的主观意图而发生改变。在销售领域，卖方通过各类途径探查买主心理，然后按照对方的心理状况制定出自己的销售政策，这一点是极为常见的。而对于这一点做得越好的人，越是有可能成为业内的精英。

当前，很多商贸公司都已经将心理学研究作为职员培训的基础性课程，每一位销售员都需要知道哪些话是自己应该说的，而哪些话能够刺激起潜在客户的购买欲。值得强调的是，心理学知识的研究其实是一个多向的过程，它的意义不仅仅局限于指导我们如何叩开客户的心扉，同时还能够有效地帮助每一位销售员认清自我的心理状态，并且做好自我调整的工作。因为有很多年轻人认为销售是一门苦差事，长久从事此类活动会使得自己在精神和心理层面受到影响。在此，了解心理学知识做好自身调节就成了一件极具现实意义的事情。

事实证明，一流的销售精英不会让自己的产品滞销，他们能够最大限度地窥破市场心理，然后在"知己知彼"的情况之下制定自身销售策略。所以说销售就像是治病，对症下药才能药到病除，世界各地的销售大师都是心理谋局的高手，这一点是毋庸置疑的。

2. 从顾客进门前开始推算

一般认为，销售员通过聊天、衣着，甚至是肢体语言来了解顾客心理，双方接触的开始也就是心理博弈的起点。这种观点从一定程度上是正确的，但是如果以更为严格的角度来看，又是值得商榷的，因为真正的销售者会提前"备战"。比如一名门店导购，他实际上从顾客进门之前就应当开始心理测量了。

炎热的夏天是啤酒与烤肉的盛会，我也喜欢和朋友一起去烧烤摊喝点啤酒，其中公司楼下的一家露天烧烤摊就是我们经常光顾的地方。

在公司楼下一共有5家烧烤摊，但是火爆程度是明显不同的。我们知道，餐饮行业一方面是卖回头客，另一方面其实就是"招呼人"，用更通俗一点的话语来说，这就是"拉客"。我发现，整个楼下的烧烤摊里，排在第二位的那个摊位上客最多，这其中最重要的一点就是摊主会"拉客"。

与其他人相比，这位摊主的"拉客"总是恰到好处：他会在来来往往的人群当中一眼就分辨出谁是路人，谁是潜在的客户。这一点是非常厉害的，因为当5个摊位同时招揽客人的时候，稍不留神就容易把到手的"生意"拱手让人了。而且，烧烤生意都是哪家人多顾客就去哪家，所以越能拉客的摊位，生意就越是火爆。

有一次，在不忙的时候我请这位摊主坐下来一起喝几杯，由于是老顾客，所以他也没有什么顾虑，直接就将自己招呼客人的套路说了出来。

他说道："做生意，最主要的是你需要知道哪些是自己的客人，他们心里在想什么。而且这个过程不能说等到客人坐好了以后你才开始研究人家的想法，你必须要在客人还在犹豫'吃不吃''上哪家吃'的时候就已经摸清楚他们的心理状况，然后快速把他们招呼到自己的店里来。"

摊主朋友的观点其实和我们平时做买卖也是一样的，一位真正用心的销售员会在顾客进门之前就开始观察对方的神态、举止，大致做出一定的评估。等真正开始引导销售的时候，这些提前做好的准备工作都能够派上用场。

比如说在门店销售里，一位顾客在门外犹豫了片刻，然后轻轻地走了进来。这样的客人我给他们的评分是"85"分——一个极具潜力的分值阶段。

这样说的理由是，性格犹豫的顾客在内心当中往往容易走极端，他们要么买要么怎么也不会买，他们在性格上更为敏感，担心吃亏但又希望自己做主。所以假如遇到这样的顾客，交易达成的可能性是很大的。

当然，"犹豫"的行为或许还会由其他一些因素决定，比如时间不充足、只是恰巧路过等等。但是无论如何，顾客进门之前就对其进行心理推算，这一点是非常必要的。

一位优秀的销售员，是不会在工作期间只是埋头玩自己手机的，他会关注街边巷尾的每一位行人，并且依据自身判断来评估对方的购买欲望以及消费能力等等。通过神色举止，我们可以大致勾勒出一位顾客到底是"进来看看"，还是"真心购买"。就像是一位业内的前辈说过的那样："真正的销售不是从谈判之后才开始的，你需要在还没有接触到对方之前就进行观察和评估，如此才能拥有更多的胜算。一个人的内心由自己不经意的神色、走路姿势等暴露出来，这一点是值得所有销售员注意的。"

3. 他是在为质量担忧，还是在为价格烦恼

每一次交易都是买卖双方的互相博弈，因此在销售者极力推动交易达成的同时，顾客也会使用各类方法干扰销售者，并希望以一个更小的代价带走商货。所以说，一次潜在交易是否能够顺利达成，对于销售者而言有一点是必须要弄清楚的，那就是踌躇不决的客人到底是在为质量担忧，还是在因为价格过高而烦恼——他口中的"太贵了"，到底是真情的流露还是虚伪的表达？

其实在面对类似问题的时候，销售者不应当只站到自己的角度来思考，而是说如果进行换位思考之后，很多疑难问题就都能够迎刃而解了。

我在灯具城认识一位朋友，他在处理这一方面很有心得。他曾经这样对我说："你需要从很多角度来观察这位客人，同时也要从人家嘴里套话。在大概摸清了顾客自身的经济实力之后，他们内心的想法也就出来了。"

2009年5月份的一天，晚上快七点钟的时候来了一对顾客。这两人是夫妻，都不到三十岁的样子。当时把这两人招呼到店里之后，朋友就和他们聊了起来，看得出来，女士的话语很少，只有那位先生在不时地搭话。

朋友故意说："你们应该早点来的，上午这里刚卖出去几件货，比你们现在挑的这几样好多了。"

这时那位男士回话说："早点没时间啊，一路上都怕这里下班，紧赶慢赶才到的。"

说完这几句之后，大家又随便聊了几句，之后就到了谈论价格的时候了。当朋友把总价算出之后，丈夫先开口了，表示东西太贵，根本不值这个价格；而他的妻子则说自己是"懂行"的，这几件货在质量上不行，要上其他地方看看。

一个说货质量不好，另一个说价格太贵，那么到底哪一个观点才是他们的"真实想法"呢？其实对于这个话题，朋友早就是心中有数了，他没有做更多的纠缠，爽快地给了一个更低的报价，最终推动了交易的达成。

后来我们聊天的时候，他告诉我说："大多数情况下，价格都是一位顾客更愿意关注的地方，他们说质量不好，只是希望卖家能够给自己更多的优惠。如果真的不想买，他们根本不会'注意'到质量层次的某些细节，更透彻一点地说，这本来就是一个吹毛求疵的过程。"

当然，以上观点也是可以再进一步补充的，那就是假如我们遇到了真正忧心质量的客人，那么他们会仔细比较同类商品的情况，或者进一步问销售员"是否还有其他款式"之类的话语。

而且，一名优秀的销售员能够通过看起来毫不经意的信息来为自己的观点做出佐证。比如我的那位朋友就很好地利用了这一点，他在和对方聊天的时候，掌握到了几个非常关键的信息：对方的经济条件一般，如果是上班族，那么也大约是初级职位的。这样考虑的理由就是，如果来人经济条件较好，那么他们会在卖家说"上午有更好货"的时候很自然地接过话茬，并且询问好货的剩余情况。而且，一直到临下班才赶到商场，这一般都是非销售类上班族的特征，一方面我们可以说这类顾客上班自由度较低；另一方面则可以推定，他们的工资是不含或者很少有提成绩效的，因此经济方面缺乏爆发力。

关于顾客到底是在"挑价格"还是"挑质量"，这其中的区别还是比较明显的。在交易行为中，以"质量问题"为托辞的现象屡见不鲜，真正要求"高品质"的顾客，我们是可以通过其言行举止得出判断结果的。

4. 说"随便看看"的顾客是出于什么心态

与客人接触的时候我们经常会遇到这样一种现象，那就是客人在进店之后一言不发，当被问起"有什么需要"的时候，他们又会生冷地回答一句"我随便看看"。那么，这样说话的顾客到底是出于何种心态呢，如果任由他们"随便看看"，那么是否就会意味着一次交易的白白流失？

其实对于这样一种现象，我自己是深有体会的。在金店做销售员的时候我就遇到过很多类似这样的人，他们在进店之后只是到处看，当被问到想给谁买饰品时，他们或者扭头就走，或者冷冰冰地回答说"随便看看"。

和其他客人相比，这一类顾客的戒备心理是非常深的，同时性格上的犹豫、自尊往往也很明显。显然，面对这些"疑心较多"的顾客，如果销售者进行"冷处理"，结果可能会更糟。

上面说过，拒绝销售员的推荐或搭话，这类顾客的心中往往是存在较大防范心理的。或许从实际经历上来说，这些人或许并不见得都"吃过亏"或者被某些不良商贩欺骗过，他们之所以这样做，一方面出于心理方面的紧张，另一方面或许也是由于个人性格所决定的。但是无论出于何种理由，这类顾客担心吃亏、不想受到导购员影响的心理还是非常明显的。与此同时，还有一点我们需要重点提及的是，面对这类顾客，如果完全放任自流，那么他们很可能又会感到自身没有受到尊重，因此如何做好这类人群的服务就成了一个非常棘手的问题。

一种比较好的处理办法，就是"正确使用赞美"，用一种更为亲切的方式来化解对方的戒备心理。较为通用的步骤大体如下：

（1）远离顾客

销售者应当尊重顾客的要求，为对方留出自由观摩的空间。这一时刻需要掌握好的是，销售者需要时不时地出现在顾客视线之内，因为这类人群从一定程度上来说是矜持的，他们不愿意在公众场合大喊大叫。

（2）保持关注

在远离顾客的同时，销售者还需要时不时地关注对方的行径。他们到底是真的在随便逛逛，还是在某一类商品面前辗转流连？以上两种不同的态度，实际上能够很大程度上展现出这位客人的真实想法。

（3）进行赞美

三到五分钟之后，根据情况选择是否进行赞美。一般会出现以下状况，一种是顾客真的没有发现到自己想要的商品于是离开；另一种则是他们依然在某一件商货前面不断考量比较。于是对于第二类顾客，我们就可以进入实际的赞美环节了。

比如说，对方总是喜欢翻看牛仔裤，那么销售员就可以上前说："这个颜色不错，配上你现在穿的高跟鞋一定会很好看的。"

需要明确的是，有关赞美一定要贴近事实，虚假的奉承或刻意的讨好只会拉低自己在顾客心目当中的形象，甚至还会起到完全相反的结果。而且，优秀销售员的赞美也不一定都是围绕售卖本身的，他们会通过关心对方的家庭、称赞对方的学识品位等方面。形象是每一位顾客都非常在意的问题，褒扬一个人的形象时不一定非要从"漂亮"或"帅气"方面入手，皮肤好、个子高、气质佳等都是可以使用的。

总之，进店之后喜欢说"随便看看"的顾客，往往在生活之中具有较强的戒备心理，他们不喜欢在陌生的环境之中过早展露自己的情感或意图，所以在引导销售之初给予他们一定的自由时间是非常必要的。当经过了几分钟的冷静与磨合之后，销售员再运用不露声色的赞美艺术来击溃顾客的心灵防线，就是一个较为稳妥的处理方式了。

5. 说"上别处看看"客人的心理分析

　　卖场之上有这样一句话：最好的交易就是现在，当场签约才是更好的选择。事实上也确实如此，我在工作之处就深切体会过被人"放鸽子"的苦楚，最惨的一个月，告诉我说"过几天再来"或者"发了工资就来买"的客人一个都没来，而这些人有二三十位。当然对于这些失败的交易，我们不应当将责任全都推到顾客身上，而他们口中的"上别处看看"也是值得进行深度解读的。

　　一般说"上别处看看"的顾客，必然是在本次求购过程中遇到了某些不合意的点，或者是商品价格，或者是产品质量，又或者服务态度，等等。因为这些因素，他们希望再到其他地方看看，希望能够得到一个更好的答案——而一旦离开，他们再回来的概率也就非常小了。

　　当然除了"不如意"之外，还有一种可能就是他们主观地认为，其他商家还会有物美价廉的"优等货"在等着。所以有一种类似于猎奇的心理在指引着他们继续前行。

而在以上两种情况之外还有一则是人们较少注意到的，那就是这其实是顾客逼迫商家做出让步的惯用手段。一些精明的客人也是喜欢吊销售员"胃口"的：他们会在洽谈的时候表现出强烈的交易倾向，而就当推销员认为自己马上就能"做成一单"的时候，这类客人又表达出"再看看"的意思。其实这就是他们在对销售者进行暗示与施压——如果对方不在生意当中进行让步，他们就会放弃本次交易。

以上种种现象，其实都可以通过技巧来化解的。比如在金店里工作的时候，我就遇到过这样一位客人，我和他聊了大概有七八分钟，两人看起来也比较投缘，但是他似乎依然不能拿定主意，只是对我说："你介绍的这几款都不错，我先出去办点事，一会儿回来再说。"

根据自己的直觉，我马上猜测这只不过是一种托辞，于是立刻对这位先生说："大哥您不知道，我们店里现在还在做活动，有一款项链买金送银。"

那位先生嘴里说着不用了，但是却没有果断离开，于是我一边找搞活动的那个牌子，一边继续说："这款项链质量好价格低，今天卖了30多件，现在金价一直在涨，好几位老客一直想买，但是都被限购了呢！而且买一条金链还送您一条等重的银链，这个优惠力度还是很不错的。"最终，这笔生意达成了，而成功买到促销产品，那位先生也是比较满意的。

现在回想起来，或许是自己吃了太多"上别处看看"的亏，因此有了一定的警觉意识，才让眼看成交的生意没有泡汤。对于上面这位先生来说，他开口"上别处看看"或者"先去办点事"，其实中间就包含着强烈的暗示意味。所以我马上用一款活动产品稳住了对方，并且促成了交易的达成。

总体而言，顾客说"上别处看看"的时候，或者是对商品本身不太满意，或者是想要对店家进行施压。无论出于何种原因，这样的消息对于店家来说都是不利的，因为事实证明当时没有达成的交易，过后经过二次协商达成的概率是非常低的。比较好的做法是为他们"换个货"，用更为新奇的商品来刺激对方的购买欲望。说到底，这些声称"到别处看看"的人去了别的商家，不也是去看"新商品"吗？

6. 顾客能够接受的预算上限是多少

在洽谈的过程中，有一张底牌是必须要估算出来的，那就是顾客对于本次交易能够开出的最高价码。

2015年的时候，我做过一个实验，具体操作流程大致如下：

我让助手举着摄像机，然后蹲守在一家品牌服装店的门口。等到顾客出来之后，我就会对其进行访问。结果我发现，那些表示本次购买"超支"的人，最大限度大概达到了原预算的1.5倍。也就是说，假如有人计划花100元买一件衬衣，那么他最高能接受的衬衣售价就是150元。

为了对调查结果进行充分验证，我又进行了第二个调查实验。这一次，我对街上不同年龄段的人群都做了随机访问，问卷的内容是"假如你和其他顾客同时看中了一台1000元的家电，那么你最多愿意出多少钱来竞价它"。

这个问题设置得有点费解，大多数人都会反问："我为什么不换个地方购买呢？"因此对这个话题，我不得不做了大量的工作。但是辛苦的工作背后，我同时也搜集到了不少有效信息。在近一千份样本当中，30到40岁之间中年人的竞价上限是最高的，他们大都愿意给出1.5倍左右价码来争取自己想要的东西；同时年轻人或老年人在这方面的兴趣不大，这很显然是与性格心理以及经济实力有关的。

在以上两个实验之后，我又联系了多家与自己有过合作的企业，向它们的营销部门主管做请教。幸运的是，这些人给出的答案与我心中所想也是相近的，那就是这些长期在销售行业摸爬滚打的老手，他们也认为顾客如果对某一件商品是中意的，那么他们往往会花费比预算更高的价码来获取该产品，实际花费最高可达原定预算的1.5倍。

可以说，在经过了一系列的选样调查之后，我们可以暂时得出这样一个结论了，那就是顾客在实际购买过程中，可能会花费原定预算1.5倍的金钱。当然根据个体所处情况的不同，相关的超支也会发生幅度变化，但是1.5的比例系数是基本正确的。

在了解了这一标准之后，各位销售人员内心之中也就有了一杆秤。在向客人推荐产品时，销售者可以通过询问"您想要一个什么价位的货"来评估对方的预算情况。比如说某一位客人说自己想要买一件价格500元左右的皮鞋，那么销售者给对方提供的推荐范围最好就是450~750元。

当然，为顾客推荐产品时，价格浮动的空间是存在一定弹性的。这里需要更加注意的一点就是，销售员推荐的产品价格不宜低于顾客要求太多，因为这样做会令对方产生"被瞧不起"的感觉。如此一来，交易双方的抵触情绪也就悄然而生了。

Section 02

销售提问

——精明卖家主导交易方向的隐形推手

在交易行为当中，提问是一个非常容易引起买主兴趣的关键点。因此，利用不断的问话来引导顾客的思维逻辑，就是每一位销售者需要深入学习的问题。而且，提问者可以利用"先发制人"的优势，在问题设置方面做足文章，进而圈定被提问对象的思想范围。

事实证明，很多新手销售员习惯于一股脑地将所有观点全都抛出来，然后以"句号"结束发言，这样的做法显然对于交易的促成是缺乏力度的。假如我们换种思路，在发言结束的时候追加一句"你认为呢"或者"您清楚了吗"，那么结果便会大有不同。

而且，僵持与对峙是交易行为当中极为常见的现象，此时我们打开局面的最佳武器也是提问。一句"我想知道您对此事的看法"，或者是"您有没有觉得更为合适的方案"，都可以让陷入停滞的会谈再度活跃起来。所以说，抛出问题，将压力转移到谈判对象身上去，是销售领域极为常见的技术手段，而它对于销售的引导和推动力量也是不容忽视的。

1. 好问题是打破僵局的第一步

  战争中有一种对峙现象，即双方指挥官都不愿意贸然出击，只希望能够通过一些旁敲侧击的方法来获取更多有利信息，然后相机而动。这样一种心理状态在销售场合也是比比皆是，很多时候我们都需要面对一些僵持状态。这种状态或许是对方战略性的自我保护，或许是因为对方本身不善言辞，但是无论如何，作为渴求交易达成的一方，销售者都是需要承担起打破僵局的责任的。更多时候，用巧妙的问话来打开局面就是一个不错的选择。

  在金店工作的第二年，我发现自己已经成了那里的"老员工"，这样一种心态也让我有了更平和的心态来审视新同事们通常会犯的错误。当时有一位刚刚从学校出来的小姑娘阿霓，她性格活泼爱说爱笑，工作不忙的时候她就是大家的开心果。但销售并不仅仅只是一门"说话的学问"，同时我们也不能够将"聊天"与"沟通"画上等号。阿霓来到店里的第一个月，她的业绩并不好，因此她也不断地向别人请教。

一次，阿霓对我说："哥，你业绩那么好，为什么不教教我怎么卖货呢？"

我被这句话问得一时摸不着头脑，虽然自己确实在业绩上比较突出，但是要具体来解释理由，似乎又不知道该说些什么。这个时候，一旁的老店员小伟开口说道："你这样问谁都不知道怎么回答，你的问题太宽泛了。"

阿霓不服气，马上回了一句："为什么我的顾客都是些看看就走的，你们身边的都是真正想买的？"

说完这句话之后，阿霓又像是突然明白了什么一样，脑洞大开地冒了一句："难道是你们会变魔术，把好客人都吸到你们那里去吧！"

可以说，就心态而言阿霓还有点童稚化，她刚刚的这一番言语是没有实质意义的。正如小伟说的那样，提问的观点太过宽泛，被提问者无从答起，于是就容易选择回避。而且，在追述的言语当中，阿霓又有点调侃逗乐的意思，这样一来交流的主题很容易就被忽视了。

后来我发现，在平时和客人交流的时候阿霓也是如此，她的提问经常给予了顾客太多的选项，而选择太多就等于"没有选择"。而且，一些缺乏主线和意义的聊天，也让客人们不厌其烦，敷衍她一两句之后就转身离开了。

比如说，当一位客人进店之后，阿霓会很热情地打招呼，然后问："买首饰吗，想要哪一种？"

我们来分析这句话，它其中包含了两个问题：第一个是"买首饰吗"，第二个是"想要哪一种"。以一种客观的角度来看，第一个问题的实际意义接近于"0"，这就像是你走进一家快餐店，服务员开口询问你是不是来吃饭的一样。因此我们可以换一种开场白，简单直白地向对方问好即可。

第二个问题"想要哪一种"，这其实是一个过于宽泛的提问方式，因此它往往会给予顾客过多的选择而使对方一时不知如何回复。通常而言，较好的方式是提供一些小范围的"选择题"，比如"您给自己买还是送朋友"、"给男士还是女士"等等。这就是说，引导者的思路一定要细致，多给对方一些简单、直达主题的问题，如果粗枝大叶地乱"开炮"，把话语说得太过宽泛会让人无从回复。

当然，以上开场白都是一线卖场之中比较常见的，而在一些商务谈判当中，提问式引导也是十分常见的。很多时候，谈判双方会因为种种因素而陷入僵局，作为销售方代表，我们需要做出最快的判断：价格和质量，到底哪一个才是令对方不满的重要因素？又或者，在合作方式上，双方之间存在哪些间隙？待做出有效判断之后，销售方重置相关条件，而后以新策略为协商核心向买方提问，或许就能快速解决问题。

我曾经在参与一次商业谈判的时候，合作双方由于产品售价方面的歧义过大而陷入僵局，卖方经理随后一直打感情牌，但是这并不是对方想要得到的结果，于是最后的结果也是不欢而散的。

在销售领域做好提问，一定要把握好几个看起来非常简单，但实际上操作起来却极具难度的原则。其中，利用一些简单而又直达主题的"选择题"，让对方持续思考。或者抓住买方心理就其想要探讨的领域进行提问等都是不错的选择。同时，作为销售引导者，无关紧要的或者过于宽泛的话题并不是好的提问角度，这一点是每一位销售者都需要注意的。

2. 如何利用引导式提问主宰谈判桌

提问是最好的引导，这是我在多年职业生涯当中的真实体会。在销售过程中，我们如果使用好提问的技巧，就可能让一个原本无法达成的交易，最终顺理成章地达成。

在长春工作的时候，我和一位姓曲的销售经理关系很好。这位曲经理业务能力强，同时在引导顾客消费方面也有着非常丰富的经验。一般新销售员为了积累经验或追求成交数量，往往会以在较低的利润区间将产品售卖出去，但是这位曲经理却是不光能卖，还卖得好。在圈内，他还有一个非常经典故事被众多同事"广为传颂"。

当时有一位徐州来的客户想要敲定一笔买卖，公司很多人都认为，这笔生意是徐州的第一单，因此从战略上讲应当是保守的，只要能站住脚即可，利润并不是最终的目的。这样的思路当然是没有问题的，但是很显然，如果既能够稳定住市场，同时又能为公司争取良好的经济效益，那么这毫无疑问才是更好的选择。

作为大家公认的"谈判专家"，曲经理代表公司主持了那次合作谈判。关于那次谈判的其他细节就不再多做介绍，在这里只将曲经理提问的顺序简单勾画出来。

首先，他抛出的第一个问题是"针对以上方案，贵公司觉得有哪些必须要修改的地方"。这一个问题是在双方谈判冷场的时候提出的，对方在听闻这句话语之后也开始私下探讨，并且在本子上不停地勾画。

在征求完对方的意见之后，曲经理又抛出了第二个问题："陈总（对方公司代表）对我，对我的公司投入这么大的信任，于公于私我都应该对陈总表示感谢。这里我再表个态度，申报公司将价位下调5%。陈总您觉得如何？"

从理论上来说，这个问题是带有极强的目的性，它在无形之中将对方拉到了一个自己划定的范围之内。在这一个语意环境之中，对方是受到了极大优惠的，同时曲经理所代表的公司也通过行动表达了对双方合作的期许。按照一般逻辑，对方也做出一定的"表态"也是情理之中的。

以上两个话题结束之后，本次会谈的方案也基本上拟定了，会场的气氛变得轻松起来，而此时曲经理又说了一番看似不经意的话语。他对陈总说："东北是个好地方，地域广阔，各类资源非常丰富，贵公司就没有计划在东北建设市场吗？"

听到这句话之后，陈总当场没有说什么，但是事后却又一次找到了曲经理，并且仔细讨论了东北开设分店的可能性。

可以说，提问是一门技术活，好的问题能够把所有人的注意力都吸引到某一个特定的领域当中来，国际上优秀的推销大师和培训专家甚至可以用问题来控制他人的思维。当然曲经理的这一番问题是无法与国际顶尖销售者相比的，但是在道理上却也是异曲同工。

那么，如何进行引导式提问呢？有以下几个步骤：

第一，了解引导对象的心理状态

我们需要认识到的是，提问式销售或谈判，需要引导者对引导对象的心理状态有清晰的认知。要做到这一点，换位思考就是一个非常好的选择。曲经理在与陈总会谈的时候，曾陷入了尴尬的冷场局面，而发生这样的状况是很少见的。以我的分析，其实这是一种协议即将达成的现象——假如有人觉得条款不恰当，那么他就会指出来，故作沉默其实是一种想要掩盖内心喜悦的表现。

所以，当双方均对结果感到满意的时候，曲经理就需要不动声色地为整个事件再添一把火。很显然，他出色地达到了自己的目的。然而实际运用当中很多年轻代表都会一再强调"我认为"如何如何，或者大都只是考虑本方利益如何落实，这其实对于合作而言是不利的。

第二，弱化引导对象的诉求

引导式提问需要弱化对手脑海之中"我"的概念。这其实是心理博弈当中一种极为常见的现象，很多聪明的谈判专家会通过各种方式，让被引导者忘记了自己的诉求，从而掌控整个谈判。我们来分析曲经理抛出的第二个提问，他主动让出5个百分点的利益，以此询问对方的意见。其实这件生意做成之后，双方即可收获双赢的结局，但是经过曲经理这一番问话，陈总在不知不觉当中陷入了"买方独利"的语境之中。商业运作讲究共赢，因此作为"得利方"，要想再做更多争取也就是"不合适"的了。

第三，点明引导对象心底的意图

引导式提问一定要清楚哪些话语是对方希望提，但却又出于种种原因不能提的。这一点是需要注意的。在和陈总会谈的时候，曲经理就很好地发现了这一点：对方想要在东北开辟更大的市场，但若是将这个想法主动或过早提出，那么这在商业行为当中可能会让自己处于不利的一方。在这个时候，曲经理主动提到这个话题，从一定程度上来说等于是将对方的意图点明，而这样做的战略意义同样也是非常大的。

良好的提问能够将对手置于一个更加适宜的语意环境当中去，还能够很好地缓解气氛、促成交易。当然，在瞬息万变的生意场上，引导式提问并不是时时刻刻存在的，有的时候一句非常不起眼的问话，就能够达到推动整个交易的目的。

3. 征求式提问，温暖自在人心

什么是销售者必备的品质？这一个问题似乎可以拥有很多个答案，而在我看来，在推销过程中保持耐心才是最关键的。与其他行业相比，销售领域的从业者每天需要面对不同的顾客，然后接受各式各样的咨询与质疑，这对于他们的性格要求是非常多的。我自己也见过很多难以沟通的客人，他们似乎将销售者当作敌人来看待，这更让我们的工作雪上加霜。不过，越是在这样的环境之下，我们越需要努力让自己保持足够的耐心，而基于耐心之上的征求式提问方法，更是业界推崇备至的经典法宝之一。

在具体论述自己的理论之前，我想要先向大家讲述这样一个故事：小虎是一名刚刚毕业的大学生，他的电脑知识非常好，同时也找了一份在组装机的售卖工作。一位客人进店之后得到了小虎的热情招待，他卖力地向对方推荐了好几种组机方案，对方也兴致勃勃地和他聊了四十多分钟。

但是眼看着顾客干打雷不下雨，小虎心中也有点着急了，于是便脱口而出一句话："哥，你今天买不买？"

故事到这里我们就可以打住了，因为以我的观点来看，小虎的这句问话是"情理之中"但同时又犯了大忌。因为直接开口询问对方"今天买不买"，是一件令人非常难以回答的事情：如果客人说不买，那么这无疑会将他自己推向鲁提辖买臊子——没事找碴的境地；但是如果客人说买，那么他就必须要承担"底牌曝光"的风险。

而且，从顾客的角度思考，销售者开口问"今天买不买"还是一件非常失礼的事情，因为这代表着对方已经产生了厌倦心理。

但是话说回来，遇见一位聊了大半天的客人，销售者产生急躁情绪也是情有可原的。所以说有关类似事件的处理办法，小虎做得不算"错"，只能说是"有失水准"。

以一名专业推销者的角度来说，同样一些话题，我们换种措辞来讲，就能够很好地起到促成交易的效果。比如说在小虎的故事中，这位年轻的销售员如果能够以征求式的言辞来询问顾客，那么最后的结果就可能会大不相同。因为相对于一般形式的疑问句来说，征求式提问更多会给人一种受尊敬的感觉，这类问句温婉柔和、成熟理性，如果运用得当，必将会立即促成交易。

比如说在上面一则故事当中，销售人员就可以说："近期有一类机子卖的最好，您看看要不要定一件？"

又或者，在面对文化层次较高的精英人群时，我们以更加职业化的口吻询问说："请恕冒昧，为了更好地为您提供服务，我想了解一下您打算什么时候购买？"

通过对比我们可以很直观地看出，征求式问句能够更好地照顾到顾客的情绪，同时还将自己自己的困惑解决。所谓良言一句三冬暖，恶语伤人六月寒，很多时候其实并非我们有意去说一些伤害他人的话语，但是言者无心、听者有意，偶尔一句并不严谨的话就可能造成客户的流失。因此，在无法参透顾客心思的情况下，以征求式提问来探求对方的心中所想其实是一个更为不错的选择。

4. 用"糖衣炮弹"轰开顾客的心理防线

我们会遇到一些性格随和的顾客，当然也会被很多个性鲜明的客人搅扰。当面对这部分"不大好说话"的交易对象时，有一则方法可以说是屡试不爽的，业界统称它为"提问式引导销售"，我则为它起了一个还算形象的称谓，那就是"糖衣炮弹"。

我想大家都对以下两种现象见惯不怪了：当你向一名陌生人问路的时候，他会很乐意停下脚步，然后告诉你一个方向；当你满怀诚意地询问他人是否会购买自己手中持有的某款产品时，他们多半会毫不犹豫地走开。以上对比可以从一定程度上验证这样一则古训，那就是我们都"好为人师"。

同样的道理在销售领域显得更加实用，我们经常会利用一些请教式提问来作为自己的开场白，并据此将客户的思绪紧紧地掌控好。从心理学角度上来讲，虚荣是每个人挣脱不开的"雷区"之一，而"求教式"开场白能够很好地完成破冰任务，并且为双方赢得坚实的亲近感。

我最开始做企业培训的时候，有一家制药企业的人力部主管找到了我。但是这位主管并没有马上对我发出邀请，而是以一种非常高的姿态来考验我。他告诉我说："你给我们公司的销售精英做培训，首先得过我这一关。现在我们之间是一种选择与被选择的关系，我给你三分钟时间，如果你把我说服了，或者把自己'推销'出来了，我就上报公司聘请你；如果没有，那么我只能说遗憾。"

在听对方说话的时候，我早已经根据对方和言语和表情得出了自己的结论：这是一名刚刚升职、或者正处于实习期的普通管理人员，所谓"新官上任三把火"，他努力想要施展一番自己的才华，并且在内心之中是怀着较强的虚荣心。三分钟时间如果我没有符合对方心意的表现，那么我必然是做不成这笔生意的。

我郑重其事地将手表放在桌上，然后开始了自己的陈述。在最后一分钟的时候，我拿出了笔记本，然后对对方说："我的发言已经基本结束了，但是还有另外几个小问题想要通过胡主管了解一下——本次参与培训的人包含哪些部门、一共有多少人，会场预备在哪里？"

对方很快回答了我的问题，我笑着说："胡主管是专业出身吧，这些前提工作都已经做好了。另外，您对企业员工需要培训的项目有什么看法？"

这几个问题打开了对方的话匣子，这位主管不知不觉就和我聊了半个小时，最后的结果可想而知。

实际上我的这次经历也是一次成功的销售工作，只不过传统观念里大家卖的是实实在在的商品，而我则卖的是自己的学识。准确来说，胡主管并不是一名好接触的客户，他的要求非常严格，同时也显得过分冷淡。但是我能够用不易觉察的提问打开双方的沟通渠道，最终顺利地将自己"卖"了出去。这一次成功的推销成为我职业历史当中非常得意的一次，因为我准确地拿捏到了客户的心理，并且借助提问的方式拉近了双方感情，继而为自己争取到了更多的机会。

当然，在面对顾客的时候，并不是所有请教都是有效的，我所要表达的意思应该包含以下几点：

第一，提出的问题必须在对方解答范围之内

这一点是很好解释的，我见过一些初级推销者，他们似乎想要表现自己的实力，于是使用了太多的术语和专业概念，这样的问话只会阻断双方进一步深谈的可能。比如说我问的一些关于内训场地、人员组成的事情，就是对方能够马上对答的。

第二，提问时要注重对方的情绪调动

我们需要询问对方的意见，如果他们能够开口，那么一次良好的沟通也就正式开始了。

第三，需要考虑对方的心理状态

这也是我一再强调的"销售者必须懂心理学"的原因。对于胡主管而言，他想要急切地证明自己，内心之中还充盈着强烈的虚荣心，因此在交流提问的时候我也必须要考虑到这几点。

总之，请教式提问就像是一颗糖衣炮弹，它能够在不知不觉当中诱发顾客的进一步探讨的愿望，进而促进交易的达成。值得再度强调的是，低姿态的求教能够满足对方的虚荣心理，它方便在短时间内拉近双方关系，这对于协议的达成实际上是非常有利的。

5. 提示的强大销售力

我们经常会见到这样一种广告，内容给大致是一个人激情四溢地发出连珠炮："你头疼吗？浑身乏力吗？上课总是无精打采想要睡觉吗？"在问话的结尾，对方会为大家推荐一款商品，并指出该产品就是为大家解除上述一切困惑的"答案"。

对于上面这一种营销方式，很多人是嗤之以鼻的，但从实际效果上来看，它却非常惊人。在一些购物类电视节目当中我们经常能够看到类似售卖方式，而组织类似活动的厂家也大都赚得盆满钵满。在这样一种现象背后，我们理应得到一种启示，那就是在推销的过程中，我们可以借助提问的方式来给买家传递一定的提示。

在长春工作的时候，我带着一个12人的小团队。在闲暇之余，我经常会带大家去逛超市、逛商场。但是这样做绝对不是偷懒耍滑，而是说我希望通过一些生活化的场景，让自己的团队真切领悟到一些与工作相关的事情。

每次逛完商场出来，我们总是能够发现有的人买了很多东西，而有的人什么也不买。在聊天的时候，大家就会分享自己在购物当中遇到的某些人或事，而"买不买"的原因也就从中展露出来了。

有一次"商场观光"之后，我发现一名叫做任雪的姑娘买了一只崭新的拉杆箱。当大家把这只箱子打开之后，才发现里面还有一大堆化妆品。

实际上，任雪这一次只是想买一支口红，但是当导购员源源不断的提问，让她开始了疯狂的购物之旅。比如说，在买到一支口红之后，导购又问："你有没有眉笔？我们这里有意大利款式的眉笔，我自己都买了一套呢！"

买好眉笔之后，导购员又问她说："粉底有吗？粉底要买好的，不然对皮肤刺激很大……"

这样一来二去，任雪又多买了粉底和眼影，还有三盒卸妆棉。就在任雪准备去结账的时候，这位导购员又说："等等看是不是还落下了什么？"

这一句话，就问出了一只拉杆箱，因为任雪这次买的东西实在是太多了。看到这一幕，同事们纷纷抱怨任雪"是被人忽悠了"，但是我却认为这是一次很好的经历，因为它在不知不觉当中为这些年轻人们传授了销售的技巧。

事实证明，大多数客人在购物的时候，他们的思维都是处于"混沌状态"的。如何定义这个"混沌"呢？比如说我们在炒菜的时候发现没油了，于是赶快关掉火，急急忙忙买来一瓶油倒入锅中。在这个时候，我们的目的性是非常明显的，因此对自己的行动和选择有着清晰的认知。这种状态就是"清晰"的，而"混沌状态"就恰好与之相反。

走进饭店之后，很多人半天点不出餐；在品牌店里，不少客人左顾右盼。这些其实都是"思维混沌"的表现。对于这一类客人，推销者需要做的，就是用问题去点拨、引导他们。以任雪为例，她最初逛商场的时候并没有"一定要买粉底"的想法——如果有，那么她会一开始就买下粉底而不是等导购者推荐。因此，任雪的购买意愿是无逻辑的，或者说"充满无限可能"。在这样的状态之下，导购员彬彬有礼地提问"是否还需要粉底"，实际上就起到了良好的启发效果。又或者我们用一种非常极端的方式来表达：假如导购员不做出这样的提问，卖主就不会产生购买的意识。

所以说，好的提问，是能够起到良好的启发作用。甚至在特定的条件之下，这些问话还能让购买者产生强烈的共鸣。就比如说我们在电视广告当中经常看到的一样，广告语问"你总是感到无精打采吗"，观看电视的人很容易就会下意识地检查一下自己是否存在类似状况，很多身体素质较差的人还会因此受到误导，进而"真的"认为自己的身体出现了某些状况。

当然，提示性问话，一定要懂得"察言观色"。在面对一些目的性突出、逻辑清晰的顾客时，我们就不应当做出过多的提示或问话。而哪些走走看看、犹豫踟蹰的人，大都是不错的选择。

要知道，买马的人不一定有马鞍；推荐了马鞍之后我们可以顺带问他们是否需要草料；草料齐备之后店里还有上好的马掌，如此等等。尤其是在车辆买卖、家庭装修等行业，买主的心情大都是愉快、充满期盼的，所以销售者趁热打铁推出一些附带品其实是非常明智的。而且，不少消费者在购物过程中都处于"混沌"状态，服务人员的提示让他们避免了"一次买不够"的缺憾，这其实是一个双赢的结局。

6. 提问加逻辑，一道美味推销菜

有这样一个故事，酒鬼问神父说："我在祈祷的时候可以喝酒吗？"神父果断地回答说："不，你不可以这样做。"而酒鬼又问说："那么，我在喝酒的时候可以祈祷吗？"神父又回答说："可以。"实际上"在祈祷的时候喝酒"与"在喝酒的时候祈祷"完全是一回事，但是由于话术技巧的介入，听者就捕获到了不一样的感觉。所以说好的提问其实是一种"逻辑的博弈"，当我们使用了正确的问话技巧时，就能够顺利实现销售的目的。

在这里我们可以假设出这样一种场景：商家为了促销，使用捆绑式销售将摩托和自行车"绑在了一起"。如果单独销售，摩托的价格是2500元，山地自行车的价格是700元，但是二者捆绑的促销价，就是2800元。

按照常规逻辑，销售者对潜在买家应当传递的是这些话语："摩托自行车大礼包！2800带回家，来一套不？"

这个宣传从一定程度上而言是合适的，但是在实际销售中，

我们却容易遇到另外一些意想不到的状况。比如说，有的客户原本就只是想要购买一辆摩托车，或者他的家中已经有了自行车，那么这种组合似乎就显得"鸡肋"了。

其实面对这一类消费者，我们使用一些逻辑层面的提问与引导，就能够扭转对方的思维。比如说有客人不断打问摩托车的牌子和价格，我们可以通过以下几种沟通方式与之交流：

（1）加1元钱送自行车

"××牌摩托车2799元一辆，用户反馈最好了。刚好商场搞活动，再加1元钱我们还会送您一辆××牌山地自行车，您觉得怎么样？"

（2）买自行车送摩托车

"现在厂家搞活动，2800元您买一辆××牌山地自行车，送您一辆××摩托！这个优惠力度太实在了，来一辆吧？"

总结一下，我们一共可以有3种话术，提问的方式也大同小异，但是其中穿插的逻辑确实各有不同的。首先说第一种，直接宣布"摩托车自行车一起买有优惠"，它的优点是我们准确地喊出了本次活动的促销目的，但缺点也异常明显：市场对于捆绑式营销的排斥性，以及顾客对捆绑内容的认同感等等，都会对本次销售产生不利影响。

第二种说"加一元赠送自行车"的话术，它的优点是相对较多的。首先需要说明的是，大多数听到这番话的顾客会将注意力集中在"加一元钱送自行车"上面，这就是销售界里一个非常著名的现象，我暂时将其称为"印象加深"。在"印象加深"心理状态下，他们会觉得自己是得益的一方。也就是说这种逻辑思维之下，顾客是会产生"自己占了便宜"的判断。

另外有一点需要向大家解释的是，大额交易之中，往往几百元的差距不会引起人们的注意，所以这也是我将一辆原价2500元的摩托喊到2799元的理由。而且，我们也不必担心是否会有人真的只愿意出2799元买一辆摩托——如果真的有，那么卖家赚到的利润实际上是更多的。

第三种"买自行车送摩托"的论述方式，会从潜意识里给顾客带来一种"自行车质量很高，摩托是赠品"的逻辑猜想。这种话术的好处就是，顾客获得了一种"做活动别人送了一辆摩托车"的宽慰感。

不同的角度和提问方式，会让消费者产生不同的逻辑思维。"捆绑式营销提问"，对于消费者而言会产生"被套路"的感觉，而随后的"加一元买赠"和"买一赠一"，虽然在内容上毫无差别，但却能够从一定程度上给顾客带来"得利"的感觉。因此，在提问式推销的过程中，我们通过对语言逻辑的变换，同样也可以产生意想不到的结果。

7. 借助问题的力量完美封堵对方思路

用问题来引导他人思维是每一名销售者必须学习的基本功，因为从理论角度来说，问题的抛出就相当于博弈体系之中的"攻"，因此被提问者务必须要通过思考来还击。而思考的过程，往往是需要围绕这个问题展开的，如此一来，被提问者的思维其实也就被限定住了。

2012年我出差到成都，当地的火锅底料天下闻名，所以我也想带几包回去给亲朋好友尝尝。不巧的是，这一次到成都我是一人去的，当地的朋友也恰好外出，因此买底料的时候我只能凭借自己的感觉，进了一家生意不错的火锅店。

找了一个机会，我向老板表达了一下自己想要买几份辣锅底料带回去的想法。在确认了我的意愿之后，老板坐了下来，给了我一个报价：一份110元，四份打个折算400元。很显然，这个价格是我不能接受的，因为单点一个锅底也就几十元钱。但是很快，这位老板就用他的连珠炮式提问扭转了我的思维。

他说道："你带底料回去是要送人，是嚓？"

我点了点头，说："对，但是这个价格太高了，我去超市里买，价格要比你的低太多。"

"我这一包料小锅可以煮三锅，大锅也能煮两锅！我们自己吃的时候，一锅汤可以煮三次，超市里的小锅煮一次就用不得了，你说哪个便宜？"

一包料分三锅，一锅最多可以煮三次，这样一算确实也没有贵太多。这个时候，那位老板从厨房里取了几根辣椒出来扔到我面前，对我说道："你看我这个辣椒，地道得很！"

四川火锅在用料方面非常讲究，这一点确实令我佩服不已。而且吃火锅辣椒用得不好，的确也是一件非常败兴的事情。看到我没有说话，老板又飞快地向我讲了自家火锅底料的几个特点，如何好吃、回头客多等等。到了最后，他又补充了几句："超市里的确实便宜，但是你拿出去送人的东西不能太次，对头？超市里塑料包装的底料，都是好久以前炒出来的不新鲜，是嚓？我这里给你炒，你想要啥子口味都可以给我说，是嚓？"

"你给个公道点的价。"

"我给你便宜卖也可以，但是你要晓得，我便宜卖就有便宜卖的想法。我给你30块钱炒一包料，里头啥都没有，你说值不值？"

我笑了起来，最终答应了老板给出的价格，支付200元订金，预订了4大包火锅底料。其实从价格上来说，花400元买几包火锅底料是有欠考虑的，这个汤料确实煮三次依然香浓，但是这样做并不卫生，大家在用过一次之后就把汤料倒掉了。但是无论如何，这位老板的推销技巧还是值得称赞的，他用一次次的问话紧紧地牵制住了我的思路，而我只要按照他的方向继续走下去，就会无可避免地陷落到于自身不利的逻辑环境当中去。

在这里，我觉得有必要将这位老板的提问方法整理一下，以便让自己的论述更为清晰：

第一，使用肯定句式

这位老板习惯于用"是嘞"这个字眼来结尾。按照普通话，就是"对不"或者"对吧"之类。这种言语通常伴随的是"无可辩驳的道理"，比如说"狮子是肉食动物""一加一等于二"等等。同样的道理，"你说如何如何"的反问句式，也能够达到相同的效果。

这种问话方式的优点就是它可以迅速增强发问者的气场，在短时间内令发问者掌控对峙局面。我们将火锅店老板的问题归纳一下，就会发现他的意思就是这样的："我的辣椒是优质的，对不对？""我炒出来的料是新鲜的，对不对？""我炒的底料你做成什么口味都可以，对不对？"

如此等等其实都在营造一种气氛，那就是卖家总是正确的，买主会在交易中获得很多好处。而且，有经验的推销员会抓住顾客刚刚说的某一种观点来佐证自己的言论，这种借力打力的方法让人更加招架不住。

第二，强调关键词

在利用问题封堵他人思路的时候，我们需要站在对方的角度来思考问题。比如说那位火锅店老板，他在向我发问的时候，就不断用"口味""地道""新鲜"等我非常关注的点来引导我的思路。

第三，核心立足点

东拉西扯的问话往往会让己方丧失主动权。在交完定金的那天晚上，我的心中其实是有一点不满足的，因为在做决定之前我应当"货比三家"。但是那位老板紧锣密鼓的一通连珠炮，将我的注意力和思维完全限定在了火锅底料"新不新鲜""口味用料是不是很好"等方面。这种状态，我甚至可以将其称为"思维受控"。

总体而言，用提问来控制对方思维是交易行为当中极为常见的技巧之一，强大的压迫性是它的重要优势。在很多时候，我们不断地从对手的言行当中筛选出弱点，进而源源不断地以疑问的方式来进行推理论证。这种博弈方式的威力是巨大的，而要做好这一点，站到对方的角度去思考问题就是非常重要的一点了。而且，使用类似的疑问，一定要发挥那位老板一样的"连珠炮精神"，因为在不断向对方提问的同时，我们也就封堵住了顾客"另作他选"的思维空间。

Section 03

策略引导

——金牌销售员暗布"天罗地网"的绝招

销售策略存在于销售计划的层面，包含了产品的4P（产品、价格、渠道、促销）。销售策略为达到销售目的而形成，各种因素的组合没有最佳之说，只有最适合。

　　销售策略能够从一定角度上显示出企业产品以及服务投放市场的理念，随着市场的不断成熟，销售策略的方式也在逐步变化，被总结为电话、网络、会议、关系、捆绑、连锁销售。策略引导能够遵循销售人员的意向，根据顾客的特征，制定出相应的策略方案，从而促进交易的达成。

　　销售工作关系着企业的业绩，销售策略的制定就显得尤为重要，因此，这必定是一个长期的、整体的，并且具有阶段性目标的思考。

1. 神奇的"化整为零大法"

在销售领域，价格一直是阻碍交易形成的重要因素。不过，在谈判僵持不下的情境之下，销售员在价格上过早做出让步并不是一个正确的决定，因为这样做只会让客人认为该商品的标价虚高。在这里，通过策略将过高的售价分摊开来，就是我所要介绍的"化整为零大法"了。

2015年，我认识了一位开金店的同乡，他姓刘。在得知我现在的工作之后，他开始时不时地向我咨询一些关于金饰销售的业务。抵不过刘老板的盛情相邀，我只好抽空去他的店铺里"坐了坐"。

这间商铺紧挨着城市主干道，地理位置很好，里面有三个雇员。我看了看展柜里的金饰，价格从几百到十几万的都有。大致闲聊了几句之后，刘老板就开始向我倾诉："别看我有一家金店，但是一个月的营业额却不高，账面流水看着不错，但利润却少得可怜。除去给员工开的工资，我一个月赚的钱就勉强够个生活费了。"

我说道:"其实你这里的客流量还是很大的,但是成单率太低了。我刚刚整体转了一下,你的店员不太会拉拢客人,货都是要推才能卖出去的,光是站在那里回答一下顾客的问题可不行。而且,贵金属行业本来就消费较高,不会一点话术是很难做好的。"

一边说着,我一边和老板在各个柜台附近走了一圈。我指着柜台里的一根项链,问他说:"这根项链,标价3988元,我按照当前的金价和克数算了一下,算上加工费和其他成本,你这个应该是低价了。"

"这条链子问的多买的少,我一开始的定价其实比这个高,但是一直卖不动。"

我笑了,回答他说:"其实问题不在于你降价多少,而是整个城市的消费水平你没有注意过。你这里一碗青菜面6元,居民平均消费水平并不高,所以愿意一口气花四千块钱买金项链的人肯定不多。但是从市场角度来说,你这里的金饰价格还算偏低的,那么货卖不动,就必须要从话术策略上进行分析。如果是我,我会考虑两个策略,一个是银行分期购,另一个是培养员工话术技巧。比如说如果我是导购员,我就会对自己的客户说'这条链子卖4000元,确实看着挺贵,但是黄金是不易磨损金属,一百年后它也不会消失不见。一百年有36500天,这条链子4000元,平均一天也就一角钱'。如此等等。"

将巨大的金额以某种方式平均分配，这其实是销售领域一个极其常见的技巧，它的好处就是能够对潜在购买者起到心理宽慰的作用。

大部分消费者在购买高价产品的时候都会犹豫不决，假如在这个时候，推销员利用化整为零的技巧对顾客进行引导，往往就能够起到意想不到的结果。事实证明，我为刘老板推荐的策略技巧确实起到了作用，2016年春节的时候，我收到了对方发来的短信，他在短信中告诉我今年他的店铺增收不少，员工流动性也降低了。对此，我深表欣慰。

从客户心理来说，他们看到的商品价格是"显性"的，过高的售价会给他们带来巨大的排斥力。然而我们买入某一件产品，尤其是能够长期持有的物品，其"耐久性"往往确实被忽视的。这个时候，利用化整为零的策略来引导对方是最为有效的。比如说一张健身房的会员年卡需要3000元，如果用一次性消费来描述就是3000元/次，但是我们用化整为零的方法，使用"天"来衡量就是$3000 \div 365 = 8.21$元。

化整为零的方法其实在商业领域已经衍生出"多种形式"，比如贷款买房里的按揭、手机电脑的分期购等等，都是化整为零被具体应用的表现。从客户的角度来说，化整为零就像是温水煮青蛙，它以一种渐变式的策略引导替代了剧烈突变，最终使原本被会被厌弃的事件变得易于接受。

2. "吸粉"最强的策略引导——共鸣

我们无法做到让所有人都喜欢吃橙子，因为每个人都有自己的生活习惯。所以必须习惯一些不认同自己的观点，企业也要认清并非所有目标顾客都会喜欢自己产品的事实。

但是，如果意见相左，我们可以尽最大的努力得到尽可能多的人的认可。无法满足所有人的要求，在个性化生产的基础上，企业可以迎合尽可能多的顾客的意愿。

怎样的故事最打动人心？悲情、遗憾，还是感人至深？其实在用这些形容词表述的同时，我们也把自己带入到了情感当中，正因为内心有着相类的情感，所以才会触发其中蕴含的情感，找到与故事的共鸣。

在前面章节中，我提到了销售人员要用真情实感去打动顾客，虽然情感是相互的，但是双方情感的传播速度却并不是平衡的。有时候，销售人员的热情洋溢在顾客看来，不过是一厢情愿罢了。或许我们付出了十分的热情，顾客却只表现出了三分的兴趣。所以我们才会要求销售人员要真诚，真诚再真诚，以获取更多的顾客热情。但这终归是一个比例失衡的做法，我们需要一种在有限的精力、时间内，尽可能多的获取消费者情感的方法，这就是我接下来要说的内容——共鸣。

共鸣作用在销售策略上，便可称为情感营销策略。采用情感营销策略的企业，善于把消费者的个人情感和需求作为品牌战略的核心。在情感的基础上进行包装、促销、设计、打广告。

如今的市场已经进入了一个情感消费的时代，消费者所看重的已经不再是商品的价格和质量，而是一种情感上的满足和心理上的认同。情感营销策略利用情感激起消费者的相关需求，引出其心灵上的共鸣。

在长春的培训活动上，我曾经举过几个情感营销的案例，其中有一些音乐广告，诸如康美药业诉说青梅竹马的《康美之恋》；隆力奇彰显跨越国界爱恋的《江南之恋》；五粮液演绎仙侠情怀的《爱到春潮滚滚来》。也有一些微电影广告，例如情感营销，触动心灵的金士顿《A Memory to Remember记忆月台篇》；百事可乐亲情重聚，《家有儿女》原班人马，外加林更新演绎的《17把乐带回家》；益达推出让爱驻足还是行在路上的《酸甜苦辣》……

与一般的电视广告相比，这些新颖吸睛的营销广告能够被赋予更多的情感，增大了捕捉消费者情感认同的信息范围。

2016年5月，我受青岛一所高校所邀，为其经贸系市场营销专业的应届毕业生进行一场职场主题的演讲，让即将踏出校门，走向社会的孩子们做好心理和人生的准备。今天下着小雨，中午休息的时候，我来到学校前门吃饭，这里有很多餐饮店，也有几家饮吧，我发现其中一家饮吧的生意特别好，该店铺所处的位置有些偏离大门，按理说生意应该不如前面几家，为了弄清楚原因，我决定吃完饭过去看一看。

刚刚走近饮吧，就发现其门上的霓虹灯正在不住的闪烁，伴着阴雨天的暗色，灯里的字眼变得异常明显"毕业了，我不喜欢下雨天……除非喝一杯罗密欧。"我的目光落在了前一句话上，后面的省略号摄人心魄。因为上午的演说，心里多少也浸入了一些学生们对毕业的伤感情怀，我都如此，想必即将面临毕业的学生们更是感同身受。至于后面那句中的"罗密欧"，是店里今天正在打折促销的茶品。

饮吧的情感营销对我形成了很大触动，这也可以理解为是共鸣的力量。情感营销策略不用销售人员过多表示什么，只要营造出一定的情感氛围，将顾客的情感带入进来，顾客自己就可以说服自己进行购买。

3. 最好的产品：未见其人，先闻其声

金杯银杯不如口碑，口碑对企业来说，是一种形象的象征，是顾客对自己的认可。口碑式营销策略便是利用顾客的评价，来形成自己的品牌价值，从而促进销售活动发展。通常情况下，企业会鼓励消费者对产品、服务以及企业形象展开交流和谈论，同时鼓励消费者向身边的人介绍企业的有关情况。

但是口碑传播建立在消费者主导的基础上，企业如何才能作用在消费者的意愿上，使之给出正面的口碑评价呢？对此，一些社交媒体的兴起，为企业开展口碑策略营销提供了大量平台，消费者们零零散散的评价，就构成了企业的口碑。但是评价还是取决于消费者，企业仍旧无法占据主动。在我看来，企业可以制造一些"噱头"，引导客户参与，达到营销目的。

还是那次在青岛的演讲，在最后一个小时里，我把时间交给了学生们，让他们分享自己的经历，去寻找生活中的经典营销案例。其中，一位女生讲述了一个令全校学生印象深刻的例子。

学校前面有一家食品超市，主营产品是一些零食和饮料。店里时不时会有三五成群的学生前来购物，生意不冷清，但也不热闹。有一天，超市突然关门了，门上贴了一张字条，写着：六一儿童节，来×××坐时光机！右下角附着一个二维码，并写着"揭密大作战"。×××是超市的名字，这仅有的信息令人摸不着头脑，到底是想传达什么意思呢？"时光机"又是怎样的呢？

很快，这个消息连带图片便在校网上出现了，同时在朋友圈和QQ空间里，也随处可见它们的身影。一时之间，全校的人都在讨论这家超市的葫芦里到底卖的什么药？距离六一还有一个星期的时间，答案似乎只能等到那时才能知晓。

在这期间，一些社团活动及学生会议上，这家超市的"噱头"也随处可见，点开二维码之后，不同手机客户端会收获不同的信息碎片，引得学生们纷纷交换信息以猜测真相。其"名头"还通过微博传到了校外。而这家超市已经成功把目标顾客的兴趣引导了出来。

终于到了万众期待的那天，这家超市早早开门了，但是里面没有任何商品，打开门之后，又一堵黑漆色的墙挡在眼前，上面画着繁星，如同整个星空，在正中央的位置上，有一架形似火箭的机器，中间有一扇自动门，看上去也是漆黑一片。同学们恍然大悟，这应该就是"时光机"了，中间的门应该是"传送门"吧。

随后，同学们带着好奇心纷纷穿越了传送门，里面的一番景象似乎一下子回到了十几年前，一些小时候吃过的、喝过的、玩过的东西映入眼帘，引得同学们阵阵惊呼。不到一天时间，这些带有童年味道的商品就几乎售罄了。并且这家超市表示"时光机"和"童年味道"会酌情保留，如果大家希望保留的话，在评论区留言。最后通过少数服从多数的原则，决定去留。倘若这些模式和商品被保留下来，那么超市会在"时光机"上开两道门，一道穿梭到过去，寻找童年味道，一道去往当下，选购时下的商品。

最后，这种模式被保留下来了。演讲结束后，我特意去这家超市转了转，果然如同学们所说，当真是一则创意成功的案例。

在正常的营销思维中，销售人员总是极力向消费者推销产品，然后是消费者根据自身的需求，决定要不要购买。但这家超市打破了传统，它甚至连产品都没有透露给消费者，却成功地吸引了他们的目光。所谓的口碑营销也是建立在产品和服务的基础上，但是这家超市却连这个基础都省略了，支撑口碑的，仅仅是一个吸引人的"噱头"。

我们形容一个人备受瞩目，受到重视的时候，常常借用曹公的写作方法——未见其人，先闻其声。一个好的产品也是如此，如果能够引导顾客在不知道产品是什么的时候就对其充满兴趣，那达成交易也就顺理成章了。

4. 成交速成法：把顾客变成销售员

听别人说千遍万遍，不如自己实践一遍。消费者与卖家通常是站在对立的层面，对于卖家的说辞，消费者多半会选择不相信。以至于说的越多，反感越大。

都说销售是一个靠口才吃饭的职业，但口才好不代表要滔滔不绝。在策略引导层面，有一个不同于常规的销售法则——少说多做。这里有必要解释一番，少说自然指的是销售人员不必滔滔不绝的夸夸其谈。而多做则是引导鼓励消费者自己去体验产品。所以此处的策略引导指的是体验营销策略。

企业之所以会重视体验营销，原因主要体现在以下几个方面：

（1）消费者日渐提高的情感需求。

（2）消费者价值观念与信念的变化。

（3）消费需求正在朝着差异化、个性化、多样化的方向发展。

（4）情感性利益成为消费者深切关注的对象。

不管销售人员如何夸赞自己的产品，对于顾客来说都是耳听为虚罢了。倘若能使消费者亲自体验产品，并且引导消费者自己说出体验之后的感觉，无论喜欢还是讨厌，消费者内心对产品都形成了一个较为深入的了解。这时候，消费人员再上前补充解说，自然可以赢得消费者的信任，促进交易达成。

我有一位朋友，生活富足但很勤俭，不会花一些"冤枉钱"去买非必需品，但却花了近一万元买了一台按摩椅。我有些好奇，便问了问原因。在我听来，好像是一时头脑发热所做的决定，但他似乎认为买的"理所应当"。

朋友跟妻子一同去逛商场的时候，让他在商场里等候，他看到前面卖按摩椅的展位，似乎有位置可以坐，便与妻子约好在那里等她。

朋友进去之后，本想借着进来看看的名义进去休息一下，但没想到的是，并没有销售人员前来打招呼。朋友看到柜台处有一位挂工牌的小伙子，年龄不大，似乎在记录什么。走上前去问道："请问，我可以在这里休息一下吗？"

"先生您好，休息的话您先在椅子上坐会儿吧，这里没有别的可以休息的板凳。"

"按摩椅可以坐吗？"

"可以的先生，那几位顾客也是进来休息的。开关在右首边，您可以体验一下。"

朋友听完说了声谢谢，便坐到了按摩椅上。并且表示按摩的过程还是很舒服的。在这期间，他发现那名年轻人在逐个向顾客询问什么，还一边记录。然后，似乎说了声谢谢便到了另一位顾客身边。最后终于来到了自己跟前。

在开口之前，这位小伙子似乎有些不好意思："先生，我刚刚入职，对这些按摩椅也不是很了解，有时候顾客问起功效的时候，我也无法全面的说出来。这些也是主管要考察的，我虽然也体验过，但是自己的感觉毕竟代表不了大众，所以想请您帮个忙，谈谈您坐按摩椅的感受，好让我对了解做些补充。"

"没问题啊，小伙子刚刚工作挺有干劲儿的！"

"谢谢您了，那你说一下您的感受吧，好的坏的都行。"

在接下来的时间中，朋友说了一些自己的感受，这位年轻的销售员也在笔记上飞快的记录着。

"差不多就是这些了，毕竟我体验的时间也不长。"

"您提供的信息已经够多了，先生。在您看来，这按摩椅的长期功效会如何呢？"

朋友对长期使用按摩椅的好处又做了一番畅想，这位销售员，也把自己体验按摩椅的感受与朋友分享了。这时候朋友的妻子购物回来了，朋友便让妻子也体验了一番。妻子表示跑了很多地方，身上正酸痛着，一按摩似乎轻松了许多。朋友与妻子在店铺里又待了十几分钟，不知不觉就讨论到价格上去了，看到价格位表是9980元，两人有些犹豫。这时候，那位销售员依然在同别的顾客交流心得。朋友与妻子商量，还是上前问一下吧。

"你好，请问这套按摩椅有什么优惠活动吗？"

"最近没有搞什么活动，但是会员的话，倒是可以打八五折。"

因为他们时常到商场来购物，所以妻子早就办了一张会员卡。就这样，夫妻两人糊里糊涂地买了一台按摩椅。

在这个故事当中，买卖双方的角色似乎彻底调换了，销售人员从未介绍过按摩椅的功效，到是反过来向顾客"请教"了诸多问题。消费者可能会质疑销售人员所说的话，但对自己的观点却会深信不疑。

销售人员从一开始就没有招呼顾客的行为，而是让顾客自行体验，留给顾客足够的时间和空间去了解产品。最后也没有催促成交，以朋友的性格，倘若与妻子讨论价格的时候，销售人员前来询问交易，那朋友一定会选择转身离开。但是销售人员却没有要成交的意思，这就把要不要购买的想法全部推给了顾客本人，吊起了顾客的胃口，似乎非要说上一句话，听到一句报价才甘心。一个最不像销售人员的销售员却做成了一笔订单，这就是体验营销策略的魅力所在。

5. 打折策略，你是否用对了？

很多商品都存在打折促销活动，一般都会借着店庆、节日、周末的时点进行，并且多存在于电铺门面和一些步行街。这种活动存在一定的时效性，以吸引顾客抓紧时间购买。然而，并非所有卖家都能运用好这一营销手段。

记得之前逛步行街的时候，有一家店铺门外放置了一个音响，里面不断重复播放：大型超市转行，一次性在此清仓，店内商品一律19元，最后三天，机会不容错过。这样的广告听上去却是存在一定的诱惑性，即便是没有什么需求，没有急事的话，也会选择进去看看。在闲逛的过程中，或许就会看到一两件"还不错"的商品，然后就掏钱买了。这与之前所讲的类似，都是"未见其人，先闻其声"的手段。

然而，这种"吆喝"却存在一些套路，因为很多听过这段广告的人发现，三天之后，音响依然在重复着。这就有些欺骗消费者的嫌疑了，作为一种营销手段，这样的投机取巧或许只对第一次听见广告的顾客有效，但对于听过多次的顾客来说，只会招致反感和不信任。

这让我想起了小区楼下的一家服装店，也是有一个音响在重复"每件衣服打九折"的信息，刚刚住进去的时候感觉挺好的，以后买衣服也方便，还打折。可一年之后，那家店里的衣服仍旧在打九折，给人的感觉就像是没打折一样。我再也没有在那家店里买过衣服。

有个周末，我去商场购物。在三楼有一排休息座椅，旁边是一家时尚服装店。我坐在椅子上休息的时候，一位女顾客正在这家服装店门外打电话，听口气应该是打给自己的朋友，电话内容大概是：快点过来，这边搞活动，很合算……挂完电话便又匆匆进店了。这引起了我的好奇心，作为一名销售讲师，我很想见识不同的营销手段，于是打算进去看看。

服装店门口立着一个广告牌，上面清晰地写着某些打折促销的服装款式，包括打几折，哪个时间段。看来打折活动并不是针对所有服装，也不是每一天都打折，甚至有的服装只打折几个小时。时间标的非常清楚，到点之后，收款机自动恢复原价。

看来我不用进去了，我想了解的在广告牌上都已经注明了。"限定时间段"的折扣策略信息明确、可信度高、紧迫性强，更容易引导顾客迅速执行购买行为。

虽然执行这项策略的是大型商场中的品牌服装店，但这种策略同样适用普通门店店铺和步行街店铺。选择正确的折扣策略，为消费者提供真实清晰的折扣信息，这样才能获得消费者的青睐。

6. 销售禁忌：给顾客第三种选择

生活中所陈列的商品总是琳琅满目，为了满足消费者日益增长的购物需求，产品更加趋向于多样化。一种产品往往会出现多个种类，在扩大了消费者选择空间的同时，却带来了如何选择的问题。

记得我做加湿器销售的时候，对一位同事的印象特别深刻，这位同事名叫艾米，她能够把每一款加湿器的功效、特点记得清清楚楚，当时，公司的加湿器款式很多，一有顾客光顾，她都能把每一款详细的介绍出来。但艾米的业绩却并不乐观，我很不明白，为什么努力与成果没有成正比？后来我也没有机会与她聊天，不久后她便离职了。

几天后，我与老板聊起艾米，老板也表现出了惋惜的神色，最后说道："艾米是一位努力的员工，只不过方向永远是比努力重要的。"

当时的我没有听懂老板的话，便询问了具体的原因。老板表示，消费者在购物时，往往处在一种矛盾的状态之下，加上产品种类繁多，时常不知道应该买哪一个，艾米能够熟知所有的产品，具备了一位优秀员工的潜质，但是她在销售活动中却无法好好运用，所以算不上一个合格的销售员。

顾客想买加湿器，艾米就把所有的款式都介绍一番，这样一来没有重点，顾客便会觉得那个都挺好，可是买哪一个呢？一旦顾客产生了难以做出决定的困惑，便会萌生出排斥的心理，既然不知如何选择，索性就不买了，换一家吧。于是到手的订单就这样流失了。

所以我们会发现这样一个现象，市场上的商品种类增多了，顾客可选择的商品也增加了，但是购买行为却在一定程度上变犹豫了。

要想让顾客果断开展购买行为，作为销售人员，就要学会"限制"顾客的选择范围：

第一，明确顾客需求

比如加湿器想要家用的，还是办公、大型的还是小巧的、多大功率的、可接受价格范围等条件。

第二，选取一种款式

根据顾客提出的条件选取一种款式。若想增强可比性，可以推荐两种。切记不要推荐第三种，二选一往往较为果断，多于两种，顾客便会陷入"选择困难症"的旋涡，出现犹豫，甚至放弃购买行为的意愿。

第三，引导顾客做出选择

在引导顾客做出选择后，针对选出来的商品进行详细分析，帮助顾客强化选择的正确性。以促进交易达成。

采用缩小选择范围的策略进行销售活动，不仅能够尽快把顾客引向目标产品，强化顾客够买意愿，还能节省交易时间，储存销售人员的工作精力。

Section 04

销售暗示

——借助潜意识的力量拿下客户

销售暗示在很大意义上属于潜意识营销，其发起的主体是销售人员，承受的客体是消费者，经由的渠道是销售人员对产品、营销模式以及销售场地的一番研究，而形成的结果便是消费者的整体感受。

销售人员在引导消费者形成特定感受的同时，最主要的任务就是要将这些感受达到有效量化。让消费者对产品形成一种"突如其来"的好感。就学术上而言，潜意识营销是利用人们的"阈下知觉"进行的营销。

在营销策略中，潜意识营销虽然很少被提及，但在一些成功的营销活动中，却总是会时不时地闪过这项营销手段的影子。

潜意识营销所形成的阈下知觉一经建立，便会形成大批量的忠实顾客，消费者在潜意识销售的影响下，会把过程中所有的消费行为，当成自身的主观决定，认为这是自己的体验和个性使然，而与销售人员的推销并无关系。

与此同时，潜意识营销具有较强的隐蔽性，并且存在极高的介入壁垒，其营销手段的形成往往需要专业人士的参与和研究，所以具有高度的不可复制性，因此能够帮助企业占据良好的市场地位，也可以确保销售人员的相关地位。

1. 不得不知的销售暗示力量

　　心理暗示，是一种心理学术语，是指我们接触他人或外界的环境、情绪、观念、判断、愿望影响的心理特点。

　　在生活当中，人们为了追寻成功，或逃避痛苦，总会通过心理暗示的方式来安慰自己。这是一种无意识的自我保护能力。

　　暗示总是时时处处存在的，电视上和手机推送的广告便是一种暗示形式。这些暗示会在无意识当中，潜入人们的潜意识。信息的循环性和多频性就会在潜意识当中积累下来，然后左右人们的购买意向。

　　在销售领域，商家经常会通过销售暗示的手段来提高销量。比如，在影院播放电影的过程中，突然插入了一条可乐的广告，广告时间非常短，以至于观影的顾客都没有反应过来。很显然，顾客对这条广告的印象很短，甚至记不清具体的广告内容，但是却知道那是一则可乐广告。于是电影放映结束后，门口的可乐卖的出奇得好。

很多商家都会赞助一些热播电视剧，在手机上观看电视剧的时候，往往前几秒都会提一下赞助商的产品，这则广告时间很多，甚至只有一句台词，但就是这一句台词，便成为其产品的标准特征，因此，顾客在购买此类产品时，首先想到的便是这一款产品。例如"小饿小困，喝点香飘飘"，或许我们喝了香飘飘之后，还是会感到犯困，但是心理上，我们会产生"我已经喝了香飘飘，不会再困了"的暗示。

销售暗示讲究的是"润物细无声"，也就是说，要在不经意间暗示到顾客的心理，还要让顾客认为这是一则"好不容易"捕捉到的信息，从而做到格外留心，进而触发其购买行为。

顾客都存在或多或少"排斥"销售人员的心理，所以，对于销售人员极力诉说的，顾客往往会持有怀疑态度。而若是销售人员不经意间流露的，反而会成为顾客相信并想要极力了解的对象。因此，要想提高自己的说服力，就把最想要表达的内容，以"不经意"的形式流露出来。

举例来说，有一位酒厂的销售主管，与客户洽谈生意，时间差不多之后，双方提议去吃顿饭，这顿饭自然是销售主管做东。就在大家准备出发的时候，销售助理似乎欲言又止，销售主管见状，悄悄用手指比画了一个"八"字，销售助理会意，快速退出去了。

虽然销售主管与销售助理刚刚的一番"交流"非常隐蔽，但这一切还是落在了客户的眼中，他一开始并不知道销售主管的"八"是什么意思，但又不好多问，只能现将此事放在心里。

到了酒桌上，客户发现，酒水是销售主管从厂家直接带过来的。上面清楚地写着"80年陈酿"，原来"八"是这个意思。在酒席的过程中，客户品尝到了这款80年陈酿，感觉也很好。在之后的正式谈判中，销售主管表示酒厂中的酒存在很多种类，愿意一一介绍。但是客户却表示希望主管着重介绍一下80年陈酿。并且在这款酒上下了一笔大订单。

其实，80年陈酿并不是该酒厂最好的酒水，那些隐晦的交流不过是一项销售暗示的技巧，也正是因为如此，销售暗示发挥出了它独有的力量，促成了交易的达成。

销售暗示并不仅是一种信号传递，在信息传递到对方内心之后，还回忆反馈的形式表现出来，这种表现往往能够按照信息发出者的意愿而发生，由此构成一个销售手段的闭环，达到销售的最终目的。

2. 逆向思维：营销介质的魔力

　　我们理解一个产品的常规思维是从价格、质量等显性因素上入手，这也是传统营销的一贯眼光。但是在潜意识营销当中，看中的却是与传统营销层次不一的隐性因素，这些因素较为模糊，也存在一定的隐蔽性。它们潜伏在营销活动中，往往会被人们所忽略，倘若能够被好好利用，势必会成为产品的强势竞争力。

　　以麦当劳为例，顾客喜欢吃麦当劳，不是因为它的汉堡好吃，也不是因为它的价格公道，而是去麦当劳吃饭"很舒服"。价格可以模仿，配方可以升级，但是感觉是不可复制的。那么麦当劳到底是通过什么，给了顾客这样的感觉享受呢？

　　原来这里面集合了光线、音乐、颜色等一些列因素，在优化组合的基础上构建成最完美的效果。当然，这只是大框，要实际执行，尚需把这些因素进行量化。曾经有一位朋友要招待自己的生意客户，请我参谋一下宴会各方面的布置。我说不清楚你具体的会场是怎样的，就简单说一下在营销领域，所谓的会场应当注意的一些因素：

（1）光线布置

光线的设置与会场的风格要协调一致。白炽灯是最为常见的宴会光线，能够凸显出宴会的豪华气派，灯光下的人物、食物都很自然。调暗之后能够增加宾客们的舒适感。

（2）色彩设置

色彩是宴会的可视因素，能够直接影响人的心情。医学证明，不同颜色能够使人产生不同的心情。如果进行的是初期商务谈判，双方还不是很了解，谈判的内容也较轻松愉快，使用红、橙等暖色，形成振奋、激励的效用；倘若商务谈判进行到了白热化的阶段，应选用绿色等使人沉稳镇静的颜色；如果只是休闲意义上的商务谈判，则可以考虑桃红和紫红等颜色。

另外，宴会的颜色布置，也与季节有关。在寒冷的冬天，应使用红、橙、黄等暖色，给客户以温暖的暗示。而到了炎热的夏天，则使用绿、蓝、灰等冷色，给出清凉的暗示。

（3）温度调节

温度是形成舒适感的重要方面，这其中还包含了湿度与气味的因素。

温度过低，湿度过干，宾客也会心情烦躁，因此，豪华宴会厅的温度一般较高，以适宜的湿度，保证宾客的舒适度。

一般来说，温度在冬季不应低于18℃~22℃，夏季不应高于22℃~24℃，即便是用餐高峰期也应当控制在24℃~26℃。相对湿度应当控制在40%~60%之间。室内要保持通风良好，提供良好的空气质量。

一般而言，人们对气味的印象往往比视觉、听觉的印象要深刻。这是商务礼仪中，东道主需要注重的地方。

（4）家具选择

对于家具的选择和使用，关乎整个宴会厅的艺术效果。统一的标准就是与整个宴会大厅相得益彰。

这里也不能少了墙壁装饰和植物点缀。

（5）声音控制

这里所提到的声音，主要是一些噪音，比如空调操作或是室外杂音。在一般的商务宴会当中，噪声不应超过50分贝。

提起宴会气氛的因素还有很多，在这里无法一一道全。潜意识营销使营销介质跳出了传统营销应当关注的产品信息，转而看重一些潜移默化的隐性因素，达到了无形中的暗示作用，这比直言推销的效果要好得多。

3. 销售人员的"移魂大法"：感觉取胜

销售总是要讲究方法的，所谓的"移魂大法"，就是销售人员通过对消费者心理的把握，用自身的感染力去引导消费者的需求，从而创造购买力的方法。简单来说，"移魂大法"就是销售人员可以通过主导消费者的感觉，达到令消费者忽略价格等因素的目的。

在营销领域，订单的形成、合同的签订，这些活动在很大程度上都是客户的感觉在起作用。所有的消费者都不喜欢被推销，但是若有需要，便会产生购买行为。所以，普通的销售员卖产品，而优秀的销售员却在帮助顾客寻找为什么要买的原因。后者是从顾客心理的层面，站在内心需求的角度上进行引导。

"移魂大法"主要体现在五个方面：

（1）听，在倾听中上获取顾客信息

"移魂大法"的核心就是明确顾客的内心，从而引导顾客。

对于顾客的诉说，要认真倾听，尽量在听的过程中，以重复对方语言的形式予以回复。顾客所说出的话分为两种性质，一种是赞美之词。这类言语需要销售人员加深印象，使其成为开展"移魂大法"的重要信息。另一种是抱怨之词，这类言语销售人员只需选择性倾听，尽量在其中寻找可改进的地方，切记不要去反驳顾客，以免形成"对立"的局面。

总之，要遵循卡尔·鲁杰司的积极倾听三原则：①善于换位思考，站在对方的角度倾听；②对自己所听到的信息要进行确认，避免产生理解断层；③保持专注、尊重的倾听态度。

（2）问，问出顾客的需求

对于销售来说，成交的前奏是交流，一个会聊天的人同时也应当是会问问题的人。顾客之所以有所迟疑，是因为对产品心存疑虑，但对于这些疑虑，销售人员无法完全知悉，顾客的需求只有顾客自己清楚，"问"就是引导顾客说出自己的购买点。

当然，"问"也是存在一定技巧的。既然是销售人员来发问，那就要得出对销售人员有利的结果。所以，"移魂"重在"引导"。

提问的内容需要遵循三个原则：①提问顾客感兴趣的话题；②提问要避开顾客的抗拒点；③提问能够给顾客带来好处的问题。

只有具备这三点，顾客才能喜欢你，愿意与你交流，并回答你提出的问题。

很多销售员会把购买点落实在产品上，这其实是重心的偏离，产品总会更新换代的，唯一不变的是需求。举例如，顾客买馒头，并不是为了买馒头而买馒头，而是为了解决吃饱的需求。所以烧饼、面包、方便面都可以"胜任"。至于顾客会选择馒头还是面包，则由他的个人喜好以及价格等因素而定。

通过问问题来初步了解顾客的心理，从而探寻出顾客的需求，也就在一定程度上把握了产品。由此，"移魂大法"便可以制定出相应的销售思路，从而向顾客传递一种感觉，只要顾客对产品产生感觉，那么成交便顺理成章了。

简单来说，我们在进行销售活动时，不要一上来就推销自己的产品，而是要通过询问的方式来获悉顾客的需求。当然，作为销售人员，一定是先明确想要得到的答案，然后据此来设计问题，这样才能达到成交的目的。很多时候，顾客对于自身的需求并不明确，销售人员的询问能够在一定程度上引出这些潜在需求，从而为成交概率加分。

下面我举一段通过提问施展"移魂大法"的例子：

销售员："贵公司的业务产品虽然种类多样，但都是共用一个品牌对吗？"

客户："是的。"

销售员："其实多品牌战略和单一品牌战略各有利弊，贵公司实行的单一品牌战略能够集中所有力量塑造品牌形象。但是却存在'一荣俱荣,一损俱损'的串联效应。所以,维护和提升品牌形象是贵公司非常关注的问题对吗?"

客户:"是的。"

销售员:"作为生产制造企业,如何提高产品销量是您最为关注的问题对吗?"

客户:"是的。"

销售员:"倘若现在有一种方法能够在提升贵公司品牌形象的同时,也可以时刻监测市场信息变化,从而为产品销量保驾护航,您是会认真考虑的是吗?"

客户:"是的。"

销售员:"我们公司的产品对您所关注的问题大有裨益,如果您感兴趣,我很愿意花费一些时间向您阐述一下解决方法。"

………………

(3)说,用语言来引导顾客

销售是一个考验口才的岗位,销售人员需要说的东西非常多,而要让自己说的话起作用,却是需要一定方法和技巧的。

第一,要厘清说话的层次和顺序。很多情况下,顾客来购买产品总会带着一定的心情和情绪,有积极的,当然也会有消极的。聪明的销售员懂得先处理顾客的心情和情绪,再处理问题和提出道理。在这个过程中,赞美是非常奏效的一种方法,研究表明，一个人长期处在被赞美的环境当中，其会表现出心情愉悦，而智商下降。这时候，便是销售人员争取成交活动的好时机。

第二，话语要对顾客的思维形成引导作用。

下面我举一段例子：

客户："你们的报价太贵了。"

销售员："您的顾虑我可以理解，或许您还未深入了解我们的产品，感觉价格过高无可厚非。是因为我们的报价超出了贵公司的预算额度吗？"

客户："是啊！"

销售员："您的意思是说，我们的产品对您现在面临的问题很有帮助，不想买的原因是因为太贵了是吗？"

客户："不错。"

这时候，已经把顾客的购买意向引导出来了。

销售员："那么您除了这个问题，还有其他问题吗？"

将顾客心中的疑虑全都引导出来，一般顾客的问题不会超过5个。

销售员："倘若我能够为您解决这些问题，您会购买我们产品的对吗？"

客户："是的。"

…………

顾客所提出的问题大部分会与产品有关，这时候，销售员要尽心尽力帮助顾客解决这些问题。

（4）引，引导顾客自己说出内心的需求

从事销售行业，相信很多人都是从整日奔波的业务员岗位上做起的，穿梭在各个写字楼之间，通常会遭到不少冷遇。这种不受待见的经历似乎每一个销售人员都会有。

顾客的拒绝就像是一种惯性行为，这就像你问一个人有没有口渴，他会回答不想喝水，但当你把水放到他面前时，他或许会选择喝一口。

下面我就举一个业务员应当如何牵引顾客需求的例子：

业务员："先生，您好，可以花费您10分钟的时间，解决贵公司投影仪使用隐患的问题吗？"

客户："不需要。"

很多业务员会栽倒在这三个字上，只能无可奈何地说一声"打扰了"，然后走出办公室。但是聪明的业务员是可以让谈话继续进行的："先生，我了解您现在的心情，毕竟您对我们的产品并不熟悉，我可以问一下您不需要的理由吗？"

客户："抱歉，我不想了解这个产品。"

业务员："也就是说，您想要了解的时候，是会考虑的对吗？"

客户："或许吧！"

业务员："那对您来说，在什么样的情况下才会对我们的产品有所需要呢？"

…………

虽然这样下来，客户或许依然不愿把谈话继续下去，但是我们却得到了概率更大的成交状态。这总比无法打开谈话大门要好得多。

（5）"痛苦感"的刺激

人每做一件事，都有自己的动机。这动机分为两种性质：一是追寻快乐。二是逃避痛苦。为了长久的快乐，人们往往能够承受当下短暂的痛苦。而为了逃避长久的痛苦，人们也能做到放弃眼下的快乐。"移魂大法"就是利用了人们这一心理，促使人们形成购买行为。

举例来说：

销售员："据我所知，贵公司的业绩自去年年底开始下滑，到了今年第二季度已经形成了入不敷出的状态，产品的老旧和不完善导致客户退货和投诉量不断走高，公司内部人员流失程度也很大……

我们公司推出的产品正是适应了时代的潮流，是新一代年轻人的期望，很多与我们签订合同的公司都取得了高于往日的销售业绩，而且我们的产品还有私人订制，能够专门针对贵公司的情况生产加工，最大程度上挽回贵公司的损失，使公司早日重回正轨……"

在表述的过程中，要突出顾客现在所面临的"痛苦"，强调使用本公司产品之后，便能够达到"逃离痛苦，追求快乐"的目的，用自己的"共鸣"去感染顾客，改变顾客的心智。"移魂大法"的关键从来都不是产品，而是销售人员带给顾客的感觉。

4. 如何让你的顾客"不好意思拒绝"

很多情况下，买卖双方总是在讨价还价的情况下来回博弈，这个环节处理得好，离成交就还有一步之遥。若是处理不好，便会面临谈判失败的结果。双方的博弈向来都是"你有张良计，我有过墙梯"，一旦对抗起来，势必产生僵局。作为销售人员，销售的最高境界就是让顾客无法拒绝。

其实不只是商业活动，在日常生活当中，若是我们欠了一份人情，待到对方提出要求时，我们也是不好意思拒绝的。

记得有一次，我去一家企业做销售培训，在提问环节，有位员工提出了这样一个问题：如果客户不断往下压价，怎样才能让他停止这项活动，并且迅速达成交易呢？

我先是回答："那就只能让他不好意思拒绝你了。"

员工们希望我能说一下具体做法，于是我就举了一个例子：

倘若我是某汽车零部件加工厂的销售主管，带着我的销售团队，前往客户方进行最后一期的商务谈判。本期谈判的主要内容是定下价格，签订合同。

经过前两次的谈判，我知道这场价格的纷争不会很顺利，果然，对方上来就开始大幅压价。压价的程度自然会很大，因为对方也知道我们一定会在他提供的价格上进行加价。

所以，我按照"套路"，要求对方加价："张总，您这价格压得太低了，我们也不能做赔本的买卖，是吧？"

"不是我故意压价，只是公司给的预算就是这么多，我们也没法加啊。"

看来对方并不会轻易松口，这样下去，即便来来回回几个回合，我也讨不到多少便宜。接下来，我匆忙看了一眼手表，叹了一口气："这样吧张总，我也不多说了，咱们这样推来推去也没有意思，我直接在报价的基础上降1.5%，您看怎么样？"

张总听了以后瞪了一下眼睛，似乎不太相信我说的话，他似乎没有想到，我上来就会让利这么多，会议室顿时安静了下来。我的话音刚落，销售助理就急切的叫了一声："主管！……"似乎意识到了自己的失态，他连忙压低声音说道："1.5%是我们最大的……"我示意他不要再说了，并且给了他一个眼神，他便出去了。

虽然刚刚销售助理的声音不大，但是在如此寂静的会议室里，张总可是听的一清二楚，并且也明白助理出去定是去给老板打电话请示了。

我试着缓和一下气氛，微笑着说："不好意思张总，其实我们下午还要去B公司，眼看还有不到4个小时了，想着能不能尽快把合同签了。"

这时候，助理进来，给了我一个眼神，我会意后继续说道："不知张总对我刚才的报价还满意吗？"

虽然张总不清楚我们要去B公司谈什么业务，但是根据刚才所发生的情景，他的内心大概可以推演出这些信息：

（1）对方与B公司想要开展合作，B作为自己的竞争对手，这对自己的处境很不利。

（2）如果自己继续压价，对方可能会以时间为由终止这场交易。

（3）对方或许打着"这笔交易做不成，还有B公司"的主意。

（4）对方的第一次价格谈判报价就让利了1.5%，刚刚又隐约听到这恐怕是销售主管权限之内能做出的最大让步，就证明主管还是很想维护这段合作关系。

（5）面对老板的授意和自己的压价，对方主管竟然亮出了自己的底牌，看来他已经给出了最大的优惠，也算是仁至义尽了。

几分钟的自由商议之后，我签成了这笔订单。而当我走出会议室的时候，内心的想法却是：老板给出的最大权限其实是1.75%。

你可以说"人生如戏，全靠演技"，其实商业贸易就是这样的一个过程。在整个谈判过程中，我先是通过急切的看手表，暗示我在赶时间，然后让助理无意间透露出自己的"底牌"，最后在言语上用竞争对手给客户施压。这一系列的活动下来，客户反而认为我做出了最大让步，继续纠缠下去不但会形成僵局，反而还会引发谈判失败，自然就心满意足地敲定了主意。

其实，这就和顾客在超市挑选洗发水，但她拿起的洗发水没有赠品，而令一种有赠品，作为销售员可以向他说明：虽然你拿的这款没有赠品，但是我仍然可以做主送赠品给你。这样，顾客就会不好意思不买，反而欢天喜地去付账了。

5. 销售暗示：百万客户养成记

美国一项调查研究显示，世界上每六个人就可以结成了一张连接世界各地的网络。这强调了每个人身后都有巨大的人际关系网络。

在销售领域，也出现了一条相似的原理:每一位顾客身后，都存在无数个潜在顾客。

我们可以在任何人的身上寻找成交机会，这个人或许现在并不是你的顾客，但是他们向你介绍了其他顾客，并签订了百万订单。那么这个人同样是你的百万客户，倘若他介绍了不止一位顾客，那么他就不仅是百万客户，甚至是千万客户了。

但是这样的人并不好找，我们也不知道他是谁，甚至不知道我们认不认识。要想培养这样的百万客户，就要用你的态度去影响你的行为，把每个人当成自己的百万客户。每个人都渴望被尊重、被认可、被赞美，这似乎与培养百万客户没有直接关系，但在形成百万订单的过程中却起着至关重要的作用。

我与一位田姓朋友关系很好，也曾以销售顾问的身份跟随他参与过一场商务谈判。他便是我的百万客户，然而我们之间并未达成过任何合作。也可以说合作过，但是没有成功。

当时我是公司山东省的区域销售经理，与田总合作一笔订单，商务谈判进行的还算顺利，但由于双方公司老板的决定以及种种原因，合同被迫终止了。虽然双方公司没有达成合作，但是我与田总却建立了深厚的私人交情。由于曾经也算合作过，所以我们比较清楚双方公司的业务和产品类型，在他的人际圈中，只要涉及与我公司相关的业务项目，他总是会把这些客户介绍到我们公司。经他介绍的客户已不下五个，这个给我们公司和我自己所带来的利润是无法估量的。

把所有人当成自己的百万客户，这是对自己的心理暗示，这项暗示通过言行举止表现出来，作用在对方身上，也会让对方产生被重视的心理，自然就会引出其深厚的人际网络。

6. 隐藏在名称里的暗示作用

说到品牌名称，企业向来将其看作是自身的无形资产。具有暗示作用的品牌名称蕴含了企业和产品的特点，这类名称一般是集合了字词、消费群体、语言学变量等中间变量，展现出情感、消费决策、记忆、态度等结果变量。也就是说，具有暗示作用的品牌名称，会向顾客展现出产品和公司的特点，并且向顾客传递相应的情感。

我关注过这样一种现象，市场上的品牌名称有的会带有某种暗示与自我暗示。在过去，人们开一家酒楼，都喜欢起一个带"香"的名字，如"十里香""望香楼"等；做婴幼儿产品，就习惯加上一个"贝"或者"宝"的名字。换个思路来看，倘若酒楼老板在起店名的时候用"贝"、"宝"这样的名字，而婴儿产品公司把"香"这样的字眼加到自己的产品名称当中，那么其所得出的经营效果肯定是要大打折扣。下面我举几个实例帮助理解：

　　享誉全球的"可口可乐"是非常成功的可乐品牌，它的英文名字为"Coca_cola"这里面包含了可乐的成分古柯叶（coke），以及可乐果的提炼品。但是古柯叶是兴奋剂的成分之一，而可乐果又含有大量咖啡因，所以为了避免人们"望文生义"，这才出现了我们今天看到的"Coca_cola"。

　　名称的改造不仅避免了不必要的麻烦，而且谐音于"可口"，给人一种"美味可口"的感觉，这与可口可乐强调"欢快、尽兴"的品牌形象完全契合。可以说是非常成功。

　　一说到"蒙牛"，相信很多人的脑海就会浮现出蓝天、白云、大草原，把牛奶的产品特色表现得淋漓尽致，又给人一种"源自天然牧场"的正宗感觉。

　　内蒙古小肥羊曾经是火锅行业的代表企业之一，它的名字就非常有意思，"小"字暗示着肉质鲜嫩；"肥"字喻意着羊肉厚实肥美。所以用这几个字组成的品牌名称，自然会给顾客带来强烈的暗示作用。假如这家企业叫做"大鑫羊"或者"永发羊"，那么一股浓烈的金属质感便会迎面而来，顾客的食欲也就所剩无几了。

　　实际上，有关汉字文化当中的暗示意味，应当是与我国的汉字来源有着密不可分关系。部分象形文字与会意字本身都携带者强烈的表现力，这些表现力本身就是无可抵挡的暗示力量。在商业活动中，合理运用传统文化当中的暗示力量，同样能够达到事半功倍的效果。历史上也有很多品牌名起得大气、切合市场的公司，它们都在同行的销售竞争当中占得先机。比较明显的如运动品牌里的"特步"、婴幼儿产品里的"帮宝适"、"贝因美"等。

好的商品名称，对销售会有以下两点帮助：

（1）加强对产品的印象

商品名称暗示可以帮助顾客加强自身对于目标产品的印象。就以婴幼儿品牌"帮宝适"为例，该商品当中隐喻的信息，实际上正是每一位父母所期望的。所以当他们使用了此品牌的商品之后，就会从主观意识上形成所谓的认同感，当下一次需要给孩子购买纸尿裤的时候，他们就很容易再次光顾。

（2）引导顾客产生购买

商品名称的暗示力量，还可以对顾客形成良好的思维引导作用。让他们从潜意识里先入为主地认为，该产品就是"最好的选择"或"最专业的一类"。实际上，有关字义符号对于社会人心的引导，是与文字符号自身的附加意和社会认知息息相关的，它是一个更为宽泛、难以描述的概念，在此我不做更多赘述，只用一个比喻来诠释其内涵：假如说你同时看见了"西山村酒"和"九鼎国酿"，那么在主观上，人们往往会不由自主地认为前者在品质和售价上，都是低于后者的。

或许上述所说的只对打算创业的人有帮助，已经建立企业和在企业工作的人认为这似乎"与他们无关"。在我看来，这绝对不是一个"事不关己，高高挂起"的事情。商场上仍旧有很多品牌因为忽视了名称的暗示作用步履维艰，然而通过改变品牌名称而"平步青云"的企业也不在少数，如果你是企业管理层，你可以为品牌的名称赋予含义，倘若你只是一名普通的销售员工，也可以以员工的身份，向企业提出建议。下面我们来看一则因改变品牌名称，而使销路由衰转盛的案例：

对于联合利华旗下的力士品牌（Lux），我们大家都不陌生，但是这个畅销全球的品牌却有着一段心酸的历史。

19世纪末，联合利华推出了一款新型香皂，起初取名为"猴牌"，但名称与产品看不出半点关系，甚至有些不伦不类之嫌，因此销路一直停滞不前。后来，又更名为"阳光"，虽然正面因素增强了很多，但仍旧有些俗套。在香皂面世的一年里，情况一直不够乐观。直到20世纪初，公司的一位专利代理人给出了一个全新的名称"Lux"，立刻引起了公司内部的强烈反响，并且得到了董事会的同意。

名称一经更换，香皂的销量迅速突破原有瓶颈，随后一路走高，进而风靡全球。Lux香皂的生产并未进行过大的改变，达到这样的成就，仰仗的便是新名称的创意。

"Lux"名称只有三个字母，简单易记。来源于古语"Luxe"，在拉丁语中是"阳光"的意思。同时，又能暗示人们联想到Luckys（幸运）和Luxury（精美华贵）的拼写。可以称得上是一个近乎完美的品牌名称。这对产品来说，有着无形的宣传作用，这本身就是一句完美的广告词。

当然，商品名大都是固定的，除非特定情况都不会改变。那么借助商品名称的暗示力量，是否存在巨大的局限性呢？这一种质疑是合情合理的，但是它同时也陷入了一个过于狭隘的误区。我们不能够随意更改商品名称，但是可以通过商业活动的形式来为其赋予生动形象、喻意非常的附加名。同时，作为从业者，我们也可以更改自己的头衔或职业称谓，以此达到强化效果、思维引流的目的。

曾经有这样一家饭店令我影响深刻，它的名字我早已经记不起来了，但是饭点菜单和工作人员却安排的极具特色：比如菜单当中的"肥江团"让人一眼看上去就想点、工作人员或者叫"小丸子"，或者叫"大酒葫芦"，别开生面的营销暗示也就迎面而来了。

所以说，销售当中的暗示，应当从商品名称开始，名称起得好，便可以在市场竞争中占得一定先机。而在无权更改商品名的时候，要把这些要素添加到销售活动当中。而且，在利用品牌名进行暗示渲染的时候，我们不应当将关注点只集中于品牌名本身，围绕它产生的一切要素都是可以借用的。就像那家别开生面的饭店一样，菜单的暗示、工作人员的头衔暗示等等，都是可以引用到销售计划当中来的。

我们在看电视、观电影或买书籍的过程中，若是同类属性存在多项选择，那么用来评判的，恐怕很大程度上都取决于名称。顾客选择产品便是这样的道理，为产品名称赋予特殊含义，使其具有一定的暗示作用，这是进行成功商业活动的一项筹码。

7. 催眠暗示：语言营销的攻心手段

在前面的文章中，我一直在说心理暗示，这是人们面对外部世界时，通过自己的五感和显意识行为（思考），在潜意识中的接收、储存和认同。

而本节中所提到的催眠暗示，却与心理暗示存在一定的差别，暗示是一种很微妙的存在，不管暗示是否权威、是否正确，都会在一定程度上影响心理。催眠是暗示当中的一种技术和方法，在进行催眠暗示的时候，被催眠者往往会失去显意识，潜意识便会暴露出来。这是心理医生经常采用的手段，应用在营销领域，我们可以了解一下它在语言营销上的运用。

心理暗示的途径有很多，环境、心态、观念、眼神等都可以成为媒介，只要把这诸多因素整合起来，形成一种强烈的心理暗示，就会达到催眠暗示的效果。销售人员在进行推销活动的过程中，语言暗示的目的就是影响顾客的观念，从而引导顾客的购买行为。语言暗示能够在无形之中对顾客形成独特的影响，让顾客形成强大的购买磁场，从而达到不销而销的境地。

下面我介绍几种语言暗示的技巧：

（1）直接暗示

我们都知道直爽的人说话一贯是开门见山，销售人员想要直奔主题，还需做到一针见血。

很多销售员对直接诉说购买本产品好处的做法不以为然，认为这样的推销方式算不上"高明"。在我看来，销售人员完全可以在强调顾客购买本产品所得的好处的同时，也说出不购买会形成怎样的损失。在这样强烈的对比之下，顾客的内心一定会泛起波澜，在进行暗示推销的过程中，语气一定要肯定而强硬，要有说服力，要用自身的自信去消除顾客的疑虑。

（2）注重言内之意

我们在与他人交流时，往往喜欢说"但是"，聪明的人都清楚，说话之人所要表达的真正含义，一定是在"但是"之后。

如果商务谈判已经接近了尾声，针对今天买还是过后再买的问题，作为销售人员，我们可以说："先生，您现在不方便的话，可也以明天再过来。但是这个品牌的打折期限已经接近尾声了，款式也只剩下了这两件，您看中的那件是所有款式中卖的最好的，为了保险起见，建议您宜早不宜迟。"其实我想表达的意思就是给顾客施加一种紧迫感，促使其马上购买。

（3）善于抛出弦外之音

这种语言暗示看似说的是"题外话"，与当事人没有关系，但言语之外却在处处影射顾客本身，使顾客自然而然的把自己归结到"题外话"当中去，并作出销售人员所安排好的购买行为。

比如，当我们向销售人员推销几款档次不一的产品时，我们可以说："一看您就是非常有品味的人，上午的时候，有三位老板也看上了您面前的这一款，您眼光真好！"这句话的言外之意可以翻译为：您有品位，所以不该购买低价掉档的产品，这一款是众多大老板的选择，您也不应该例外，这还能够凸显您的眼光。

这样一来，就算顾客不想买这一款，也很难拒绝了。

（4）三明治句式

顾名思义，就是要把所说的语言暗示分成三个层次，一步一步为交易成功铺路。

作为销售人员，我们要完全表达自己的意思，很多时候免不了要得罪顾客，一味地"好言相向"又显得不够真诚。所以，能否在说出真实情况的基础上，还能够做到不惹怒顾客，甚至顺道促成交易成功，成为每一位销售人员应当学习的重要技巧。

举个例子，倘若我作为一款祛痘产品的销售人员，一位顾客前来询问产品情况，但是对我的产品并无法完全信任。这时候，我就可以采用三明治句式进行催眠暗示："这位女士，您脸上的痘痘虽然很明显，但似乎挺匀称的，这样看上去倒有些自然的感觉。但是，您这痘痘应该是二级层次的丘疹状态，如果放任不管，极有可能发展成三级脓包状态。到了那时候，想必您男朋友会以'吻你都没地方下嘴'而疏远你吧？不过，您也不必过于担心，丘疹状态的痘痘恢复起来还是很有希望的，我们的产品对抗脓包型痘痘都卓有成效，您这种二级状态用不了一个疗程就会出现消退改观，届时再附加两个疗程，恢复光滑皮肤的可能性非常大。"

在我上面的这段话中，我先是开了一个小玩笑，用来调和气氛；随后说出一番较为严重的话（这也是顾客不愿意听的事实）刺中她的痛处；最后，要记得缓和刚才的严肃气氛，做出一番安慰。与此同时，还借机推出了自己的产品。

（5）关键性卖点暗示

不管是什么样的产品，都要讲究"卖点"，随着市场环境的发展，同行业产品的竞争压力越来越大，"千篇一律"成为销量驻足不前的主要原因。因此，独特卖点成为商家所依赖的竞争力量。

关键性卖点是能够提起顾客浓厚兴趣的要素，其在整个销售过程中的提及，能够对顾客形成长久的影响。

比如说，我是一家服装店的销售员，有一对情侣前来买衣服，那名女孩看着一件衣服，小声对身旁的男生说衣服上面的腕带很特别。但介于顾客心理，她还是将目光转向了别处，但作为一名眼光敏锐的销售人员，我还是捕捉到了这一信息。于是我把腕带看成一项关键性卖点："两位要买衣服，今天下去来的真实太巧了，上午刚刚进了一批新货，您看这件连衣裙，就是青岛外贸新品，裙子佩戴的腕带十分时尚、个性，这样的衣服，本店只进了一件，这位美女穿出去，也不用担心撞衫。"

虽然他们很认真地听我介绍，但介于顾客的属性，他们还是便显出了"百般挑剔"："这衣服颜色有些素。"

"先生，您女朋友的皮肤这么白，穿浅色会更加清丽，夏天到了，深色也会吸热。再说，夏天总是微风多一些，您看这个腕带，垂着几根带子，到时候在风中轻扬起来，当真是一幅绝美的画面啊！"这时候，那位女孩的脸上露出了向往的表情。

但是男生还是继续说道："这种款式的衣服我们也有类似的。"

"款式可以类似，但是效果却大不相同。先生您别小看这个腕带，它不仅可以绑在手上，还可以别在胸前做胸针，也可以戴在脖子上做项圈，总之可以根据个人喜好和衣服搭配任意变换。可以说，这款绑带让这件连衣裙实现了及多种款式于一身，并且在各个环境中都很百搭。"

所谓的关键性卖点，就是顾客特别注意的地方。或许顾客对这项卖点的印象还不是很深，这就需要销售人员在进行推销活动的过程中，不断提及和矿大这项卖点，给顾客留下深刻印象。即便顾客提出的问题与绑带无关，销售人员的回答还是要往绑带上靠。或许这对情侣还是会继续去别家挑选衣服，但挑来挑去，却终是没有那条绑带，最后还是会回来。这便是关键性卖点的重要作用。

关键性卖点是一种强烈而持久的暗示，只要顾客形成购买意向，就会想到这独一无二的卖点。

Section 05

销售博弈

——卖场之王见招拆招的超强手段

销售博弈是买卖双方你来我往的交易过程，博弈论可以用来解读众多销售心理，销售博弈运行的因素主要包括买卖双方的市场经验、销售技巧以及应变能力。销售活动存在太多不确定因素，要想掌握这个过程，就要遵循销售博弈的各项法则，运用博弈论的思维，窥探买卖双方的心理过程。以达到知己知彼的效果。

销售博弈论存在一项理论模型，分别包含客户自身设定的综合性价比值、产品综合性价比值，以及竞争产品综合性价比值。并且为之赋予A、B、C的代号。理论上来看，B与C的数值可以无限接近A值，但不可能与A等同。从某种程度上说，B与A最大程度的接近，同时大于C值，便是最为理想的销售理论。

关于客户自身设定的综合性价比值和竞争产品综合性价比值，二者相互作用的同时，也存在相应的影响因素。例如影响前者的因素有客户的决策环境和决策习惯，影响后者的因素则落实在品牌形象、售后服务、产品属性，以及销售渠道上。

了解了这一销售博弈论模型，便能在看不见硝烟的商海战场上立于不败之地。而具体的法规、技巧却早已融入到了日常的销售活动过程中。

1. 永远不要暴露自己的底牌

商场如战场，博弈的过程就像两军对垒，"孙子兵法"、"三十六计"各种防御壁垒。在史书当中，我们了解到，面对前来攻城的敌军，守城的军队往往会令骑兵做先锋，随后步兵展开攻势，城墙外有一条护城河，过了护城河，城墙和城门便是最后一道防御，一旦这道防御被破，那此城就守不住了。

在商务谈判中，"底牌"便是这最后一道防御。一旦底牌暴露在双方面前，那己方便会在整个局势中处于下风，谈判结果定是不尽如人意。无论面对多么凌厉的攻击，都要守住底线，对方掷出了多大的攻击，自己就用同样的力度打回去。当然，这其中还有一些"攻心"之计——既然不能暴露底牌，那就抛出一个"假底牌"，演绎一场"苦肉计"。

我曾经经历过一场"底牌大战"的商务谈判，之所以为它取名为"底牌大战"，是因为交易双方在谈判当中，为了"互信取信"而互报底牌。现在想来，不仅要感叹一声"水太深"。特在此处与大家分享。

当时是同一笔订单的第三次商务谈判，也就是到了签订合同的环节，也是正是定价的环节。

首先是对方提出草拟合同上的价格异议，我回答道："吴总，这个价格已经是第二次修订了，虽然我们没有对此认真探讨过，但在非正式商务谈判场合，已经进行了相关洽谈，不是吗？"

"诚如你所说，这并不是最终的谈判价格。何况，我们的订单量增加了2.3%，贵公司理应再度让价。"

"吴总，第二次修订价格的原因就是因为贵方订单量的增加，这是上级直接下达的指示，我已经没有左右价格波动的权限了。"

"实不相瞒，贵公司所给出的价格已经超出了我方的财务预算。我今天的任务原本是根据增加的订单量，再度使价格下调。"

"按照贵公司的订单量，我方在价格方面已经做出了最大的让步。吴总可以谈一谈这个价格如何超出了贵公司的预算吗？"

"我希望贵公司能在第二次修订价格的基础上再降0.5%，这是我方预算的上限。"

我当然知道，这个价格绝不是所谓的预算上限，但还是回答道："吴总，您此次压价压的太狠了！别说我已经没有决定价格的权限，即便是有，您降的幅度也太大了些！"

"我也知道一上来就压0.5%是有点多，但是我只能承诺这个数额，也就不需要中间的烦琐议价了，还请经理考虑考虑。"

"吴总，此事我真的无法做主，这样吧，我向老板请示一下。"

我开始在走廊中打电话，选择大小适宜的声音，通过来回走动，把想让屋内人听到的消息传送进去。

"……老板，就是这样的情况，您看能不能……这个我清楚……我认为，其公司有着良好的发展前景，而且销售渠道网络四通八达……"

经过这通电话之后，我为吴总公司"争取"到了0.37%的降价，随后又协商了一段时间，最终达成了交易。

在这场商务谈判中，对方亮出了自己的底牌——预算上限为降价0.5%。而我也交代了自己的底牌——没有任何改动价格的权利。

但是我们发现，对方最后接受了降价0.37%的协议，而此次降价则是由我这个没有降价权力的人促成的。所以，我们都未真正亮出自己的底牌。互亮底牌不过是"互探虚实"的手段，根据对方所谓的"底牌"，相应制定出自己的"底牌"，将计就计，见招拆招便是销售博弈的常规演绎。

2. "决策者" VS "需求者"，谁才是关键人？

很多情况下，销售员面对的顾客并不是真正的客户，或许他是代购，或许他只负责付钱。在顾客的层面上，有三种分类，分别是决策者、付款者和需求者。也就是说，在一场交易中，需要产品的、为产品付钱的、决定要不要买产品的可以不是一个人。

这就像爸爸妈妈带着孩子逛超市，孩子想要一个玩具，妈妈会首先过来了解玩具的功能、安全性能等信息，然后决定购买，最后由爸爸去付钱。

我们销售产品，在大多数情况下是站在需求者的角度上进行包装，只把这些人当中自己的目标客户，其实这是一项认知错误。我们都知道儿童需要玩具，但能够与我们达成交易的顾客却是妈妈。老年人需要保健品，但更多情况下，是儿女买给爸妈。所以，我们发现，玩具的目标顾客成了妈妈，而保健品的消费群体却变成了儿女。这反映出了一个营销事实——促使交易成功的关键人物不是需求者，而是决策者。

明确了这项规律，销售人员在进行推销活动时，便可以"对症下药"。抓住决策者的心理，以促进交易的达成。下面我将列举几个情景加以说明，在以下情境当中，我会以第一人称阐述：

情景一

一位年轻妈妈带着一位五六岁的孩子来买水果，孩子吵着要吃芒果。但是妈妈一直劝阻孩子。我微笑走上前："您好，请问有什么需要帮忙的吗？"

"妈妈，妈妈我要吃芒果！"孩子依旧吵着吃芒果，这时候妈妈也发话了："吃芒果会过敏的，你忘了上回吃了脸上起小红疙瘩啦？"

"不要，我就要吃芒果！"

我大概明白了妈妈阻止孩子吃芒果的原因，于是蹲下身来对孩子说："小朋友，可以告诉我，为什么要吃芒果吗？"

"我想吃。"

"那你想吃酸的，还是想吃甜的呢？"

"酸的！"

"是吗？是不是越酸越好啊？"

"是的！"

"可是真不巧，今天的芒果全是甜的！不过告诉你一个好消息，旁边的葡萄和李子有酸的哦，那边是甜的，这边是酸的，可酸可酸了。你想不想尝尝？"

孩子被我成功转移了注意力，兴奋地说："想！"

"好，那我再问你一个问题，你知道妈妈喜欢吃什么吗？"

"嗯，草莓！"

"小朋友知道妈妈喜欢吃草莓啊！真乖！"

这时候，我看到妈妈的脸上洋溢起了幸福的笑容，随后孩子示意妈妈买了葡萄、李子和草莓。原本妈妈什么都没打算买，最后却买了三样回去。究其原因，一个是我帮她解决了问题，另一个就是我引导孩子的语言，让她感到了幸福。因此，她满心欢喜地买了水果。

情景二

我们假设儿子替父母买保健品，我们面对的是一位决策者，这时候要享用"孝心"夸赞他一番，随后询问作为需求者的老年人的身体情况，最后再列举出老年人为何会需要保健品，以及用了保健品会起到什么样的作用。

情景三

我介绍一下有关代为购买的情况，此时的顾客既不是决策者，也不是需求者，只是一位付款者。这时候，一定要仔细询问真正需求者的购买意愿，加上付款者的相关描述，慎重推进选择。对待此类顾客要做到慎重，因为稍有差错就会同时得罪两个人。

　　决策者的决策一般都建立在能够为需求者带来好处的基础上，当然，决策者与需求者也有可能是一个人，倘若遇到二者分离的情况，要维持好与决策者的关系，把握决策者就等于把握了需求者，才能占据有利地位。

3. 说"太贵"时怎样让他"不差钱"

很多顾客很喜欢一件商品，但因为"价格"问题而犹豫不决的也大有人在。这种情况分为几种类型：

（1）资金不足

顾客手中的资金确实不足，这样的话，销售人员也爱莫能助。

（2）资金足够

顾客手中的资金足够，但就是不舍得花费。

（3）资金足够，但想压价

手中资金足够，但认为价格偏高，说"太贵"，是因为想让销售人员降价。

一般而言，能够在商品面前徘徊的人大都属于后两种情况。举一个我在服装店工作时，遇到的第2种顾客情况的例子：

当时是周末下午四点，这是悠闲逛街的好时间，一位年轻小伙子来到店里，他穿着很休闲，还带有一身学生气息。进店之后，便来到一些休闲西装的服装面前，由此我判定他刚刚入职。

"您好，要买休闲西装吗？"

"请问您这一套西装多少钱？"

"休闲西装在450元到600元之间，那边的正式西装，大约在600元以上。"

"好贵啊！"

"看你的打扮很休闲，买西装是要工作穿吗？"

"是的，我快毕业了，马上就要去实习，想买一套正式一些的衣服。我现在还是学生，没有多少钱，您能便宜点吗？"

其实这位年轻人为了买西装，一定会准备好充分的资金，但是高昂的价格总会令他望而却步。

"我很理解你的心情，我也刚踏入社会不久，这时候正是非常困难，需要努力拼搏的时候呢！我看你的意向，似乎想要买休闲西装。"

"嗯……也没决定。"

"其实，对于踏入社会的人来说，休闲西装是买来作为日常服装穿的，是正式西装的附加品，用来适应一些工作之外的生活。但是在工作环境中，还是要穿着正式西装的，毕竟一套正式西装，更适应于多种工作环境。相比之下，其投资价值要大一些。"

他听了我的话，想了一会儿。我继续说道："既然是工作需要，那就是刚需带的东西，就像每天的饭食，不论昂贵还是便宜，这份钱都是要花出去的。为了提高投资价值，我不建议你买质量过差的西装，当然，质量太好、价格太贵的我们现在也不需要，这样，我给你推荐一款价格合理、穿出去又不掉价的西装。这套750元，我给你按680元的价格，你看怎么样？"

就此，达成了这笔交易。

而对于第3种情况，我曾经的一位同事对我提到过，她说那位顾客看上去很富有，也不像"差钱"的样子，却一直在说商品贵，让她很无奈。我给她支招，以后再遇到这样的顾客，就多称赞。我们来模拟一下：

顾客："这衣服太贵了！"

销售员："先生，这证明您眼光好，看上了我们店里质量最好的衣服，这件衣服是外贸单品，属于限量款。看您周身这气质，见的世面一定比我多，想必也能看出这衣服的价值。您身上的衣服有些英伦风，看来先生是一位大方、随性的人。您看中的这件衣服有些古典韵味，与您的气质也非常搭配，您可以尝试一下这个风格。"

这一系列高帽带下来，顾客不仅高兴，也应该不好意思再对价格有异议了。

顾客之所以嫌贵，是因为他把商品仅仅看成是"一件衣服"，却是，不过是一件衣服，哪里值这个价钱？而销售人员要做的，就是让顾客认为"这不仅仅是一件衣服"，它还有更大的价值，这个价值绝对值这个价钱。由此一来，被赋予特殊意义的商品，便能够使顾客"不差钱"了。

4. "考虑考虑"的弦外之音

作为一名销售人员，我们经常会遇到一些说"我再考虑考虑"、"我想好了再联系你"的顾客。很多时候，我们对这些顾客存有一些"期望"，希望他能够朝着成交的方向"考虑"。但我要说的是，这完全误解了顾客的真正意图，"考虑考虑"的弦外之音其实是"我并不打算买"。

或许有人会说，这位顾客既然没有购买意向，那就可以排除在目标顾客之外，没有必要在他们的身上浪费时间和精力。这或许是较为直接的想法，但作为一名优秀的销售人员，应当明白"为顾客创造需求"的重要性。顾客不想购买，是因为其本身没有需求，作为销售人员，要做的就是把想要"考虑"的变成需求。

在此，我分享几项应对措施，以攻破顾客的"防守"。所有应对措施都要落实在顾客那句"考虑"之上：

（1）将计就计，假设需求

这位顾客，很高兴听到您说要考虑一下，这说明您对我们的产品很感兴趣。也就是说您是有购买意愿的，至于您说的考虑考虑，是在考虑什么因素呢？还是说其实您自己也想明确自己的需求，只不过无法做出明确的判断？如果是这样的话，您可以好好了解一下我们的产品，我也可以帮您分析一下，协助您做出相应的判断。

（2）重述重点、亮点

我想应该是我复述的不够清楚，所以您才无法决定要进行购买还是再多加考虑。接下来我把产品的亮点详细地复述一遍，在其中，您可以对我们的产品形成充分的了解。

（3）"断后路"

我很理解您的心情，我自己买商品的时候，也会出现这种心理，我想购买，但是总会不自觉地在意别人的眼光，所以总想找个人商量一下，您大概也是这种想法。

我们都希望得到别人的认同，所以很多情况下总会选择"参考"他人的意见。但是，后来我发现，这些"他人"有两种类型，一种是积极的，他会告诉我们要根据自己的意愿和需求进行购买。而另一种是消极的，与他们商量的结果，我们往往得到的都是放弃购买的建议。

事实证明，任何人的建议都不如自己决定来得实在，您所面对的问题不过是是否购买而已，这是需要自己做决定的，别人无法替您作出决定。其实，如果您真的不想购买，也不会花费心神去考虑这些。与其之后考虑，倒不如现在做出决定，相信您也是个大忙人，又有多少时间考虑这些问题呢？

不去理会顾客的"无购买意愿"，而是抓住"考虑考虑"大做文章，在销售人员的"假设需求"之下，顾客就会形成"其实我想购买"的心理暗示，如此一来，销售人员就能够获得反败为胜的机会。

5. 以不变应万变——说实话

很多人看到这个题目，都会不太理解。我们作为销售人员，学习销售知识，为的就是使用各种招数与顾客进行销售博弈。两军对峙，怎能让对方得知自己的底细？这样的想法似乎无可厚非，但仔细想来，仿佛是把销售人员与顾客放在了对立的位置上。买卖双方的交易过程是一项各取所需的活动，是契约关系、合作关系，而非对立关系。

有一个成语叫做"无奸不商"，这样的评价似乎把商人放在了一个奸诈狡猾的位置上。站在消费者的角度上，商家就应该老实的把产品以底价卖给我们，而不是通过狡猾的手段赚取消费者的钱财。但是，谁又应该去做赔本或是不赚钱的买卖呢？

因此，这里说的"实话"，不是让销售人员去做原价进又原价出的"搬运工"，它代表的是一腔真诚和热情。即便是"买卖不成"，也要留下"仁义"，抛开买家、卖家这层身份，二者都是普通人。获得顾客的坦诚相待，要比赢得一场交易重要得多。

之前有一家企业请我做一个周期性的企业培训，到了第三期的时候，由于行程安排问题，我无法亲自前往。于是我和员工们便在网络连线，展开了一次线上培训，线上不同于线下，那次培训我转变了教学思路，把原本的以讲课为主转变成了互动模式。在最后一个小时中，我把时间留给了员工们，我让大家讲述自己成功的销售经历，同时也给出了几个销售主题，让员工们围绕着去讲一些故事。在那次交流中，一位女销售员的分享给我留下了深刻的印象。

那位女销售员名叫小辛，看上去二十五六岁，一副刚从学校毕业踏入社会的模样。在我给出的销售主题中，她选择了其中一个——销售博弈的过程中，应当如何对待顾客。作为一位刚刚踏入社会的销售人员，小辛没有足够的工作经验。销售是一个靠提成赚取收入的工作岗位，因此订单成为销售人员最重要的工作目标。在多数情况下，新手往往会面临诸多压力，然后陷入一段时间的低谷期。但是小辛却凭借自身的努力和心态，短短两年，便已经积累了稳固的客源。一直以来，订单量较为可观，职位也有了相应的升迁。

小辛讲述了自己的亲身经历，下面我将持续她的口吻，以第一人称的形式进行叙述：

我刚刚进入公司的时候，很多事情都不懂，包括对产品和公司的了解，自己也不太懂得积累资源，培养老顾客。只是尽心尽力的做着自己的事情。

半年之后，我对产品已经有了较为深入的了解，也明确了不同产品的分类和厂家来源。公司有一款养生茶的销路很好，为了更好地开展销售工作，我开始亲自体验公司的这款养生茶。我接连喝了两个多月，发现这款养生茶确实有缓解疲劳、护肤养颜的功效，对这款产品的了解又精进了一分，与顾客交流的时候，也总能够复述出自己的心得和感受。知道我也在服用这款养生茶，顾客显然安心多了，成交的过程也顺利起来。

后来有一位茶商成了我的固定客户，每个月都会批量采购。有一次，又到了茶商采购的日子，然而因为原材料的原因，这款养生茶出现了暂时断货的情况。但公司在生产这款养生茶的同时，也存在其他茶品的生产，其中有一种与这款养生茶很相似的茶品，包括生产厂家、包装都一模一样，唯一不同的是烘培制作工艺。但是我并不清楚二者的具体差异。

因为是老顾客，所以茶商老板会在给我打电话的同时，先行去到仓户取货。我心里很清楚，他若是拿走现有的这批货也没有什么不妥，毕竟价格、包装、生产厂家都是一样的。但是这终究不是他想要的那一批，我还是向他说明了实情。茶商老板也犯了难，因为他也不知道，现在这批茶会与之前的茶有什么样的差异，这是关乎用户体验的大事。茶商老板表示，若是平常情况还好说，但这次有一批货急用，去到别处批发也不会是之前的茶品，既然类似，就先少拿一些应应急。正常情况下，茶商老板会拿几千箱的货，但这一次只拿了那用来应急的八百箱。

我很感谢当初的做法，即便无法达成交易，也要以一颗真诚的心去对待顾客。随后我开始品尝公司的其他茶品，力求自己对所有的产品都大致了解。再一次与茶商老板接洽的时候，我却拿到了不同茶品的多项订单，原来茶商老板正在打算拓展市场，想用一些新产品打开销路。他知道我也在品尝这些茶品，并且表示信得过我，所以就直接在我这里加订单了。

这其实是一则很简单很平常的案例，但却给所有的销售人员都上了意味深长的一堂课。向顾客"说实话"，很多情况下会意味着交易失败，只有让自己的真诚战胜当前的"商机"，才能在其中获得更多的利益。这是一名优秀销售员的基本修养，也是一种以不变应万变的无敌招式。

6. 哪壶"热闹"提哪壶

做生意是一个买卖双方参与的双向过程，从"货比三家"的规律中，可以得出合作的对象是可以选择的。站在企业的角度，招标便是同样的道理。那么，作为销售人员，应当如何选择合作对象呢？

也许有人会问，既然是讲销售技巧，不是应该拿下所有的客户吗？为何还要"挑三拣四"？在这里，我要说的是，销售活动并不是一个简单的过程，我们并非与所有的顾客都能达成交易，选择成交率高的顾客，不仅能够提高销售活动的效率，节省大量的时间和精力。并且，这还是检测一位销售人员是否存在"成交嗅觉"的标准。

我们有句俗语叫做"哪壶不开提哪壶"，在营销领域，竞争压力随处可见，压力越大，留给客户考虑的空间就越小，而给销售人员带来的机会就越大。所以，在合作对象的选择上，销售人员要瞄准那些竞争对手多的客户，这一类客户的成交率是最大的，是最值得经营的。我把这项技巧叫做"哪壶'热闹'提哪壶"。

还是那次在甘肃煤矿光缆企业的培训现场，有一位销售主管提了一个问题，大致的表述为：一般情况下，很多公司总是会为稀有订单量而烦心，没有业务就代表没有收益。但没有订单量令人烦闷，而众多合作商找上门也是件难以抉择的事情。到底应该怎样选择合作商家呢？

想要增加订单量的问题屡见不鲜，这种类似如何"招标"的问题明显要少很多。虽然我们总是千方百计的想要增加订单量，但是对合作商的选择还是很慎重的。一般情况下，企业招标都会给出相应的招标条件，能来竞标的企业势必都是满足条件的。也就是说，其所具备的"硬件"、"软件"差异不大，这也就在一定程度上增加了选择的难度。

这时候，市场调查的作用就会凸显出来，通过一定的调查研究，我们可以大致得出各个竞标企业的市场情况，分析每个企业的发展前景与合作价值。最重要的一点，就是分析竞标企业的市场竞争情况，然后选择竞争压力较大的目标，这在一定程度上能够提高交易的成功率。

其实，这是一个很简单的道理。因为对方有很大的压力，急需合作以周转企业运营，倘若有机会竞标成功，一定会极力促成交易。所以销售人员在商务谈判的过程中，既能够掌握一定的主动权，把局势保持在对自己有利的一方，又能够顺利的达成交易。可谓是一个稳赢不输的赚钱买卖。

Section 06

客户关系

——让生意经绵延不绝的复盘思维

客户关系是企业从不敢懈怠的管理项目，这事关整体的经营目标。所谓的客户关系并不仅仅是单纯的交易关系，也可以是和客户保持通信关系，还有可能是满足双方利益而形成的联盟关系。

客户关系管理（CRM）是一项集成和协调活动，作用于供应链当中，包含客户服务、销售及市场资料收集等项目内容。

在传统的供应链管理中，系统内容往往只停留在基本运作上，最为重要的客户需求却时常被忽视。销售和客户服务作为收集客户信息的一线职能，能否做到有效衔接，直接关系到客户满意度的形成。

互联网的发展使客户关系管理增加了线上形式，信息流通更为顺畅，传统的销售自动化和客户支持正在被互联网新手段逐步取缔。策略的主要项目演变为在线销售自动化、在线客服服务和支持、市场资料收集，以及销售管理。

如今的客户管理战略已深入各个企业内部，一定程度上提高了客户关系的价值，为企业的高收益提供了有利的管理策略。

1. CRM：成就滚雪球般的订单

提到客户关系，我们很容易想到共赢，这是客户关系的特征之一。除此之外，其也存在竞争性、多样性、持续性以及差异性的特征。处理好客户关系不仅能够顺利达成交易，也能够增进企业双方信息的互通往来，为更加深入的合作奠定基础。

CRM即客户关系管理，其与客户关系息息相关。

随着互联网的大范围渗透，网络营销顺势发展起来，并逐渐呈现出多元化的特征，营销的多样化引发了客户关系的复杂化，同样把客户关系引向了信息化和科学化。

网络营销在繁荣的同时，也促成了理论的变革。与传统营销方式相比，网络营销为交易活动提供了信息沟通的便捷力量。但与此同时，却也面临着诸多挑战——产品同质化越发严重，企业竞争压力不断增大，客户可选择的空间也在迅速扩张。于是，网络营销也开始把目光落在了客户关系营销上。

客户关系营销的概念是网络营销赋予的，伴随着云计算的全球化发展，传统CRM已经被Web CRM（也可称在线CRM）超越了。

客户关系管理是建立在企业价值观基础上的管理机制。采用技术手段连接起客户与企业，以促进双方沟通交流。

在我看来，客户关系管理主要存在以下几点重要性：

（1）控本增效，提高企业经营水平

客户关系管理能够对客户的信息资源进行全面整合，并提供给企业内部所有部门进行信息资源共享。介于此，为客户提供全面而周到的优质服务。

不同客户的价值是不同的，二八法则表示，企业80%的利润来源于20%的顾客。客户关系管理能够把客户的价值进行量化评估，帮助企业寻找价值客户，提高企业经营水平。

（2）稳固客户，挖掘其潜在价值

大多数企业都存在客户流失的问题，很大程度上，这都源于企业对客户的关怀和重视程度不够。

客户关系管理能够有效维护企业与客户的关系，并能挖掘客户身后的潜在价值，提升客户满意度和忠诚度，促成再次合作的良性循环。

处理好客户关系管理，无论是把握客户心理，还是实际经营业务都能得到有效的保障，也能够达到稳定老顾客，吸引新顾客的效果，从而促进业务水平稳增不降。

2. 交易的目的不是订单，而是共赢

销售人员追求订单，这无可厚非。但是我们仍旧倡导"钱非万能"的价值观，也就是说对于销售人员而言，交易活动的目的也并不仅局限于订单。

我在线上设置了专门的培训课程，很多企业人士都加入了这个论坛，大家没事在论坛上发一些问题，分享一些销售故事和经验，我也偶尔做一些解答和互动。在一次互动过程中，有一位成员提出了"回头客"的话题，大家在线上讨论了很长时间。

我建议此次大家让自己换一个角色，不作为销售方，而是以一个买家的身份，讲述自己作为消费者的有关经历，分享身边有哪些深藏不露的"销售大师"。

这个设定一出，激起了大家的活跃性，很多大大小小的故事经历便在论坛留言区生成了，其中有一个小故事令我感触很深。

我先称这个故事的主人公为小安，小安是超市里的水果导购员，因为是男孩子，所以主要做水果搬运的工作，时常往返于展位和仓库之间，因此，下班时间要比一般的导购早一些。每天七点左右下班后，小安在附近的步行街吃过晚饭，有时会顺道前往一家购物广场购物，换季的时候，时常在这里买衣服。

有一次，小安在一家男装店买了一件衬衫，店主是一位大姐，为人很和善，服务也很周到。后来小安去购物广场的时候，也会偶尔遇见这位店主，大姐总是很热情地打招呼，尽管小安手里的衣服不是从她店里买的。

后来，小安在商场里远远看到了那位大姐门口展区的衣服，是一件应季的风衣，小安正想要买一件，于是径直走进了店里。当他说明来意的时候，没想到这位大姐说道："你来的说巧也不巧，这件风衣是新品，为了明天店庆准备的，店庆会办三天，这期间店里大部分衣服都打折，这件风衣明天打八五折，比今天便宜不少。我看你经常在商场里逛，想必离家不远，要不你明天过来吧，你先试个尺码，我给你留着货。"

小安听了有些惊奇，作为一名销售员，他很清楚"速成交易"的重要性，怎么会有劝顾客"明日再来"的行为呢？虽然如此，此时小安的身份是买家，基于消费者的心理，他还是愉快的答应了，并说明自己明天还是这个时点过来。

所谓好事多磨，第二天下午，超市里的水果突然断货了，小安与同事们只能急忙补货，并布置明天一天的摆货。不得已拖了一会儿班，等走出商场时，已经快九点了。原本七点多下班，吃完饭到购物广场也就八点左右，可是现在已经晚了近一个小时了。明明是一位顾客，可小安总觉得自己与店主有言在先，如此爽约实在过意不去，他担心店主会认为自己不讲信用（以他的经验来看，顾客说"明天再来"的，几乎没有人回来过），想到这里，小安连饭都没来得及吃，就直奔商场而去。

到了之后，小安喘了几口气，还没来得及说话，大姐开口道："这是有事耽误了吧，看你跑的挺着急的，不过还好，刚刚忙完，你的衣服我给你留出来了，今天上的都卖完了呢。"

小安听了不知道该说什么，只能赔笑着说："是啊，加了会儿班。"

过了几天，小安又到店里拿了两条裤子，自此之后，小安成了这家店的熟客。一年四季的衣服，都是这里购买。

故事讲到这里，相信很多人都会产生一些想法。虽然我为本文起的题目是"交易的目的不是订单，而是共赢"，但是我们发现，店主仍旧获得了订单，而且不止一个订单。单独的力量总是弱小的，一方获利的关系也并不长久，只有互利共赢，与顾客站在同一战线，实现关系上的共赢，才能获得长足的发展。

3. 如何让客户"深刻"地记住你

我们每天都会遇见形形色色的人，有的人转眼也就不记得了，能够给人留下深刻印象的人，一定存在某种特别的地方。销售是一个有些依靠"脸熟"来维持的工作。每种业务类型的企业都存在竞争对手，争取客源成为企业维持业务量的一项重点，而在产品同质化泛滥的今天，如何才能吸引顾客的眼球，牢牢地抓住客源呢？在我看来，销售人员以及企业都需要尽力给客户留下深刻的印象。

我有一位在私企上班的朋友，因为其工作范围在华南，所以经常在总部去往华南分部出差，那次我刚好在华南做培训课程，便约他一起吃饭叙旧。席间我问他出差住哪个酒店，他说A酒店。但是A酒店离市区、机场、火车站都有些远，我问他为何不选择其他便捷一些的酒店。他表示自己已经是A酒店的常客了，住得舒服。我问朋友具体原因，了解到这竟然源于一次"糟糕透了"的住宿体验。

2013年，朋友刚刚升任为华南区销售总监，因为业务结交，所以就近入住了A酒店。用他自己的话说，这原本只是一次偶然，却没想到会如此糟糕透顶。

因为工作原因，朋友素来存在熬夜不吃早饭的习惯，到了10点钟之后，感觉肚子饿了，就来到餐厅吃午饭，可是这时候酒店的早饭已经撤了，午饭还没开始，双方都陷入了较为尴尬的境地。朋友窝了一肚子火，跑到外面吃了点东西，然后去分厂，下午见客户。晚上回到酒店，却发现桌上的纸杯没有了，应该是工作人员进来打扫过房间了，这原本再正常不过，可是那杯水里有朋友的隐形眼镜！工作人员就这样在不知情的情况下将其倒掉了！"新仇旧恨"加在一起，朋友大发雷霆，知道情况的工作人员连忙赔礼道歉，并且急忙给朋友新配了一副眼镜。虽然如此，但朋友还是叹了一口气，感叹真是糟糕的一天。

然而到了晚饭时间，酒店却为朋友送来了一个隐形眼镜形状的蛋糕，这蛋糕把朋友逗笑了，似乎也扫去了这一天的阴霾。第二天早晨，朋友还是一如既往的10点钟出门，而当他准备出去吃饭时，却看到了门上有一张小纸条，上写：先生，您需要的午饭在餐厅保温箱里。原来，酒店人员通过昨天早晨的尴尬事件，为朋友预留了一份早餐。

之后，这次酒店经历给朋友留下了深刻的印象，虽然前一天比较糟糕，但后来的服务却很周全，这让朋友感到很舒服。下一次出差，朋友仍然选择了这家酒店，当他进入酒店大厅之后，一名工作人员立刻认出了他："先生，欢迎再次光临！"在递给朋友房卡的同时，还递上了一些即时贴，上面标着"隐形眼镜"、"凉开水"、"没吃完"等字样。朋友哈哈大笑，也认出了这名工作人员，正是那名倒掉自己隐形眼镜的服务员。因此，朋友成为A酒店的常客。

朋友在跟我说这些经历的时候，我感觉有趣极了，这似乎是一出反转节目，虽然波折，倒是令人印象深刻。

其实，朋友之所以会对酒店产生深刻的印象，与酒店的服务是分不开的，用心服务顾客，把服务别出心裁的表现出来，顾客终能看到你的与众不同。

4. 今天，你记住了几个客户名字

记住客户的名字能有多大用处？

很多人称自己是"脸盲"，自嘲之外又有些无奈的意味。我想说的是，作为一位销售人员，脸盲之症是一定要"治好"的。因为这不仅是一项能力的提升，更是一种对他人的尊重。

2010年之前，我经常跟着销售主管跑业务，也跟随主管参加了各种聚会和饭局。其中有一次与销售并无多大关联，却给我留下了深刻的印象。

那是一家企业举办的慈善活动，邀请了众多不同业务类型的企业参加。我们也在受邀之列，接待者是该企业的副董事长。宴席之上，副董事长全程陪同。因为参与慈善活动的包括各种企业单位，与会人员的身份也各不相同。酒过三巡，副董事长开始挨个敬酒，敬酒的同时也会有一段特别的说辞。这倒没什么可惊奇的，但令我惊讶的是，他把所有人的名字都记住了，准确的说，是连姓名带身份。因为他在敬酒之前，往往会说"王总"、"徐

总监"、"林老师"……他把每个人的姓氏和身份都记得清清楚楚，尽管已经喝了不少酒，但也没有出过差错。

这场酒宴过后，慈善活动非常顺利的展开了，很多与该企业存在业务联系的公司都开始与其进行频繁的贸易往来，该企业的经营业绩也蒸蒸日上。

或许以一个旁观者的角度来说，企业如今的成就与副董事长的表现似乎没有多大关系，但是人与人交往，总是要看印象的。我之前就说过，第一印象是促成交易的关键一步。与他人交流，我们首先应该明确的就是应该如何称呼对方，这是最基本的礼貌问题。

如果你今天能够记住客户的名字，到了第二天或是之后某一天偶遇的时候，能够准确的称呼出来，相信客户一定会大吃一惊，因为这不是刻意安排的见面。而这个时候，客户就会对你产生好感和兴趣，把自己推销出去了，离推销出产品也就不远了。

5. 商界要领：不要刻意经营客户关系

人际关系讲究的是人与人之间的相处。古语有言：君子之交淡如水。意为真正的朋友虽然来往并不密切，但需要的时候定会前来相助，即便一方富贵，另一方也不会攀缘。距离往往能够产生美，为各自留有空间，相聚之时才更显珍贵。与周围人都是淡交，才能与更多人相交，人缘好的人，往往和谁都能说上话，刻意经营所得来的"关系"往往存在诸多"禁锢"，甚至会令人敬而远之。

有一次我前往成都做培训，有一位在成都工作的朋友大半夜给我打电话，说最近丢了一笔大订单，心情不好，想在我这取取经。我们约好了相见的时间和地点，他向我分享了整个事情的经过：

2011年，朋友接了一笔订单，得知客户有长期合作的意向，朋友为了稳固这位客户，非常努力的去经营客户关系。朋友与对方的项目负责人关系比较紧密，经常开展私人名义上的饭局和聚会。俨然是一副工作之外好朋友的关系。每当公司需要类似的业务客户时，朋友总是极力推荐这个客户，双方也开展过一定程度上的合作。

后来公司进行了一次订单量很大的招标活动，朋友对这位老顾客竞标成功非常有信心。但令他没有想到的是，公司却选择了另外一家客户。

朋友很不解，便去向上级请教原因。老板最初的回答是企业业务需要注入新的血液，朋友辩解道，该家客户的业务也在进行创新和翻新，老板叹了一声说道："站在企业的角度来说，与客户的关系还是不要那么刻意的好。"朋友不明白，企业难道不应该好好经营客户关系吗？虽然如此，但他还是退了出去。于是便有了我在开头所说的那一幕。

朋友不明白问题到底出在哪儿，希望我能够给他分析分析。我说原因的话，你的老板已经说的很明白了，在处理客户关系的问题上，你表现的过于刻意了。

我让他分别回忆与客户关系密切之后的三个变化，分别是企业对自己的态度，自己对业务的态度。以及客户对合作的态度。根据他的答复，我整理出了问题的原因：

第一，是企业对自己的态度

在这之前，企业一直很器重朋友的能力，后来每当遇到类似的业务，朋友都会极力推荐该客户，这引起了企业的反感。在与其他客户合作的同时，与该家客户的合作订单量往往很小。

在我看来，企业不单单是反感，甚至还产生了朋友会在与该客户合作中抽取利润的怀疑。

第二，是自己对待业务的态度

自从有了这家老顾客，为了维护客户关系，朋友几乎不再去开发新的客户，一门心思全压在了这个客户身上。

倘若朋友没有经营的如此刻意，并且同时开拓一些客源，那么在竞标活动上便会存在多个客户选择，也不至于丢了所有提成。

第三，是顾客对合作的态度

其实不仅是自己的企业与该客户合作的订单量在逐渐减少，该客户从此之后也没有更大的订单与企业合作。虽然私下里与朋友的关系很好，但却没有把合作关系进一步发展的表示。

这是一个非常正常的现象。一旦买家与卖家建立起非常密切的关系，一些谈判条件就会变得模糊起来。举个最简单的例子，如果你经常去一家店里买东西，并且与店主的关系很好，无论店主给你拿什么样的产品，你就会立马接受。你会发现时间长了，也就不好意思询价、压价了。或许客户并不想与朋友保持如此密切的关系。

这样一番分析下来，朋友似乎恍然大悟。关系越近，空间越小。就越不好意思说拒绝的话，只会给彼此带来禁锢和尴尬。普通朋友之间也就罢了，毕竟是真的友情维系，然而在商海当中，所谓的客户关系，不过是利益相连罢了。这不是一般的"关系相近"就可以维系好的，有些时候反而会适得其反。所以，作为销售人员，请不要去刻意经营客户关系。

6. 顾客无理取闹，你要如何应对?

我们强调客户关系的重要性，但这就像人际关系的管理，是一个双向的过程，"一厢情愿"总是得不到预期效果。作为商家，作为销售人员，我们总是极力想要处理好客户关系，倘若客户不配合，甚至采取敌视、诋毁的态度，届时，又将如何应对呢?

相信我们都有想过，甚至遇到过一些"无理取闹"的顾客，针对这类顾客，客户关系的处理方式就直截了当多了。上节中，我讲过一个电话投诉的案例，还是这家公司，有一次一位顾客找上了门。来者是三个人，两男一女，我清楚地看到那位妇女的的手上起满了红疹，另外一人手上还拿着我们公司的清洗剂，他们情绪非常激动，大有砸店的冲动。在我们几个店员与他们对峙的时候，隐隐约约听到他们此来的原因：大概是说我们的清洗剂存在质量问题，使得妇女手上起满红疹，要来店里讨一个说法。

我很清楚，虽然这种清洗剂的用处是清除污渍，但绝不会刺激皮肤，甚至溅在手上、脸上都不会有反应，那妇女手上的红疹绝不是清洗剂所造成的。他们的情绪一直很激动，我们根本劝不下来，只能极力的向他们解释，清洗剂不会含有刺激物质，也不会引起这样的红疹。但是他们一直不依不饶，还甩过来一张发票，意在让我们赔款，支付医疗费用。

我看了看那张发票的时间，购买日期显示是在一个多月前，这样的"闹事"显然是不怀好意。正当我们手足无措时，销售主管赶来了，迅速了解了大致情况之后，对那几位顾客说："这位大姐，不管是什么原因，治疗手上的红疹才是最主要的事情，这样吧，我们先带您去皮肤医院检查一下，公司与生物质检部门有合作，先把您拿来的这瓶清洗剂拿过去化验，然后再拿一瓶原装的，对比一下其中的物质。"

听到主管如此说，那三位顾客的情绪才慢慢缓和下来，但听到要去医院检查，又显得有些犹豫。后来检查和化验的结果都出来了，这些红疹果然不是清洗剂导致的。但是公司还是承担了全部的化验和检查费用。

其实那三位顾客也心知肚明，一个月之前的产品，现在才出现问题，原本就漏洞百出。这不过是为了占些便宜，而进行恶意诋毁罢了。我有些气不过，便向主管抱怨，为何要如此吃亏？

而主管表示，面对如此无理取闹的顾客，之前我们几位员工劝解的方式是完全不奏效的，想要息事宁人，只能顺着他们的想法尽快解决问题。这也是维护公司名誉，缓解双方纠纷最为有效的方法。站在买卖双方来说，一旦起了纠纷，向来是卖方处于不利地位。与其纠缠下去，两败俱伤，明智的做法是尽快甩掉这麻烦的包袱。

当然，倘若结果已经出来了，顾客对此还不依不饶，那我们就只能通过证据，走法律程序。

无理取闹的顾客往往是最消磨时间，最令销售人员烦恼的顾客，所以我们不应该在此类顾客身上耗费时间，不理睬和以最快的速度解决才是正确的处理方式。

7. 订单源源不断的动力：把客户做"老"

在销售领域，我们常说开发一个新客户的成本要远远大于维护一个老顾客。有了这样的利益得失，企业都会尽力留住老顾客。当然，企业也不能把所有的重心都放在老顾客的身上，而忽视新客户的开发。毕竟，老顾客也是从新顾客而来的，企业总是需要客户的。因此，在我看来，在维系老顾客的基础上去开发新客户，才是企业最科学的发展之路。

关于留住老客户的重要性我们都清楚，关键是如何留，如何把客户做"老"。2015年，上海有一家知名服装城请我做培训，参与培训的人员大多是一线销售人员，其中有一位专门跑大单业务的区域经理询问应该如何更好的维系老顾客。我问了他的职位，然后说道："你既然是区域经理，肯定有机会与生产部门接洽，并且随时都可以面见上级，只要你经常往这两处走走，留住老顾客就不是什么难事。"他请我详细解说一番，我便举了一个例子：

既然贵企业是做服装的，那我就以服装为例，列举以下几点方式方法：

（1）有计划的创新

"创新"一词司空见惯，每个企业都明白创新对于企业成长的重要性，但并不是所有的创新都取得有效的成果。我们经常会讲"商机"，创新也是需要时机和机遇的，特别是用来维系老客户。

倘若企业刚刚成交了一笔订单，并且希望把对方变成自己的老客户，那么在商务谈判结束前，只要留下一句：等到公司出新品的时候，会第一时间通知您，您有兴趣的话可以再来看看。

很多销售员表示："我们也经常对顾客说这些，可是也没什么作用，顾客一般都不会来。"我想说的是，你所说的"新品"来的或许不是时候，也许你出新品的时候，顾客早就选用了其他，进而不再需要你的。也或许你的新品来得太早，顾客暂时不需要，而等到需要了，所谓的新品却已经不再新鲜了。这无非就是创新早晚的问题。

到底什么时候创新才是最佳时机呢？这个界点要着落在客户身上。每个企业都有各自的经营渠道，作为服装企业的客户，不是经销商，就是商场店铺，他们分别存在自己的目标人群和经营渠道。他们的目的就是要把能为自己带来利润的产品送到消费者手上。产品都是有生命周期的，所以才会有创新的存在。消费者会向经销商和商场店铺"索要"创新产品，这也就是服装企业订单所在。然而，市场上的服装企业数不胜数，经销商又凭什么会在我的企业下订单？想要抓住订单，抓住经销商，有一个诀窍，即摸清经销商的销售渠道和销售终端。

充分了解客户的经营渠道，经营数量以及经营周期。说的简单一些，就是企业要在经销商需要填补库存的时候，正好生产出新品。比如经销商今天的库存可以卖到明天，那他在昨天就需要补货。而昨天便是企业联系经销商出新品的最佳时间。

（2）建立周期合作

服装是应季类产品，一年里的春夏秋冬四个季度，正好是服装换季的分界点。发出合作要约的时间要提前三个月，也就是要提前一个季度为接下来的订单做打算。可以向经销商表明，每个季度的服装都有一定的联系性，可以激发消费者的"套装"兴趣，同时联系起经销商一年四季的订单，形成一股捆绑式销售的方式。

这样的客户关系既能够在合作的基础上保持联系，又不至于显得过于频繁，从而成功在客户面前不断刷新"存在感"，客户一想到合作，自然也就会想起你，订单也就会持续不断地出现。

有研究指出，开发一位新客户需要的费用主要包括推销费和广告费，这还不算样品提供、退货、换货的成本。中国服装网内容部的数据显示，如果我们留住一位老客户需要130元人民币，那么吸引一位新客户走进店铺的成本却要花800元。

　　没有老客户，企业就需要不断开发新客户，所以，客户流失需要付出极大的代价，这对企业来说是一笔巨大的损失。新老客户作用在客户关系上，将是一门经营学问。

8. 最妙的成交秘诀：做人情的"债权人"

我们常说：世间最难偿还的债务便是人情债。作为人情债的"债务人"，总是会想尽一切办法偿还这份人情。倘若我们给客户关系也覆上一层"人情债"，并且担当"债权人"，那么作为"债务人"的客户对于我们的合作活动，一定是会欣然接受的。

我在一次企业培训中，发表过这样的观点，其中有一位销售人员问了这样一个问题："老师，您所说的'人情债'，把寻求帮助的主动权交给了客户，而我们要怎么才能成为'债权人'呢？"我给他举了一个例子：

假设有一位老板在国庆小长假带着妻子前往三亚度假，但是由于种种原因，使得预定好的酒店房间失效了。如今老板和妻子身在三亚，近处的酒店全部住满了，其他地方又离景区非常远，这一定是一个令人焦急的情景。

而正当这位老板打算订远处酒店的时候，却接到了一个电话，对方自称是他商业上的合作伙伴，因为听说老板要在国庆携家人去往三亚旅游，所以在自己的酒店里给他预留了酒店房间，特来询问老板需不需要，并且酒店就在景区旁边，这时候，老板感到非常感激和惊喜。

原来，这位合作伙伴是一位酒店经理，去年年底，这位老板组织企业员工旅游，当初就住在了酒店经理的酒店里，在一番闲聊过程中，酒店经理得知老板第二年国庆的行程，因为公司在三亚也有连锁酒店，考虑到小长假出游的人特别多，所以同三亚酒店打了一声招呼，为老板留出了一个房间。

其实每个人都明白假期出游需要提早订酒店，酒店经理的做法显然有些多余，想必他也做好了老板已经订好酒店而回绝的准备。但是，这种突发状况却真的使自己的工作"派上了用场"。老板明白酒店经理没有义务为自己预留酒店，况且已经时隔近一年，自己似乎都已经忘了去年公司旅游的事情了，但对于酒店老板这种雪中送炭的帮助，老板感怀在心。此次帮忙与业务合作无关，倒可以归结到"人情债"的层面。国庆过后，今年的公司旅游便开始着手准备了，老板毫不犹豫地选择了同一家酒店，酒店经理也由此收获了一个老客户。

客户关系的经营过程并没有过于浓厚的商业性，与人际关系一样，这层关系需要情感的维系。人与人之间感情都是相互的，想要保持一定的合作关系，交易之外的"人情"，是一项良好的突破口。

销售心理学

李向阳　编著

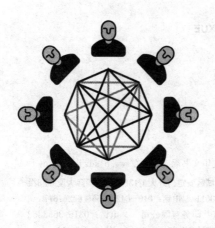

北京时代华文书局

图书在版编目（CIP）数据

销售心理学 / 李向阳编著. —— 北京 : 北京时代华文书局，2019.12
（销售圣经）
ISBN 978-7-5699-3412-0

Ⅰ．①销… Ⅱ．①李… Ⅲ．①销售—商业心理学 Ⅳ．①F713.55

中国版本图书馆 CIP 数据核字（2019）第 297232 号

销 售 心 理 学
XIAOSHOU XINLIXUE

编　　著｜李向阳

出 版 人｜陈　涛
选题策划｜王　生
责任编辑｜周连杰
封面设计｜景　香
责任印制｜刘　银

出版发行｜北京时代华文书局 http://www.bjsdsj.com.cn
　　　　　北京市东城区安定门外大街136号皇城国际大厦A座8楼
　　　　　邮编：100011　电话：010-64267955　64267677
印　　刷｜三河市京兰印务有限公司　　电话：0316-3653362
　　　　　（如发现印装质量问题，请与印刷厂联系调换）
开　　本｜889mm×1194mm　1/32　印　张｜5　字　数｜120千字
版　　次｜2020年2月第1版　　印　次｜2020年2月第1次印刷
书　　号｜ISBN 978-7-5699-3412-0
定　　价｜168.00元（全5册）

目 录 | CONTENTS

第三章　拉近与顾客的距离

第四章　掌控客户的心理

第五章　让客户感到好奇

第六章　排除顾客的异议心理

第一章

摆正自己的心态

■ 心态好，运气就好

利用技巧来提升对自身情绪的控制是每位销售人员的每日必备工作。虽然自我修复在某种程度上能够缓解销售人员的紧张和不安，但重复不变的工作内容、需求各异且又捉摸不定的客户等众多外在因素使销售人员的压力越来越大。可是，如何才能在高压中保持对这份工作的激情呢？答案很简单：做自己情绪的主人。

要想点燃客户的激情，销售人员首先要点燃自己的激情，要让客户感受到自己的激情带动他们的激情。因为只有真挚的感情才能使客户的情绪受到感染。情绪如同钟摆，有多大的负面能量就有多大的正面能量，这就告诉我们在发现负面情绪时不能一味地压抑，或者干脆不去理会，任其自生自灭，这样不仅不会达到"忍一时风平浪静"的效果，反而会因为情绪的钟摆所带来的负面能量而阻碍工作的正常进行。

因此销售人员一定要建立起自己的情绪管理机制，因为只有能够管理自己的情绪才会善于调动自己的情绪，从而达到影响客户的购买决定的目的。

要想拥有一个好的销售心态，首先要了解顾客的想法。总的来说，顾客的心态可分成以下四种。

1."冷漠"型

这种类型的人不但对销售人员不理不睬，对其销售行为更是不以为意，甚至将销售人员视为洪水猛兽，将之拒之门外。

2. "防卫"型

这种类型的人只对其购买行为予以高度关注，而对销售人员则极不关心和信任，有的甚至采取敌对的态度。因为在他们的观念中销售人员犹如狐狸一般，欺骗、狡猾是他们的代名词，所以作为人类的正常反应机制他们在面对销售人员时会采取先发制人的策略，以取得交易的主动权。

3. "软心肠"型

这种类型的人心肠很软，当一个销售人员对他表示友善时，他会认为其销售的产品就像其人品一样可靠友善。因此，这种类型的人会经常买一些自己不需要或超过需要量的商品。

4. "寻求帮助"型

这种顾客早在决定购买之前就清楚地了解了自己的需求，因此他所需要的仅仅是能解决他的需求问题的销售人员。而对被推荐的产品，他会对其进行客观理性的分析，就算遇到问题，他们也会主动友好的请求销售人员的协助和解决，而不会做无理的要求。

由此可见，越是趋向"寻求答案"型的顾客，越是销售人员达到销售目标的"良师益友"。因此，每一位销售人员都应该朝着对销售高度关心、对顾客也高度关心的"问题解决者"的方向前进。

既然如此，那么销售人员应当如何消除障碍性因素而以良好的心态展开销售呢？

首先，燃烧热情。热情能够帮你走出失落的心境，重新点燃工作的激情，让你发现作为销售的存在的价值，使你能够很轻松地达到预定的销售目标。

其次，控制惰性。惰性对人的意志有极大的损害，当你陷入了使你活力减退的烦躁情绪时，不妨尝试用以下方法来削减惰性：

①每天给自己确立一个当日目标，告诫自己无论如何都要在规定时间内达到这个目标；

②在每个星期中抽出一天定为"追赶"日，规定在这一天里把这段期间最烦琐棘手的事情解决掉，使之后的日子能够避开"大头"；

③给每件工作定一个时间限度，大多数人在面临截至日期时都能最高效地集中精力、完成任务；

④跟自己打赌。每天工作结束后，如果你完成了自己制定的当日工作任务，就给自己以奖励，同时激励自己在以后的日子里也要按时完成任务。

第三，增加销售原动力。懂得如何聚集动力（节俭、集中地使用动力）固然重要，但"巧妇难为无米之炊"，首先你必须具备动力。动力是一种"我要去做"的积极的愿望和力量。从本质上来讲，销售活动是一种探索未知的活动，这种探索未知的特点决定了它有失败的因素存在，因此在面对可能存在的失败结果时，我们要做的就是增强自身的"失败预警机制"，做到不畏艰险、排除万难也要避免失败的出现，以增强销售的原动力。

第四，摒弃悲观消极的思想。摘掉有色眼镜，用一种客观的心态来看待生活中的是是非非。丢掉你的"铁锤"，停止敲打。因为生活中的大奖是颁给建设者，而非破坏者。

第五，舒缓身心。每天工作结束后回想一下自己当天的工作，以及这样做的原因。静心分析这些原因后，你就能清楚地知道自己的目标是什么，也知道要采取怎样的措施才能改善现在的境遇。

第六，区分优先次序。重新排列事情完成的先后顺序，同时规定每件事情的完成期限，写下这些内容不仅可以平复紧张的心情，更有利于清晰地制订出一个适合自己的计划。

第七，描绘成功的场景。在设想出成功的思路的基础之上要推动销售的进步，而在这一过程中最为关键的是重理思路，只有重新整理了自己的思路才能避免重蹈覆辙。

第八，创造增加值。只有雷同的产品才会产生价格大战，而在这场大战中客户为什么选择购买你的商品而不是对手的？是你的商品服务好还是性能多？思考这些独特的卖点能够非常有效地帮助你达到销售成功的目的。

第九，远离你的舒适地带。如果一个销售预测长期没有带来预想的结果，我们应该积极主动打破已有的舒适地带，开启一个全新的局面，使自己能够在一个全新的局面下开发出全新的心态和能力，在这种情况下拿出全部精力去实现新的工作任务会达到事半功倍的效果。

第十，提升底线。永远不要满足于眼前的状态，更不能有"知足常乐"的心态，要时刻进行自我警醒、自我告诫，要不断地尝试实现自我、超越自我。虽然付出和痛苦是正相关的，但付出和回报同样是成正比的。试着每天给客户多打一个电话，每天多花一点时间来追踪客户的反馈，同时适当提升自己的目标，这样你就会在无形中将更多的精力和热情投入到工作中去。

因此，把心态调整到最佳状态是每个销售人员首先且必须要做的，化消极心态为积极心态，并始终保持这种状态，只有这样才能在困难面前勇往直前。以积极的心态面对和欣赏事物，你就会发现"柳暗花明又一村"。

■ 拥有自信，你就不愁反败为胜

对于一个成功的销售人员来说，什么最重要呢？当然是自信。因为只有自信，你才能够从容地面对客户，才能征服客户。一个充满自信的推销员，不仅可以为自己树立信心，战胜挫折，还可以给客户留下良好的印象。这样才能让客户感到满意，不在开始时就对你产生排斥心理。一位充满自信的销售人员会深受每一位客户的欢迎，因为自信的销售员可以把自己的自信传递给客户，让客户看到这种自信。在这种正能量的带动下，客户一定会感到满意。

一个推销员的自信可以为所推销的商品增添色彩。对于一个客户而言，自信甚至要比商品更加重要。拥有自信，你就不愁反败为胜了。

自信的销售人员会随时保持一种积极向上的心态，即使失败，他也会面带微笑说"没关系，欢迎您下次再来"。在失败面前，销售员表现出自信，表现得很轻松，才能够客观地反省失败的销售过程，找出失败的真正原因，为重新赢得客户的青睐创造机会。

由此可见，拥有自信对一个销售人员来说是多么重要的事情。所有的客户都喜欢和聪明的、善解人意的销售人员打交道，而不希望与毫无自信的销售人员交谈，因为客户也希望在别人面前自我表现一番。销售员也是一样，一个自信的销售员能够为自己赢得掌声。在客户沟通交流中，他们能够用自信去感染客户，让客户感到满意。

"相信自己，我有能力成为公司的第一名。"对于销售人员，有这样的豪言壮语就是自信的表现。而这种自信就是保障事业获得成功的起点。因为拥有必胜的信念，对于销售人员来说相当重要。

著名的销售人员乔·格尔就是一个相当自信的销售员。虽然格尔在刚开始的时候几乎做什么赔什么。几年以后，他的家产就空空如也了。更严重的是，他欠了一屁股债。

但是，就在这样的境况下，格尔也没有放弃。有一次，他去拜访底特律一家汽车经销商，想从他们那里得到一份销售员的工作。汽车经销店的经理看到样貌平常的格尔没有什么特点，就没有打算用他。

格尔也看出了经理的意思，于是对经理说："经理先生，假如你不雇用我，你将犯下一生中最大的错误！我的条件很低，我什么都不要，只要您能够给我一张桌子，一部电话，就可以了。我一定会表现出最优秀的自己。而且，我承诺，在两个月内我将打破这里最佳销售人员的纪录。"经理听了格尔的话，十分震惊。他认为格尔不可能做到，但是经理还是想试一试，就和他这样约定好了。

在接下来的日子，格尔废寝忘食，不断努力，他终于在两个月后实现了自己的承诺。格尔的业绩已经成为公司里最好的了，他走在了所有销售员的前面，同时还打破了该公司销售业绩纪录。

其实，对于一个要想获得成功的销售人员来讲。自信是最根本的理念，也是一种必须时刻强调的信念。在推销界，最注重的就是信念和意志。如果一个销售人员缺乏足够的信念和意志，那么要想在销售领域做出一番成就，是相当困难的事情。伴随着市场经济的不断发展，经济萧条和商品销售竞争变得越来越激烈，在推销界，越来越多的人开始认识到自信和信念的重要性，最重要的是，他们在不断地追求这种自信。而对于销售员来说，这种自信更是不可或缺的。

作为销售人员都知道，每一个人都有自己的销售任务。为了完成这个任务，就需要销售员付出百分之百，甚至是百分之二百的心血和努力。当然，销售员在工作时，不要总是盯着自己的任务，还应该为突破目标努力奋斗。这样一来，固定的工作任务就很容易完成，同时还能超额完成任务，如此就会走在别人前面。

销售员每天都要制订详细的工作计划，按照这个工作计划来工作，既可以使自己产生一种强烈的销售欲望，督促、鞭策自己一定要达到目标。在经过一天的努力后，销售人员要做的就是检查自己的工作进度，同时和昨天完成的数额进行对比。如果有所超出，就要总结经验，把握时机，争取明天可以完成更多的销售额；相反，如果没有完成任务，那就要寻找原因，总结教训，或者是和同事一起分析问题出在哪里，再反复推敲自己预先制订好的销售方案。这样经过缜密的考虑，重新做出销售计划才能确保任务的完成。

在工作定额完成之后，紧接着就是每天检查定额突破后销售数量的增长率。在年终岁尾，要做的就是总结这一年的销售额，然后和前一年的进行对比。若是与前一年相比增长率下降的话，就要反复思考，究竟怎样才能提高增长率，动脑筋研究新方法，然后再按照新的计划开始工作。

如此这般，销售员就可以每天都保持激情，保持旺盛的销售欲望。而这种工作方法就是信念培养法。用这种方法去开展销售工作，肯定会自然而然地产生一种强烈欲望："我要去工作！"这种内心萌发的对于工作的渴望，正是信念的奇妙效用。

其实，要做到这一点并不难。只要我们能够自我克制，实行自我限制，就可以时时刻刻提醒自己，一定要成为一个优秀的人，这样就可以激发自己进取的热情，最终获得胜利。

每个公司对于那些拥有无限激情的销售员都是特别欣赏的。作为一个销售人员，我们有必要全力以赴，努力工作，树立自信心，将自己的能力毫无保留地展现出来。

一个人的自信是积极向上的产物，也是一种不断鞭策人向上的力量。这种自信是销售人员所必须具备的，也是工作中最重要的因素之一。那么，怎么样才能够激发自己的潜能，建立自信呢？

首先，让你自己变得容易让人接受。干净的衣着，挺胸昂首，笑容可掬，礼貌周到，对任何人都亲切有礼，这样别人才更容易对你产生好感。在待人接物时要用心对待，这样就能够给客户留下深刻的印象。如此，你的自信也必然会自然而然地流露于外。

其次，如果你遇到一些蛮横不讲理的客户，要学会用宽广的胸怀容纳别人，销售人员更要坚定信心。有时候，销售员在工作时会用自己十二分的热情去迎合客户。但是有些客户非常不理解销售员的辛苦，对销售员冷言冷语，甚至无理侮辱。这个时候，作为一个成功的销售员，你要做的就是沉着冷静，先让自己的心情平静下来，然后再采取别的办法让客户接受你。

切忌，在面对客户时流露出不满的言行。要知道，客户与你接触时，并不会在意自己的言行是否得体，而只是依据自己的感受去做。相反，销售员的一举一动都会被客户看在眼里，记在心里。如果销售员一旦表现出一丝丝的不满或是丑态，在客户那里都会被无限放大。这样，沟通就很难继续进行下去了。因为客户已经在心底认定你的形象是不可接受的，那么也就会对你所推销的产品没有兴趣和好感。这个时候，如果你还一味向客户介绍产品，那无异于火上浇油。即使客户认为你的商品品质优良，也不会接受。客户为什么会这样做呢？就是因为你失去了自信，结果只能是丢掉了客户。

第三，对自信要把握好分寸。自信是销售员必备的素质之一，也可说是能倍增销售额的一个妙计。所以，一个成功的销售员会对自己的自信做到细微的把握，这样既不会显得怯懦，也不会显得骄傲，也更容易让别人接受。

自信是一种强化剂，它会让你变得更加强大，会使你的推销变成一种享受，你的客户就不会讨厌你了。随之你的业绩也会大幅增加，显然一个不自信的人是不会达到这种境界的。因为不自信的销售员往往对自己所做的事情没有把握，在工作中会低三下四的求客户。或许在他们的心中认为这样的举动可以为自己加分，实际上，这样做就会更加让客户讨厌，如此又何来的成功可言呢？自信能使你把推销当作愉快的生活，既不烦躁，也不会厌恶。正是在自信的催促下，才让你变得更加强大，同时对自己也会更加满意，更加欣赏自己。

■ 情绪泛滥就像洪水破堤

作为一个销售新人，你可能在一天内会经历天堂和地狱的变化。

刚才还和一位十分有缘的客户大谈你的产品是多么好，但是下一个就可能给你白眼，让你吃闭门羹。

这时，你会怎么做呢？向客户发怒，还是受不了如此的变化，选择离开这个行业呢？其实，你大可不必在意。因为不论是谁，当访问遭到拒绝时，心里都会很窝火，为了发泄心中的不快，任何人都会寻找发泄对象。有时会向自己发火，有时会骂别人几句，或是随手拿起一件东西摔碎。这样做之后，虽然你可以发泄心中的怒火，但同时也会让你的情绪变得更糟。如果说得严重一点，这样的坏脾气将会让你的销售事业提前终结。所以，初涉销售行业的新人务必要学会控制自己的情绪，学会忍耐。

有些人在情绪控制方面很容易走极端，要么十分悲观，妄自菲薄，要么十分自大，自以为是。实际上，这两种情绪都是要不得的。因为人在生活中什么样的事情都可能发生，遇到让人悲伤的事情在所难免，而遇到让人兴奋的事情也不是不可能。所以，没必要为了一时的得失而让自己的情绪发生波动。极端的情绪在销售工作中都是要不得的。妄自菲薄只能让人陷入沉沦的泥潭，盲目自大则会使人走向失败的深渊。

盲目自大是一种脱离实际的表现。这种自大来自对自己的无知。盲目自大的人总觉得自己是最强大的，孰不知在这种错误情绪的引导下自己往往会变成最弱小的那个。这些人虽然具备一定的才能，但是却会把这些才能无限的放大，直到失去自我。在真正做事的时候却是眼高手低，勉强为之，甚至根本就做不了。

请你记住，人是天生具有惰性的，而在拼搏的过程中也难免会遇到困难和挫折。但是要想获得成功，就要勇敢的去争夺，轻易放弃是可耻的。作为一个销售员，不能让业务中的困难和障碍消磨掉你的斗志和决心。如果你不能经受挫折和困难的考验，一旦选择放弃，那么以后你的自信心就会完全丧失，无论做什么事情，都不会获得成功，因为你已经放弃了自己。

一个人无论遇到什么样的困难和险阻，都要学会用乐观、积极向上的心态去面对，这样才有可能不被困难所击倒，才可能赢得胜利。因为只有怀着必胜的信念，才能让你变得更加强大，也正是这种信念才会让你走过漫长的磨砺之路，最终到达成功的彼岸。

日本的"推销之神"宫本仁二刚进入保险公司的时候，就十分自信。他听同事说有一家大型的汽车公司从来不参加保险。公司为了拿下这个企业，已经费了很大的劲，但还是毫无进展。宫本仁二知道后，主动请缨，要拿下这个企业。公司的领导同意了。于是宫本仁二展开了攻势。

宫本仁二采取的死缠烂打的战术。一连两个月宫本仁二都坚持每天去拜访这家企业的总务部长，从没有间断过。最终总务部长被宫本仁二的这种精神打动了，决定见他一面，但是他提出的要求就是要看一下他的销售方案。

等见面后，总务部看了宫本仁二的销售方案，但没想到他只看了一半，就对宫本仁二说："你这个方案根本就没有可行性，所以，这个方案绝对不行！"听了总务部长的话后，宫本仁二赶紧说自己会对方案进行重新修改。回去后宫本仁二对方案进行了反复的修改，一直忙到凌晨四点多。第二天一大早，他又去拜访总务部长。可是，这位部长却冷淡地说："我实话和你说吧。就你这样的方案，我们根本不会接受。无论你制订多少都没用，因为我们公司有不参加保险的原则。"

宫本仁二气往上冲，对方说昨天的方案不具备可行性，自己连夜重新制订方案，可现在又说拿多少来都没用，这不是明摆着戏弄人吗？正要发作的宫本仁二转念一想，不能对客户发火。我的目的是推销保险，对方有所需，自己的保险对其有百利而无一害，这单生意完全有可能成交。于是，宫本仁二强压内心的不满，冷静下来，说了声："再见！"就告辞了。

打那以后，宫本仁二恢复了之前的死缠烂打，仍坚持游说这位部长，一天又一天，一次又一次……终于，宫本仁二凭着自己的忍耐力，促使对方签订了企业保险合同。

一般来说，销售新人在与客户交往时，往往会比较心急气躁。所以作为新人一定要有一种自控、忍让的能力和观念。这种忍让并不意味着放弃或者退缩。这只是一种以进为退的做事方法。要做到既忍让又不失原则，就必须做到反应灵敏，事先多制订几个方案，做到有备无患。

那么，作为一名初出茅庐的销售新人，当遭遇挫折和困难的时候，怎么做才是正确的呢？究竟怎么做才能控制自己的情绪呢？

1. 在发生矛盾时首先承认自己情绪化

比如，如果对明天拜访的客户心存畏惧，可以在镜子面前短暂的训练一下。我们可以告诉自己："不要害怕，不就是去拜访一个客户，有什么好怕的。客户也是人。我一定会尽我自己最大的努力的。"当我们进行自我鼓励时，我们的自信就会让我们坚强起来。

2. 让自己的内心尽快的平静下来

对于销售新人而言，刚开始拜访客户时难免会紧张。紧张就容易犯错误。所以在拜访客户时要把注意力集中在客户身上，让自己以最快的速度平静下来。

销售人员在客户面前应努力驾驭自己的情感，控制自己的脾气，克服自己习以为常的行为习惯，征服自己的意念，这样才能把自己最好的一面展现给客户，让自己更容易获得成功。

■ 销售员就是风箱中的老鼠，你必须承认这一点

对于一个选择销售为职业的销售人员而言，就要抱着既来之，则安之的态度。既然选择了销售，就要认认真真地对待这份工作，用百分之百地努力去做。既然选择了，就要愉快地接受。因为它是你决定的，代表着你的意愿。既然选择了，就不要轻言放弃，就要学会坚持。用自己的恒心和毅力去赢得成功。

现在很多销售人员都喜欢把自己比喻成风箱中的老鼠——挣的钱不多，受的气却不少。更重要的还是两头受气。这是为什么呢？

因为在公司，需要业绩，面对客户，又很难让客户接受。这就成了两头受气。可是，什么样的销售人员才能扮演好自己的角色，做好自己的工作？唯一的答案就是用心做一个脾气好的销售员。

试想如果一个脾气不好的销售人员去推销产品，对方如果是一个不耐烦的客户，就难免会发生冲突了。这样做，不但会葬送自己的事业，还会给别人带来麻烦。因为顾客不是你的下属，所以他们不可能一味地包容你或是服从你。所以，顾客如果感觉不顺心，就不会配合你，更不会配合你的坏脾气。

"一个人的'好脾气'可以帮助他获得别人的好评，也可以创造出傲人的业绩。"这是从事多年的销售业的成功人士的经验之谈。所谓的"好脾气"，就是指与客户洽谈时能够把控自己的情绪，什么时间该说什么话、该怎么说都可以有所把握。好脾气的人能够很好的控制自己的情绪，不急不躁，这样他们在和客户交谈的时候，就会显得十分平静，始终保持一种平和的语气。这样做，即使客户想发怒，也不会当着销售员的面，反而会笑脸相迎。这种"你生气来我微笑"的工作态度往往能够打动客户，从而改变其固有的想法，最终完成交易。

反之，一个脾气坏的销售员最终只能让自己陷入困境，失去自己的客户。所以，作为一个销售员最重要的就是要控制好自己的脾气。那么，一个销售新手该如何去控制自己的情绪，不让焦虑影响客户呢？下面例子中的做法就值得借鉴。

有一个销售企业的经理，他总是这样向下属讲述自己的销售之路：起初，还是销售员的他总是不能摆正自己的位置，眼睛总是盯着高处的职位，不能踏踏实实的工作，因为当时他心里想的就是怎么样才能出人头地。但是理想和现实总是有差距的。在遭受了几次挫折之后，他决定离开这个公司，去找一份适合自己的工作。

决定要辞职后，他写了一封辞职信。为了发泄自己内心的怒气，他就在草稿纸上写下了自己对公司领导的意见。每个领导都写了好几条。然后，他就把这些意见拿给自己的老朋友，让他看看。

等老朋友看完他写的这些东西后，老朋友说，这样吧，我不说什么，你就先把这些领导的优点总结一下，然后写下来。再和这些你批评他们的意见做一个对比。等他写完后，老朋友问他，看了这些你有什么感想呢？他看了之后突然发现，原来领导并没有自己想象的那么坏，其实他们也有优点，只是自己把他们的缺点放大了而已。为此，朋友开导了他。他心中的怒火渐渐平息了，并决定继续留在公司里。同时，他还发誓努力学习用自己的长处来弥补自己的不足，做出成就让他人看看。

从此以后，这位销售员学会了一种发泄怒气的方法。那就是如果自己感觉到忍不住的时候，就把自己的怒气写下来，然后慢慢地平复心中的不满。这样一段时间以后就不会再愤怒了。

要想成为一个成功的销售人员，需控制以下几种情绪。

1. 胡乱发脾气

要想做一个成功的销售人员，就要拒绝胡乱的发脾气。不能让自己的脾气像野马一样胡乱地奔跑，而应该时刻保持一颗冷静的心，这样才能平静的对待客户。

2. 无止境的猜疑

疑神疑鬼是一个人最不应该的脾气。因为猜疑是生意场中的腐蚀剂，它可以让你之前获得的成就变得一无所有，甚至可能让你和客户发生误会。所以，在与客户沟通的时候，一定要注意沟通交流，否则就会因为猜疑而失去客户。

3. 无故的妒忌

妒忌是对别人所拥有而自己没有的东西的羡慕。这种情绪可以让一个变得狭隘。对于一个销售人员而言，如果看到其他同事取得良好的业绩就妒忌、诅咒甚至诋毁，遭遇挫折就幸灾乐祸，那他就根本得不到同事的帮助，在工作中也会难以打开局面。

4. 恐惧

一次小小的失败会让人变得害怕失败，甚至是放弃努力。但是人的一生必定是不平坦的。失败会让人失去耐心，特别是刚进入销售领域的年轻人。要想克服这一弱点，销售人员就必须苦练硬功，让自己变得更加坚强，勇敢的面对客户，这样才能更快地融入销售行业。

5. 焦虑

一个人所产生的焦虑情绪并不是能够简单控制的，而是要经过磨炼才能消除的正常情绪。如果不断的焦虑，就会在客户面前失去自信，让客户觉得你不是一个可靠的人，这样就会失去客户，而你所推销的产品客户也很难接受了。

其实在现实生活中，不论你是一个非常成功的销售人员，还是刚刚踏入销售领域的信任，谁都不能保证不发怒。但是，少发怒和不随便发怒却是十分容易做到的。要想克服这个缺点，就要标本兼治。要想治本，就需要加强个人修养，不断提高个人的素质，拓宽个人的度量，不为那些鸡毛蒜皮的小事而争吵。

销售工作是一份十分辛苦的工作。这份工作中有烦恼，也会有快乐。如果你能够用积极乐观的心态去对待这份工作，那么你就能够从工作中体尝到快乐，而且快乐的销售人员也会给客户带来快乐，那么他对你的认同感就会增强。

■ 一个健全的心态胜过一百种智慧

作为一名销售人员，或许你会有这样的经历，在你工作的过程中，你可能会遇到意想不到的阻碍。有时候这种阻碍会让你感觉十分困惑。比如说，我们都知道做事之前要做好稳妥的准备，有备无患，为此，你在出门前，总是会再三检查。例如，油箱加满了吗，是否带足了各种不同食物以便展示食物处理器……

这样你在会见客户时就能把自己的所有才华都展示出来，让客户看到你的优秀和努力。

但是无论多么精心的准备，有些事情你总是无法预料的。正所谓百密总有一疏，即使你是一个非常成功的销售人员也不能例外。所以当你正在施加压力以证明产品所使用的材料具有高强度的时候，却没想到产品爆裂断掉了；当你打开一瓶葡萄酒时，喷出的葡萄酒洒满了你的上半身。当然，更窘迫的情况是当你要使用投影仪时，灯泡突然烧坏，而备用盒中却空空如也。这些情况我们在工作中或多或少的会遇到。如果面对这些情况我们不能更好的应对，那只能说明我们对推销的理解并不是很好。

我们在听很多资深的销售人员谈论销售秘诀的时候，都会把焦点集中在怎样提高销售技巧上。而这似乎也是成功推销的唯一秘诀。但是事实并不是这样的，一个推销行为是否能够成功，完全取决于销售人员的心态。

著名的作家狄更斯说过："一个健全的心态比一百种智慧都有力量。"作为一个销售人员，拥有什么样的心态就会决定你所取得的成就是什么样的。这也是人们常说的心有多大，世界就有多大。很多销售人员在给别人介绍自己的成功经验时，他们都会提出一个共同的因素，那就是你所获得业绩并不是由命运控制的，而是掌握在你自己手里。积极的心态可以让你变得更加活跃，更能够激发你的工作热情和才华，这样你就能够获得更大的成功。

小张是一位刚刚参加销售工作的人，虽然是新人，但是他的工作业绩十分突出。不仅业绩骄人，而且他和客户的关系也十分融洽。所以，公司每个月的销售冠军和销售关系之星都是非他莫属，所以他每个月的业绩工资和奖金都是最高的。

最近由于公司要扩大规模，所以要从员工中提拔一名中层领导。各项条件都十分优秀的小张被大家认为是最有可能获得提拔的人选。

但是当公司的任命公告出来的时候，大家都惊呆了。公司提拔了一个不如小张的销售人员做领导。公司所有的人都在议论这件事。而小张也弄不清楚这是怎么回事。他的业绩和能力都要在此人之上，怎么就不能胜任此职呢？他心里充满了不满。

于是，小张开始抱怨领导的不公，对于工作也失去了往日的热情。他把所有的工作重点都放在和新领导作对上，最后导致销售业绩自然一落千丈。于是，小张选择了辞职。

辞职后，小张怀着新的憧憬和希望来到了另一家企业做销售，当然一切还是从零开始。没有之前的骄人成绩，在新的岗位上，小张又开始重新征战了：但是他没有吸取之前的失败教训，还在这种思想支配下开始新的工作，结果是重蹈覆辙。

或许小张到现在都没有想明白自己为什么会有这样的情况出现。为什么有的同事会超越自己，而自己还是原地踏步呢？实际上要想获取成功，正确的心态是不可或缺的，即使面对失败或者苦难的事情，也应该重新调整自己的心态。

一个优秀的销售人员在遇到挫折和失败的时候，要拥有百折不挠的心态和勇气。当你经历无数次的失败以后，你一定要坚强努力，要有足够的耐心和勇气去面对未来。你要明白这样一件事，那就是所有的失败都是在为以后的成功做准备。对此，你可以参考以下这些建议。

1. 对自己的错误要嘲笑

很多时候，嘲笑是一种处置尴尬的最好方式。有时，自我嘲笑可以让你很快摆脱困境。

有一次，销售人员小吴正向一群运输业者推销公司的机油。为了展示这种高质量的机油，他用试验用的管子做实验。试验开始时一切都很顺利，观众也都很专心。小吴拿着两支装有不同质量机油的试管，每一支试管都用橡胶垫封住了开口。可是意外就在这时发生了。当他要把试管倒立过来比较机油滑落的速度时，却没想到两支试管的橡胶垫都脱落了。一时间，机油洒满讲台，小吴也变成了受害者，这时他也愣住了。

迟疑了几秒钟，小吴看着台下的观众，而观众也看着小吴。结果如何？小吴看到角落处有位观众的嘴角突然抽动了一下，接着小吴自己开始大笑出来。小吴站在台上大笑，全屋子的观众也跟着大笑起来。

如果小吴当时用很严肃的态度来处理，那么这个展示就会完全失败。但是小吴没有这么做。他看到这个情况就笑了起来，这显示出他不会很在乎这个小意外，所以观众也不会觉得陷入窘境。观众一定知道这是意外，而且，他们也可以借此机会知道，他是不是一个碰到突发情况便手足无措的人。

2. 不要把诋毁放在心上

在工作中，我们如果遇到了竞争对手的诋毁，或者是嘲笑，我们要学会保护自己。一位政治家曾经说过："真理尚未萌芽，谎言早已传遍半个世界。"所以，面对诋毁我们要注意，不要过分重视。虽然这样的谎言对公司的伤害是很严重的，但是如果你比较严肃的处理，那就会让大家误以为你真的很担心这种状况。

　　一个销售人员往往要面对比常人更难、更复杂的竞争环境，尤其是刚开始踏入销售行业的时候，面对困难的环境更是家常便饭。同样是一起做销售的人，有的人能够做出出色的业绩，而有的人却碌碌无为、一事无成，甚至有一部分人在工作之初就转行了，这就是不同心态起作用的原因。

■ 害怕见人，那就是入错了行

　　刚开始做销售的时候，面对陌生人的时候会比较紧张，出现心怦怦跳的感觉。紧张的情绪产生后，你可能会把原本准备好的问候语或开场白一下子忘得干干净净。这个时候，我们就会希望自己变得大胆，变得开朗，能够在客户面前不慌不忙、侃侃而谈。

　　在工作当中，许多销售人员之所以产生恐惧都是因为不敢和人打交道，下意识地提示自己去保护自己。我们把这种现象称为缺乏人际勇气。这一点在销售行业当中表现得最为明显。调查研究发现，由于缺乏人际勇气而遭到淘汰的销售人员高达40％以上。而这些人往往是在进入销售行业后不久就暴露出这样的问题。

　　很多刚刚踏入销售行业的人往往只注重对机能和知识的学习，却忽视了个人的性格特点，忽视了如何克服恐惧的训练。不仅是这样，有很多已经获得成功的销售人员，他们骨子里就缺乏人际勇气。或许他们对于自己所推销的产品了如指掌，如数家珍。他们也十分勤奋，对客户提出的问题能够对答如流。但是他们的业绩却是差强人意，有时候甚至会丢掉公司的大客户。但是他们所采取的办法就是一次一次的摆放客户，给客户介绍产品，然后一次一次地被拖下去，最终丧失了客户。其实，这种被时间拖垮的销售事件很多，也很普遍。这是为什么呢？究其原因，我们发现这仍然与销售人员缺乏人际勇气有密切的关系。

张萌是某公司新来的一个业务员，有一次，他需要去拜访一位客户，在去之前他就听同事说这个客户是公司的黄金客户，特别重要。而这个客户是一个企业的大老总，对人十分严肃。张萌听了同事的介绍后，心里比较担心。他害怕客户为难自己，或者干脆把自己骂出来，不给自己见面的机会。越是这样想，张萌就越是害怕。他甚至想到了放弃。但是公司是不允许他这样做的，因为公司不能失去这个客户。

没办法，张萌只能向前走。在去客户公司的路上。张萌心里忐忑不安。他对可能出现的情况进行了设想，而自己的心情也变得越来越沉重了。不一会儿，张萌到了公司的门口，但是他已经没有了勇气。就在他犹豫不决的时候，从那个公司的大门里走出来一个人，正好是那位老总。于是张萌主动迎了上去，而那个人对张萌很客气。听说了张萌的来意后，他把张萌让到了办公室。而张萌却是越来越紧张。最后连自己说什么都不知道了。客户见张萌是那样的表现，心里很不满意，随便找了一个理由就让她离开了。这笔生意最终化为了泡影。

其实作为一个销售员来讲，如果害怕见人，那就是入错了行。怯场对于销售人员来说是致命的打击。当一个本该侃侃而谈的销售员面对客户，比客户还紧张的时候，那这个销售行为肯定是失败的。当销售人员在客户面前面红耳赤、吞吞吐吐、语无伦次、无精打采的时候，留给客户的就只能是负面的印象。一个人的第一印象是最重要的。第一印象不好，那接下来就会更加糟糕。客户会认为销售员不专业，甚至是不诚实。因此对销售人员的信任度也会降低，即使产品很好，客户也会失去购买的欲望。久而久之，会影响到销售人员的声誉，使客户不再光临。

一个成功的销售人员在推销产品的时候，也要敢于推销自己，把自己推销给别的客户，让客户喜欢和你接触，这样就可以最大限度的得到周围人的认可。其实，只要你能够鼓起勇气，勇敢地迈出第一步，那么以后的障碍就会变得渺小。因为万事开头难，只要你开了头，后面的事情会好做很多。以下几点或许可以帮助你克服恐惧的心理。

1. 时刻提醒自己要相信自己

自信是成功的重要因素。这种自信心通常都是事业成功的基础。在销售行业中，自信更是必不可少的。一个人相信自己，则意味着不仅仅相信自己的办事能力，而且相信自己选择销售事业的正确性，相信自己的工作能够给每一个人带来健康、财富和事业，更是相信自己所推销的产品。只要树立了这种职业的自信心与自豪感，你自然会勇敢地走向陌生人。

2. 对对方做出评估

两个陌生人初次见面时，都会在心里给对方做出一个评价。但作为销售人员，如果对对方的评价和想法过分在意的话，在心里就会产生患得患失的感觉，压力也会变得越来越大，这时一定会产生紧张的情绪。所以，在面对新客户时，你可以暂时忘掉别人对自己的评价，而是采取相反的措施，在心里评价别人。然后再仔细观察对方的表情、服装、说话神态，找到对方的弱点。这样，在心理上你就能从被动变为主动，从而改变被动的局面，产生与对方平等的感受，压迫感与恐惧感也就随之减缓。

3. 提高自己的音量

在和客户初次见面的时候，你可以提高自己说话的声音。大声的交谈，有力地握住对方的手，或者是在合适的时候开个无伤大雅的玩笑或爽朗地大笑，这样做都是让你紧张的情绪迅速缓解，而此时害怕与畏缩也就被抛到九霄云外了。

4. 放松自己的心情

在我们的生活中有些日常的琐事会让我们烦躁不堪。但是不论这些琐事有多久，我们要记住，琐事终究是琐事。它不会影响大局，所以，它们也不应该去影响我们的生活，影响我们的工作。我们要时刻记住，不愉快的情绪会带给对方不愉快的印象，这样会降低我们的成功率。所以，我们在和客户初次会面时，一定要抛开不顺心的事，让那些生活琐事暂时远离自己。应该想一些让自己高兴的事，或者哼几句喜欢的歌，踩着轻快的步伐，让自己的心情飞扬起来，把一个快快乐乐的你呈现在别人面前。这时，你还会紧张吗？

5. 不要在乎一时的得失

我们在与人交往时，当然是希望马上能够达到我们的目的，到达我们的目标。但是，俗话说得好，心急吃不了热豆腐。很多事情，如果你太着急，往往会欲速则不达。所以，我们在和陌生人接触的时候，不要把得失看得太重。我们只要在心里告诉自己，第一次见面，没什么大不了的。要时刻注意和对方建立良好的关系，争取为后面的深入交流奠定基础。这样，你就会心平气和、从容自若地与人交往了。

在销售的过程中，要充满自信，面对客户时要表现得轻松、自然，消除紧张，无所畏惧，就一定会成功的。

■ 乐观是砖头，梦想是大门

一个优秀的销售人员要勇于坚持自己的梦想，这样的人最容易获得成功。因为他们做到了坚持。他们坚持梦想，用财富的砖头敲开梦想的大门。为了家人，为了自己，他们用自己的信念坚持着去追求财富，追求梦想。优秀的销售人员会将潜意识里的激情和信念变成超意识的决定和行动来达到目标。

木本是一个著名的推销员。他在销售行业摸爬滚打十几年，积累了很多经验。为了让销售员变得更加优秀，他把自己的心得写成了著作供大家阅读。他对别人说："作为一个推销员，要想获得成功，就不要做一个只在山脚下转来转去的毫无登山意志的人，必须尽自己的全力，攀登上去。有此宏愿，即使技术不够，最终也还是可以登上山顶的。"

当年，木本刚踏入推销界的时候，并不是十分顺利，很多事情都不如意。为了获得更多的业绩。他每天都十分努力。他给自己定下来每天要跑三十几家单位的销售目标，去推销复印机。

那时，正好是第二次世界大战后百废待兴的时期，而复印机是一种非常昂贵的新型商品，很多人都没有想到用这种机器。所以很多单位都不会去购买。而木本要去推销的就是这种不被大家看好的产品。很多单位连大门都不让推销人员进去。即使是进去了，也很难见到主管人员。木本看到这种情况，并没有放弃，而是选择迎难而上。木本设法弄到主管的家庭地址，然后再在合适的时间去登门拜访。可是，对方往往让他吃闭门羹："对不起，现在是下班时间，而且这里也不是办公室，不谈公务，所以你回去吧。"

木本没有放弃，第二次再去，对方口气更为强硬："如果你再来骚扰我，我可要叫警察了！"

就这样，面对市场的惨淡，木本前三个月的业绩为零，他连一台复印机也没有卖出去。木本所在的公司规定，销售员没有底薪，一切收入都来自交易完成以后的利润分成。所以，销售员没有做成生意，就没有一分钱收入。而销售员出差在外时住不起旅馆，只能在火车站候车室过夜。即使是这样，木本也仍然在坚持，没有放弃。

有一天，木本打电话回公司，问有没有客户来订购复印机。像这种询问的电话木本每天都要和公司的人沟通。以往每次都是得到否定的回答，但是这次不一样了，"喂，木本先生，有家证券公司有意购买，你赶快和他们联系一下吧。"

木本听了感觉很高兴。这简直是奇迹。木本就赶紧联系这家公司。经过交流，这家公司决定一次购买10台复印机，总价是120万日元，按利润的40%算，木本可得报酬超过50万日元。这是木本的第一桶金。

从那以后，木本的运气越来越好，他的销售业绩取得了大的突破。这种突破让他自己都感到惊讶。进入公司半年后，木本已经成为公司最优秀的销售员了。他觉得，自己之所以能够取得成功，就是因为他在认真做事，把自己的整个身心都投入到工作中去了。

有一天他到某机电公司去推销产品，主管很仔细地听取木本的产品介绍，然后说："麻烦您把复印机的图纸给我看看，可以吗？"木本将图纸送了过去，可是这一次新的要求又来了："麻烦您把已经使用复印机的单位名录给我看看吧。"

木本不厌其烦又整理了一份名录送过去。那人说："还得麻烦你给我计算一下成本。"

木本就是这样不厌其烦满足客户的每一个要求。虽然这样，但是这个客户就是不提购买的事情。就这样拖了两个月，主管竟然提出了一个让人意外的要求："能请你们的社长来一次好吗？"

木本虽然不知道这个客户要干什么，但还是请社长一起去拜访了这位主管。吃饭时，这位主管对社长说："社长，你们的这位木本先生实在了不起。我工作了这么多年，不知见过多少销售人员，但能完全遵照我的要求办事的，只有他一个人。"从此以后，这家机电公司所有购买复印机的业务，一律交给木本办理。

乔·吉拉德曾经说过："成功的人有时候也是被逼出来的。我想大多数人都会承认，他们之所以成功，是因为他们的坚忍不拔，不断追求成功。事实上坚忍不拔便是成功的保证。"

有些销售人员的性格比较悲观，凡事都抱着消极的态度。所以，他们在开始工作前都会找出一大堆的借口去推脱。还有一些人喜欢大模大样地列举一些理由，仿佛是在做一件生命中最重要的事情。其实，很多事情要想办成是有困难的，但是并不是无路可走。那些喜欢找借口推脱的人，成功率也很低。

所以，作为一个销售新人，就要学会勇敢的面对困难，要想把挫折降到最低点，或者说面对挫折坦然去应付的话，那你就必须具备下面的这些心态。

1. 拥有无限的热情

一个对自己的职业都不热情的人，怎么能够让客户感受到你的热情呢？怎么能够感染客户购买你所推销的产品呢？一个业务员的热情可以带动他所面对的客户，让他们去关注某些事情。

2. 永葆赤诚之心

人们常说态度决定一切。销售行业也是这样。一个新入行的销售员的态度可以决定他是否能够获得成功。作为一名销售人员，必须抱有一颗赤诚之心，诚恳地对待客户，对待同事，这样，别人才会尊重你，把你当作朋友。

3. 拥有无比的自信

自信是一种力量。这种力量可以帮助我们获得成功。新入行的销售员每天在工作的时候都要充满自信，可以用一些话来鼓励自己，比如"我是最优秀的！我是最棒的！"同时，要相信公司，相信公司提供给客户的是最优秀的产品，相信公司为你提供了能够实现自己价值的机会。

即使成功的可能是微乎其微的，但是只要存在一分的可能，我们就要付出百分之百的努力去争取，这样才有获得成功的机会。只有勇于接受挑战，才能把握住成功的机遇。倘若在一开始就放弃，胜利的号角绝不会为你响起。

■ 成为打不死的小强

在通往销售精英的道路上，没有人能够轻易的获得成功。在这条路上，你会碰巧成功，但是更多的可能是失败。统计发现，一个销售员他失败的次数要比他获得成功的次数多得多。而这也正说明了，失败是成功之母的道理。其实，一个人失败了并不要紧，重要的是你怎么去看待这次失败，会不会被失败击垮。只要你有一种百折不回的勇气与精神，总有一天你会成功的。

其实，销售是一份失败率最高的行业。如果你没有说服客户，就不会有一分一毫的收入。也许今天你去约谈了10个客户，但是，在这些客户中对你感兴趣的人是零。所以，你今天就是没有收入的。如果这样的情况持续一个月，两个月，甚至是一年呢？你会怎么样呢？还继续坚持吗？其实，这种事情放在谁的身上，都不好说。这对于所有的推销员来说，都是一种考验。因为没有哪一个推销员敢说自己在这样的情况下还能坚持下来。

在美国，曾经有一位穷困潦倒的年轻人，他有一个梦想，那就是做一名电影演员。这个梦想让他一直在坚持努力。他的执着和坚持到了什么程度呢？当有一天他即使把身上全部的钱加起来都不够买一件像样的西服的时候，他还在坚持自己的梦想。

当时，美国最著名的电影城市是好莱坞。那里大约有500家电影公司，为了实现他的梦想，他对这些电影公司进行了详细地了解。后来，他又根据自己认真划定的路线与排列好的名单顺序，带着自己写好的量身定做的剧本前去拜访。但是，时间过去了几个月，当他把这500家电影公司走完后，发现500家电影公司没有一家愿意聘用他。

面对这么残酷的现实，年轻人并没有丧失信心。当他从最后一家被拒绝的电影公司出来之后，他又从第一家开始，继续第二遍的自我推荐。就这样，时间又过去了几个月。他第二遍拜访获得的结果和第一遍一样，还是没有人愿意用他。年轻人没有放弃，他执着地进行着他第三轮的拜访，结果仍与第二轮相同。这位年轻人咬牙开始了他的第四轮拜访。就在这一轮中，出现了转机。当他拜访完第349家后，第350家电影公司的老板破天荒地答应愿意让他留下剧本先看一看。

几天后，年轻人收到了试镜的通知。等试完镜后，电影公司决定投资开拍这部电影，并请这位年轻人担任自己所写剧本中的男主角。这部电影名叫《洛奇》。而这位年轻人的名字就叫席维斯·史泰龙。

在现实生活中，很多销售人员对自己的工作没有自信心，遇到一点小小的挫折，就对自己的能力和工作产生了怀疑。有时，甚至会半途而废。这样一来，前面付出的所有努力都付诸东流了。所以，唯有经得起风雨及种种考验的人才是最后的胜利者。要牢记，如果不到最后关头就绝不轻言放弃。

被称为"保险业怪才"的克里蒙·斯通，是美国联合保险公司的董事长，也是美国最大的商业巨子之一。

克里蒙·斯通幼年丧父，他的童年都是依靠打零工来维持的。有一次，他到一家饭店去卖报纸，结果还没有卖几份报纸，就被饭店的老板给赶了出来。但是坚强的克里蒙·斯通并没有放弃，他趁餐馆老板不备，又溜了进去卖报。气恼的餐馆老板一脚把他踢了出去，可是斯通只是揉了揉屁股，手里拿着更多的报纸，又一次溜进餐馆。吃饭的顾客看到坚强的克里蒙·斯通，就对老板说，不要赶走这小孩，并纷纷买他的报纸看。斯通的屁股被踢痛了，但他的口袋里却装满了钱。

从上面的例子我们可以看出，一个人只要能够勇敢地面对困难，不达目的誓不罢休，就能够获得成功。

在销售行业，如果能够像克里蒙·斯通那样执着的去做一件事，那么成功就指日可待的了。那些能做最多的生意、得到最多的客户、销售最多的商品的，永远是那些不灰心、能忍耐、绝不在困难面前说"不"的销售人员，是那些有忍耐精神、谦和礼貌、足以使别人无法拒绝的销售人员。每一个销售新人，都应该努力使自己成为这样的人，而不是与之相反。

由于种种原因，人们会对某些产品的销售人员采取不理睬的态度，有时甚至会十分反感。但是，如果你足够执着，足够忍耐，谦虚礼貌，情况就会发生变化。因为人们知道，有忍耐精神的销售人员是不容易打发的，而他们自己也常常因为钦佩那个销售人员的忍耐精神而购买他的商品。所以，作为一名销售人员，如果你认定了一个目标，不论它是否困难，也不管自己高兴还是不高兴，总是全力以赴去做的人能获胜。

在现实中，很多销售新人一旦遇到一点困难，就会给自己的不努力寻找借口。他们不去思考解决困难的办法，而是寻找种种借口推卸责任，夸大任务的难度，抱怨上司分派工作的不公，让自己更加心安理得。如此一来，虽然让自己保住了面子，但却很难成为优秀的销售人员。

总之，每个从事销售行业的人都要明白这样一个道理：不管什么时候，意志坚定的人总能在社会上找到自己的位置。人们对那些为事业百折不回、能坚持、能忍耐的人都是比较欣赏的，他们愿意与他们合作，愿意和他们打交道。因为坚定的意志能产生牢固的信用。当你明白了成功是用失败堆积而成的时候，你就会在遇到挫折或困难时，去正视它，并去克服它；即使一时解决不了，只要坚持下去，早晚会成功。

对于销售人员而言，一时的失败是再正常不过的了。要是一个销售人员在工作过程中从来没有遇到过困难那才是不正常的。所以一时的失败并不可怕，因为每一次的失败都是成功的基础，失败得越多，离成功就越近。销售中的失败可以说是家常便饭，失败了你就放弃了吗？你一定不能放弃，我们要有百折不回的信心，只要坚持，面对下一家客户你就能拿到订单。

先让客户相信你

■ 给人的第一印象，别打折

作为一名合格的销售员，我们必须时刻谨记："第一印象决定成败。"销售心理学家曾经做过一个实验：让两名同等水平的销售员去推销完全相同的产品，并且让他们以不一样的形象出现在同一个顾客的面前，从而给顾客留下不一样的第一印象。最终的结果显示，这位顾客与给他留下良好第一印象的那位销售员进行了非常愉快的交谈，并且很高兴地将他的产品买了下来，而对另一名第一印象不佳的销售员却不理不睬。

在推销的过程中，销售员给顾客留下的第一印象怎么样，在很大程度上决定了该销售员的推销的成败。倘若销售员不能给顾客留下良好的第一印象，那么即使他接下来的表现再优秀，也很难说服顾客购买他的产品。因为顾客在第一印象中就没有接受他这个人，那么自然也就不会接受他的产品了。

现在，我们一起来看看这位年轻而时髦的销售员的故事吧！

小王是一个年轻、充满活力的销售员，他对待工作热情、认真、负责；同时他也是一个爱美、时尚的小伙子，一头飘逸的长发，称得上销售行业的"时髦人士"。最重要的是，小王所在公司销售的产品，不仅质量非常好，而且价值也十分公道，可是，不知道是什么原因，他的销售业绩却总是不尽如人意。看着同事们噌噌上升的订单数量，他非常苦恼。于是，他找到了部门经理，希望能解决自己的烦恼。

经理认真听完他的倾诉后，笑着说："小王，其实，你的头发就是导致你苦恼的根本原因！在推销的过程中，我们留给顾客的第一印象是相当重要的，倘若你向形象设计公司或者美容美发店推销产品，那么，你的长发没有任何的问题，甚至有的顾客还会觉得你充满活力，是一个时尚达人；但是你现在要推销的对象是一些商务人士，他们有着很高的内涵与品位，在他们看来，你的长发会留下一种过分张扬、不甚可靠的负面形象，所以，对于你的产品，人家自然也就不愿意购买了。"

听了经理的话，小王这才恍然大悟，回去后立即将自己的长发剪了，剪成了规规矩矩的小平头。结果，奇迹发生了，自从小王改变了自己的形象后，他的销售业绩飙升，在月末的销售评比当中居然还获得了第四名的好成绩。

良好的第一印象对销售员而言可以起到事半功倍的作用，因为销售员在与顾客沟通交流的时候所留下的第一印象会在顾客的头脑中占主导地位，如果第一印象不佳，那么很可能就失去了与顾客第二次交谈的机会。因此，要想成为一名优秀的销售员，就必须下苦功夫，做好准备工作，等待"闪亮登场"。

在某市举行了一次规模宏大的联谊会，许多家公司的商务代表都会出席，相互传递信息，交流着思想，并且商谈业务。

销售员："您好，我是××公司的商务代表。"

企业老板："你为什么没有穿标准颜色的正装。"

销售员："实在不好意思，我今天出门的时候有点着急了。"

企业老板听了之后，什么都没说就转身走了。

在成功的销售活动中，良好的第一印象是不可缺少的一部分。在本案例当中，因为该销售员在正式的场合，着装不恰当，给客户留下了不好的第一印象，所以才造成了与客户失之交臂的"惨剧"。

在销售的过程中，之所以说第一印象决定着成败，这主要是因为人们往往会对第一次见到的人或事物产生深刻印象，这是一种"先入为主"的观念，这种观念对今后的分析与判断起着关键性的作用。所以，很多金牌销售员就是利用这一点，努力地在客户面前留下较好的第一印象，从而人为地增加销售成功的概率。

通常，不管你卖的是什么产品，也不管遇到的客户是不是难缠，你都可以利用"给客户留下良好的第一印象"的方法，来尽可能地提高自己的出单率。具体来说，你需要做好以下三个方面。

1. 注意自己的着装

要想成为一名优秀的销售员，注意着装是非常重要的一点。一般来说，男销售员的服饰应该以表现稳重专业，使人产生依赖感为佳；而女销售员的服饰则应该以表现优雅大方，给人柔美的感觉作为准则。

销售员日常的服装在无声中告诉客户，它们的主人到底值不值得信任。即便你只是一个小小的销售员，只要你在工作中穿得像一个成功人士，你就能得到尊敬与善待。

2. 注意商业礼仪

可以这么说，礼仪是一个人内在修养与素质的外在表现。礼仪的"礼"字是指尊重，也就是说在与人交往的过程中，我们既要尊重自己，也要尊重别人。

在实际的销售中，商业礼仪包括很多方面，比如，表情、语言、行为、习惯以及环境等，没有一个人愿意在社交场合中，因为自己的"失礼"而成为大家关注的焦点。

此外，作为销售人员，一举一动都代表着公司的形象，因此，无论在什么样的社交场合，只要我们代表的是公司，就必须对自己的行为进行约束，对他人给予尊重，为企业树立良好的形象。如果结合到现实的销售活动中，销售人员就应当努力做到以下两点：

①在与客户进行交谈与沟通的时候，要注意态度谦逊。在现实社会中，大部分的客户都喜欢谦虚、恭谨的人。如果你做到了这一点，你的客户就会乐意与你交流。因此，我们应当坚决地将说话速度太快、吐字不清晰、语言十分粗鲁等坏习惯改掉。

②对待客户应当彬彬有礼。作为销售员的我们在进入客户的家或者办公室的时候，应当很礼貌地说一句："打扰了。"当客户为我们送上茶水的时候，我们一定要微笑着说："谢谢。"虽然这都属于一些微不足道的小细节，但却是销售人员不能忽视的大问题。

3. 注意与客户的眼神交流

在很多情况下，我们接触的都是新客户，对于他们的喜好、兴趣、禁忌等，一概不知，所以，除了上面所讲到的着装与行为上的礼节之外，作为销售员的我们还需要注意与客户进行眼神的交流。比如，当客户对你的产品产生怀疑的时候，你不仅需要耐心地为客户进行解答，还应该让客户看到你眼神中的自信与坚定；当客户滔滔不绝地讲话时，你的眼睛需要流露出赞同与欣赏的神情。

总而言之，要想成为销售界中的精英，就应该善于利用与客户第一次见面的短暂时间，给客户留下一个良好的印象，从而为下一步的销售工作做好铺垫。因为你一旦没能在销售中开个好头，那么也就不用指望顺利签单了。

■ 客户的耐心只有三分钟

交谈中最困难的就是打破沉默的第一句话。当销售员在与客户沟通时，前三分钟是客户倾听最专注，精神最集中的时候，也是他对你建立第一印象，做出判断评价的时候。短暂而重要的开场，决定了你是否拥有与客户继续交谈下去的机会。所以把握好前三分钟，你就有可能打造一个良好的开端。

虽然初次拜访客户并不会涉及很深的专业性问题，但是客户见你的第一面就为你做好了定位，无论是否有偏差，都已经在他的脑海中形成了第一印象。世界汽车推销大王乔·吉拉德曾说过："你让每一个光顾生意的客户都感觉到，他们似乎是昨天刚刚见过我，让他们永远都保留着深刻的印象，这才是开场白出神入化的境界。"

好的开场白都会给客户耳目一新的感觉，在面对客户之前，要做好充分的准备。当客户需要做交易时，作为销售员，你当然希望他第一个想起的人就是你，可是市场那么大，你凭什么让客户一下子就将你锁定呢？乔·吉拉德就做到了，因此他成了世界汽车推销大王。如果你的开场白不能引起客户足够的重视，你的"第一步"没有涉及客户心中想要的东西，在客户心里你就没能为他做出任何有意义的事，又何求客户帮助你，想起你，和你做交易呢？

小A在展厅销售他的汽车，突然一个只见过几面的朋友走了过来。

小A马上笑着迎上去："好久不见了，老朋友，最近你到哪里去了，是不是把我给忘了啊？"

"最近比较忙一点，现在才来买你的车。"客户抱歉地笑道。

小A："我们是朋友，你不买车就不能进来看看我吗？我每天都能看到你从这里路过，最近忙什么工作呢？"

客户："我在一个机器厂上班，制作一些机器零件。"

小A："真的呀？我们的汽车是由好多零件组成的，但是那些零件是怎样做成的，我还真不知道。"

客户："如果有机会，一定让你到我们厂子里参观一下。"

当小A真的来到他的机器厂里，他非常高兴，并且还把他引荐给了其他朋友。小A趁机把自己的名片送给了每一个人。

就这样一个简单的开场白，却获得了一连串的大丰收。销售员不但得到了他朋友的订单，还换来了很多的新客户，这就是开场白的力量。

汤姆是一家汽车销售公司的高级推销员，近来，他接到了一个艰巨的任务：向法国客户推销汽车。外贸的交易和谈判并不是一件简单的工作，汤姆为此做了很多准备。

当汤姆见到他的客户说的第一句话便是："正是因为你的需求，才使我有机会重新踏上久别的故土，真的很感谢。"说着双手合十，做出了一个感谢的动作。

客户惊讶而又感动的看着他，不用怀疑这次法国之旅定会取得圆满成功。

这是一句非常简单、得体、真诚的开场白，无须做任何长篇大论的产品介绍，一步的铺垫，却收到了不错的效果。

一个好的开场白，能给客户留下深刻的印象，吸引客户能够倾听你的介绍，购买你的产品。但是要想让这个成交的过程顺利发展，你还需要注意以下一些要点。

1. 开场白的步骤要层层递进

初次拜访客户，你要掌握开场白的基本步骤如下：

第一步，要感谢客户对你的接见；

第二步，是完美的自我介绍和必要的问候；

第三步，要婉转的介绍造访的目的，恰当的寒暄，引起客户的兴趣；

第四步，我们可以自然地引进产品介绍，并告诉客户产品将给他带来的利益。

2. 开场白的方式要别具一格

开场白的方式有很多种，有的是以引发客户的兴趣为目的的，有的是以向客户提问来打开客户需求为目的的，有的是以赞美客户来博得客户青睐为目的的，有的则是以利益作为引导为目的，总之，无论你用哪一种，只要能达到"出奇制胜"的效果，就是好的开场白。我们来看这个典型的例子：

一位销售员来到一座住宅区销售他的茶具。他看到一个女主人走过来，便打算上前寒暄，可是还没等他开口，那个女主人很不友好地说："你是做销售的吧，我们小区来的销售员我可见多了，你今天想推销点什么？"销售员听完女主人的这番话，说了这样一段开场白："您说的没错，我确实是一名销售员，我们在做销售的同时也做市场调查，您一看也是一位非常理性的消费者吧，那我就先向您请教一下，您都喜欢什么样式的茶具啊？"

一句话把这位女主人说得心花怒放，虚荣心和自尊心都得到了极大的满足。她开始认真地回答销售员提出的问题，并且说出了小区其他客户的一些信息。最后，销售员开始向她介绍自己茶具的特点和优势，客户渐渐地产生了兴趣。

3. 开场白要有亲切感

在销售中，如果你选择好了目标客户，就要把他当成朋友一样来对待。你的眼神、动作、行为、举止都要表现得优雅大方，要让客户第一眼看到你时就能产生一种亲切感。这样他才会认可你，进而喜欢你，直至接受你，对你产生依赖感。如果想要建立亲切感，你可以这样说"一家人都在啊，其乐融融，真幸福"或"你也喜欢美术吗？我以前就是学美术的"等。

开场白的时间是很短的，要想成功的推销产品，并让客户认可你的产品，首先就要趁着这短暂的时间把自己推销出去，客户接受了你才会接受你的产品。

■ 不谈生意谈感情，不谈交易谈交情

语言，有时一文不值，有时却是你解决问题的灵丹妙药。在销售过程中，语言所带来的感情投资，能够迅速拉近销售员与顾客之间的距离，减少彼此间的陌生感。可以说，情感的投入千百种，而最受销售员青睐的、最直接有效的方法，无疑就是客套话，任凭你将所卖产品的优点、好处说得天花乱坠，都不及几句温馨、亲切的客套话所带来的效果好。

在销售中，被冷落的场面总是在上演，这也许就是销售员本身的问题了。销售员在与客户对视的第一眼，就得让客户感觉到销售员的热情和精明。最重要的一点，销售员绝对不能让冷场的情况出现，一旦和顾客出现冷场，这生意十有八九是做不成的。所以，这时候就可以看出和顾客寒暄的重要性了。

寒暄是与人交往中必不可少的内容，也是一种语言的艺术。比如销售员见了一位陌生的客户，刚开始时要寒暄，和顾客坐定之后要寒暄，看快要冷场的时候更要寒暄，双方拜别的时候更是少不了要寒暄几句。尤其是出现冷场的时候，寒暄更是能起到占用时间空间的作用，占据客户的思考空间，最起码不会让那种不愉快的情绪继续发酵下去。寒暄是销售员在销售领域生存下去的一个手段。由此可见，销售员掌握这项基本技能是非常必要的。

美国著名营销人员培训机构"哈里国际营销公司"总裁罗伯说："寒暄也可以看作是没话找话，说的好就能让买卖继续下去，说的不好则可能直接断送一名潜在的客户。"一个与客户交谈良好的开端，有助于激发客户的兴趣。即便最初客户的购买意向并没有那么强烈，但好的寒暄能够转换客户的购买思维，从而打开与客户成交的大门。

小B是一家家电公司的销售员，这天他来向一位女客户推销产品。

小B："您好，我是××公司的业务员，我叫×××。最近我们公司新推出了一款新产品……"

客户："不好意思，你们的产品我不需要。"

就这样，这位客户断然打断了小B的话。假如你是一位客户。在听到销售员如此这般的开场白，你是不是也没有继续听他说下去的意愿？

但小B并没有因此退却，后来通过一番调查，小B发现这位女客户是一个非常喜欢小动物的人。客户不仅收留了很多的流浪猫流浪狗，而且还允许一些好心人来领养这些小动物。于是小B决定改变销售策略。没过几天，小B又来到了这位客户的家里。

小B："您好，不好意思又打扰您了！"

客户："我不是说过不需要你们的产品吗！"

小B："您别误会，我不是来推销产品的。听说您这收养了很多的小动物，而且还向外领养。我父亲也很喜欢小动物，所以今天我想从您这领养一只送给我父亲。"

听到这里，客户的脸色稍微有些缓和。于是客户将小B带到了自己的宠物房，并开始一句一句的讲起了自己收养这些动物的种种经过。

小B："您这收养了这么多小动物，每天照顾它们一定很辛苦吧？它们这些小动物能遇见您这样一位善良的人，真是它们的福气啊。"

客户听到这里，一直阴沉的脸总算露出了笑容。客户开始热情的向小B就像介绍自己的孩子一样，介绍那些小动物，两个人是越聊越投机。最后还聊到电器能够给这些小动物提供更加良好的居住环境。

三天后，这位女客户终于同意购买了小B公司的电器。

是什么让小B能够在短短的时间里消除客户的抵触心理的呢？没错，就是例子里的那些温馨的客套话。不谈生意谈感情，不谈交易谈交情。发现客户的特点，利用一些寒暄客套话，争取和客户拉拢交情，从而打开了顾客的心扉。言路一通，成功自然就变成了水到渠成的事情。

波尔来到一家香水加工厂的作坊，他此行的目的是要推销一种加工香水的机器。但是作坊里的员工实在是太忙了，波尔站在那里半天，竟没有一个人有空搭理他。于是波尔决定改变一下策略。于是他来到柜台前："请给我拿一瓶香水。"

趁着老板转身给他拿香水的时候，波尔顺便说道："听说你们这里产的香水特别的有名，听说还出口国外，那真是香飘万里啊！"

听见有人如此称赞自己的香水，老板不仅非常高兴，还主动向波尔谈起了他的香水的成长史。

波尔耐心的听着老板热情的介绍。当谈到香水的加工工艺的时候，波尔插话说："一看您就是个行家，怪不得您的香水卖的这么好。您这的香水的确是很独特。但是现在的技术是日新月异，如果制作香水的机器没有及时更新换代，很有可能影响到您香水的竞争力的。您看看这款机器。"

说着，波尔将自己的产品介绍拿给老板看，并分析了他的产品的各种特点。老板听完波尔的介绍，觉得波尔分析得很有道理，于是便同意购买波尔的产品了。

想要激发客户的购买兴趣，首先得想办法传播销售员的热情，没有热情怎么激起客户的谈话兴趣？如果话题都无法开展下去，更别提什么推销产品了。而例子里的波尔，正是在和客户的寒暄里，不经意间，将客户最闪光的地方点了出来。双方有了一个共同的话题，再谈下去，自然也就有话说了。

寒暄也就是引发客户兴趣的"勾魂索"。说起来很容易，做起来却不是那么容易。寒暄的关键就在于怎么说才能说的好，说的妙。

1. 得体最重要

与客户寒暄说客套话的时候，销售员要表现的自然大方，要让对方感觉到你所说的话是出于真诚，过于做作的客套极易引起客户的反感。另外说客套话的时候要根据客户不同的情况说。比如你赞美一位女顾客"小姐，您长得真性感"，一般顾客会回你一句"谢谢"，但是如果这样的赞美用在中国女孩的身上，不但会招来顾客的反感，还会误以为销售员居心叵测。

2. 倾听客户，顺从客户

虽然说"顾客是上帝"这句话所有的销售员都明白，但是在实际销售过程中，许多销售员都不由自主地将交谈唱成了独角戏，即便是寒暄赞美顾客，也经常是只顾着自己说，顾客却很少有机会参言，这样的说话方式是很难引发顾客的兴趣。更有甚者，经常对于顾客的选择，发表一些自己的议论，比如说"这件衣服很漂亮，但是不适合您"等，这样的话很容易让顾客觉得对方并没有尊重自己的选择，从而引起顾客的反感。

3. 触景生情

寒暄要表现的随意些。说一些八竿子打不着的赞美，即便符合客户的事实，也总让人觉得这样的赞美有点生硬。随处可见，随意的话题则更能表现自己的真诚。

总之，小小的寒暄客套话，所创造出的价值是不菲的。但是寒暄也有好坏高低之分。销售员掌握好寒暄的运用，将会对你的销售之路带来巨大的裨益。

■ 别让不好意思成为包袱

销售员在和那些容易产生心理负担，对销售人员特别厌恶的客户打交道时，要注意把握一些重要的原则，比如避免与对方约定确定的会面日期，强调"巧合"，用"碰巧""可能""刚好在附近"等话引出客户的请求。用这种手法，可以制造出一种巧合的感觉，这样就不会让客户感觉到强烈的目的性，从而达到减轻对方心理负担的目的，让客户抱着轻松的心态来展开聊天。这样做更容易达到销售目的。

"王经理，近来身体还好吧？"一位直销员打电话给客户。

"嗯，还不错。谢谢你的关心。你这个月的业绩不错吧？"

"不错。我对自己很有信心。我想问一下，上次推荐给你的洗碗液好用吗？"

"哦，说起那个洗碗液，我还真得谢谢你呢。我太太用了以后直夸我会做家务，也关心她呢。对了，你们那里有沐浴露吗？"

"有啊。我们这里的沐浴露是含纯净甘油及天然蜂蜜，我哪天去你家，送你一小瓶试试？"

"嗯，也可以。但是，我最近一段时间都比较忙。以后再说吧！"迟疑了半天，客户还是拒绝了直销员。

从上面的这一段对话中，我们能够获取什么样的信息呢？

首先我们可以看出，客户对销售员并不反感。客户与销售员的关系还是比较融洽的。客户对销售员所推销的产品有体验，并且感觉很好。同时，客户还希望从销售员那里得到一些其他的产品。还有就是销售员希望进一步为客户详细介绍一下产品。

但是，我们看看对话的结果，客户在犹豫中拒绝了直销员上门服务的建议。这是为什么呢？客户其实对公司的产品有好感，可是他却放弃了继续试用的机会，这里面是不是有什么其他的问题呢？

其实，我们仔细分析一下，这位客户的心态并不难理解。如果我们换位思考一下，我们就可以知道，他这样做是很正常的，也是很容易理解的。

或许在销售工作中，你会遇到这样的人，无论你打了多少次电话，说要登门拜访或去他家附近见面，但是对方都要用各种各样的理由拒绝见面或者就是不肯答应会面。但是从电话里，你又可以听到对方明明对你所推销的产品或者所说的事情有着浓厚的兴趣。这样的人，可能会是你的同事，朋友，也有可能是你的客户。那么他们为什么会选择拒绝和你见面呢？

其实，原因大多数可能是他们对见面有着某些顾虑，或者是比较担心。因为你提出请求，专门上门去拜访客户，这会让对方感觉你十分重视他。而从另外一方面来讲，也会在无形中增加对方的心理负担，让对方感觉不好意思。

客户回想，你为了这么一点小事就特意登门拜访，是不是会耽误你的时间和精力；而更多的担心则是会让客户觉得如果不能满足你的要求，会让你白跑一趟，这样做，反而会觉得心理内疚，会觉得欠你人情。

如果遇到那些想得更多的人，他们可能会怀疑，为了一点小事就专门跑一趟，是不是有什么重大的事情或者是有什么别的企图，这样对方就会对你怀有戒心，更加不敢亲近你了。

所以，很多时候，销售员在准备去拜访客户的时候，会让对方感觉到欠人情，又心怀戒备。而如果你赶的时机不对，客户正好有事情需要紧急处理，那客户就更不会有耐心去听你介绍产品，接待你的拜访了。

上文例子中提到的那位客户的心理状态就是这样的。他的顾虑较多，虽然十分想用推销员所推销的产品，但是考虑到很多因素的影响。最终他选择了放弃。这位客户的顾虑或许有以下几种：

一是担心给直销员添麻烦；

二是对方送来的产品自己是否喜欢，没有把握；

三是担心盛情难却，如果试用了不买，这样更不好。

这些人总是表现得非常谨慎，甚至是畏惧，而这也正是给他们带来心理负担的缘由。他们会因此变得讨厌别人来拜见他们。研究调查显示，害怕别人的拜访给自己带来压力的人有两个特点：

一是性格较为软弱；

二是心地较为善良。

正是因为他们的性格比较软弱，所以他们对别人的好意或者是提议不好意思拒绝，所以才会显得比较犹豫。从这一方面来说，那些可以十分迅速做出判断的人，性格当中肯定会包含一种做事果断的风格，这样他们对什么事都不会担心，也不会害怕产生什么结果。对于登门拜访的销售员自然也不会害怕，但是如果不善拒绝，那么对于登门拜访一事自然是能免则免。

同时，因为犹豫的人心地善良，所以他们不愿意总是劳烦别人，害怕因此而欠下别人的人情。这对于他们来说是无法接受的事实。所以，每当有销售员上门拜访，他们就会显得比较难为情，或者表现得十分犹豫不决，也因此给自己造成了很大的心理负担。

或许有人不太能够理解这样的说法。其实，只要你能够静下心来想一想，做出客观的分析，也许就能够理解他们的想法和做法。你想一想，如果那些免费的服务是针对你的，你会怎么做，是接受，还是在犹豫中拒绝？或许你会产生如下的反应：

"为了这件小事，让别人跑这么远，是不是不太好？"

"如果他来了，但是所推销的东西我又看不上，那该怎么办呢？如果我拒绝别人会不会不太好呢？"

"如果对方来了，我是不是非买不可呢？"

"让我去拒绝别人，我能狠下这个心来吗？"

"我要是让对方失望了该怎么办呢？这样做会不会不太合适呢？"

仔细想一想，你就会发现，产生这样的顾虑其实是正常的，只不过每个人考虑问题的角度和程度不同而已。

那么，对于人们的这种顾虑该采取怎样的方法去消除呢？

首先，你要有这样认知，那就是如果一个人不舍得拒绝你，那这个人可能会是一个善良的人。这样的人是值得深交的，和这样的人打交道，成功的概率就会很大。所以，你要做的，就是如何让善良的人和你尽快的产生交集，怎么用话题让他们对你敞开心扉。所以，不要轻易放弃这样的交往对象或顾客。

然后，你要多为对方考虑，看他们是否有顾虑，为什么没有答应你的请求？最好的办法是把对方的顾虑打消掉，让对方感觉你是真诚的，同时避免确定与对方会面的具体日子，这样可以最大限度地减轻对方的心理负担。所以你可以用一些比较委婉的词语来进行开场，比如用"碰巧""可能""刚好在附近"等话引出你的请求。告诉对方：

"碰巧我朋友家离您那不远，我今天刚好找朋友有事，等会我忙完了，我顺路见你一面，可以吗？"

　　"对了，过两天我刚好有机会到你家附近去，我就顺便去看您一下。"

　　"我可能会到附近去拜访，到时如果你有空的话，可以跟我见个面吗？"

　　对于这样委婉的请求，一般人都会乐意接受。因为大家都觉得这不是专门为我来的，那来就来呗。这样的请求与劝说，往往能够轻轻松松地打动对方的心。这是一种方法，更是一种策略，而这种策略就是在于强调"巧合"，通过强调"巧合"的偶然发生，进而减轻对方的心理负担。让对方听起来不觉得生硬，也就容易产生想要"顺便"见一面的念头，从而达到见面的目的。

　　当然，答应见面并不意味着拜访目的的实现：去拜访，最好瞄准对方可能最方便的时间，如果在闲聊之中，能够打探出"您通常什么时候比较方便？"，达成拜访目的的可能性就更大了，之后见到对方，第一句话最好说"真是巧……"

■ 幽默就是麻辣烫

　　一个幽默感十足的的人，无论走到哪里都会受到大家的欢迎，因为大多数人也喜欢和幽默的人相处。曾经有一个销售心理学家通过研究发现，那些成功的销售人员，大多数都具备一定的幽默元素和幽默感。这种幽默让他们在工作中更加顺利，幽默也就不失为一种巧妙而又恰当的销售手法，它可以让你的工作变得轻松有趣。

　　试想一下，如果你和一个重要的客户在交流时，由于某种原因出现了冷场，这时，你说出一两句幽默的话，僵局就会很快被化解，你和客户之间的交流就能更加顺利进行了。相反，如果你是一个不苟言笑的人，在这种场合下，你自己变得非常紧张，没有办法让气氛变得缓和，那么局面会是怎么样的呢？最严重的结果或许就是你的推销失败，你很难获得客户的欢迎和认同。

在销售的过程中，销售员与客户之间，难免会出现紧张、沉闷甚至尴尬的局面。这个时候就需要用幽默这个武器来化解危机。适时的幽默不仅能够让人觉得你很风趣，同时还能够帮助你脱离困境。所以，如果销售员能够适时地"幽上一默"，自然会给客户带来欢乐，不愉快的氛围也会随之消失。

一名销售员向一位客户推销他们公司的产品。但是，销售员能够感觉到客户似乎不是特别满意这次谈话，所以现场的氛围也显得异常沉闷。为了缓解这种局面，销售员决定用自己的幽默去打破僵局。销售员假装去闻客户桌上的玫瑰花，而且故意让刺扎了一下额头。这时，销售员提高了音量，大声说道："啊呀，今天我真是太幸运了哦！"

客户不知道是怎么回事，就赶忙问："怎么了？"

销售员说："您看，我的额头被玫瑰刺扎了一下。"

客户更加纳闷了："啊，被扎了还说幸运呀？"

销售员解释道："哎哟，幸亏扎的是额头而不是我的眼睛。否则，我就看不了下期《男人装》上的美女了！"销售员假装疼痛地说。

客户听到销售员这么说，他们都哈哈大笑起来，谈话的氛围明显轻松了许多。

其实，在客户面前时常融进一些幽默元素，这样不失为征服客户的好办法。

有一天，小马去拜访一位重要的客户。

小马："您好，我是保险公司的小马。"

客户："嗯，我知道了，昨天已经有好几家保险公司的人来过了。他们都是来推销保险的。但是，我们现在没有买保险的计划，所以，别在我这浪费你的时间了，我看你还是走吧。"

小马："真谢谢您的关心。但是我还是想和您谈一谈。如果听了我的介绍，您还满意的话，那就是最好的了。如果您不满意，我就当场切腹自杀。所以，无论如何，请您拨点时间给我吧！"

客户："哈哈哈哈，我可是头一次听说别人要当着我的面切腹。你不会是说真的吧？"

小马："嗯，就像这样一刀刺进去……"边认真回答，边用手比划着。

客户："你等着瞧吧，我今天非要你切腹不可。"

小马："那好呀。其实，我也很害怕切腹。所以，我等会一定要认真的介绍。免得切腹。"说着，又做了个鬼脸，逗得客户再次哈哈大笑。

在销售过程中，如果客户直接拒绝了你的请求时，你会选择怎么办呢？一走了之，还是继续你的介绍？其实这样做都不是好办法。其实，我们可以学习小马。小马的做法可以说是一个明智之举。如果你能让客户开怀大笑，那么，你们之间的距离就会瞬间拉近，客户对你的戒备就会减弱，而你签约的成功率就会增加不少。

可以说，幽默是一种做事的方式，也是每一个销售员打开成功大门的金钥匙。幽默具有很大的吸引力和很强的感染力，那些能够充分运用幽默的销售员才算得上是一名优秀的销售员。

美国心理学家特鲁·赫伯曾说："幽默是一种最有趣、最有感染力、最具普遍意义的传递艺术。"所以，要想成为一名优秀的销售员，不妨从幽默做起，让自己时常保持幽默。在拜访客户时，多用幽默打破紧张沉默的局面，营造一种轻松愉悦的氛围。培养幽默感，你可以从以下几个方面去做。

1. 体会幽默的真实内涵

幽默是一种语言的艺术，俗话说得好，话有三说，巧说为妙。幽默不是油腔滑调，也不是嘲笑或讽刺。有位名人所言："浮躁难以幽默，装腔作势难以幽默，钻牛角尖难以幽默，捉襟见肘难以幽默，迟钝笨拙难以幽默，只有从容，平等待人，超脱，游刃有余，聪明透彻才能幽默。"幽默是一种高水平的说话方式。想要学会幽默，就要多修炼自己的内心，不断雕琢自己说话的文法、方式。

2. 扩大自己的知识面

要想变得幽默，就要掌握不同方面的知识。幽默的基础是丰富的知识。一个人只有对什么事情都有了解，才能做到言语收放自如，口吐莲花。所以，要想培养自己的幽默感，就要不断涉猎各类知识，不断地充实自我，不断从书籍中收集幽默的素材，从名人趣事的精华中撷取幽默的宝石。

3. 培养深刻的洞察力

使用幽默就要学会培养自己机智、敏捷的能力，因为只有这样，才能发现事物的微小变化，迅速地捕捉事物的本质，以恰当的比喻、诙谐的语言诠释出来，才能使人们产生轻松的感觉。

其实，除了语言之外，人的表情和动作，比如一个善意的鬼脸、一个令人捧腹的动作都可以构成幽默。只有你平时多加琢磨和练习，才能找出那些令客户开心一笑的表情和动作。

但是有一点需要注意，那就是幽默要有度，不能过分使用。否则，很有可能因为使用不当，弄巧成拙。

■ "请您给我3分钟时间"

俗话说得好："心急吃不了热豆腐。"对于难度较高的销售工作也是如此。销售工作讲究的是循序渐进，一步一步的让客户了解产量，然后再谈接下来的合作，这样才能够顺利地和客户签约。万事开头难，所以要从最容易的地方入手，可以先提出一个客户易接受的请求，打破客户的戒备心理，这样你再继续下面的销售攻势就会容易得多。

如果你是初次接触一个重要的客户，那么客户可能对你会有较强的戒备心理，所以，这第一道门是很难突破的。这时，你可以选择最薄弱的环节出击，找到突破口。如果你被拒绝了，也不要轻易的选择退出。你可以给对方提出一些比较容易接受的条件，让对方消除戒备心理，然后对方才能轻松的接受你和你所推销的产品。

小林是一名刚刚踏入推销行业的新人，所负责的是化妆品方面的工作。刚开始接触推销行业，小林的工作经验明显不足，经常碰壁。每次当她给客户推荐产品时，客户对她的回答就只有一句话："对不起，我不需要！"为此，她感到十分烦恼。

最后，实在没有办法的小林决定向那些业绩突出的朋友请教一下销售经验。朋友听了小林的叙述，就笑着问她："那些客户拒绝你之后，你就离开了？"小林吃惊地说："当然就走了，要不然我还能怎么样呢？"朋友说："这就是你做得不对了。你至少要客户给你一点点时间，问问她为什么拒绝买你的化妆品吧！"

小林说："即便是问了，那又能怎么办呢？"朋友笑道："如果你能知道客户为什么拒绝你，那么你的销售工作就至少已经成功了一半。你想一想，如果你知道了问题的所在，剩下来要做的就是解决出现的问题。接下来，你可以不断给出对方容易接受的条件，就可以了。"

　　小林惊讶地说:"我想问问你,你的销售成绩那么好,难道你也经常被客户拒绝吗?"朋友笑了一下说:"干销售的,所有人都有过被拒绝的经历。我也和大家一样,并不是什么事情都能有好运。只是我是一个把拒绝当成机会的人。"

　　听了朋友的话,小林感觉茅塞顿开。原来在销售工作中,一个简单的拒绝并不只是拒绝,而是一种机会。想通了以后,小林抱着这种想法再次敲开了一个客户的门。这个客户是一名中年男子,他对小林说的第一句话仍然是:"我不需要。"小林并没有像以前一样直接走掉,而是微笑着对客户说:"谢谢您,但是我只耽误您一分钟的时间,好吗?"客户听了后,不耐烦地打开门。

　　小林先问:"先生,我可以问一下您为什么不需要吗?据我所知,您有一个长得很漂亮的女儿,我想她应该也会需要高质量的化妆品的。您不妨听一听我的介绍。"客户回答道:"不需要,我的女儿已经有了别的化妆品。"小林说:"哦,其实我们的化妆品特别适合女孩子使用。很多用过的人都这么反映,不知道您女儿的化妆品好用吗?我曾经在小区见过她一次,她这么年轻,不能乱用化妆品。我们的化妆品是专门针对不同肤质而设计的,效果会更加理想的。"

　　客户再次做了妥协,把他的女儿喊了进来。客户说:"孩子是说过她那个化妆品不好用,可是我怎么知道你的好用呢?卖东西的当然会说自己的东西好了。"小林说:"您只要让她用一用就知道了,我想您女儿一定可以辨别好用和不好用的。"女孩试用过之后。感觉还不错,没过几天,就通过她买了一套。

　　事实上,如果一个推销员在遭到客户的拒绝后就偃旗息鼓,绝望地退出,那他是很难有什么大的作为的。一个成功的销售员,就是要敢于挑战那些被别人说成不可能的事情,让不可为变成现实。一个聪明的推销员经常会使用这些方法：即便是遭到对方的拒绝，也要敢于提出一些简单的要求，比如"您不妨听一听我要说的话""请您给我哪怕3分钟的时间"等这些简单的、容易被对方接受的限定条件，这样做客户就不太好意思再次拒绝了。如果客户没有一个非常明确的理由予以回绝的话，面对这样简单的限定条件，他拒绝起来就有点难度了。客户或许会认为听一听也无妨，毕竟刚才已经拒绝了一次，如果再拒绝，显得太不近人情了，或者给他3分钟也无所谓，这无伤大雅，也是人之常情。

而销售的突破就是在这里，一旦客户最初的戒备被成功打破，那么接下来的聊天就可以进入主题，你就可以将这3分钟变成10分钟，甚至是更长的时间，这样，你获得成功的概率就变得大了许多。

从简单的问题入手，让客户打消戒备心理，这种逐渐渗透的方法可以说是屡试不爽。销售人员一旦抓住了客户的这个弱点，就能够在销售中取得突破。这种弱点一旦被攻破，整个销售局面就会意外地陷入一边倒的状态，不相信的话你可以尝试一下！

■ 再熟的客户也不是你的朋友

销售人员在工作时，一定要和对方保持合适的距离，这种距离既是空间上的，也是个人与个人之间的。空间距离很容易理解，但是个人与个人的距离是什么呢？其实这就是涉及个人的隐私问题。与客户谈话的过程中，避免谈论私密问题，属于安全距离成交法中不可缺少的一部分。

销售员与客户的关系是对等的。他们之间的关系如同放风筝一样，既不能放任不管，也不能拉得太紧。可能许多销售员会说，如果我放松了对客户的管理，那客户被别的销售员夺走怎么办呢？其实，如果你能和客户之间保持安全的正常关系和距离，客户是不会轻易和你切断联系的。

在这方面，有些销售员就做得很过分，他们为了表现自己的敬业精神，一天三通电话问候客户的公司、问候客户的家人，这样做往往会让客户感觉到不自在，甚至是厌烦。

如果你这样做了，那就是愚蠢的。因为你不知道被别人逼问的情形有多么的窘迫。这样密不透风的"追踪"，只会令客户觉得你不是在做生意，而是在挖掘他的隐私。一旦客户对你的询问和联系有了戒备，那么你放风筝的这根线就等于彻底断了，不是因为你放得太松，而是因为你拉得太紧。如果关系破裂，那么你们的生意还会有戏吗？答案当然是否定的。

销售员小张与某公司的王经理经过几次合作，渐渐地成了无话不说的好朋友。一天两人工作完后在一起聊天，刘经理不经意间谈起了她老公可能有外遇的事情。小张也没多想，以为是王经理在向自己吐露心声呢，就对此事发表了他的看法，甚至还对王经理的老公进行了辱骂。

从那以后，小张感觉到王经理开始慢慢疏远她，有了生意也不愿意和她一起做了。

其实，这就是超越关系所导致的恶果。

一名成熟的销售员，在和客户接触时，可以把客户当作朋友，与客户保持一定的联系，这是无可厚非。或许还是一件值得称赞的事情。但是，任何事情都有一个度，如果超越了这个度，那么事情的性质就会发生变化。假如你是客户，销售员不知分寸，侵犯你的私人空间，你愿意吗？很显然，你也会摇头的。

但是有时候，一些隐私的话题是客户先说起来的，作为销售员的你，只需要听一听就可以了，千万不要深入探讨或者是追究。同样你要注意不能随意议论别人的"软肋"，因为你们毕竟不是知己，只是单纯的工作关系，且涉及很多利益问题，如果知道的太多，在无形中就会引起别人的防范心理。

销售员李东特别擅长与客户打交道，同时也很注意分寸，许多客户都很喜欢她。

客户："唉，最近心情很糟糕，愁死我了。"

李东："黄总，怎么了？能让我帮您分担一下吗？"

客户："唉，都是家里那位的事情。她总是嫌弃我回家太晚，说我不顾家。可是你看看，我整天在外奔波，不都为了这个家吗？你给我评评理。"

李东笑了笑，没有说话。客户看着李东的反应，也感觉说多了。

李东："黄总，我们喝茶。"

客户："好，喝茶。"两个人又聊起别的话题。

客户们喜欢李东的原因，可能就在于李东明白什么话题自己可以发言，什么话题自己要规避，坚决不介入客户的小世界，而客户也都把李东当成了倾吐内心不快的倾诉对象。李东对客户的事情也只是一听了之，并不会深入参与。其实这也是销售员最聪明的做法。因为只要懂得与客户保持一个安全距离的销售员，才能和客户保持稳定的关系。

一个顾客走进一家商场，销售员赵阳迎了上去。

赵阳："您好，太太！需要帮忙吗？"

顾客："不用了，我想自己看看。"

赵阳退到一旁，但没有离去，而是一直与顾客保持一定的距离。当顾客最终把目光停在一件粉色的裙子上时，赵阳走近顾客。

赵阳："如果您喜欢，可以先试一下。"

顾客："好吧，我就试试这件。"

最后顾客满意地买走了这件裙子。

其实，赵阳的做法是明智的，她并没有紧紧的跟着顾客，而是和顾客保持了一个安全的距离。这样既不会让顾客感到紧张，又可以在顾客需要帮助时及时出现在顾客面前。与顾客保持一个安全的距离，给顾客提供自行选购的氛围，当时机成熟后，主动上前提供服务。这样贴心的举动，试问，哪个顾客不喜欢呢？

那些有经验的销售员都知道，现在的客户最注重自己的隐私，他们不希望别人知道的太多。所以，在推销时，他们都会和顾客保持一个稳定的距离，这种距离可以让顾客感到轻松，同时又可以为进一步的服务奠定基础。或许以下的一些方法可以帮助你做到和客户安全地相处。

1. 私事可以聊，但要学会把握一个度

顾客与销售员的聊天沟通可以有效的加深销售员与顾客的关系。但是，我们要时刻牢记，销售员与客户的关系是即时的，是很不稳定的。所以当客户和你谈到私密的事情时，比较明智的做法是什么？就是巧妙地转换话题。因为知道的越多，跟客户的关系越复杂，也越不好处理。

2. 把握身体上的距离

在和客户接触时一定要把握好身体之间的安全距离，就算你不介意自己的头皮屑被看到，别人还介意你身上的"跳蚤"跳过去呢！与不熟悉的客户保持1米以上的距离，是比较合适的。

作为销售人员，懂得与客户保持一定的距离，可以让你的工作更加顺利，让你的业绩更加突出。

第三章

拉近与顾客的距离

■ 没人愿意不被人尊重

尊重别人是一种个人素质的体现，是一种个人的修养，也是一种美好的品德。尊重是一种对他人人格与价值的充分肯定。在社会生活中，人人都有被他人尊重的需要，同时每个人都希望自己的成就和能力能够被社会认可。作为销售员，就更要学会尊重别人，这样才能够赢得更多客户的尊重与信任。

其实，在社会生活中，人与人之间的关系是相互的。如果你尊重别人，那么，别人也会尊重你；如果你不尊重别人，那别人也就不会尊重你。作为一名销售人员，尊重每个客户，视他们为朋友、为亲人，才能赢得客户的尊重与信任。

富兰克林的经历就充分证明了这一点。在他还很年轻的时候，有一次，他把所有的积蓄都投资到了一家印刷厂里，想多赚一点钱。为了获得更多的利润，他又想办法使自己成为费城州议会的文书办事员。这样一来，他就可以获得为议会打印文件的工作，那样所获得的利润就可以翻倍了。但是，就在他算计好的时候，却出现了一件意外的事情。原来，有一位有钱又能干的议员看透了富兰克林的这一行为，对他十分不满。为此，他就在议会里面到处说富兰克林的坏话，而且还鼓动别人一起来诋毁富兰克林。

面对这种情况，富兰克林该怎么办呢？他没有退缩，没有被吓倒，而是决心要改变对方对自己的态度。那么，该采取什么样的措施呢？

富兰克林经过打听，得知那个议员家里有一本非常珍贵的藏书，于是，富兰克林就写信给那个议员，表示自己十分想看那本书，希望议员可以将这本书借给自己翻阅几天。看到富兰克林的信，议员感到很吃惊。因为自己经常在别人面前说富兰克林的坏话，他不可能不知道。那个议员有点感到意外，不过还是马上叫人把书给富兰克林送去了。

大约过了一个月，富兰克林又派人把那本书送还给那位议员，同时还在书中给议员写了一封态度十分诚恳的信。信中表达了富兰克林强烈的感谢之情。

当他们在议会上再次相遇时，那位议员居然主动跟富兰克林打了招呼，并且极有礼貌，大家对此感到十分吃惊。从那以后，那位议员变得乐意帮助富兰克林，直到富兰克林被选为总统。后来，他们成了忘年交，关系一直持续到富兰克林去世为止。

其实，富兰克林只是用自己的尊重让对方诚服，从而建立了良好的人际关系。在市场营销过程中，销售人员也必须尊重客户，只有这样才能赢得客户的心。相反，不尊重客户就会让自己在市场竞争中败得一塌糊涂。

速溶咖啡在美国出现已经是上个世纪的事情了。在上市之初，速溶咖啡的制造商就认为他们的产品具有绝对的优势，能让美国的家庭主妇从繁琐的咖啡制作中解脱出来，省时省力。因此，他们决定向美国家庭主妇展开宣传攻势，大力宣传速溶咖啡省时省力的这一基本特点。但是，市场的反应让他们大跌眼镜，大家似乎都对速溶咖啡不感兴趣。所以，速溶咖啡的制造商认为他们当初的营销策略是失败的。

为此，他们考虑了很久，但是就是没有找到原因，无奈之下，他们只好求助于营销心理方面的专家。通过营销心理专家广泛而深入的分析，最终他们找到了问题所在。原来在20世纪初期，美国家庭主妇的观念里，制作咖啡的繁琐过程会被视为勤劳的表现。主妇们自己制作咖啡，是一个勤快的家庭主妇的标志，而购买速溶咖啡则达不到这个效果。所以很多人都不接受速溶咖啡的宣传概念。

知道了问题所在后，速溶咖啡的生产商决定调整策略。他们重新制订了宣传方案。为了获得更好的效果，他们邀请当时的总统罗斯福为之做广告。在罗斯福总统的那句"滴滴香浓，意犹未尽"的强力感召下，速溶咖啡很快在美国蔓延开来，成为最受大家欢迎的产品了。

人人都有自尊心，没有人愿意被别人说懒惰或是不尊重。就算是身份和地位再低，也有权利获得别人的尊重。每个人的人格是不允许被别人玷污的。尊重别人，才会赢得别人的尊重。所以，一个优秀的销售员总是用平等的心态真诚地对待每个客户，要学会在任何情况下，都不要得罪哪怕是一个客户。这样一来，大家就会对你的礼貌和人品有所认识，并且会相互传开，而你的客户资源就会不断得以有效地扩充。

在美国有一位汽车销售员，他是新入行的销售员。所以没什么经验。老板给了他一个月的时间，让他试着去做。时间很快就过去了，但是他连一辆汽车都没有卖掉。最后一天，老板准备收回车钥匙，让他离开。但是年轻人并没有轻易地放弃。他说，今天是最后一天，我要坚持到最后。

午夜时分，一阵敲门声把年轻人吵醒了，推销员打开门一看，原来是一个卖锅的。只见他的身上挂满了锅，冻得浑身发抖的他问年轻人需不需要买一口锅。

推销员打量了一下这个家伙，心想怎么比自己还落魄。看着外面寒冷的天，年轻人就让那个卖锅的坐到了自己的车里来取暖。两人开始聊天，这时汽车推销员问卖锅者："如果我买了你的锅，然后你要做什么呢？"

"到下一个地方，再找人卖锅。"

汽车推销员又问："全部卖完以后呢？"

卖锅者回答说："那就回家再背几十口锅接着卖。"推销员继续追问："如果你想使自己的锅越卖越多，越卖越远，你该怎么办？"卖锅者说那就得考虑买部车，不过此前没考虑过。

听了卖锅者这么说，年轻人决定推销一辆汽车给他。而那个卖锅者也觉得需要一辆汽车，于是他决定先订货，五个月后提货，定金是一口锅的钱。正是因为这张订单，推销员被老板留了下来。后来，他的业绩越做越好，终于获得了成功。

一个尊重他人的销售员最容易获得别人的尊重，当然事业也会取得大的突破和进展。所以，学会尊重他人，这样才更容易获得成功。

■ 换个角度，别有洞天

一个成功的销售人员一定要学会站在客户的立场上思考问题。设身处地的为客户考虑，或许是对客户最大的帮助和尊重。因为客户有时候不一定知道自己面临的问题有哪些、应该如何解决。作为销售人员要知道，客户是我们的衣食父母。所以在服务客户的时候，我们要试着多了解客户的真实想法，和客户站在同一条战线上，这样才能取得双赢。

懂得转换身份立场，就是要做到以心比心。学会换位思考，这样才能更加了解客户的真实想法，拉近与客户之间的距离。所以，要想在销售行业干出一番事业，那么就要学会换位思考。

在销售的过程中，许多人都是想怎样才能获取最大利益。在这条原则的引导下，很多人都千方百计地去损害客户的利益，不惜让客户购买质量差但是价格却很高的商品，或者是卖完之后就感觉"万事大吉"，事情已经与自己无关了，对客户在使用过程当中出现的任何问题都不闻不问的……

销售人员会发现，这样做虽然可以给你带来短期收益，但是从长远来看，并没有什么好处。因为，如果客户的利益受到损害，就一定不会再去相信销售人员，这样他们之间的关系就被破坏，客户的流失也就十分自然了。

所以，在销售过程中，销售人员最好能够通过换位思考来解决客户的问题，而不是做"一锤子买卖"，这样同客户之间的关系也将更加稳固，销售员与客户之间的关系才会更加长久。

杨先生随访问团到了纽约。一次出去参观游玩，他在城中的一家玩具店里看中了两个玩具，一个是非常漂亮的毛绒米老鼠，而另一个则是十分精致的汽车模型。杨先生问销售人员，这两个玩具的价格怎么样，他打算买给自己的两个孩子。

可那位销售人员并没有直接给杨先生报价，而是先问他："先生，您来自中国吗？"

"是的。"杨先生疑惑地想，莫非这种东西不卖给中国人？

销售人员诚恳地说："先生，如果您来自中国，我建议您就不要买这个毛绒米老鼠了！"

"为什么？"杨先生充满疑惑地问销售人员。

"呵呵，先生，因为这是中国生产的。"说完，销售人员特意给杨先生看了看"中国制造"的标识。

销售人员接着说："您可以买这个新款的芭比娃娃，这个是美国生产的，是刚刚上市的，国外还没有卖，女孩都很喜欢的。"

最后，在这位销售人员的建议下，杨先生买了两个新款的芭比娃娃和一个汽车模型。

从上面的例子我们可以看到，销售人员并没有一味的只追求利益，而是站在了客户的角度，让客户有了更好地选择，同时也给客户留下了美好的印象。所以，一个成功的销售人员要学会跟客户站在同一阵线上，了解客户的真正需要，只有双赢才是持久之道，才能将你与客户之间的关系拉得更加紧密。

销售人员张强就是一个处处为客户着想的人。他在销售的过程中给自己定下了几条原则，那就是"做生意先做人"，坚持时刻为客户着想，通过换位思量为客户做出最正确的选择。也正是因为这样，张强的销售业绩在公司里总是非常出色的。

有一次，一个外地客户打来电话咨询机器价格等情况。张强听了客户的介绍之后，感觉到客户所要求的机型其实并不适合他们使用。如果按照客户的要求给他们把机器送过去，张强的销售提成会很多，但是张强却不打算这样做。张强在电话里向客户建议道："其实，我刚才已经仔细看了您报给我的需求，如果按照您的要求，那么你们的公司肯定会吃亏，投入会大很多。要达到同样的效果，机器数量和机型容量都可以减少一些，这样您投入的也会适当降低一些。"

"哦，是吗？"对方似乎有些惊奇地回答道。"其实我在之前已经打了很多电话咨询，但是就是没人能够给我说清楚这些事情。现在我明白了，谢谢你的分析。我现在就把合同传给你，而且我们公司也决定，你们就是我们的长期供货商了！"

从这个例子我们不难看出，张强正是坚持了"为客户着想"的理念，所以最终他才赢得了客户的信任。其实，销售人员要具备这样的意识。因为在和客户交流的过程中，并不是只向你的客户传授某些知识或者说教的，你是在向客户提供服务和帮助，是在为客户排忧解难的。所以，你要坚持一切为了客户的原则。只有当客户意识到你是在为他服务，而不是单纯的只从他那里获得金钱的时候，客户才会降低自己的心理戒备，这样你的销售计划才能够顺利展开，进而使客户非常乐意地接受你。因为真诚的帮助是不会遭遇拒绝的。

作为一个销售人员，要时刻想着多为别人着想，把客户的利益放在最前面。这样你不但能够获得客户的信任，而且还可以从客户那里获得有用的信息。

销售人员要想获得客户的认可，就要学会站在客户的立场思考问题，真心实意地为客户的利益考虑，这样客户才会信任你，进而购买你的产品。

如果一个企业只想做一次性交易的客户，那就根本无法发展壮大。所以，要想使企业进一步发展壮大，就应该不断开发新客户，与老客户建立友好的战略合作伙伴。同样的，要想成为一个优秀成功的销售人员，就要做好长远的打算，和老客户建立感情，做永久的生意。有了老客户和新客户的加入，才能轻松自如地取得非凡的销售业绩，成为一名高效的销售高手。

■ 不会说就别瞎说

每一个人，包括我们的客户，都渴望得到别人的赞美。适当地赞美客户，不仅能体现销售人员较高的文化修养，更能为促成业务推波助澜。因此，懂得赞美的人，肯定是优秀的销售人员。在销售活动中，如果你能恰如其分地赞美你的客户，那么就会让你的客户产生一种成就感，从而让他在购买你的产品时感到自豪，进而对你产生好感。

当然，赞美的话谁都会讲，但是在生活当中赞美也要适度，过犹不及反而会适得其反。只有恰当地赞美别人，才能取得他人的好感和信任。因此，在赞美他人时要注意技巧，可以参照以下两个例子。

在一位客户的新婚宴会上，新娘长得并不是很漂亮，甚至腿部还稍有残疾。有一位销售人员为了拉近与这位新郎客户的距离，便到新人面前赞美道："从来没有见过这么漂亮的新娘，简直是白璧无瑕，太完美了！"

这位销售人员自认为说得很好，实际上他已经得罪了新娘和这位客户。因为，大家都知道他的赞美太虚假了，难道新郎不知道新娘的腿有残疾吗？这还能称得上是完美吗？可见销售人员这样不顾事实的恭维非但没有收到良好的效果，反而有可能引起新娘或者客户的误解，认为这是对方在有意讽刺自己。

那么，我们应该怎样赞美客户呢？

有一位自我感觉非常良好的老总对自己的个人形象非常看重，觉得自己能力很强，也很优秀。于是他便经常摆出一副冷冰冰的面孔，让人感觉很难接近。有一位销售人员听说了这位老总的脾气不好之后，在一次与该老总合作时，一见面就说："××总，您好，很早就听别的同事夸您，说您是个很爽快的人，办事也特别有能力，还很会关照我们这些在底层的销售人员，这次能够和您合作，实在是倍感荣幸。"听完这番话，那位老总脸上马上露出了笑容，并愉快地接待了这位销售人员。

这位销售人员的成功之处就在于他正确地赞美了那位客户，使得那位客户放松了戒备，试想有哪个人会让夸奖自己的人难堪呢？

心理学家分析得出，每个人都有天生的自卑情绪，这种心理决定了人们或多或少地喜欢别人称赞自己聪明、有才华、有活力、做事细心等，只要你说出来，人家都是喜欢听的。因此，作为销售人员一定要学会赞美，并且更重要的是要学会赞美的方法。

卡耐基曾说过："人类最终、最深切的渴望就是做个重要人物的感觉，这也就是为什么多数人喜欢听奉承话的原因。即使他们知道这些奉承话是假的，也仍然百听不厌。"

但是赞美也是一门艺术，它的技巧性实际上是很强的。这就如同作画，胡乱涂鸦人人都会涂几笔，而要画一幅完美的作品，可就没那么容易了。赞美别人要做到轻松自如，得心应手，也要有相关的技巧。

首先，当你赞美别人时一定要有诚恳的态度。只有态度诚恳，客户才对你的赞美感兴趣，你才能收到理想的效果。如果你的赞美之词毫无诚意，客人会从你的语气态度中听出来，反而会感到虚伪，那么这样的赞美还是不说为妙。

其次，赞美既然要找出可赞之处，就要努力去观察、去发现、去挖掘，找出顾客引以为豪并希望得到肯定的地方。

有一次，一位顾客在一块新款的地砖面前停留了很长时间，销售员走到顾客的面前说："您的眼光真好，这款地砖是本月我们公司推出的新品，还是我们上个月的销售冠军呢。"

顾客问道："这样的地砖是多少钱一块啊？"

导购说："这款瓷砖，折后价是150元一块。

顾客说："嗯……是不是有些贵了，还可以再便宜一些吗？"

导购说："请问，您家住在哪一个小区呢？"

顾客说："在东方绿洲。"

导购说："东方绿洲算得上是非常不错的楼盘了，听说小区绿化很好，楼房室内的装修也不错，交通又十分便捷，买如此好的地方，这些钱您还在乎吗？不过我们近期正在对东方绿洲和威尼斯城进行一个优惠活动，您还可以享有团购价。"

顾客兴奋地说："但是我现在还没有拿到钥匙？我并不知道具体的面积是多少啊？"

导购说："您要是现在就提货还优惠不成呢，我们按规定要达到20户以上才可以享受优惠，算上您这一单现在才16户，还有4户呢。不过，您可以先支付定金，我会给您贴上团购签，等到您面积下来了，您再告诉我具体的数量。"

就这样，顾客提前支付了定金，并且在两周之后，订单成交。

这个案例虽然很简短，但是这个案例不乏许多闪光的地方供我们思考。最重要的是我们这位导购善于赞美。相反，毫无根由地胡吹乱捧，只能让人觉得是一种为推销而做的虚假恭维，必然适得其反。因此，有经验的销售人员在赞扬客户时，总是注意细节的描述，而不空发议论。

作为销售人员，你也应该观察入微，找到客户值得赞美和欣赏的人或物。无论是谁，对待赞美之词都不会不开心。让别人开心，我们并不会因此而受损，何乐而不为呢？

销售人员面对的客户是千差万别的。所以在赞美别人时，即使使用了最华丽的辞藻，但是如果用错了对象，那效果也不会太好。因此，在赞美时需要注意以下几点。

1. 以事实为依据，做到有理有据

销售人员在赞美别人时一定要根据被赞美对象的特点，抓住主要特征，赞美的内容不可凭空臆想，胡乱瞎说。如果只是一味的对别人进行奉承，只是拍马屁或者赞美一些无中生有的事情，客户就有可能把你当作"小丑"一般而不加理会了。

2. 学会把握赞美的适度原则

赞美一个人时，要注意把握好度，不要过分，但是也不要赞美不到点上。赞美的目的是为了推销你的产品，并把它推销给客户，如果只是一味地恭维，推销也就失去了本来的意义。

3. 面对不同类型的客户，要选择不同的赞美内容

对于赞美的内容也是不同的。对于男客户来讲，他们都希望自己能够取得名利上的成功。所以，赞美男客户时可以对他们的事业进行赞美。而大多数的女性客户则比较在意自己的容貌、穿着以及身边的伴侣等，因此与女性客户相处时赞美的重点就应该放在这些方面了。

相信，只要掌握了赞美的技巧，你一定可以在销售的道路上走得更加平坦，更加顺利。

■ 客户喜欢什么你就跟他聊什么

著名的销售大师杰弗里·吉特默曾经说过："如果你找到了与潜在客户的共同点，他们就会喜欢你、信任你，并且购买你的产品。"销售员在工作时要学会发现客户与自己的共同点，这样就容易形成更大的共鸣。

人属于群居动物，所以大多数人都喜欢和与自己有交集的人相处。所以，销售员在工作时就要把这一特点应用到与客户的交往中。这样做不但可以使客户更容易接受你，也可以让你在生意上更加顺利。所有人都喜欢从朋友那里而不是销售员那里买东西。

一次，销售员王涛在拜访大客户吴经理时，发现自己无论怎么

耐心的介绍自己的产品，吴经理就是一言不发，既不发表意见也不反驳，时不时心不在焉地"嗯"一声。为了缓解这个尴尬的氛围，王涛停止介绍，用眼睛的余光扫视了一下吴经理的办公室，发现办公桌上有一本集邮册，这时王涛联想到自己平时也有集邮的爱好，所以心中就特别开心。

于是，他改变了销售战术。他随口问吴经理："吴经理，原来您也喜欢集邮呀？"听到这里，吴经理立刻兴奋起来："呵呵，是呀，怎么你也有这个爱好吗？"就这样，王涛与吴经理关于集邮谈了两个多小时。结果，王涛离开时，吴经理主动与他签了一张数额巨大的订单。

无数事实证明，当你能够找到和客户的某些公共点的时候，尤其是与那些初次见面的客户，你就能够更容易找到合适的突破口，然后就可以迅速的打通彼此之间的隔阂，顺利的展开下面的话题。

电话销售员："您好，听声音我猜猜您是惠东人吧？"

客户："呵呵，你猜对了我是惠东人。"

电话销售员："那我能问问您是惠东哪里人吗？"

客户："惠东城区人。"

电话销售员："哎呀，真是太巧了，我也是惠东城区的。"

客户："那可真是巧啊！"

电话销售员："听声音我感觉您在公司内肯定很有影响力，请问您是负责哪方面工作的？"

客户："也没负责什么，我就负责办公室工作。"

电话销售员："哦，怪不得呢！您看陈主任，我和您谈的购买办公桌椅的事情……"

上面的对话是电话销售员与客户的一段经典的对白。这名电话销售员在接通电话后，通过寻找与客户的共同点和客户建立了融洽的关系。顺着这层关系，销售人员进一步和客户加深联系，在合适的时间切入正题。最后成功的收获了这笔业务。可以说，与客户的共同点，是清除彼此之间障碍的一把利刃。

那些有经验的销售员总是善于千方百计地找出与客户的共同点，并加以扩大，目的何在？其实，他们是以此为契机，打破彼此间的心理隔膜，巧妙地化解客户对他们的一些偏见和误解，努力地促使销售结果朝着他们预期的方向发展。

1. 找到相同的地方

其实，现在的社会是一个相互联系的整体。在这个整体中，必然会有很多相同或相似的地方，比如生活环境、家庭背景、工作性质、兴趣爱好、生活习惯，甚至对某件事持有相同的看法等。如果要想在茫茫人海中找到一个值得交往的人，就要先学会慧眼识珠。那么，怎么样才能做到这一点呢？首先，你要做好详细的调查，弄清客户的基本情况，比如客户的爱好、客户感兴趣的人、客户喜欢的东西等，然后在这些事物当中寻找相同的爱好。然后，你可以在平时多培养自己的兴趣爱好，这些兴趣和爱好要从广泛的大面出发。因为你的客户不是一个人，只有你有着广泛的爱好，充实的生活，你才可以充分的面对不同的客户，才更容易找到共同点。有些时候，你并不缺少和客户相同的爱好或者兴趣，只是你可能没有发现，所以，你需要认真观察，用心去思考，这样才能迅速的建立和客户之间的联系，做好相关的销售工作。

2. 寻找建立共同点的基础条件

要想和客户建立共同点，销售员至少要懂得比较多，或者是对某一方面的内容比较了解，这样才能顺利的保证对话能够进行下去。如果客户和销售员双方对某个方面的问题比较感兴趣，那就可以花费一些时间一起讨论，然后再在合适的时机切入销售工作的主题，这样才不会显得牵强附会；如果有些话题有展开讨论的余地，那么销售员就要及时的和客户展开讨论，但是需要注意，这个讨论需要有个度，能够在拉近距离后及时回到销售话题上，趁热打铁，达成共识。

3. 投其所好，吸引客户的注意力

"懂得投其所好，就能成为销售冠军。"这是世界上最伟大的推销员乔·吉拉德的一大成功心得。他为什么这么说呢？因为他经历过许多不同的客户。从与这些客户的交流中可以知道，懂得客户的心思才能更好地推动销售工作。其实，生活中有许多小事情都可以引起别人的兴趣和注意，比如谈论小孩、宠物、花卉、书画、运动、嗜好等，都是在投其所好，都可以迅速撤除客户心灵的防线，有时这可能并不是你们的共同点。但是只要你能够和客户展开交流，和客户形成互动的良好氛围，那么你们就可以在没有共同点的基础上制造出一些共同。这样就可以完全的和客户展开交流了。

找出并扩大你与客户的共同点，在轻松愉快地交谈中，完成你的销售目标，成就你的宏图伟业！

■ 顺藤走下去，才能顺利地摸到瓜

人们都有一种表现欲，尤其在遇到自己熟知或感兴趣的话题时，总是免不了要夸夸其谈，甚至还会表现出意犹未尽的样子。而在销售过程中，如果销售人员能恰到好处的抓住客户的兴趣与爱

好，顺藤走下去，你就会很顺利的摸到瓜。

抓住客户感兴趣的话题，就等于发现了客户的兴奋点，销售就成功了一半。美国汽车大王福特曾说过："如果说有什么成功的秘诀，那就是设身处地的为别人着想，试图去了解别人的态度和观点，这样，不但能互相沟通和理解，而且还能更清楚的地知道对方的思想脉络和主干意思，有的放矢，直击要害。"

想客户所想，谈客户感兴趣的话题，满足客户的需要，这不正是客户所期盼的吗？如果福特的销售策略是：大肆的向客户宣传我们的科技是世界顶尖的，我们的产品是世界一流的，我们的售后服务无人能比。那么美国的汽车大王的称号还会是福特吗？

小E到一家外贸企业销售他们的刻有国画的真皮皮带。这家企业的经理是一个美国人，一看到皮带上的画，就兴奋地叫起来："是中国国画！"

小E马上意识到原来这位经理对中国画感兴趣，解释道："这是隋唐时期的国画，是经过著名的雕刻大师雕刻上去的。"

"隋唐时期的？那真是中国一段辉煌的历史啊……"这位经理竟然和小E谈起了中国历史，小E也适时的赞美和点评。经理一听更是得意起来，又邀请他参观了自己收藏的郑板桥的画，甚至还和他分享了收藏这画时的背后的故事。

经理的谈话滔滔不绝，而小E正好此时说道："您这么喜欢国画，您看我们皮带上的这幅画，您是否愿意收藏呢？带上它，每个人都知道您是中国国画爱好者了。"

经理点头称是，马上就买下了皮带。

在整个销售过程中，小E和经理没有谈任何关于皮带的问题，但最后却顺利成交。原因很简单，因为聪明的销售员选对了话题，他们的谈话一直围绕着客户感兴趣的中国画来进行，客户满足了、高兴了，结果也就可想而知了。

在整个销售领域，这种抓住客户"兴奋点"从而成功的经典案例有很多，让我们一起来看看小F是怎么缔造他的商业奇迹的吧！

小F想把自己经营的精品式甜点，推销到英国一家有名的五星级饭店里，为了完成这桩大买卖，他不知道有多少次出没于这家饭店，每年都会打电话和老板"套近乎"，甚至还住在这个饭店里，但是结果依然是让人灰心失望。

小F想，怎样才能让饭店的老板接受自己的甜点呢？经过多天的调查，他终于发现这个老板除了经营酒店之外，还担任着英国招待所协会会长，并且对这个工作兢兢业业，极为热诚。无论协会有什么活动，他都准时参加，从不缺席。

知道这个消息后，小F高兴万分，当再次见到这个老板时，只字不提甜点销售，而是大谈特谈起招待所协会的相关事宜，老板也一反冷言冷语的态度，热火朝天地和小F交谈起来。会谈结束后，小F不但得到了老板邀请的会员证，还接到了这家饭店的甜点合作协议。

在销售过程中，与客户谈论他感兴趣的话题，有助于缩短彼此之间的距离，所谓观其所爱，投其所好，没有共同语言，两人的交谈必然将陷入僵局。所以，作为优秀的销售员，即使不能样样专精，也要做到无所不通。

销售人员喋喋不休地在一旁介绍自己产品的优点，自顾自地说个没完没了，也不管客户是否感兴趣，是否想听，这是销售中最大的禁忌，也是一般的销售人员最容易犯的错误。面对这种让人"无语"的销售员，客户心里只会想着赶快结束这场毫无意义的谈话。当正常的交流都成了问题，客户又怎么会接受你的产品呢？

1. 销售人员的兴趣要广泛

与客户拉近彼此间心理距离的最好方法就谈论他感兴趣的话题。但是，销售人员的客户并不是某一个人，而是有着不同兴趣和爱好的"很多人"。所以，作为一名优秀的销售人员，对大家普遍喜欢的事情都要有所了解，有所涉猎，甚至做到精通。当某一点和客户的兴趣重合时，可以张嘴就说，信手拈来，这绝对是赢得客户认同的大砝码。

2. 经验是最好的老师

对于那些不知如何说服客户，获得订单的销售人员，应该多借鉴一些前人的经验，比如说多看看有关这方面销售成功的案例，或者虚心请教公司优秀的销售员，看看他们是如何抓住客户感兴趣的话题的，然后结合自己的实际情况，去尝试，去总结。只要掌握了客户的兴趣，成功就只有一步之遥了。

3. 从客户感兴趣的话题入手

只有客户感兴趣了，他才会觉得与你的谈话是有必要的。

一名推销员去一家公司推销复读机，刚见到经理还未开口，经理便拒绝了购买他的产品。他没有吱声，环视了一下经理的办公司，目光落到了墙根的鱼竿上，他上前一步指着鱼竿问经理："这是您买的富士竿吧？"

经理兴奋地道："嗯，是呀，你也懂钓鱼？"

他答道："只是懂一点，我和朋友也经常会去钓。"

"钓鱼也是一门学问呀，不是所有人都能掌握的，你知道钓鱼有哪些技巧吗？"

就这样，两个人就钓鱼的问题聊了起来，经理好像遇到了知音，越聊越觉得相见恨晚。于是，这位销售员在双方轻松的交谈中拿到了他想要的订单。

找到了与客户共同感兴趣的话题，也就找到了打开客户封闭心灵的敲门砖，达成某种默契，你不想成功都难。

4. 如何得知一个完全陌生客户的兴趣

与陌生人攀谈兴趣，是考验销售人员敏锐的观察力和正确的判断力的关键时刻。面对一个你完全陌生的客户，想要得知他的兴趣所在，你可以仔细观察一下四周的摆设，比如，看到阳台上有很多盆栽，销售人员可以以盆栽作为与客户谈话的切入点，同理，看到高尔夫球具、溜冰鞋、钓竿、围棋等都可以从相关的话题展开。当没有这些标志性的物品时，销售人员要仔细倾听客户说话的声音、语气，观察客户说话时的神色、姿态，揣摩他的心理，从而做出正确的判断。

酒逢知己千杯少，话不投机半句多。如果你与客户已经成了倾心相谈的"知音"，你的产品还愁卖不出去吗？

■ 客户吐槽时，别打断他

在销售工作中，学会倾听也是一门学问。耐心倾听别人的心声，可以帮助你和客户建立良好的沟通关系。其实，倾听也是迈向成功的第一步。善于倾听是销售人员最基本的素质，同时也是打开客户内心世界的一把"金钥匙"，更是获得客户信任，拓展人脉的一种有效方法。

著名的成功学者戴尔·卡耐基曾说过："在生意场上，做一名好听众远比自己夸夸其谈要有用的多。如果你对客户的话感兴趣，并且又有急切想听下去的愿望，那么订单通常会不请自来。"

事实上，我们每个人都希望得到别人的关注，这种关注可以让我们感觉到自身的价值和存在。每个人都希望别人能够认真地去倾听自己所说的每一句话，你的客户尤其如此。丘吉尔曾经说过："沉默是金，倾听是银。"在和别人对话中，我们有必要保持一些沉默，但是也有必要去倾听别人。在沟通活动中，你的沉默不仅会让客户认为你被他所讲的话吸引，而且也会为你自己赢得揣摩客户心思的时间，这样对双方都是有益的。

有人曾经做过一个总结，说世界上最伟大的恭维就是问对方在想什么，然后注意聆听他的回答。作为一个成功的销售人员不仅要学会说，更要学会听。因为倾听别人是尊重别人的表现，更是与人和睦相处的必备技能之一。而在销售行业中，销售人员更多得是要学会安静地聆听，听客户说话，让客户多表达自己的想法，这样才会以客户为中心，让客户感到受重视，满足表达自己的心理需求。如果你一直说，客户一定会感到不舒服，因为他会认为你没有把自己当回事。

有时，说得太多太好也不是什么好事。那些自说自话的销售人员，往往会以自我为中心，而忽略了客户的心情和想法，让客户得不到任何的表现机会，而忽略了客户的心情和想法，这样势必会给人一种喧宾夺主的感觉，必然引起客户的反感和厌恶。

所以，作为一个优秀的销售人员，就要学会倾听客户的声音。同时，还要认真地听，很有兴致地听，积极迎合地听，听懂客户的话，弄明白客户的心理。只有这样，你才能发现客户的心理突破口，从而达到销售的目的。

凯瑞是一位著名的推销专家，他的推销经验十分丰富。有一次，凯瑞推销一种品牌的汽车，当地的一位富人知道了以后，就想从他那里购买汽车。这位企业家的学历不高，但是却有着精明的头脑，凯瑞像往常一样接待了这位客人，给他做了最详细的产品介绍，并推荐了几款最好的车型。原本以为交易会很顺利，但是结果却令凯瑞失望不已。

晚上回到家，凯瑞反复琢磨问题出在哪里，可是总也不知道问题出在哪里。为了弄清原因，他拨通了那位顾客的电话："先生，您今天有满意的车型吗？"随即，那位企业家就将自己没有购买汽车的原因说了出来。

凯瑞之所以能够成功，就是因为他没有因为客户的原因而放弃销售，他总是在想着如何让客户满意，这样一来，他成功率的概率就高了很多。

在销售过程中，每个销售员都会不可避免的遇到客户对销售工作或产品产生不满。碰到这样的客户确实是件让人头疼的事情，但是，优秀的销售员具有强大的耐心和征服力。无论如何销售人员都要耐心地倾听客户的意见，然后再根据出现的问题进行解决。

从另一个方面讲，让客户说得越多，他所透漏的信息就越多，这样我们能掌握的信息就越多。掌握的信息越多，在销售沟通中就越能占据主动地位。

作为优秀的销售员，在处理客户的抱怨时，绝对不能只停留在口头承诺上，而是应该实践在行动上。销售员答应客户的事情一定要做到，而且行动要快。

显而易见，只有善于倾听才会赢得客户的信任。用心地聆听客户说话，对销售人员实现销售行为有很大的帮助。

在聆听客户说话的时候，销售人员要面向客户，保持一个好姿势，身体前倾，把目光集中在客户的脸、嘴和眼睛上。如果有必要的时候，还要把客户说的要点记在自己的笔记本上，让客户感觉你会记住他所说的每一句话、每一个字。销售员对客户的讲话表示出极大的兴趣，不仅是对客户的尊重，同时也表明你是一个尊重他人，会倾听他人心声的人，从而令其对你诉说更多，使彼此的谈话由表面的寒暄升级到真心的交流。

聆听时，销售人员对客户的观点和想法不要急于下结论，要边听边想，等客户完全说完以后，再对客户所说的话进行总结思考，然后发表自己的意见。即使你对客户的观点表示不赞成，也要尽力控制自己的情绪，更不能表现出激动或发怒，而是要努力找出你的产品或服务如何能够带给客户更多的好处，以此来说服客户。

销售人员在听完客户说话以后，要给客户一个积极的反应，要善于核实自己的理解，你可以不时地用"嗯，是这样啊""哦，我同意您的看法"等回答，向客户表示你在认真听他说话；也可以适当发问或者对其谈话的内容进行重复，这样可以让客户对你的倾听更加满意，客户内心就会得到满足，认为自己得到了关注，合作的机会就会变得更大。

其实，在推销过程中要多"听"客户谈他们的理想，可以提高成功的概率，这并非虚谈。客户在谈他们的需求以及他们高兴或者不高兴的事情时，你可以在听的基础上把这些信息迅速整合，发掘出客户没有表达出来的想法，这样推销的效果会变得更好。

第四章

掌控客户的心理

■ 人人都爱"占便宜"

谁不喜欢物美价廉的东西呢？如果你随机采访街头的人们，恐怕没有人会说："我不喜欢便宜又实惠的东西，我喜欢又贵又破的商品！"人们都有这样一种心理：价格越低越好，东西越便宜越好。在日常生活中，每逢假日或者优惠特价促销，超市商城都会挤满想要抢购便宜东西的人。有的人为了抢到打折商品已经到了近乎"疯狂"的地步，他们可能会在前一天的晚上就跑到商店门口通宵排队，每次都会让商场如战场般硝烟弥漫。

追求物美价廉没有错，这原本就是人很常见的一种心理倾向，天性使然，所以面对客户你首先就要想到，这个人是想要花最少的钱，买到你这里质量最好的产品。如果价格给的太高，顾客就会毫不客气地扭头就走，但倘若价格定得太低，对于销售员来讲又何来利润可言呢？

看来我们必须要多动脑筋了，我们要怎样做才能让客户在购买自己的产品的同时又能实现利润最大化呢？

答案就是我们要为顾客讲明"利害关系"，也就是说，要让追求物美价廉的顾客明白，你为产品定下的价格是值得的，而且仅此一家。要让顾客相信，要想买到你的好产品，眼前的机会绝无仅有，他绝对不会买亏，这样就能打动顾客的心。

小王是个很懂得察言观色的人，作为一家洗衣机公司的推销员，他的业绩一直不错。

这一天，他到一位客户家介绍产品，打算为公司的新型洗衣机打开销路，接待他的是一位看起来沉稳冷静的中年女人。进屋后，他快速环顾四周，发现这户人家给人的感觉简约大方，家具品牌虽然老旧，但是质量上乘，摆放方式十分合理。小王由此推断，这个中年女人是个贤惠、很会过日子的人。攀谈中，客户也告诉小王，她喜欢物美价廉的商品。

于是，小王暗暗想好了对策。他先是夸赞了一番客户家中的家具，真诚地表达出对女人眼光的赞美，而且说这种家具不仅仅质量好，购买的价格也非常合适，这番话让客户十分高兴，甚至有点扬扬得意起来。

看到客户心情很好，此时的小王将话锋一转，开始介绍公司的新型产品。中年女人虽然没有感到反感，但是却认为洗衣机的价格偏高，并不想买。

于是小王接着客户的话继续说："我们的洗衣机在价格方面相对于类似的产品是有点高的，这是因为我们在洗衣机的功能方面费了很大的功夫，与其他的型号相比进行了很大的改进。您看，使用起来更简单方便了。在机器的质量方面我们也进行了提升，这我可以向您保证。相对于其他品牌的产品，我们的产品您可以多用四年。相信像您这么聪明贤惠的人一定会为将来考虑的。"

小王的这番话让客户怦然心动，最后竟然一下子买了两台。

很多人觉得，只要将商品卖出手销售就算是成功了。实际上，最成功的交易，不仅仅是售出产品，而且要让顾客买到他真正需要的产品。当然人们都希望买的东西物美价廉，所以如果顾客认为产品价格贵而心生犹豫，你就要帮助他选择商品。注意，一定要对客户讲清楚你推荐的这款产品是性价比最高的，即使不太相信也可以试试看。切记，对这样的顾客不要一味推销价格高昂的商品，即使产品的质量确实很好。

小文和小李在同一家食品店做推销员，不过，二人的销售方式却是完全不同的，小文总是急功近利，希望把店里最贵的商品卖出去；而小李懂得把对的东西卖给对的人。这导致他们的业绩产生了巨大的差距。让我们通过下面这个例子，具体来看小李小文的区别之处。

某天，一位穿着十分普通的女士走进了店里，小文一看这位顾客的打扮，认定她是个没什么钱的普通人，无法为自己创造多少利润，顿时心生不快。碍于工作性质，小文还是迎上前去询问这个顾客的需求。

女士看了看四周回答道："我想要几罐玉米罐头，你有什么好的推荐吗？""玉米罐头？您看看这个吧。"小文暗暗窃喜。因为他发现这位顾客对市场和他们的商品都不太了解，他认为这是一个卖出高价品的好机会。于是小文拿出一种进口的罐头交给顾客。没想到这位女士连看都没看，一听到小文的报价就面露难色，表示想要看看其他商品。小文一看对方没有买的意思，态度急转直下，十分不礼貌地甩给顾客一句："就这个价格了，爱买不买。"

小李看到顾客愤怒地转身就走，赶快上来拦住："不好意思女士，请您留步。您想要看玉米罐头是吧？请跟我来，我给您介绍一种又便宜又好的产品。"女士虽然面露不悦，但是看到小李真诚的笑容，心中感觉舒服了一些，就说："好吧，我看看。"

小李精心挑选了一种普通包装的产品，轻轻递给这位女士："您看，这个牌子的罐头是新产品。相对一般的罐头来说容量大一些而且味道也不错，比较适合平时家里吃。刚才的销售为您介绍的罐头比较高级，色泽很好味道上乘，但是主要用在高级餐厅。您知道，这些高级餐厅需要选材好的食品。但是一般家庭食用的话，这种就足够了。"

听到小李耐心地解释，顾客的态度也慢慢缓和下来："我就是买了家里用的，不太在乎好不好看，只要不坏、味道过得去就可以了。"小李随即接上话："您放心吧，罐身上面都是有标志的，保证质量，不管出现任何问题，您都可以免费退货。"

顾客听了十分高兴，立刻就买下了小李推荐的产品。小李顺利谈成了这笔买卖。

推销产品的时候，要从价格上让客户满意。也就是说，让自己的标价达到客户的心理价位。如果顾客觉得值得，自然就会认为你的产品物美价廉，愿意花钱去买。在具体的销售过程中，你要向客户保证产品的质量，并且与同类的产品做做比较，让客户发现我们产品的优点。有句话说"心急吃不了热豆腐"，推销的时候更不能心急。因为你的心态可能直接影响到对客户的态度，急躁的情绪会"赶跑"你的顾客，越是表现出淡定冷静，越能让顾客相信我们的产品质优价廉。

■ 多数人都有潜在的"购物欲"

专家研究表明：顾客的需求可以分为两种。一种是"显著需求"，指的是顾客了解自己的需求、了解购买产品的必要性，他们的采购往往带着明确的目的性。针对这种顾客，销售人员只要做到态度良好，耐心讲解说明，就可以引导顾客消费，达到销售目的。相对的，还有一种"潜在需求"。想要刺激潜在需求顾客消费，确实是相当不容易的事情，因为顾客自身并没有任何购买欲望，更没有察觉购买你产品的必要性。

遇到这种情况，一名优秀的销售员可以选择通过与客户交流攀谈，暗示、引导消费者。或者，你可以直接提出客户购买你产品的必要性，借此将客户的潜在需求明显化。一些容易受到引导的顾客的消费潜力就可以被我们挖掘出来。在探求顾客意图的过程中，有可能会遭到一些客户的强烈拒绝和责备，为此你要提前做好相应的心理准备。

一位富商带着太太到宠物店挑选宠物。在女士挑选的过程中，销售员小宋与富商聊起了天。原来，买宠物只是这家女主人的心血来潮，富商本人对宠物并不感兴趣，而富商本人平日里最大的爱好是赶海钓鱼。趁聊得开心，小宋向富商推荐起了店里的鱼竿。这个富商对渔具十分了解，所以对小宋的推荐很是满意。接着小宋又问："您平时都喜欢到哪里钓鱼呢？"富商回答自己最喜欢去深海，在那里钓鱼的感觉非常好。

机灵的小宋当即想到：如果去深海钓鱼，没有适合的船只是不行的，所以他推荐过渔具之后接着问富商出海钓鱼是否方便。富商面露难色地说："其实每次想要去深海都要借用朋友的渔船，并不是很方便。"于是小宋在看似随意的谈话中又向这位富商介绍了店里出售的渔船，激起了富商的购买欲望。

就这样，等到女主人把挑选的宠物抱回家的时候，富商也带走了一整套渔具和一艘渔船。

通过这个例子我们可以看到，富商的太太是带着购买宠物的目的来到小宋店中的，也就是说宠物是这个顾客的"显著需求"。小宋只要认真为顾客介绍宠物的水平和知识，就可以轻松售出商品。

相对的，这个富商的"潜在需求"是被小宋通过聊天发现并且激发出来的。平时的攀谈闲聊似乎不带任何目的性，但却是销售中重要的一环。经过不断地暗示劝说，小宋不仅卖出了宠物，还成功推销出了其他商品。

作为一个销售人员，只要你用心发现，就能凭借"三寸不烂之舌"打动顾客！

有一位年迈的老人刚踏进商店的门，就问销售员："你这里，有酸梅子吗？"店铺里的销售员赶紧跑了过去扶住老人："您小心啊。很抱歉，我们这里的酸梅子刚刚卖完了。冒昧地问一句，您为什么要买酸梅子呢？"

老人扶住销售员回答道："哎，不是我要，是我的小孙子想吃酸甜的梅子。这不，我得在他回家之前买好带回去。"

销售员冲老人笑道："原来是这样啊，您可真疼爱小孩子。想必您的孙儿一定是个活泼开朗又健康的好孩子！"老人一听销售员夸奖自己家的孩子，顿时喜笑颜开："哪里哪里，谁家老人不疼孩子啊？以前想吃没得吃，现在不一样了，这市面上什么都有，所以他想吃什么我都尽量满足他。"

销售员附和着："没错，孩子的身体最重要。多吃点营养丰富的水果对身体是有好处的。"老人一听："真的呀？什么水果营养最丰富啊？"

销售员说："猕猴桃含有多种维生素，被称为'水果之王'呢，特别适合小孩子吃。现在的很多孩子挑食，容易营养不良。您要是让孩子多吃点猕猴桃，对身体肯定是很好的。"这番话说到了老人的心里，随即就忘了酸梅子而改买了猕猴桃。

老人想买酸梅子，这是老人的表面需求。但是如果顾客想要买的东西，我们这里没有，又该怎么办呢？在上面的例子中，销售员就很好地掌握了推销的技巧，他积极地与老人沟通协商，在了解了顾客的潜在需求之后，成功得推销出了店里的猕猴桃。

作为一个优秀的销售人员，不能够以为客户一开始不愿意购买你的产品就轻言放弃。我们是可以充分挖掘客户潜在需求的，当然，也不要因为成功地做成了一笔买卖而扬扬得意。端正心态最重要。

让我们学习一下金牌销售员的经验。

首先，作为销售人员，不要做没有希望的"多余事"。很多人说做销售太辛苦，没错，如今的人不像从前那样盲目，消费者都是很理性的。看到一件商品，需要不需要，有没有购买的必要性，人们都会仔细考虑。所以对于那些不懂得发现客户潜在心理需求的人来说，销售工作很难开展。

因此，必须换个角度思考。如果客户的需求全是明显的，那么推销的意义何在？销售人员要做的，就是竭尽全力挖出客户的潜在需求。

此外，永远告诉自己要"再试一次"。如果这单交易没有成功，也不要灰心，你可以再试一次，不要因为客户无情的拒绝就放弃努力。找出客户的潜在需求，继续尝试。如果你的推销成功了，顾客同意购买你的产品，你也要想一想：如果他有再买一件的可能性，我就该再试一次。

想要拓宽你的销售之路，没有点破釜沉舟的精神是不行的。如果顾客没有需求，那么我们就要去创造需求！要时时刻刻保持清醒，去发掘每一个客户的潜在需求，这是每个销售员通向成功的必经之路。准备好了？现在就接受挑战吧！

■ 让客户体会参与感

不少新手销售都会犯一个致命的错误：面对客户，一味介绍、说明自己的产品，不顾及顾客的感受，甚至忘了顾客的存在。这样做的结果往往只有一个，那就是任凭你说得天花乱坠，顾客也不买账。

为什么消费者要为你的"独角戏"买单？推销产品的时候，照顾顾客的感受是非常重要的。在人与人的交往过程中，要给他人最起码的尊重。实践证明，比起单纯的讲解，让客户亲自体验产品的性能，销售效果更佳。通过体验，顾客可以对你的产品有一个更深入直观的了解。而销售者的口才，将为整个销售过程锦上添花。

小赵在推销公司产品的时候有个秘诀，这个秘诀让他连续好几年稳居公司"销售状元"的宝座。在与人分享销售经验的时候，小赵透露了自己成为顶尖销售的秘密。原来，每次推销公司产品时，小赵都想尽办法让客户也参与其中，亲自体验了解产品的性能。有时候，他会在拜访客户前，设计一些同类产品比较的问题，这样的问题能让客户自然而然地参与其中。对于那些只相信自己的判断而不信任推销员介绍的顾客，这个方法可以起到事半功倍的效果。通过亲自查验比较，客户就可以感受到他们公司产品的魅力，有利于双方达成共识。

如今，人们每天都要面对铺天盖地的商品推销，有的人不堪其扰，将所有推销人员一律拒之门外。比起销售员凭空的说辞，让客户参与其中更能帮助你获得认同，毕竟真真切切的感受比任何美好的说辞都要重要。掌握好这个技巧，销售将不再是难事。

威尔就职于一家汽车公司，在同事们眼中是个十分活跃、有新奇点子的推销高手。最近公司新出产了一批小轿车，威尔接到了这批车的销售任务，为了让客户尽快接受这款新型产品，威尔想了一个十分聪明的方法。

一天，他亲自开着公司的新型汽车去拜访客户山田先生。威尔并没有像其他销售人员那样，一见到客户就忙于介绍产品。相反他丝毫没有展露出推销汽车的意思，而是诚恳地请求山田的帮忙：
"山田先生您好，不好意思我想要请您帮个忙。"他指着开来的新
车请求道："其实我现在正要把这辆车送到客户那里，但是想要把
车子的性能调到最好。不知道您可不可以帮我检查一下呢？有您这
个高手的帮助，我就完全不用担心了。"

山田先生是个一等一的驾驶高手，他爽快地答应了威尔的请
求。于是他们进入车子驶上了高速公路。十分钟后，威尔问道：
"您觉得怎么样？有哪里需要调整一下的吗？"山田先生冷静的回
答他："散热器效果不错，但是方向盘的灵敏度太高了。"威尔马
上接话："不愧是行家！您说得太对了！我也一直担心方向盘的问
题。那么请问您还有没有其他的意见呢？"

一番询问之后，山田先生突然说："你们这款车卖多少
钱？"没想到威尔聪明地反问："您了解汽车市场，您认为这辆
车能卖多少？"

威尔看起来毫无推销意义的举动，却在最后引起了客户的兴
趣，让山田先生这个行家称赞不已。威尔找了一个借口让山田先生
亲试车辆，从而了解车子的性能，比自己空口白牙的介绍效果不知
好上多少倍。顾客自己出价，自己不会觉得上当受骗。威尔这些不
拘一格的点子帮助他成为了汽车界的销售精英。

由此我们可以看到，有经验的销售员并不会拘泥于陈旧的销售
方式。他们会通过各种方式，赢得客户的参与进而获得客户对自己
和产品的信任。满足客户的好奇心，并趁机获得客户的好感，作为
成功销售的助力。

让客户参与体验的关键是销售员的心态。邀请顾客参与体验，
要抱有十足的信心和热情。相信顾客会参与你的销售，和你一起完
成表演。

所以，销售员只长着一张伶牙俐齿的嘴，是不行的，还要"会说"。现在有些消费者很了解推销员的说辞，对"花言巧语"十分抗拒。所以又可以试着含蓄一些，对一些只可意会不可言传的东西，不要解释太多。尽量让顾客真正参与到你的销售过程中来，才能真实的地感受到你产品的魅力。使用好这个技巧，你会发现，你不必像以前一样说到口干舌燥，客户就会对产品产生强烈的兴趣和好奇心，从心底接受你的产品。

我们知道了该做什么，那么具体该怎么做才能让顾客亲自参与到我们的销售中呢？

首先，作为商品的推销者，我们必须相信并且充分了解自己的商品。相信聪明的你能明白将这一点放在第一位的道理。熟知产品，同时发自内心相信产品的作用，这既是一种正确的心态，也是销售员最基本的业务能力。试想一下，参与到你销售中的客户遇到了问题，想要向你寻求解答，而你却在重要的交流中底气不足。看到销售员对产品都没有信心，客户自然也会产生怀疑。我们要争取在推销中，像一名专家一样解决客户的问题和质疑。

再者，研究客户心理，设计新颖的方案吸引顾客主动参与体验产品，比如：设计一些有趣的问题让顾客回答。一些销售员发现，有的时候即使费尽口舌，也无法说服顾客走向自己的产品。原因在于，仅仅依靠一个人的说辞，消费者很难想象出商品的模样。没有具体的体会，人们自然不会产生兴趣。因此，一名优秀的销售员会想办法设计出能够吸引人眼球的销售方案。要知道，销售不是一个人事儿，销售员要学会说服客户参与进来，并因此真正爱上你的产品。

■ 重要的事情说三遍

在日常生活中，人们的销售行为总是很容易受广告的影响。究其原因无非就是这支广告随处可见、随时可见，使人们潜移默化地接受了它。这也是现在很多商家不惜重金，反复在电视上打广告的根本原因。

"今年过年不收礼，收礼只收脑白金""今年爸妈不收礼，收礼只收脑白金"这个连老人小孩都可以倒背如流的脑白金广告，便是最好的证明。

小陶是某保险公司的销售员。一次，他去拜访一位客户，想让他买一份养老保险，之前他曾打电话向这位客户简单地介绍过。

"您好，王经理，我是某保险公司的小陶，前几天给您打过电话，向您介绍过养老保险。您还记得吗？"

王经理想了想说："好像有这么回事。"

"您当时说过两天再说，所以，我今天过来想问您考虑好了吗？"

谁知，王经理笑着说："没有，我当时只是说说而已。"

这时，小陶说："养老保险可是早投早受益，我建议您还是现在就买。"

"不用，我现在收入还不稳定，没有那么多闲钱买保险。"

小陶又说："买保险的钱可不是闲钱呀！它和您的衣食住行一样重要。况且，早买早受益。"

"这个嘛，我还是跟家人商量一下吧。"

小陶说："这是应该的，我只想告诉您：养老保险越早投保越早受益。"

就这样，不管王经理如何拒绝，小陶总在重复一句话"越早投保越早受益"，最后，他们终于成交了。

销售人员在推销自己的产品时，应该在不经意间重复最能打动客户的"重要信息"，来加深客户对产品的印象，使得客户在不知不觉中，认可你的产品。

在20世纪80年代，美国一位演说家曾经给一群企业家做了一场名为"美国的未来"的演讲。

演说家："美国的未来在哪里？相信很多人会毫不犹豫地回答'美国的未来在华尔街'，而我今天要说的是'错，美国的未来在硅谷！'"

企业家们："啊？美国的未来在硅谷，开什么玩笑？"人们哄堂大笑。

演说家："对，这不是玩笑，美国的未来不再华尔街，而在硅谷！"

这时，全场一片肃静，大家都面无表情地看着这位演说家。演说家看了会儿大家，感觉很压抑，没说什么就走了。

这位演说家不断重复"美国的未来在硅谷"的重要信息是对的，可惜的是他没能坚持下来。人们从原来的嘲讽和冷笑变为沉默，就已经说明人们受到了他的影响，虽然还不能同意他的说法，但不可否认的是他们的态度同第一次相比，有了一些微妙的变化。然而，演说家的放弃使这次演讲彻底失败了。

一对夫妇在房地产销售代表的带领下去看房子。这个房子装修得不是很精致，很多人看过后，都摇头走了。那位女士突然看到后院有一棵开花的梧桐树。

女士："老公，你快来看呀，这里有一棵开着花的梧桐树。我记得我小的时候，我家后院也有一棵这样的梧桐树。"

男士："是吗？"女士兴奋地点点头，这位销售人员立刻记住了这句话。

男士："这个房子的地板还得换一下。"

销售人员："是的，不过，客厅这个位置，您只要一撇就能看到后院那棵漂亮的梧桐树。"女士不自觉地看向后院，嘴角溢出微笑。

男士："厨房这么小，而且煤气罐什么的都这么旧了。"

销售人员："您说的没错，但是，您在做饭的时候，从窗子里还可以看到那棵开着花的梧桐树。"女士笑着点点头。

男士："这些卧室也太小了吧，而且这墙纸还这么难看，要是买下还得重新粉刷才行。"

销售人员："没错，但是，您注意到没有？从这里，您还是可以将那棵开着花的梧桐树的美景尽收眼底。"

最终，因为那位女士太喜欢有着那棵梧桐树的房子，就签下了合同。

他们之所以买下了这套房子，是因为销售人员看出那位女士很喜欢那棵开着花的梧桐树，所以，不管那位先生挑什么毛病，他都会将话题落在那棵漂亮的梧桐树上，以此反复刺激那位女士的购买欲望，最终达成了交易。

无独有偶，这位销售员利用这个原理，再一次把房子卖给了另外一对夫妇。

销售人员："太太您平时都喜欢什么运动呀？"

太太："我最喜欢游泳了。"

销售人员："那您是不是想买一套带游泳池的房子呢？"

太太："嗯，是的。"

销售人员带领他们看房时：

先生："这房子好像漏水吧？"

销售人员："太太，您看后面的游泳池是不是很漂亮呀？"

太太："嗯，真的很漂亮啊。"

先生："这个房子的屋顶有点低。"销售人员回给他一个微笑，转身看向这位太太。

销售人员："太太，这个游泳池非常适合像您这样苗条的身材的人游泳了，您想象一下，您在这个游泳池中游泳的情景……"

结果，跟上次一样，这名销售人员成功地将房子卖给了这对夫妇。

聪明的销售员避开了那位先生的挑剔，抓住能够带给自己强有力成交的要素不停地提醒着客户，最终如愿以偿，这不正是"重要信息反复说明"的完美应用吗？

"谎言重复一千遍就会变成真理"，乍一听，这句话似乎很偏激，但我们静下心来仔细想想，它确实有一定的道理。在销售过程中，客户会对销售人员反复强调的话语留下较深刻的印象，并不自觉地产生认同的心理，进而同意销售人员的推销。利用不断重复这种强有力的暗示效应，帮助自己更好地说服客户是很多有经验的销售人员赢得订单常采用的方法。

1. 自己口头上要不停地重复

当销售人员想要将自己的产品推荐给客户时，最好用不同的表达方式和不同的角度来不断重复你的意思。这就相当于你给客户做了无数次的暗示和无数次的暗示，这势必会在客户的心里产生一定的影响，使得客户产生"跃跃欲买"的想法。

2. 亲朋好友的口头宣传作用不可忽视

如果发动亲朋好友来帮你的产品做宣传，就会有一传十、十传百，多次重复的效果，产品的可信度也会跟着提高。所以，作为销售人员，你要知道亲朋好友的口头宣传作用同样不可轻视。

3. 简单响亮的口号无形中"压"到一大片

销售人员也可以通过一些简单响亮的口号来宣传自己的产品。比如，编一些朗朗上口、易懂易记、既新颖又有趣的口号或者儿歌，在客户面前多重复几遍，这样，客户就会对其留下深刻的印象，继而想进一步的了解。

也许，第一次，你一开口，还没来得及详细说明，就被客户拒绝了。第二次，客户提出一些异议，表示拒绝。第三次，客户开始问你一些问题，有了购买的倾向。可能还没等你提出第四次，客户已经决定购买了。因此想让客户接受你的意见，不妨反复、反复、再反复地向客户传达你的理念。

■ 说出让客户认可的价位

一对中年夫妇打算给小儿子买一辆脚踏车。这天他们手挽手走进车行，左看看右看看，想要为儿子挑选一辆最合适的车子。车行正值小刘当班，他热情接待了这对中年夫妇。

攀谈中小刘了解到了夫妇的意向，他耐心为顾客讲解了好几种脚踏车的性能。经过对比，中年夫妇选中了一辆黑色的小车。但是结单的时候，他们发现这辆黑色的脚踏车比其他的要贵一些，顿时犹豫了。

中年的女士问小刘："为什么这辆车比其他的贵100元？只是因为颜色？"

小刘笑着对其解释说："女士，这辆脚踏车是要贵一些的。这是因为它的刹车系统质量过硬。您看，这个刹车器非常耐用，保证不会出现安全问题。现在路上机动车和行人那么多，您也一定很担心孩子的安全，我想，多花100元能保证孩子的安全，您并不吃亏。"

小刘的话说进了夫妇的心坎里，他们确实十分担心孩子的安全。孩子每天都要骑着单车上学，如果质量不好安全系数就会大大降低。经过考虑，这对夫妇认为孩子的安全是最重要的，于是买下了这辆黑色的脚踏车。

这对夫妇在购买产品时，对价格产生了疑问。小刘通过对产品的客观分析和迎合顾客的心理需求，让他们意识到了"一分钱一分货"的道理，虽然东西贵一点，但是人身安全才是最重要的。

所有的销售人员都知道，质量好的产品成本高，因此一定会比质量差的产品价格高。越是质量过硬，价位越高。但是从顾客的角度出发，价格自然是越低越好。消费者并不知道产品的成本价是多少，如果你给产品的定价太高，就会被怀疑是漫天要价。

确实，市场上有一些利用质量做借口的商家，导致了消费者的不信任。一些顾客甚至会当面指责销售员，质问产品定价过高的原因。这种客户总是让销售员深感苦恼。遇到直言不讳的顾客，我们可以学习下面这个销售人员的做法：

一个人想要买一台质量好的品牌洗衣机，但是一直怀疑推销员的给价太高。一天他转进了某个家电商场，打算多多进行对比再选择。他向销售员询问了品牌洗衣机的价格，还是觉得贵。于是就说："机器确实不错，但是你不认为定的价格太高了？"

销售员一听，微微笑了笑："刚开始我也是这样觉得的，相对于同类型的产品，这个牌子的洗衣机总是要贵出一些。但是如果仔细想想，这款洗衣机之所以贵，是因为这个牌子的机器质量都很好，还有相关的保证和专利说明。买回去之后，用着放心。如果买一台便宜的，质量不好，维修费用加起来可比这台机器要贵太多了。为了实用性和质量保证我觉得这个价位还是可以的，您觉得呢？"顾客一听，意识到自己只是图便宜而没有考虑质量和耐用性，于是点点头："确实有道理。我就要这台了。"

遇到巧言善辩或者性格直爽的顾客，销售员可以先对他们的意见表示认可赞同，让这些"刺儿头"感觉受到尊重不至于"爆发"，进而对销售员进行无端的指责。之后客观冷静地表达出自己的观点，为顾客阐述产品价格高的原因。而大多数顾客听到销售员讲解都会转变态度，收回成见。如果销售员不懂得忍耐和冷静处事，顾客刚刚提出疑问便立刻反驳，就有可能伤害到顾客的感情和自尊心，不仅达不到出售商品的目的，还有可能卷入不必要的麻烦。

顾客都希望用最少的金钱获得最好的商品，所以讨价还价是非常正常的。销售员切勿急躁不耐烦地与顾客争执。客户越是不冷静，销售员越是要谨慎小心。

遇到"刺儿头"客户，你可以这样做：

首先，为顾客计算一下产品的性价比。在与顾客在价格问题上产生矛盾的时候，你可以通过对比产品的实用性、质量和价格，得出一个比较合理的答案，以求消除顾客心中的疑虑。这无疑是个好方法，因为性价比已经成为现在顾客选择产品的重要标准之一。只要顾客认同产品的性价比，就不会再一直纠缠在价格定位这个问题上。

一般来说，销售员口中所说的性价比是有一定前提的，也就是，顾客必须对产品性能和使用方法有充分的了解。为了避免冲突，你要提前告诉消费者这些必要的信息。消费者知道得越多，对产品的优势就越了解。

再有，我们要用事实说话，为顾客列举出有力的证据。"光说不练假把式"，有时候仅凭借销售人员的一张嘴，难以使客户信服。客户可能不会说出口，但是心里会想："无凭无据的，我凭什么相信你？"特别是面对那些价格较高的产品，消费者更是慎之又慎。

遇到这种情况，最有效的解决方法就是列出证据。正所谓"事实胜于雄辩"，看着产品的权威证书和质量证明，很多顾客恐怕就是想要找茬也无从开口了。

总而言之，一旦在价格上与顾客发生纠纷，销售人员需要做的就是冷静下来，想方设法让你的顾客相信产品的价位是合理的，你的产品物有所值甚至是物超所值的。

■ 客户愿意为"面子"买单

曾经有人做过一项专门的调查：在人群中随机抽取100人，向他们提出"是否会为了顾及颜面而买单"的问题。调查结果显示，只有12%的人断定自己不会为了不值钱的面子掏腰包，20%的人觉得要视情况而定，而68%的人认为一定要顾及面子问题。由此可以看出，在人们心里"面子"是十分重要的。

人人都有虚荣心。中国有句老话："人活一张脸，树活一张皮。"古时候的中国人更是"要面子"到疯狂的程度，就算没有足够的物质基础也要显示出富足的姿态。特别是一些"文人雅士"，即使穷困潦倒也要保持高洁的形象。

现在的商家常常通过衡量消费额指定一些高级会员，也就是我们平日见到的VIP。对消费者来说高级会员是特别的，他们可以得到更为优质周到的服务、获得额外的优惠、享受贵宾级的待遇。另外，VIP也是一种身份和地位的象征。为了不辜负"高级会员"这个名头，很多人会选择硬着头皮消费。其实所谓的"高级会员制度"是商家为了拉拢顾客刺激、消费的手段。一些人之所以争先恐后花钱消费，就是想成为贵宾并借此获得心理满足。这就提醒了销售人员一定要抓住顾客的"面子"心理，主动去抬高客户的身价，满足他的虚荣心，让他最后不得不为了自己的"面子"买单。

"好面子"的人总想给人留下高贵富足的好印象，所以通常对衣服饰品的要求非常高。

这天，一位浓妆艳抹、打扮时髦的女顾客走进了服装店。她环顾一圈之后，直接走向了高级服装区。

服装店的销售员随即跟了上来："您好女士，请问你需要什么？我可以帮您介绍一下。"顾客看也没看销售员一眼，应了一句"随便看看"，就停在了一件红色大衣前面。销售员看到女顾客盯着大衣一动不动，马上笑着说："女士您可真有眼光。这件大衣是我们店长昨天刚从巴黎带回来的，在高档区也是数一数二的高级品，与您的气质相得益彰，穿着它一定会使您显得更加高贵！"顾客听到销售员的恭维十分得意，笑着点了点头。

销售员一看顾客露出了笑容，就想用价格优势引诱她买下大衣："您看，这件衣服的质地非常好，手感极佳，而且价格合理，像这样质量好又便宜的衣服再也找不出第二件了。"

没想到，听完销售员的介绍女顾客突然发起了脾气。她将大衣扔给了销售员大声吼道："你什么意思，当我买不起这种东西？"销售员一看赶忙道歉，称自己并没有看低顾客的意思，但女士还是生气地训斥她："我告诉你，我有的是钱！这种便宜货我不稀罕，你拿回去吧！"之后便气冲冲地走了。

案例中这位珠光宝气的女顾客非常在乎自己的"面子"，销售员越是夸赞大衣物美价廉她越是不买账，这是爱慕虚荣的典型表现。店里的销售人员没有发现这一点，还以为人人都喜欢低价的商品。就这样，一句不合时宜的话毁掉了几乎到手的订单。

李先生在亲戚朋友中出了名的"好面子"。为了凸显自己的品味，他在家中堆了不少"高级品"。

一天，他走到商场的柜台前询问销售员："你们这里有好的红酒架吗？"于是销售员拿出了几款供他挑选。他又问："哪一个是最好的？我要最好的那个。"销售员一听，以为李先生只求质量不在意价格，就拿出了最好的商品向他介绍："先生您可以看看这款。这个红酒架是进口的，很漂亮而且质量好。"李先生拿起来看了看，点点头："是不错。这个多少钱？""200元。"

听到销售员的报价李先生心中暗暗一惊，他没想到一个小小的红酒架竟然这么贵，但是又不好意思说自己买不起。于是李先生开始挑起了商品的毛病："质量不错，但是形状设计的不合理，我不喜欢。还有其他的吗，给我看看。"销售员抱歉地说："不好意思先生，这个是我们这里最好的了。"

这时，店里另外一个销售员走了过来叫住了李先生，他说："先生，我再给您介绍一个好的酒架。"于是拿出了一款样式不错的给顾客观看。李先生仔细看了看开始询问价格。"90元。"销售员笑着答道。

李先生眉头一皱说道："我刚刚说了要最好的，这个我不要。"销售员猜到了李先生的反应继续说："是这样的先生，刚才的销售员没向您解释清楚。其实红酒架也是有很多牌子的，我向您推荐的这款是这个牌子中最好的了。"

"价格差这么多，质量能保证吗？"李先生表示怀疑。

"那个牌子之所以贵是因为历史悠久，而这个牌子的产品刚刚上市不久。虽然是新品却已经得到了人们的认可，我本人就是用的这个，所以可以告诉您它的质量绝对有保证。"李先生终于松了一口气："原来如此，我就要这个了。"

这位李先生"好面子"却又贪便宜。遇到这种类型的顾客，销售员要满足他们的虚荣心，才能顺利推销出产品。

那些爱慕虚荣的消费者对夸奖和吹捧毫无抵抗力，因此你可以不吝惜词语，大胆赞美你的客户；适时地称赞他们的眼光好、品位高，为顾客创造出"显摆"的机会。记住，你要抓住他们追捧高级品的心理，把那些便宜的产品拿出他们的视线以外，并且绝对不能用类似于"这是便宜货"这样的话语伤害客户的自尊心。过不了多久，你就会发现这些顾客会主动将业绩送到你的手中。

■ 拿名人做榜样，大众就愿意"随大流"

销售人员在推销的过程中，可以适当地利用人们"随波逐流"的心理，通过客户之间的相互影响，给你的客户施加一种无形的群体压力，"迫使"客户就范，为你送上一份喜人的订单。

那什么是群体压力？所谓群体压力，就是别人有了，我也要有，与我一个档次或水平的人选择这种产品，那么，我也要拥有这种产品。通常来说，与男性客户相比，女性客户的从众心理会大一些，性格内向的人的从众心理大于性格外向的，文化程度低的人的从众心理大于文化程度高的，年龄比较小的人的从众心理大于年龄较大的。所以，在实际的销售过程中，销售人员应该根据客户的具体类型，灵活地利用客户"随大流"的从众心理，势必会为最终的成交制造出更多的机会。

1952年，美国一名著名的心理学家曾经设计过一个有趣实验，在实验当中，心理学家拿出两张卡片，每张卡片上都画着一条直线，然后让被试者比较这两条直线的长短。这是一个很简单的实验，这两条线的长短差异也十分明显，但是，"狡猾"的心理学家特意找了五个人，让他们在测试的过程中，故意做出错误的判断。然后，他又找来了一批志愿者，于是，实验就这样拉开了序幕。

心理学家请参加实验的志愿者一个接一个地走进实验室，与那五个"托儿"一起进行测试。那五个"托儿"故意异口同声地说出原先约定好的答案。于是，很多志愿者就开始对自己的选择产生怀疑，有的甚至头上都渗出了冷汗。

实验的最终结果显示，平均有33%的人判断是从众的，有76%的人至少做过一次从众的判断，然而，在正常的情况下，人们判断出错的可能性还不到1%。

有这样一个有趣的笑话：一位汽车巨头去西班牙参加一个重要的会议。他一进会议室就发现已经座无虚席了。因为没有地方可坐，他就开始想办法找座位。这时，他灵机一动，大喊了一声："听说英国那边发现了新能源，你们怎么还坐在这里呢！"经他这么一喊，其他汽车巨头们纷纷快速地跑出了屋子直奔英国。没一会儿，西班牙的议事厅里就只剩下他一个人。这个时候，这位喊话的汽车巨头心想，大家怎么都跑出去了，难道英国真的发现了新能源吗？于是，他也急急忙忙地地向机场跑去了。

在销售的过程中，销售人员不需要掌握特别高明的销售技巧，仅仅为客户做出购买的榜样，为他们制造一个大批抢购的氛围，就可以让客户在"随大流"的心理影响下生出购买的欲望，那么这场交易也就成交在即了。

而在大众之中，名人无疑是最佳的标榜对象：

销售人员："先生，您看看我们新上市的橱柜，这可是欧洲技术呢！"

客户："新橱柜？是不是还没有经过市场的检验呢？"

销售人员："当然不是了！您的竞争对手××老板，还有现在电视上正走红的××影星都在使用这种橱柜。虽然我们属于内部销售，但是，也只卖给那些有身份的人！"

客户："是这样呀？那就给我订一套吧。"

很显然，这位销售人员非常聪明，他的这番话让客户听了之后，觉得自己在消费方面是属于有身份、有档次的一族的，而且又与一些身份比较特殊的人站在了一起，从而心情变得十分愉悦，最终心甘情愿地签下了这份订单。

如果现在你对于客户"随大流"的从众心理，还是没有一个清楚的认识，那么，就来看看下面的"尿布大王"是怎样将其出神入化地运用的吧！

多川博是日本一位非常著名的企业家，他之所以成名并不是因为什么高端的科学技术，或是尖端的服务，而是"婴儿专用的尿布"，这似乎很不难让人相信。但是，正是这一片片小小的尿布，让他公司年销售额高达70多亿日元，一跃成为备受全世界瞩目的"尿布大王"。

在创业初期，多川博从一份人口普查表中发现，日本每年都会有大约250万名婴儿出生，据此，他就做了一个简单的设想：假如每一个婴儿使用两条尿布，那么，一年就需要500万条。他觉得这是一个很有前景的行业，于是，他开始从事尿布的专业化生产。

当他们的尿布生产出来之后，在试卖的初期，却出现了几乎无人问津的冷场。多川博经过苦思冥想，最后，终于想到了一个解决办法。他让自己的员工假扮成客户的样子，排成长队来购买自己公司的尿布。一时间，公司店面门口立即变得门庭若市。奇迹发生了，几排长长的队伍引起了很多过路行人的好奇：

"这是在干什么呢？这里在卖什么东西呢？"

"你们都排队买什么东西吗？"

"什么样的商品能吸引这么多人排队购买呀？"

就这样，在多川博的策划下，尿布旺销的热闹氛围被逼真地制造了出来，于是，吸引了很多"从众型"的购买者。随着产品在市场不断地流行开来，人们逐渐地认可了这种尿布，直至出口，在世界各地也慢慢地成为了畅销产品。

我们每个人都曾经有过在大街上接产品宣传单的经历。当你认真观察之后，就会发现这样一条规律：倘若有一群人从发宣传单的人身边经过，他们当中只要有一个人没有要发给他的宣传单，那么，其他的人几乎都不会要的。而只要有一个人接了对方的宣传单，其他人也基本上都会伸手拿住。究其根本原因，就在于客户的从众心理在作怪。在很多情况下，人们都喜欢看大众的行动之后，再跟着大众行动。

普遍得到认可的事物，往往是对能打动人的地方。当看到别人成群结队、争先恐后地抢购某商品的时候，许多人也会毫不犹豫地加入到抢购大军中去，这就是人类的惰性思维在作怪。不考虑这样做究竟好在哪里，反正大家都这样，自己随大流即便是错的，也不是自己一人吃亏。销售员就需要利用这样的弱点，让你的顾客也能够随大流，不计对错的购买销售员的产品。

当然，客户这种"随大流"的从众定律的应用也是有条件的，如果你想好好学习这一定律就要了解下面的内容。

1. 销售员的话得真实可信

诚信永远是每一名销售员的职业品质。如果一名销售员做不到诚信，没有任何一个顾客愿意和一个不讲诚信的销售员打交道。同样当销售员给顾客假设的时候，适度夸张是允许的，但这种夸张不能完全脱离实际。一旦顾客揭穿了销售员的虚伪，将会影响着一大批的顾客。不但销售员自己的名声有损，还破坏了所在公司的形象。

2. 榜样的作用是巨大的

销售员向顾客举例子的时候，可以列举一些大人物来打动顾客。这些比较有权威的人士一般在人们心目中有着广泛认可的积极形象。以他们作为自己产品的"代言人"，往往更有说服力。俗话说"榜样的作用是巨大的嘛"。

3. 特殊客户，特殊对待

虽然普遍大众有从众心理。但如今也有一种顾客，他们的逆反心理特别的强。看见别人对某件商品争相抢购的场景，他不屑一顾。耻笑这些人的盲目行为。销售员遇到这样的客户时，就得改变自己推销的策略。比如可以告诉顾客，他的产品可以让顾客的生活变得更加有趣。

总之，随大流的思想在消费者中普遍存在。销售员若能很好的利用这一点，往往能让自己的销售工作顺风顺水。

第五章

让客户感到好奇

■ 让客户体验一把，比你口吐莲花更管用

俗话说："耳听为虚，眼见为实。"要想让客户信服，单纯地向客户描述产品就显得苍白无力了，销售员还要调动客户的各个感官，比如视觉、听觉、味觉、触觉等，让客户充分感受到自己拥有产品之后的感觉，最终下定决心购买。

在销售业有这样一句富有哲理的话："若要客户对你推销的产品发生兴趣，就必须使他们清楚地意识到他们在接受你所推销的产品以后会得到好处。"

这是必然的，因为陈述一件事与证明一件事是不能画等号的，如果你的客户不相信产品的功效，那么"演示"就是向客户证明产品好处的最佳方法。熟练地"演示"你的产品能够吸引客户的注意力，并使其对产品直接产生兴趣。

小吕是某油漆公司的推销员，一天，他去拜访一位客户，向他推销他们公司的油漆。见到客户后，小吕说明来意，并向客户具体介绍了他们公司这种无刺激性气味，对人体无害的"绿色"油漆。可是，说了半天，客户并没有表现出多大的兴趣。原来客户常年使用××油漆公司的产品。

于是，他向客户比划着说："古人有句话说的好，'光说不练假把式，光练不说傻把式，又说又练才是好把式'。刚才我已经给您介绍了我们公司产品，现在就请您把您使用的油漆跟我们公司的油漆做个对比吧。"

客户被他幽默的话和滑稽的动作逗乐了，就拿出了他平时使用

的油漆。小吕先让客户闻闻气味，然后又分别用这两种油漆漆了一下样板，让客户比较一下效果。客户看完小吕的演示后，觉得他的产品确实不错，就从他们公司订了一批货。

由此可见，演示是销售员向客户提供的一种强而有力的证明。如果每一个销售员都能够在拜访之前，好好想一下：我该向客户演示些什么？怎么演示？那么就会增强你说服客户的力度，从而取得更好的效果。

有两个推销投影仪的销售员同时走进一位经理的办公室，推销自己公司的产品。

销售员小A："M经理，您好，我是××投影仪公司的销售员小A。"

销售员小B："M经理，您好，我是××投影仪公司的销售员小B。"

经理："你们好，你们的来意我已经知道了，你们先分别介绍一下自己公司的产品吧。"

销售员小A："我们公司的投影仪……"

销售员小A一直说了半个多小时，尽管M经理很想认真听，但其中很多专用名词晦涩不堪，所以他渐渐地失去了听的兴趣。

销售员小B："M经理，理论我不想多说什么，请允许我给您演示一下我们公司的产品。"

经理："好的。"

说着，小B就拿出了自己公司的投影仪。演示完后，销售员小B微笑着转身看向M经理。

销售员小B："这就是我公司投影仪的效果，您觉得怎么样？"

经理："嗯，不错，我就订你们公司的投影仪了。"

销售员小A的"滔滔不绝"败给了销售员小B的演示。正所谓

"事实胜于雄辩"，就是这个道理。所以，作为专业的销售人员，在推销的过程中要避免不必要的"花言巧语"，多用直观的演示，让客户眼见为实，从心底信服，从而增加成交的概率。

介绍产品是销售活动中影响客户决定的关键环节，但是，仅仅向客户介绍产品的外观形态是不够的。所谓"百闻不如一见"，在条件允许的情况下，向客户演示一下你所推荐的产品，甚至可以让客户亲自体验一把，你在一旁做指导工作，会比你口吐莲花的解说管用得多。

1. 演示相当于如山的铁证

一般而言，客户对一些大件商品尤其是不熟悉的商品，在没有得到证实之前，是不会仅凭销售员的口头介绍，就相信产品质量的。此时，演示就成了你打动客户、说服客户购买的最有力的铁证。

比如，你是一个卖保险柜的销售员，如果你当着客户的面把十万元放进你的保险柜，然后对客户说，只要客户能够打开，这十万元就是你的了，客户肯定会费尽心机，去试着打开保险柜，直到最后，客户自然也打不开。这样，你保险柜的安全性就得到了最好的证明。你还会为客户购买与否发愁吗？

2. 演示可以很好地激发客户的兴趣

当销售员结合自己的产品给客户做出演示时，不仅可以增加产品的说服力，还可以激发客户对你的产品的兴趣。因为好奇心是人的天性。不过，销售员还需要注意演示的时机、演示的方法以及演示和解说的巧妙结合。

可能很多销售员要问，我该在什么时候进行商品的演示？是在向客户介绍产品前演示好还是等介绍了演示好？其实，何时演示商品并没有一个统一的标准，销售员应该根据你的商品的特点以及客户的反应来选择。

一般情况下，销售员演示商品的时间应该是在他介绍完商品后，但是，有的商品可以例外，比如新上市的产品，则可以先抓住客户的猎奇心理，通过演示来吸引客户的注意力。

不同的产品演示方法不同。销售员应该对自己产品的功能以及使用方法了如指掌，如果因为销售员的准备工作做得不足而导致演示失败，这就意味着你接下来所有的工作将会毫无意义，多么可惜呀！因此，熟悉产品的功能和使用方法，掌握产品演示的每一个步骤，做到演示的动作规范娴熟是每一个优秀的销售员的必修课。

光做不说的演示就像一场哑剧，会让客户感觉很压抑，尤其是那些新产品或者客户接触不多的产品，客户在单纯的演示下很难看懂，这在无形中更增加了客户的心理负担。

在购买行为中，必然会有顾客对所购买的产品提出异议。作为销售员，首先要理解顾客在购买产品时产生异议的心理，认识顾客的异议心理存在的"客观性"，然后与顾客进行沟通交流，寻找导致异议的根本内在原因，然后有针对性地排除异议心理，使得顾客能够无异议地接受产品。

■ 顺便把客户注意力转移产品上

销售员与客户交流或者谈判的最终目的是将自己的产品推销给客户，而要实现这个目标的前提就是让客户关注你的产品，并愿意为此而掏腰包。不管销售员多么能说会道，如果不能把客户的注意力转移到产品上，使之产生兴趣，那么一切努力都只能成为无用功。

小王是一家食品公司的推销员。虽然工作很努力，但业绩却不太理想，苦思冥想不得原因的他跑去向经理请教。经理发现小王是很努力，但有个缺点，就是不懂如何把客户的注意力自然地转移到自己产品上来。经过指点，小王决心改变销售方式。

这天，小王选在客流量较少的时间走进一家大型的食品商店，他非常仔细地查看了每一件产品。这家商店的销售员很好奇，就问他："你在做什么呢？"

"没事了，这是我的职业病。"小王回答。

"什么职业病？你是做什么的？"销售员问。

"我跟你一样，是个销售员，也向你们商店提供产品。"小王说。

"真的？那你看看我们商店还缺什么呢？"销售员问。

小王很认真地说："你们商品没有××饼干，而这是一种很受欢迎的饼干。"

小王的话引起了商店销售员的兴趣，两个人很积极地攀谈起来，最终，小王成功地"拿下"了这家商店××饼干的供货单。

聪明的小王用特殊的方式引起了销售员的好奇，通过相同的身份拉近了彼此的心理距离，在愉快的交谈中，很自然地把这家商店销售员的注意力转移到了自己产品上来，既不显得冒昧，又达到了自己的目的。

某电力公司的推销员向一个农村老太太推销电力。

销售员："您好！"

老太太："又是一个推销员，你走吧，我不会买你任何东西的。"

销售员："我不是来推销东西的，我是来买您的鸡蛋的。"

老太太："买我的鸡蛋？"

销售员："很多人都说您这里的鸡蛋是全村最好的，我想买一些回城。"

老太太："为什么不回城后买呢？"

销售员："城里的鸡蛋哪里有您这的鸡蛋好吃呢？您的鸡蛋又大又有营养，我太太最喜欢您这的鸡蛋了。"

老太太："呵呵，那快进来看看吧。"

销售员走到鸡舍旁说道："如果能用电灯照射的话，那么鸡蛋的产量就会更高。"

老太太："真的？"

销售员："嗯，其他乡村的一些养鸡户已经把电接到了鸡舍中，据说已经使鸡蛋产量得到提高。您可以到这些养鸡户家中去了解一些情况。"

销售员走的时候，一只手里提了一篮鸡蛋，另一只手里拿着老太太安装电的订单。

如何将客户的注意力转移到产品上呢？最有效的方法往往不是长驱直入，而是先从客户感兴趣的话题入手，然后在愉快地交谈中抓住销售的有利时机。

优秀的销售员能够通过巧妙的发问和谈话，吸引客户的注意力，在一种和谐的氛围中，让客户对自己的商品产生兴趣，使他的购买欲望升温，尔后促成购买行为。

1. 从客户的"兴奋点"入手

想要把客户的注意力自然地转移到你的产品上，刺激其购买欲望，就必须设法把产品与客户比较关心的问题联系在一起。比如，客户的孩子正在准备高考，销售员就可以同客户讨论高考这一话题。这样不仅体现了自己对客户及孩子的关心，还可以让客户在谈话的过程中的释放内心的紧张和苦闷，与你产生情感上的共鸣，此时再伺机把话题转移过来，往往能够促成这笔交易。

2. "请"他的竞争对手来帮忙

每个人都想要战胜自己的竞争对手，因此，一旦涉及竞争对手的话题，客户难免会产生紧张的情绪，这时候你可以结合自己的产品安慰他一下，帮助他分析这些产品在他打败竞争对手上能给他带来多少好处，客户必然会很感兴趣。

3. 适当地提供一些时效性的信息

通常，时效会给人带来一定的紧迫感，从而帮助客户下定决心。比如销售员可以向客户提及活动的截止日期或者产品的停产时间，这往往能够诱发客户的兴趣。

直线进攻也许是理想中的最短距离，但却往往不是最佳途径，当你转变思维，选择一种看似费时费力但却能够使客户的注意力转移到产品上的"曲线救国"时，你会有意想不到的收获。

■ 用创意让产品占领顾客头脑

美国广告专家利奥·伯内特曾经说过："只有占领了消费者的头脑，才能占领市场。占领了人们的头脑，你就掌握了市场的指挥棒。"

新中国成立前，南京的鹤鸣鞋店可谓家喻户晓，就连三岁的小孩子都知道"三人行必有我鞋，鹤鸣皮鞋"。原来，在最初的时候鹤鸣鞋店牌子虽老，却很少有人问津。老板为了增加销量，想用登广告的方式宣传一下。

于是，账房先生过来献上一计："商业竞争就和打仗一样，只要你舍得花钱在市里最大的报社订三天的广告。我保你一鸣惊人！"

老板："什么方法能这么神呢？"

账房先生："你这样，第一天的广告咱们只登个大问号，下面写一行小字：欲知详情，请见明日本报栏。第二天照旧，等到第三天揭开谜底，广告上写'三人行必有我师，三人行必有我鞋，鹤鸣皮鞋'。"

老板听了眼前一亮，于是依计行事。广告一登出果然引起了很多消费者的关注，从那时开始，鹤鸣鞋店就变得家喻户晓，生意红火了。

不得不说，账房先生在"广告宣传"方面真可谓独具匠心。他充分地利用了人们的好奇心，制造了悬念，用两个大大的问号吊足了客户的胃口，最后使客户在恍然大悟的同时，将"鹤鸣皮鞋"的名字深深地印在了头脑中。

销售员："您好，我是脑白金厂商的推销员。"

客户："今年爸妈不收礼，收礼只收脑白金。"

销售员："呵呵，是呀，脑白金是孝敬父母最后的保健品。"

客户："是的。"

销售员："我想我也不用多说，您看您今年想送父母多少脑白金呢？"

客户："给我来三盒吧。"

销售员："好的。"

在上面的推销中，销售员好像没费吹灰之力就把产品卖给了客户。这样似乎太简单了吧？其实不然，客户之所以这么痛快的接受产品，是因为产品已经在客户的潜意识中形成了印象，在客户的心中孝敬父母的最好礼品就是脑白金，那么他还有不买的理由吗？

让产品占领客户的头脑，说白了就是通过潜移默化的宣传、耳目一新的创意或爆炸式的信息广告让客户主观地对产品形成一种潜意识，这样，不用推销，当客户需要同类产品的时候第一个想到的也一定是你。

1. 独特的广告使人过目不忘

推销的成功不是偶然的，客户接受你的产品也不是没有理由的。对于销售员而言，客户不接受你的产品，其中一个很重要的原因就是，客户不够认识你的产品。

头脑产生意识，意识决定行动。只有你先让自己的产品进入客户的头脑中，客户才会产生购买的动机，最后做出购买决定，而让产品进入客户头脑最重要的一个手段就是广告。

可口可乐的"亲情回家系列"，士力架的"直白系列"，欧莱雅的"明星系列"，太多的例子表明这个新生代的宣传方式已经成为了产品推广的主流。所以，想让你的产品迅速占领市场、迅速占领客户的头脑，独特的广告一定必不可少。

2. "创意销售"也少不了

除了独特的广告会令客户过目不忘外，有创意的销售也是不可或缺的。在我国素有"寻常豆腐皇家菜"美誉的食用豆制品，由于千百年来总是一个老面孔，没有一点新意，消费者已经开始对其厌烦了。

后来，我国香港的一个商人在豆腐原料中加入了奶油、大蒜汁、咖啡和各种果味料，并用甜红椒调成红色，用食用鲜花调成黄色，用绿茶调成绿色，叠成红、黄、绿"三色"豆腐。色彩明丽的"三色"豆腐，让人望色生津，受到了众多顾客的欢迎。至今，那里的人们一提到吃豆腐，"三色"豆腐还是会马上出现在他们的脑海里。

总而言之，在如今这个竞争激烈的市场形势下，要想快速地抓住客户，就必须先想方设法地让你的产品在客户的脑中占有一席之地。

■ 先"体验"后"购买"

一般而言，客户购买时最关心的是产品的质量问题，害怕花了钱却买不到称心如意的产品。然而，产品的质量有时候单凭眼睛是看不出来的，需要亲自体验。因此，为客户提供一个体验的平台是非常重要的。

小张是某玻璃清洗剂公司的销售新人，进公司不到一个月，其销售业绩就上升到公司第一，这令同事们感到很意外和不解。原来，每次他向客户推销公司的产品时，都会随身带着一块玻璃和一瓶清洗剂试用品。在简单地介绍完产品的功能后，他总是邀请客户亲自拿着布在脏玻璃上用清洗剂擦拭。看到效果的客户在感慨的同时，十有八九会购买他们公司的产品。

既然产品的好坏客户说了算，那么你就应该想办法为客户创造亲身感受的机会，让客户体验后，在心里就为产品的质量喝彩。

这种体验式销售不但可以增进客户对产品的了解和好感，而且也会增强客户对你的产品的信任度，缩短销售成交的时间。

销售员："您好，请问您需要点什么？"

客户："我想买一条丝巾。"

销售员："这些都是今年最流行的花样和款式，您看喜欢哪一个款式？"

客户："哦，我喜欢这款紫色的丝巾。"

销售员："您真有眼光，这款是卖得最火的。您可以戴上试试效果。"

客户："嗯，不错。"

销售员："您还可以这样打结。"

客户："嗯，这样带真漂亮！给我装起来吧。"

这个聪明的销售员，充分地利用了"先体验，后购买"的魔力，让客户亲自戴上丝巾，感受丝巾带给她的美丽，并且，还教客户其他的打结方法。如果你是那位客户，也会像她一样买下那条丝巾吧？正所谓：说一百遍不如做一遍，让客户亲身体验产品，可以使销售员的推销工作达到事半功倍的效果。

"人叫人连声不语，货叫人点首自来。"如果销售员在销售产品之前，能够为客户提供一个宽松周到的购买氛围，即先让客户亲身体验，在客户充分感受产品的价值后，再由他们自己决定是否购买，则比其疯狂地劝说客户的效果要好得多。

1. 为何体验具有如此魔力

据有关专家研究显示，人们所做的任何购买决定都会或多或少地受到情感因素的影响，完全理性的购买决定是不存在的。

所以，销售员要想把自己的产品成功地推销给客户，单纯地靠理性说服是远远不够的，能够轻松赢得客户的最好办法就是借助

"先体验，后购买"的情感诉求。

从心理学的角度看，人的情绪最容易被调动起来的时刻是当其身临其境、亲身感受之时。客户在体验产品时不自觉地就会投入感情，并且有着希望拥有的心理暗示，这都无疑是促使客户更快地做出购买决定的动力。

2.市场要求这么做

销售员都知道，销售的最高境界是赢得客户的心。只有你赢得了客户的心，才能赢得销售最后的胜利。然而，现如今各行各业的竞争近乎于白热化，如此惨烈！那么，你又该怎么做才能在这个缤纷复杂的市场中立于不败之地呢？答案只有一个，那就是让客户先体验，后购买。

美好的亲身体验会增强客户对产品的喜欢和偏爱。客户在体验的过程中会牢牢记住产品的优点，忽略那些微不足道的"小毛病"，在心理上拉近产品与客户的距离。

■ 适当地留一点儿悬念

听过评书的人都知道，每一回说书，演讲者总是在最关键、最吸引人的时候，"啪"的一声："欲知后事如何，且听下回分解。"这种制造悬念式的演说，能够刺激听众的好奇心，增强听众想知道后事如何的欲望，从而更加关注这个评书节目。

再比如说，有一种新上市的产品，其外形设计很特别，颜色也很鲜艳，顾客从来没有见过这种东西。于是，他们会很想知道这是什么东西，干什么用，以及怎么用，在强烈的好奇心的驱使下，他们会停下来，向推销人员询问产品的详细信息，并耐心地听完其介绍。

皇冠牌香烟的成功之处便在于此。

当年皇冠牌香烟在进军某城市时，遭到了当地众多其他品牌香烟大军的殊死抵抗。无论皇冠公司如何努力，始终拿不下这座城市，无法获得市场的认可。

一天，皇冠公司的一名销售员在海滨浴场许多禁止吸烟的广告牌启发下，想到了一条妙计：在各旅游景点和公共场所到处张贴广告："吸烟有害健康，此地禁止吸烟，'皇冠'也不例外。"

这则毫无夸耀之词的简单广告，却引来了不少人的好奇，为什么要特别指出皇冠牌香烟呢？与其他牌子的香烟有什么不同呢？是比较名贵吗？于是，"烟民"们在自己好奇心的驱使下，纷纷购买皇冠牌香烟尝试一下。结果，皇冠牌香烟在当地"一举成名"。

每个人都有好奇心，如果销售员能够利用客户的好奇心，故意制造一点悬念，就会增强人们急于了解真相的迫切感，从而为你的产品打开销路。

原一平："您好，我是明治保险公司的原一平。"

客户："你好。"

原一平："这次来我主要是想了解一下您平时是怎么理财的？"

客户："我通常……"

原一平："您基本的理财方式我了解，您肯定也知道理财最好的方式就是买保险，也是给家人增加安全感的平安符。在保险业中我们明治保险有着很大的优势。哎呀，我忘了一件很重要的事，真抱歉，我改天再来。"

面对原一平的突然离去，客户一脸诧异、仿佛意犹未尽。几天后，原一平再次登门。

原一平："您好，我是原一平，前几天打扰了。"

客户："哈哈，瞧你精神不错，今天不会又忘什么事吧？"

原一平："不会的，不过A先生，您今天请我吃饭吧！"

客户："哈哈，没有问题，进来吧。"

原一平："既然厚着脸皮来了，那我就不客气啦！"

客户："哈哈！可别在吃饭时又想起忘了什么急事了。"

就这样，原一平在与客户的笑谈中，完成了他的推销活动。

对于原一平这种"说"了就走的"连打带跑"的战术，客户的反应大都是："哈哈，这个推销员的时间真宝贵，话说一半就走了，挺有意思。"心中很自然就有了想再见他的欲望。等原一平在拜访时，客户通常会说："喂，冒失鬼，今天不会又有什么急事吧？……"于是，销售在两个人的笑声中顺利展开了。

如果销售员在与客户沟通时，故意卖个关子，给客户制造一点悬念，就会激起客户想一探究竟的兴趣，从而便于销售员引导客户，并对其进行有效的说服，最终达到"操纵"客户的目的。

成功的销售员都能够通过制造一点悬念，诱发客户的好奇心，进而发现客户的真实需求，及时调整自己的推销方案。那么，如何制造悬念，才能最大限度地激发客户的好奇心呢？

1. 产品价值只露冰山一角即可

有时候，销售员在介绍产品时，只需显露其价值的冰山一角，反而能取得更好的效果。比如你可以这样做：

销售员："如果我们的产品能帮助您节省30%的成本，你是否有兴趣看一次具体的演示？"

销售员："如果你再引进我们公司其他设备，还可以提高20%的收入，你想听我具体介绍一下吗？"

销售员："许多公司调整系统维护，节省了大量的开支，你希望我详细说明吗？"

销售员像这样设计一些涉及企业利润、效率、发展的根本的问题，在想要增加更进一步的刺激下，客户一定迫切地想知道答案，这样客户的积极性就被调动起来了。

2. 不妨提一些带刺激性的问题

通常给人带来一定震撼的是一些不符合常规、带有刺激性的问题，正因为没有人敢问这样的问题，而你却这样问，才更能引起客户的好奇心，促使他们继续听下去。比如说：

销售员："你知道为什么你一直坐在这个位置，没有升职吗？"

客户："不知道。"

销售员："我知道，你想听一下我的看法吗？"

客户："那你说说吧。"

3. 不完整的信息最诱人

销售员："S经理，我们的技术人员昨天对您的系统进行了一个全面测试，他的结论是这其中肯定存在严重的问题。"

客户："什么问题？"

销售员："他解释得也不是太清楚，等我了解后再跟您细说，不过，您真的需要更新一些设备了。"

像上述的销售员一样，给客户一些不完整的信息更能刺激客户想探寻事情究竟的欲望，这样就可以轻松地调动客户参与其中，给彼此大量的交流时间。

■ 欲言又止，更具吸引力

人人都有好奇心，往往会对自己不了解或了解一点点又不多的人与物产生好奇心，并愿花大量的时间去关注。因此，想吸引客户的注意，想轻松地牵引客户，不妨"欲言又止"，把话说一半，把戏演一半。

人人都有好奇心。对于自己不了解的东西，人们普遍很好奇；对了解一点点又了解不多的更好奇，这一点在孩子身上体现得尤其明显。

你可以做个实验：拿一件孩子从未见过的东西给他看，并且只让看不让摸，然后把东西收起来。接下来，你会看到孩子的好奇心被激发了，他一直想着那东西，到处寻找那东西，想知道那东西究竟是怎么样的。隔一段时间，把这件东西再给孩子，不遮不掩，让他随便看随便摸，可能只一会儿，他就把它扔到一边去了。

以此推理，"欲言又止""只让知道一点点"是吊人胃口、吸引对方注意力的好办法。

这类吸引人的做法在文学作品里很常见。不论是最初的广播、章回小说，还是如今长至上百集的电视连续剧，我们都曾受到了"未完待续"或"请听下回分解"这几个字的诱惑与折磨。有时候，因为这样的诱惑，我们可能会花大量的时间去关注我们原本不太会关注的人或物。

比如，看电视，编剧为了吸引观众，设置了一个又一个的小高潮。刚刚看到某个小高潮，一集结束了，只好第二天又接着看。结果，小高潮一个接一个，你便一集接一集地看下去，到最后，也许自己也觉得这个电视剧并不是想像中的那么精彩，兴趣减了大半，但因为总想知道结果便一直接着看下去。等到看完结果，常常很后悔。回想起来，它实在不值得自己花那么多的时间去看。那为什么我们会很盲目地看到底呢？因为每一集电视剧都"欲言未止"，让你欲罢不能。

在销售当中，有时不妨"欲言又止"，把话说一半，把戏演一半。这是一个吸引客户注意力，使客户轻松地被我们牵引的好方法。

某服饰销售员的目标是要把服饰推进某大型百货商场。她做了很多努力，却都被商场的老板拒绝了。经过调查，她才知道，原来该商场的服饰品一直在进着另一家公司的货，老板认为没必要再进别家的。

后来，她想了一个办法。在又一次推销访问中，她早早地来到该商场管理人员办公室门外，见到该老板，她直截了当且诚恳地问道："您可以给我十分钟时间，就一个经营上的问题，让我提一点建议吗？"

她的话引起了老板的好奇，于是，老板请她进办公室谈一下。

销售员走进办公室后，拿出一种新式领带给老板看，并请老板为这种产品报一个公道的价格。老板认真仔细地检查了产品，最后做出了认真的答复。她也作了非常认真和适当的讲解。

她看了一下墙上的钟，十分钟快到了，便拿起自己的东西要走。可是，老板要求再看看另外那些领带。最后，老板按照她的报价订购了一大批货。

其实，她所做的不过是"欲言又止"，激发了老板的好奇心，为自己创造了一个在老板面前展示产品的机会。

好奇心是人们普遍存在着的一种行为动机。利用好奇心，你可以在最快的时间内接近客户，牵引客户。当然，你设计的用以引起对方好奇心的话语或行为必须与你要达成的目标相关，否则，你只会白费工夫。

第六章

排除顾客的异议心理

■ 引导对方说"是"

　　对于有经验的销售人员来说，懂得如何利用客户的惯性心理，让客户对自己推销的产品点头说"Yes"，是常用来赢得客户的有效手段之一。所以，如果想要让客户同意你提出的观点，不妨在你与客户进行沟通之前，对客户的性格特征和心理倾向进行认真的研究，精心选择想要交谈的话题以及要提出的问题，通过连续的肯定回答让客户自然地形成积极而正面的购买态度。

　　销售人员在与客户进行沟通的时候，要尽可能地挑选一些客户能够肯定回答的问题提问，让客户在不断的说"是"的过程中产生一种认可的"惯性心理"，通过这种"惯性心理"的影响，这时当你向客户提出交易请求时，客户就很可能受前面惯性心里的影响，惯性地说"是"，从而使成交成功的概率大大增加。

　　"惯性心理"到底是什么呢？所谓"惯性心理"，是指当一个人在不断地回答一系列问题时，如果从一开始就回答"是"或者连续几次都是同样的答案，都回答"是"，那么对后续所提出的问题便会不知不觉地就回答"是"的心理倾向；反之，若从一开始就说"不"或连续几次都说"不"，那么对于后续所提出的问题便会产生说"不"的心理倾向。

　　小柳是××汽车公司的一名推销员，有一天，他去见一位由他朋友推荐的客户。在向客户说明自己的来意后，小柳对他们公司汽车的优点及价值做了详细的介绍。半个小时过去了，在这期间小柳一直在滔滔不绝地说着。但不管他如何卖力的向客户分析拥有这辆汽车后的各种好处，客户一直就是在摇头。

就在这时，小柳突然灵机一动，马上问客户："您是对您自己找到的汽车非常的有兴趣，对吗？"

"对呀，我当然喜欢我自己找到的。"客户果断的回答说。

小柳："假如您想要这辆汽车，您是喜欢所有的担保都在一起，是吗？"

客户："对呀。"

小柳一步一步地问客户："信誉无论对哪个行业都非常的重要，不是吗？"

"肯定是啊。"客户坚定的回答说。

"那和一个既在乎自己的商誉又在乎信用，诚实守信的销售人员做生意是非常关键的，不是吗？"小柳又问道。

"那当然，我认为是。"老板回答说。

通过这样的沟通，客户在回答这些是的问题的时候，不断地受到小柳设计的如此问题的影响，最终的结果是答应购买小柳推销的这款汽车。

为什么在开始的时候无论小柳怎样描述这款车的好处，客户就是无动于衷，而在小柳设计的一系列回答"是"的问题下，客户就自然而然的顺从了呢？这就是所谓的"惯性心理"的作用。

当销售人员在向客户推销自己的产品时，经常会遇到各种各样的被拒绝的理由。比如，"对不起，我不需要这个""我不想用，不要在这浪费我的时间了""不好意思，对这个我没兴趣""您还是问问别人吧"，等等。有时候，由于客户冰冷的拒绝使销售人员不知所措。不过不要对此有所担心，学学下面的方法吧，它会告诉你面对这样的客户时该怎么办。

1. 从客户的兴趣入手

大多数的客户在购买产品时，常常喜欢凭借自己的意愿和兴趣，以自己的感觉为准，随意的购买。他们不喜欢销售员在他们身边"喋喋不休"，认为推销员这样做会打消他们随意购买产品的兴趣，所以常常以各种理由拒绝，给销售工作带来很大的阻碍。

当面对这样的客户时，销售人员表现得越热情，越"苦口婆心"，反而更容易引起客户的反感。这时，销售员不妨找出一些有趣的话题，让客户自己不自觉的打开话匣子，创造一个和谐的交流氛围，并想办法让客户对你所介绍的产品保持一种热情的态度，同时懂得如何利用产品优势将客户吸引住客户，让客户的思想不自觉的投入到你所介绍的产品的兴趣之中。

并且，对于客户感兴趣的话题，一般的回答都应该是肯定的，这样也会对施展惯性定律形成一定的帮助。

2. 用客观事实说话

有些客户在进行消费前常常会对自己想要购买的产品进行一些大致的了解，甚至有时候对产品的熟悉程度绝不会输给你，俨然一副"资深产品专家"的模样。当面对这样的客户的时候，销售人员在介绍产品时一定要准确把握，决不能为了鼓励和吸引客而将产品的功效任意夸大，否则，无异于"搬起石头砸自己的脚"。

所以，销售员必须不断地提高自己的专业素质和业务水平，全面掌握产品的综合知识。在与客户进行沟通时，要实事求是，诚实守信，这样才会使客户对你所说的话不会有所怀疑，对你的信任度才会不断地增加。同时，使客户在对事实说是的基础上，也会对你的购买请求说"是"。

3. 如何应对客户的防范心理

防范心理是每一个正常人都会有的，当与外界进行接触的时候，产生防范心理更是自然不过的了。尤其是面对陌生的事物的时候，更是会有一种紧张和不安，觉得缺少安全感。这时，他们经常会采取一种防备和抵制"外来人"的态度，不让其靠近。在销售过程中通常表现为：语言很生硬，态度异常的冷漠，给人一种咄咄逼人的架势，等等。

当销售人员遇到这种情况时，要懂得"以德报怨"，时刻给客户提供一个安全的"信号"。销售人员和蔼谦恭的态度，甜美简洁的措辞，都会使客户紧张的心理得到放松，这是消除客户防卫心理的比较有效的做法。

4. 识破客户的借口

遭到客户的拒绝不可避免，而你又不想轻易的放弃这笔不错的交易，这时，你该怎么办？最为聪明的做法是销售人员通过利用旁敲侧击的委婉方式找出客户拒绝的真正原因所在，然后针对这个原因，在与客户交谈时巧妙地设计出一系列的引导客户的问题，让客户在回答"是"的过程中，不断的消除异议，逐渐的接受你的产品。

■ 真心想买货，才会嫌货

经常研究客户心理，分析客户需求的销售员们，会吃惊地发现：常常挑剔产品的人，往往是真心想买产品的人。尤其是那些喜欢不断细枝末节上挑剔的客户，他们是最有可能购买产品的客户，销售员此时就只能和挑剔客户"较真"耐心介绍产品的优势，请客户自己比较，使客户接受产品是物有所值的。这样再挑剔的客户也会满意购物了。

事实上，客户在购买产品的过程中，并非故意挑剔。很多时候那些顾客看似无可理喻的找茬行为，实际上是"醉翁之意不在酒"，顾客故意寻找产品的毛病，是为了达到他们的潜在目的。比如：有的顾客是为了得到更好的售后服务、有的是为了砍价而故意说产品有毛病，等等。明白了这些，销售员只需要对客户的挑剔多一份耐心、多给顾客一些信心，可以吸引住挑剔客户的购买意图。

在一知名大酒店，来了一位财大气粗的钱老板。这位钱老板来这里宴请他的朋友。他一走进这家大酒店，就高声说："有什么好菜，就给我们上你们这的招牌菜。"于是服务员给他们上菜，本来他们吃得很开心，可是上鱼翅羹时，这位钱老板刚吃了一口，就恼火地向服务员大声说："怎么这里的鱼翅又硬又没有口感，什么高级大酒店啊，你们的厨师是怎么做的？我吃过那么多回鱼翅，都没吃过这么难吃的味。"

服务员吓得一声不吭，听他抱怨完了，就立即进去请酒店经理过来处理，酒店经理面带微笑地走过来，他先仔细地打量了钱老板他们一阵，心里悄悄地思考着。等他走到钱老板他们的桌子跟前，他有意地大声说："钱老板，您真是吃鱼翅行家！今天厨师做的鱼翅在火候上的确是差了那么一点点，非常细微的一点点差别，这点差别通常是不容易察觉出来的。没想遇到您了，只一口就尝出来了。真没想到遇到了专家呀！"酒店经理叫服务员过来，说，"我们酒店今天的鱼翅，让您不满意。您看，咱们给您重新上一次，还是直接撤了不要了呢？您放心，无论您要求撤了还是重新换过，损失由酒店负责。"

钱老板觉得酒店经理在朋友面前夸赞自己是美食专家，觉得很有面子，很高兴地说："不必了，这次我们就不计较了，你们以后必须得注意，这种鱼翅拿出来砸你们自己的招牌嘛。"

酒店经理见钱老板不恼火了，又说："钱老板，您真是'大人有大量'，这可真不是一般的宽容啊！这顿饭，我们给您打八折。为了向您这样的美食专家的大度表示敬意，我立即让大厨师过来道歉，并扣除他这个月的奖金。"

听完酒店经理的这番话，钱老板立即宽容地说："我怎么会在乎这点钱呢？实话说，请朋友吃饭重要的是高兴，再多花十倍的钱我也付得起啊。厨师也辛苦呀，算了，我们不和他计较了。"

其实问题真不是鱼翅缺少火候，真和厨师没关系。鱼翅不好吃是假，钱老板想借这个机会炫耀自己，在这些位朋友们面前，显摆自己很有品位是真。而酒店经理看明白了钱老板的心理，就逢场作戏，先使钱老板的虚荣心得到充分满足，然后又提出己方厨师承担赔偿，那么钱老板自然会"宽容"了。

商店里进来一位女士。

售货员："欢迎您，女士，您需要什么？"

女士："你们这里有××牌的烤箱吗？"

售货员："当然有，请跟我来，××牌的烤箱有好几款，您可以比较一下，您需要哪一款？"

女士："那款紫色的挺好看的啊。"

售货员："您的确很有品味，紫色的一款的确是最畅销的一款了。"

女士："呵呵，紫色的多少钱？"

售货员："4000元。"

女士："真贵啊，便宜点吧？"

售货员："好吧，快卖完了，尾货可以给您打九折。"

女士："3600元也还是太贵啊，再便宜点行吗？"

售货员："真的没法再便宜了啊，这款是最新上市的，我们老板亲自定好的价格，这已经是最低价了。"

女士："是吗，真的不可以再优惠一点了吗？"

售货员："要不我看这样吧，您看同一品牌的这一款您还满意吗？这一款和您喜欢的那一款没太大区别，这一款的烤箱容量比您喜欢的那一款小了点，可是却更适合一般家庭的使用，其实，您选中的那款一般家庭使用是大了点，反而容易浪费电。"

女士："哦，这两款除了容量大小不同以外，其他功能都一样吗？"

售货员："嗯，同一品牌啊，当然一样啊，放心吧。"

女士："可是这款是紫色，那款是白色，我不喜欢白色的。"

售货员："这款也有几种颜色可以供您选择。"

女士："太好了，那我买了。"

售货员耐心地观察了顾客对于产品的挑剔，发现了顾客挑剔的根本原因——希望价格便宜。针对于此，他给顾客推荐了一款价格和使用都合适她的产品，结果自然是生意达成、双方满意。

在销售过程中，可以运用孙子兵法中所说的："上兵伐谋，其次伐交，再次伐兵，最下攻城。"我们首先所选择的最好做法是令顾客满意。这就要求我们自己首先对于挑剔的顾客要保持良好的心态，然后选择正确策略探寻顾客挑剔的原因，而正确策略能够使得我们找出顾客挑剔的根源，最后，我们根据顾客挑剔的根源给予解决。这样的过程与顾客保持良好的互动，维护良好的关系。总之：销售过程中，遇到挑剔的顾客时，首先必须要保持良好的心态，保持良好的心态是保证完成销售目的的前提和保障。

1. 感动顾客，并努力做到使顾客满意

作为销售人员，在观察和分析之后，掌握了顾客的实际需求、心理需求，立即寻找出合适产品满足顾客的全部需求，耐心细致地引导顾客，让顾客不仅仅是满意而且还被感动，满足挑剔顾客的全部需求，结果就是双方满意，达成交易。

2. 真心想买才嫌货

作为销售人员，首先要理解真心想买才嫌货。顾客正是因为想买产品，才会反复挑剔产品有什么毛病，因此，需要本着一种欢迎挑剔的"嫌货人"的良好心态，顾客喜欢对产品"挑毛病"，是好事。要明白真心想买的人才会嫌货。对于这种"嫌货人"的多方挑剔，要多方满足其挑剔，只有全部满足顾客的需求，才能留住顾客，甚至可能永久地留住了顾客。

3. "嫌货人"使得产品进步

嫌货人挑剔你的产品，挑出一条意见，如果你的产品确实有不尽如人意的地方，很可能是生产厂家也不知道产品的不足之处，那么嫌货人的意见和建议，甚至可以直接给生产厂家采用，这使得你的产品可以与众不同地满足所有挑剔的顾客了，你的产品就是最新产品，那么你还担心销售任务吗?

曾经有位非常挑剔的顾客，对产品要求非常苛刻，产品经过三次退货，三次改进，才令挑剔的客户满意。而生产产品的企业老总，不仅没生气还亲自感谢这位挑剔的顾客。因为，经过三次改进的产品，成为了同类产品中的最无可挑剔的产品、最完善的产品。

对于嫌货人不仅是表面的欢迎，更重要的是心理上的欢迎，努力做到使嫌货人都满意，就是提高自身销售能力的过程。

■ 像打太极一样反驳

太极拳是一种以柔克刚的拳法，这种拳法突出了以柔软的力克制强硬的力道。销售人员对于顾客的异议应该如同打太极，不是以更强硬的姿态和顾客据理力争。那么怎样打太极呢？

首先尽量避免顶撞客户，不要直接冲突，而要巧妙地婉转地化解对方的"戾气"。必须用委婉、含蓄的语言反驳，而不能用生硬口气直接对顾客的异议反驳。

我们来看看著名营销顾问弗兰克·贝特格怎么对待顾客异议的？首先要做给顾客看，决不能花言巧语地欺骗，信口开河地承诺，要减少顾客的反对意见，使他们没有异议，能够接受你，信任你，那么你必须是认真负责的态度。使得顾客对你放心，对产品放心。

顶尖销售大师马里奥·欧霍建议是：用直接反驳顾客的异议，用针锋相对的方式很难令顾客认同，还常常使顾客感到难堪，无法进行有效沟通，即使说服了顾客，还是不能够让顾客的心理认同。所以，必须避免强硬的直接的反驳，而要温和婉转地说明。

克莱门特·斯通，曾任美国联合保险公司董事长，也建议："如果顾客有异议，销售人员应该首先找出顾客不满意的地方，顾客也许是抱怨产品质量没达到自己的需求，也许是对产品使用不满意，或者不满产品的没有销售人员说得那么好，等等，那么销售人员首先应该耐心认真地倾听，倾听顾客的不满，然后耐心细致地给予解答。"

太极拳的最高明之处就在于柔能克刚。销售人员学会在销售中使用太极，就是指顾客气势万钧地提出异议的时候，销售人员要善于倾听，以一种无招胜有招的方式接受顾客的异议，仔细地倾听顾客的不满、或者顾客的愤怒、或者抱怨，等等，然后有针对性地——耐心细致地给予解答。一定要采用耐心而温和的态度，理解顾客的感受，化解顾客的怒火，最后化解顾客的异议。

倾听能够使销售人员对于顾客的不满和异议产生理解，从而对于顾客也是一种发泄不满的方式，待顾客发泄完毕，销售人员的理解和支持态度也会化解顾客的愤怒情绪，然后根据顾客的不满进行解释。

倾听环节非常重要，因为只有很好地理解了顾客的异议之后，才能够做到果断排除顾客的不满，而只有迅速果断地排除顾客的不满，才可以使顾客对你产生信任心理。

一位销售汽车保险产品的销售人员，去客户那里推销产品，我们来看他的推销：

销售员："您好，为了您的安全，我给您介绍一下保险好吗？"

客户："行，你介绍吧。"

销售员："我们公司刚刚新开发了一种汽车保险，这种最新的汽车保险更合适顾客经常使用汽车，尤其是对您这种顾客……"

客户："对不起，我插一句，先别说新产品？我听说你们公司原来的保险就有很多问题呢。"

销售员："哦，你知道我们公司，那我就多介绍我们的保险产品了。"

客户："知道一点，听说你们公司的保险有很多售后问题呢。"

销售员："你听说的不对吧？那是谣传。"

客户："早就听说你们公司的保险产品，价格高、理赔却很差。"

销售员："那绝对是谣传，我们公司的理赔是最好的了，我们这次又根据客户的需要定制了一款新保险产品……"

客户："好吧，好吧，你们公司的产品是被谣传不好，反正我不买。"

销售员："你爱听信谣言啊。"

客户："对，我就听信谣言了，我就不买了。"

这种以强制强的销售方式，顾客怎么能够接受，怎么能够被说服？又怎么可能信任销售人员说的是真的，而他听说的是谣言呢？相反，如果销售人员以一种打太极的方式来应对顾客的异议，结果就完全不同了。

客户："好吧，那么公司的产品被谣传不好的，总之我不买。"

销售员："那您可以和我说说谣传内容吗，的确，我也认为如果我要买什么重要产品之前，也要听听使用过产品的人的看法和说法，如果差评太多，那我也就不买了。"顾客于是滔滔不绝地把谣传说了出来。

销售人员针对那些谣传给予了合理解释，然后又介绍了这款新产品和新产品的好处，最后说："这款产品是专门针对您这样的顾客精心设计的，您不试一试，只听别人说，是无法感受到的啊。"

客户："是啊，听起来的确很适合我，我就试一试？"

虽然有时候有些顾客的异议的确有些不可理喻，但是不同的处理方式会有不同的结果。倾听，然后以接受和理解的态度，找出顾客的顾虑，亲切热情地打开顾客的心结，顾客就会信任你、接受你的理性分析，最后购买你的产品。

一位销售员希望一位公司董事长为自己的项目投资，于是拿着一份项目计划书来见这位董事长，打算劝说董事长进行项目投资：

销售员："您好，刘董事长，这是我们的项目计划书。"

刘董事长接过去，认真地看着。

销售员："刘董事长，这个项目是我们许多专家一起经过仔细地调查，然后认真周密地设计出来的，您选择它绝对不会错的。"

刘董事长："嗯，这个项目有值得投资的地方，但是投资必须谨慎，我看你们的计划书还有很多地方有瑕疵的。"

销售员："是的，您的见解很正确，从这份计划书中您应该可以看出这是一份能盈利的项目，尽管投资也存在风险，但这个项目是由我们智囊团经过数次研究探讨才商定的，而且还请专家们的审定，专家们一致认可这是好项目，您不信我说的，应该相信专家的意见吧？"

销售人员的婉转引导，刘董事长消除了异议，慷慨投资。

对于顾客有异议，销售人员应该以接受的态度来打太极，否则生意注定失败；如果对于顾客拒绝的态度，销售人员仍然很有信心，条理清晰地摆事实讲道理，消除客户的异议，最终会达成交易的。

顾客的异议，是有真假的，有正确和错误的，因此，销售人员需要根据其不同来区分消除。最有信心消除的是错误的和假的异议，这种异议需要仔细观察，认真分析，然后予以消除，对于真的异议和正确的异议，也要欣然接受，然后努力改进产品质量，最后再和顾客沟通，消除异议。

1. 销售太极第一式

对于顾客的任何异议，销售员首先需要认真倾听，做到以德报怨，以理服人。顾客的异议可能各种各样，对于假的异议，要以温和的态度把事实摆在客户面前，达到以理服人的效果。对于强词夺理的顾客，更要面带微笑地倾听，包容顾客的无理，但以德报怨应要顾客去体会，最终达到因为你的真诚而使他接受并信任你的目的。

2. 销售太极第二式

对于任何异议，比如无理取闹的异议、真的抱怨、错误的异议，等等，销售人员都必须微笑着，以亲切友善和真诚的态度去应对。尽管顾客的意见可能很荒谬，尽管你也许对顾客已经很厌烦，但是都要保持亲切友善的态度，以温暖化解顾客的异议，以真诚来消除敌意或者是抱怨和不理解。

3. 销售太极第三式

无论顾客有什么样的异议，销售人员都应该有这样的责任感：帮助顾客解决异议。虽然有顾客会对产品提出过高要求，你也要想办法给予解释要他接受，如果提出的异议超出了你的能力范围，你需要告诉顾客，你愿意帮助他，但是你的困难是什么，让顾客理解你。

无论顾客有什么样的异议，都需要有销售人员的真心为之排忧解难，只有当客户理解到销售人员是尽心尽力地中解决他的异议的时候，他会对你产生信任。

4. 销售太极第四式

有时候对于顾客的异议，间接反驳胜于直接反驳。借助顾客的抱怨点不做辩解，而是巧妙地用事实说话，如同打太极巧妙地借力使力，顾客的异议自然化解。间接的反驳，使顾客更易于从心理上接受，并且是直接解决问题的根源。

顾客："真是不好意思啊，这个产品的价格太贵了，我现在不想购买。"

销售员："你可千万别错过这个大好时机，现在看着贵，可是你使用后，它给你创造的价值，可远远不止这个价格呢。"

作为销售人员必须要记住：以温和亲切的态度对待顾客的异议，以积极的有责任感的热情去解决顾客的异议，解决不了的也要亲切地告诉顾客你的能力范围，然后设法提出建议。

■ 暗盘优惠，让他们感觉与众不同

暗盘优惠，招揽忠实的客户，这是有心理学依据的，人们在心理上都希望受到重视，喜欢自己能够得到特殊不同对待。销售人员的暗盘优惠，正是给客户个别优惠，客户觉得自己得到的是特殊的优惠，使客户产生受到不同的对待，有被重视的感觉。因此赢得客户喜欢到你这里购物的受到重视的感觉。

德鲁比克兄弟在闹市经营了一家自己的服装店。两兄弟都很热情好客、服务周到，哥哥常常站在店门口招徕顾客，弟弟就在店里，可是哥哥常常会"聋"，把弟弟关键的话给听"错"。

哥哥德鲁比克招揽到顾客进入服装店后，就会仔细地耐心地给顾客介绍物廉价美的服装，顾客看中了自己要买的服装后就询价了："这件多少钱？"

于是哥哥德鲁比克就"耳聋"似得再问顾客：你想知道什么？

顾客只得再大声问："这件要多少钱？"

"真不好意思，我耳朵有点背，你问这件多少钱是吧？那我帮你问问老板，这件衣服多少钱吧。"他朝店里的弟弟高声问道："那套毛料西服多少钱？"

弟弟德鲁比克从里边伸出头来看了顾客一眼，再看看西服说："那套西服80美元一套。"

"请再说一遍吧，我没听清。"

"80美元。"弟弟德鲁比克提高声音说。

哥哥德鲁比克转头高高兴兴地告诉顾客说："那套西服60美元。"

顾客看看西服，立即高兴地掏出60美元，赶快付给哥哥，拿着西服走了。

真实的情况是，哥哥、弟弟的耳朵压根不聋，他们是给希望占小便宜的顾客的暗盘优惠。这种暗盘优惠使得希望获得优惠的买家得到满意地购物。这种暗盘优惠使德鲁比克兄弟的服装店经营得非常成功。

每位购物的顾客，都有这样的心理，他们不仅注意自己购物的价位是否合适，而且还注意其他顾客是以何种价位购得，并且喜欢进行比较，对于同类商品，希望自己买得价格是最低的？销售员使用暗盘优惠，其实就是在心理层面上满足顾客的这种受到特殊优待的感觉。顾客如果感觉到我们让他受到了特殊的优待，他能比别人得到更多的实惠，那么顾客心理上喜欢就会愿意购买你的产品。

有一对夫妻，丈夫发现妻子买肉每次都不厌其烦地绕过很多肉摊，去一家不是很大很出色的肉摊买肉。他觉得很奇怪，就跟着妻子去肉摊看看是怎么回事：

妻子："您好，麻烦给我来3斤里脊肉。"

"哦！王女士啊，3斤里脊吗？"那位老板忽然压低声音告诉她说，"现在的里脊不够新鲜了，可是今天的五花肉就非常好。今天的五花肉很瘦很新鲜，你不如改买五花肉，特别嫩，我给你按老价钱。"

"行，就按您说的买3斤五花肉！"

丈夫奇怪地问她："五花肉你也不挑不问价钱吗？"

妻子很自信地说："我常常去他家买肉，他很讲诚信的。他给我的价格向来很优惠，他说里脊不好那就是不好，五花肉好，就是好。"

卖肉的微笑地切出3斤肉，秤盘显示已经超出3斤一点点了，老板却又切了一小块瘦肉加进去，给他们包好。看到这些，丈夫就明白了，妻子为什么宁愿绕道也要到这家买肉、而且还信任老板价格公道。

销售人员常常使用这种暗盘优惠的方式，销售效果好，回头顾客也很多。仔细分析一下会发现。"桥归桥，路归路"，商品厂家和消费者既不是沾亲带故，也不是朋友，销售人员偏偏把特殊的优惠给了购买者，那么购买者自然会感到放心和满意了啊。

我们自己在购物的时候，也常常会有享受到暗盘优惠的体验，比如，当你买什么物品时，恰巧少带了一块两块的零钱，这时候，老板大方地说，算了，不要了。于是，作为消费者的我们会乐此不疲地再次光顾。

有两家超市和一家杂货店在我们附近，我们都喜欢到杂货店买各类物品。实际上杂货店的物品价格既不比超市便宜，品种也不比超市齐全。可是杂货店的老板有个暗盘优惠，即他在找零的时候，比如应该找给我们14元，他会找我们15元；如果买42元的物品时，他就只收取40元；应该找给我们4元钱时，他就找给我们5元整而不是四张1元币。这种暗盘优惠，抓住了我们的心，使得我们喜欢光顾杂货店而不是附近的超市。

在一些饭店老板的经营中，也常常使用暗盘优惠：比如，对于一些顾客发放优惠小票。对于回头顾客，也有不同的优惠：消费超过一百，免费赠送一个水果拼盘，等等。如果在饭店消费金额很高，老板还会赠送价值昂贵的葡萄酒。这样的暗盘优惠使得顾客只要有饭局，首先想到的就是得到实惠的饭店。

巧妙的实施暗盘优惠，常常能够得到忠实的长久顾客。

■ 多买多享受优惠

由于许多新产品的消费需要顾客去认识，因此销售人员要能够引导顾客购买更多的商品。许多消费者是潜在的消费者，他们自己并没有意识到自己是产品的消费者，这就需要销售员引导消费者购买。

在化学反应中，有一类催化剂，虽然并不参加反应，但是却能够催促化学反应的发生，优秀的销售人员也要如同催化剂的作用一样，擅长引导顾客正确地决定购买。

一些潜在的顾客。他们自己也不清楚自己需要消费这类产品。甚至有些顾客清楚自己要买什么，但是并不清楚所买的商品是否适合自己的需求，那么对于这类顾客，销售人员应该进行引导。

销售人员运用自己对于产品性能的熟知对于顾客进行启发式销售，其实就是指导顾客除购买自己需要的产品之外再购买相关的产品，促使顾客购买到更物有所值的，需要使用并帮助顾客创造价值的产品。

刘燕准备买一套适合自己皮肤的护肤霜，去了一个大商场的化妆品专柜。卖化妆品的售货员并没有询问她要买什么。刘燕说："麻烦给我拿瓶护肤霜。"

女售货员无精打采地说："那边是护肤品，去那边自己看吧。"刘燕于是自己走过去看着眼花缭乱的护肤霜，随便挑了一瓶，付了钱。

她要离开时，看见二楼电器城有热闹的促销活动。于是她就去了二楼，准备随便看看的。

看见热闹的电器促销活动，刘燕忽然想买个有钟表功能的收音机。销售收音机的柜台里一名女销售员远远看见她，笑眯眯地迎上来说："您好，请问您想买点什么？"

"哦，我想买一部带钟表功能的收音机！"刘燕回答说，"您这里有这样的收音机吗？"

"当然有啊，但是我很好奇，可以问您一下吗？"女售货员声音甜美地说。

"请您问吧？"

"为什么需要买带钟表的收音机呢？"

刘燕笑着说："我新近搬到这边公寓住的，公寓里什么也没有，我早晨如果睡着了也没人叫，怕上班会迟到。"

女售货员把她领到收音机专柜，帮助她挑了一款价格合适外形美观的、功能也适合她要求的收音机，女售货员说："您为什么不买台电视机呢？平时下班累了，就可以消闲，我们现在搞活动促销电视机呢，价格很优惠的。"

刘燕一听，觉得这个主意很不错啊，她的公寓空荡无物，放进去一台电视既利用了空间，又可以平时下班看看节目。而且在搞活动期间买肯定比平时要便宜，何不看看有无合适的买一台呢？

刘燕高兴地说："这个主意很好啊。麻烦您，请给我介绍一下电视机的款式和价位如何？"这位机灵的女售货员立即给她详细介绍了不同款电视机的功能、价位。然后还不失时机地介绍了其他适合刘燕公寓的一些小家电。最后，只打算买瓶护肤霜的刘燕，离开这个商场的时候，她还带着购买的收音机、电视机和一台加湿器。

而这些电器产品的销售正是那位女售货员成功地运用了启发式销售，正确地引导了顾客，使得顾客合理地购买了自己需要的更多的产品。

启发式销售的灵活运用主要有以下几种。

1. 对于顾客购买产品数量多的进行优惠，或者顾客购买产品所消费的金钱达到一定数量给予优惠

简言之，就是多买多享受优惠。如果顾客愿意多买，或者顾客拉朋友们一起买许多同类产品，那么可享受优惠，比如享受更多的折扣、享受其他服务等。

2. 提醒消费同类相关产品

比如买护肤霜，销售员可以建议买相关的隔离霜，一起使用对于皮肤护理更加有效。针对顾客买一种商品。想要该商品的功能得到充分发挥，还需要配套产品的配合使用，销售人员就可以把相关产品一起出售给消费者。比如销售钓鱼竿的同时，还可以推荐很好的鱼饵和遮阳伞等相关产品。

3. 向顾客推介更能够保值增值的辅助产品

顾客购买了一类产品后，销售人员向顾客推介使顾客所购买的产品的辅助产品，使得所购更经久耐用、发挥更大功能等。比如，售出汽车，再向顾客推荐好的汽车保险和好的洗车点，等等。

4. 推荐顾客购买合适的量

顾客对于一些消费品购买，由于不熟悉，或者会不清楚该买多

少，销售者此时应该提出建议顾客买合适的量是多少，这种帮助也是一种启发式销售。销售人员可以建议顾客尽可能多买以备不时之需，这种引导消费既维护了客户利益，又提高了自己的销售额。例如，一个公司管理者来采购办公用品，销售者应该尽量多地推荐顾客购买。

5. 合理推荐新产品给顾客

如果有新产品上市，由于顾客不了解甚至是不知道，而这种新产品恰好能够满足某类客户的需要时，销售者应该大力建议顾客使用新产品。如果顾客使用得很好，那么以后新产品就很容易推荐了。

6. 推荐同类产品中的质优产品

销售人员应该向顾客推荐同类产品中的质优产品，质优产品虽然价格昂贵，但是质量更有保障。销售人员如果清楚客户的经济实力，就要推荐更高档同类商品，因为不仅可以能获得更多利润，而且对于顾客质量有保障之后的长期正常使用也很合适。比如：花2000元买电脑，很快坏了，既误事还得花钱修，而花了4000元买好品牌电脑，就不存在这样的麻烦了。

必须注意：启发式销售，就是一种正确引导顾客购买所需商品，而不是只为了销售者自己的利益而误导顾客的消费。

■ 客户跟你磨唧，是怕吃亏

心理学教授研究认为：人们产生异议主要来自于对于吃亏的恐

惧感。多数人具有一种潜在的猜疑心理，会潜意识地认为别人的行为会不利于自己。例如，如果销售员说某产品很好，那么他会潜意识地猜疑：真的非常好吗？是想骗我的钱吧？如果销售人员告诉他这是最低价格了，他会潜意识地猜疑，这肯定不是最低价格吧，他怎么会把最低价格给我呢？

这种潜在的猜疑心理，对于顾客而言是有利的，有时可以保护他们，避免真的受到伤害。可是这种猜疑心理不利于销售工作的进行。作为销售员，首先要了解并认可顾客的猜疑心理，然后针对顾客的猜疑，采取合理的销售方式消除顾客的猜疑心理。

有一位准备买电扇的顾客走进了一家大的百货商场，他来到家电专柜，售货员笑着招呼他说："欢迎您，您想买什么？"

顾客很诚实地回答："我想买电风扇。"

售货员微笑着说："我们店有各种各样的电扇，您想要什么样的电扇？"

顾客说："我还不清楚呢，我先多了解一下。"

售货员说："好，那您先看看吧，但是我想给您推荐一款很适合家庭使用的电扇。"这位顾客立即想：他推荐的产品很可能是卖不掉了的吧？也有可能是他们可以赚到最多钱的吧。想到这儿，顾客就问："您推荐的电扇多少钱一台？"

售货员说："2780元。"顾客立即想：这种电扇绝对是因为太贵没人买，他是卖不掉才想让我买啊，这么大的"亏"，我才不吃呢！

于是，他对售货员说："这也太贵了。"售货员问："那您想买电扇的价位是多少呢？"

顾客深思地说："我还是先不买了。"说完就走了。

售货员觉得很纳闷这位顾客来买电扇，怎么又不买就走了呢。

我们生来就有的潜在疑惧，即担心自己会上当吃亏的心理，常常会使得顾客对于销售员的语音和行为产生错误的推理和判断。对于销售人员来说，这种猜疑对于销售工作的进行是很大的障碍。上述事例中，售货员没理解顾客的猜疑心理，更无法把顾客的"吃亏"恐惧心理化解了，结果当然使得准客户不购买了。

刘扬是××电器公司的售货员，他也曾经遇到过上述有猜疑的顾客。那么刘扬如何处理的呢？

刘扬："我理解您的想法了，您是担心我们商品质量会有问题，担心购买了我们的商品以后还需要返修或者其他诸如此类的麻烦吧？"

顾客："嗯，对啊。"

刘扬："那么，我们把我们的商品给您免费使用半个月，您试用期间，出现任何质量问题，都可以无条件退还给我们，您看行吗？"

顾客："真可以让我免费试用半个月吗？"

刘扬："真的。"

顾客："可是，半个月以后没有任何质量问题，价格还这样优惠吗？"

刘扬："是的，还是这个活动期间的价格。"

顾客："那好，我先试用半个月吧。"

刘扬在销售过程中，理解顾客的猜疑心理，顾客也需要自己的产品，也很想在活动期间享受优惠价格购买，但是担心购买了产品，会占不到便宜，担心吃亏。此时销售员需要消除顾客的猜疑和担心，这样顾客就会买单了。刘扬的这种主动积极排除顾客的疑惧心理的方法，是值得销售人员学习和使用的。

理解并认同顾客异议的心理，找出顾客对于"吃亏"的恐惧的关键所在。这种担心、猜疑心理也许是由于顾客的购买经历中的确有吃亏上当的深刻体验，比如购买大件商品上当要求退货而不被接受；或者购买产品之后，发现根本不是卖家所说的那样，等等；也许是在新闻媒体里看到各种消费者的负面报道，产生了"防御壁垒"的猜疑心理。所以，顾客常常对销售员有猜疑心理怕吃亏上当。

更加剧消费者疑惧心理的社会事实是：生活中、社会上，确实经常有骗子欺骗消费者，而且骗子常常使用销售人员的推销方式欺骗顾客，这样顾客"上当"后，对于销售员的建议，甚至一听销售员推销产品，就引发他怕吃亏上当的心理，在这样的销售环境中，当然会使得多数顾客小心提防，以免吃亏上当。

因此，销售员要想成功销售，就必须首先消除顾客的"怕吃亏"的心理。这种消除方式以下稍微列举。

1. 用事实说话

销售人员的滔滔不绝、口若悬河地推荐产品。已经无法说动顾客了，因为顾客已经对于这些有了免疫力。许多骗子可能口才更加吸引顾客，他们的"吹嘘"、他们的天花乱坠的说辞，早已使得顾客对于这些不信任了。因此，销售人员如果想打消顾客的疑惧心理，最好让顾客"眼见为实"，把产品的实际情况演示给顾客观看。

有一家建材店挂出了一副对联：左边条幅是："煮遍天下木地板"；右边条幅是："胜者奖励一万元"；横批："煮板论英雄"。建材店的老板在店门口同时还准备了一口大锅，锅里放上热水以及自己的板材。不一会儿，引来了很多围观的人。其中有不少上台想要加大火力将板材煮变形，但都失败了。原来这家建材店老板进了一批质量很好，价格也很高的建材。可是由于单从建材外观上看不出多大区别，所以，那些质量低劣的建材凭借低廉的价格卖得很火，而他的产品几乎无人问津。然后，他想到了一个主意：用实际来说话，于是煮"板"论英雄。他趁星期天大家都在休息的时候，就在市中心的步行街上搭个临时帐篷。用这样实际说话的方式，来证明了自己产品的质量。人们观看了这场用实际说话的建材展示之后，这家店的建材迅速被顾客所认可，并被很多顾客购买。

用事实说话的实验：建材店的老板清楚顾客买木地板的顾虑是，担忧木地板容易变形，于是他就把木地板煮给众位顾客观看。客户看见木地板被煮却不变形，确定这家老板没有骗人，打消了异议，不再担心吃亏上当了，于是纷纷购买。用事实说话，用实际情况让顾客看见，来消除顾客的心理顾虑，获得顾客的信任，那么交易基本就没问题了。

2. 细心观察、了解顾客心理

当取得顾客的信任之后，与顾客的交易才能顺利完成。作为销售人员，在销售过程中不仅在语言上细致、周到、礼貌、亲切，而且要在语言沟通过程中了解顾客的心理。及时发现顾客的疑虑和心理的猜疑要点，然后根据顾客的疑虑，采取合适的方式，消除顾客的顾虑、猜疑，使得顾客信任自己，从而顺利完成交易。

如果顾客觉得太贵，那么可以明确告诉顾客："由于我们产品质优，而且这是一款新产品，所以价格表现了其实质中包含的科技含量。但是，如果您购买量足够大的话，可以适当优惠。"总之要注意观察客户理解顾客的心理，运用合适的策略，完成交易。

■ 消除顾客对产品的偏见

顾客在购买产品的过程中，不免会提出各种对于产品的异议，其中一些异议可能是正确的，有益于你产品的提高和改进，但是也有些异议却是不正确的，是源自于顾客的偏见，对于这些偏见的产生，你作为销售员必须要打消顾客的这些偏见，因为这些偏见是顾客购买的心理障碍。

对于顾客的偏见要持一种接纳的态度，尽管有时候顾客的偏见让销售人员觉得很荒谬，但是，仍然需要为顾客做正确的、耐心的、合理的介绍，最终使得顾客的偏见消除。

博恩·崔西是一位世界顶尖级的管理与营销培训大师，他指出："常常可以使用的消除顾客偏见的方法是，先对顾客的偏见给予肯定，然后用转折的方法改变顾客的视点，最后达到扭转顾客的偏见。用肯定转折的方式来消除顾客的偏见，比如：是的，先生，您这么认为确实有一定的道理，但是……在但是后面说出重要的观点，这样的肯定转折法，顾客比较容易接受。"

克莱门特·斯通是美国联合保险公司董事长，他曾经明确指出："顾客对产品的各种偏见，销售人员应该心里有数，对于顾客将要提出的各种不同的偏见，也要清楚，只有这样，在顾客真的提出偏见之后，销售员应该能够轻松应对，解释、并被接受。甚至最好的做法是把可能会产生的偏见，在顾客还未提出时，就给予一一详细地解释。这样做不仅是把诚实可靠的品质展示给顾客，而且消除了顾客心理的偏见。比如：'如果您对产品质量还有顾虑，请看产品质量认证书，如果还不放心，你可以试用三个月，如有损害，我们承担后果。'"我们来看看这个事例：

顾客："这种金属工具却使用塑料把手配套，你们节约成本了，可是我们使用起来会不会不安全啊？"

销售员："这种金属工具是塑料把手的，您考虑的很细致，可是使用塑料把手并不是为着节约成本的目的，而是为了使得这种金属工具使用起来更加轻巧、灵便，您可以仔细看材料说明，这种塑料是高新科技产品，不仅坚固耐用，而且的确物美价廉呢，我们的产品就是为金属工具的使用者的便利考虑而特别设计制造的，价廉物美，那你们不欢迎吗？"

销售人员应该以尊重顾客为前提，即使顾客的偏见很难接受，但也要换位思考，从顾客的角度去思考问题，顾客如果体会到销售人员在为自己着想，也会理解和信任销售人员了，并会做出让步。

宽转弯、勿触棱，消除顾客的偏见无论使用什么样的方式方法，都要让顾客高兴地接受自己的产品，那么顾客说东，你直接与之对立，想使顾客180度转弯，那很难不触棱角的。

对于营销大师级的学习就会发现，无论怎么样，他们都是先努力做到消除偏见，然后使得顾客信任自己，然后完成交易。

正常情况是：顾客对于产品有顾虑，销售人员需要及时了解到顾客的顾虑，设法引导顾客说出顾虑，用事实说话或者用各种方式证明顾客的疑虑是偏见，使得顾客消除偏见，达成交易。

一位售货员在销售微波炉时，是这样消除顾客的偏见的：

售货员："新产品微波炉，是您做饭的好帮手，不仅省时又省电，而且还无辐射，用这种微波炉还可以快速煮、炖、热各种食物。"

顾客："这么好吗？但是我不需要它啊。"

假如售货员一听顾客不需要，就放弃了，那么就没什么可交易的了，这位售货员立即想知道这位顾客对于他们的产品有什么看法，然后看自己是否能够解决，如果能够解决，那么不是就可以交易了吗？

售货员："您对于微波炉有什么样的要求呢？为什么您不需要呢？"

顾客："微波炉不仅太费电，而且容易坏掉，您这个价格也太贵了……"

售货员："您说的这些都很对。可是您看，我们这个微波炉的价位高，其实关键在于我们的质量高，要生产出质量高的产品，那材料好的质量成本自然就高，那么产品质量就有保障，那您还担心容易坏掉吗？我们这个微波炉价格的确高了点，但是质量有保障，而且我们的价格并不是高得不靠谱，您说呢？"

经过售货员的一番详细解释，顾客的顾虑在逐渐减少。

售货员又解释说："这种微波炉使用了优质的进口材料，因此传热快导热强，省时省电，您看这是产品质量保证认证书。"

顾客仔细观看认证书，然后又对照产品观看，仿佛有购买欲。

售货员接着对他说："无论您有什么疑虑，我都很乐于帮您解决。"

顾客："这种产品有没有售后服务？"

售货员："当然有，购买者可以在三个月内保换，终身保修，请看产品的保修合同。"并把保修合同递给顾客。

顾客看完保修合同后，很高兴。

顾客："很不错嘛，我买一台。"

如果能够完全消除客户的顾虑，那么产品还愁卖不出去吗？销售人员的任务不仅仅是要做产品的说明和介绍产品，还要做消除客户疑虑的工作，不仅仅要消除顾客的偏见，还要扫除顾客的知识盲点。

如果把包扎好的10双筷子和散开放置的10双筷子，各自放在一个桌子上，你从视觉效果上比较，那自然是散开放置的筷子多了，虽然实际上它们是一样多的。

这就如同顾客们的偏见，顾客越多似乎偏见越多，实际上只有一些关键的偏见，只要消除关键的偏见，那些很离谱的偏见就不攻自破了。

下边是一些消除顾客偏见的案例。

顾客质疑："贵公司的保险问题太多了，理赔很麻烦而且很费时间，我也买不起你们的保险。"

这几个问题袭击过来，如何一一解决呢？

"您认为我们的保险不好，是因为您没找对销售员。理赔麻烦，是因为那需要您准备齐全您的文件。这两个问题我都可以帮助您任意解决。而您说买不起保险？那么关键在于您认为保险不重要，如果我们没钱怎么生活？如果生活每天都不保险，那么我们是想办法筹钱呢还是就不生活了？"

这番话确实消除了顾客的疑虑，于是顾客承认保险重要，比钱更重要。

在销售过程中，如果能够找出顾客心理最大的疑虑，并且进行解决，那么基本就消除了顾客对于产品的偏见。

销售人员对于顾客的各种偏见，无论这些偏见是关于产品质量的，还是顾客自身的认识不足造成的，都应该保持忍让和宽容，避免产生正面冲突。相反的，不仅消除不了顾客的偏见，还会加深顾客的偏见。处理偏见可以运用以下步骤。

1. 引导顾客道明偏见

首先对于顾客的拒绝购买产品行为，应该及时了解顾客不购买行为背后的原因。这就需要销售人员引导顾客说出疑虑，只有在顾客道明了心理的疑虑之后，销售人员才可以根据其疑虑进行解释。所以销售人员首先必须善于倾听顾客的不满和对于产品的各种偏见，然后对症下药。

引导顾客说出心中的疑虑，首先要让顾客把对于产品的不满能够一吐为快，你的耐心倾听，使顾客心理感到你重视他的意见。对于你这种重视，顾客也会感到贴心。

2. 介绍、解释和说明，消除偏见

任何产品都不是十全十美的，客户对产品有偏见很正常，但如果客户的偏见由于与事实相悖或者其他原因，使得销售人员难以接受，那么销售人员最需要注意的关键是：正确的理解偏见，然后正确地介绍，解释和说明，正确地消除顾客的偏见。对于一些关于质量、性能、功用等方面的偏见，需要正确分析，然后正确消除；对于其他尺寸、颜色等小的方面的偏见都可以满足顾客要求，予以解决。

3. 要以礼貌和蔼的方式消除顾客的偏见

销售人员需要注意在消除顾客的偏见过程中，千万不能语气生硬无礼。尤其是对于顾客的那些反面异议，不仅需要注意自己的语气还要注意自己的态度。不仅要照顾到顾客的自尊心而且还要顾忌顾客是否能够接受自己的建议，因此，必须运用温婉和气的语气，亲切和蔼的态度来消除顾客的偏见。

无论何时，都必须以尊重客户为前提，以亲切和蔼的态度对待顾客的偏见，以温和礼貌的语气解释和分析顾客的偏见，最终愉快地消除顾客的偏见。

如何说
客户才会听，

李向阳　编著

怎样听
客户才肯说

北京时代华文书局

图书在版编目（CIP）数据

如何说客户才会听，怎样听客户才肯说 / 李向阳编著. -- 北京 ： 北京时代华文书局, 2019.12

（销售圣经）

ISBN 978-7-5699-3412-0

Ⅰ. ①如… Ⅱ. ①李… Ⅲ. ①销售—方法 Ⅳ. ①F713.3

中国版本图书馆 CIP 数据核字 (2019) 第 297239 号

如 何 说 客 户 才 会 听，怎 样 听 客 户 才 肯 说

RUHE SHUO KEHU CAI HUI TING, ZENYANG TING KEHU CAI KEN SHUO

编　　著｜李向阳

出 版 人｜陈　涛
选题策划｜王　生
责任编辑｜周连杰
封面设计｜景　香
责任印制｜刘　银

出版发行｜北京时代华文书局 http://www.bjsdsj.com.cn

北京市东城区安定门外大街136号皇城国际大厦A座8楼

邮编：100011　电话：010-64267955　64267677

印　　刷｜三河市京兰印务有限公司　　电话：0316-3653362

（如发现印装质量问题，请与印刷厂联系调换）

开　　本｜889mm×1194mm　1/32　印　张｜5　字　数｜120千字
版　　次｜2020 年 2 月第 1 版　　印　次｜2020 年 2 月第 1 次印刷
书　　号｜ISBN 978-7-5699-3412-0
定　　价｜168.00元（全 5 册）

前　言

销售是一个奇妙的过程，销售员通过"说"和"听"就将产品卖给各种各样的人。所以要想做好销售，销售员说的能力和听的能力就显得尤为重要。

在现实销售中，很多销售员都会感到困惑，有时候认为自己明明和客户说得很好，但是不知道为什么出口的话却总将客户惹恼，直到和客户搞得不欢而散；而明明自己已经听明白了客户的话，但是总是不能准确掌握客户的需求，导致销售一次次失败。

最终的结果是：不但业绩不佳，还搞得连连跌跟头。

其实像这种"好心说坏话"和不能听明白客户意思的情形在销售中经常出现。这就是销售员没有掌握好销售沟通中最重要的两点——说的能力和听的能力。

关于说的能力。

销售员话术的影响力始终贯穿整个销售过程，并会在销售工作的每个环节上对最终的销售结果产生巨大的影响。

举例来说，销售员去见客户，知道客户现在已经结婚了，但是三十几岁还没有孩子。如果销售员随口就问："为什么不要孩子？"这就有可能造成客户的不满，因为客户很可能有不得已的苦衷。

如果是客户不愿意生还好，但是如果是客户自己有问题不能生孩子，销售员这样问客户就直接撞枪口上了。销售员问到客户的痛处，还想成交吗？客户礼貌地让你赶紧出去就是对销售员最大的宽容了。

那么销售员这句话是坏话吗？显然不是。销售员这么问可能是无心的，也可能是想关心客户，不管从哪方面看这句话都不是在讽刺客户。但是因为客户有隐痛在身，所以销售员这么问客户就不行，就不能成交。

这个案例就能很充分地说明，为什么销售员会"好心说坏话"。在整个销售过程中，没有一句话是销售员可以随便说的，因为销售员不知道哪句话就会刺激客户，所以学习一些说话技巧是非常重要的。

销售员掌握说话的艺术，能和客户之间建立一种信任，能帮助销售员迅速解决客户内心对产品和服务的疑虑；同时，掌握了说话的艺术，还能帮助销售员处理与客户之间的各种各样的关系和冲突，使销售员牢牢掌握住新老客户。

关于听的能力。

"听"和"说"是销售沟通中同等重要的存在，听的能力也贯穿整个销售过程，也会对销售的每个环节产生巨大的影响。

比如销售员在去拜访客户的时候，在闲谈中客户对销售员说："最近左边的牙很疼，可能上火了。"听到这样的话，销售员应该怎样反应，有没有听出客户的背后需求？

当客户这么说以后，销售员什么都不表示，客户也不会说什么；销售员如果用语言来关心客户，客户会对销售员表示感谢；那么如果销售员跑去给客户买药，客户会怎样感谢销售员呢？

很明显，如果客户选择成交，一定是用第三种方式处理的销售员会最先成交，这就是听出客户背后的需求和听不出客户背后需求之间的差距。

会听和会说的销售员成交的机率要远远高于不会听和不会说的销售员，两者之间差的就是一些听和说的知识与技巧。

本书《如何说客户才会听，怎样听客户才肯说》正是基于这样的认识，针对销售员提升自己听说能力的现实需求，并且根据相关领域内的知识进行研究、讨论，对现有知识进行了优化、设计与重组，以求在内容编排与语言风格上满足读者需求。

书中没有夸夸其谈的大道理，以一些小故事、经典的小案例为基础，用最易于吸收的形式和最简洁的表达为销售员献上一份大餐。

《如何说客户才会听，怎样听客户才肯说》这本书将使销售员快速成长，在知识和技巧上得到全面的提升，让销售员从平庸走向优秀，最终无往而不胜。

‖ 目录 ‖

第七章　听过之后，销售员应该怎么做

上篇

销
售
是一门『说』的艺术

第一章

★　★　★　★　★

销售就是一种说话的艺术

好口才就是要学会说和听

销售是世界上最复杂的工作，也是世界上最简单的工作。

之所以说复杂，是因为销售面对的是人，不同的人有不同的想法，所以显得很复杂；之所以说简单，是因为在销售中最主要的两方面"说"和"听"都是有技巧的，只要你学会了，那么成交就变得相对简单了。

销售沟通的重要性，在于可以从沟通中了解到客户的相关信息，从中能分析出客户需求。有需求就有成交，只要销售员能把握机会，那么成交就不会太难。

"说"作为销售沟通中的重要部分，历来被销售员所重视。但是在销售中面对客户应该说什么、怎么说，这些都是有技巧的。说得对，成交就是水到渠成的事情，说得不对，成交就可望而不可及了。

从一个卖粥的小故事中就能体验到销售语言的魅力。

有两家粥铺开在对门，客流量几乎都一样。但是每天在算账的时候，南边的粥铺总要比北边的粥铺利润多出两百元左右，这是为什么呢？

当我们走进北边粥铺的时候，服务员非常热情，微笑着问需要什么。客户点好自己想吃的后，服务员就会问："您加不加鸡蛋？"客户说加，那就加一个，如果不加就算了。

而到了南边的粥铺，服务员同样非常热情，在客户点好自己想吃的东西后，这个服务员也开口了，但是和北边服务员说的不一样，她会问："您是加一个鸡蛋，还是加两个鸡蛋？"

从两边粥铺的服务员的话语中，我们就能感受到差距，都是让客户选择，但是最终的结果是不一样的。第一家客户在选择的时候只有加和不加两种，而第二家则是在加一个鸡蛋还是加两个鸡蛋之间选择，这对最终的利润有巨大的影响。

销售沟通中"说的艺术"就在这里体现出来了。

案例虽小，但是道理却不小。销售沟通中的"说"对销售结果会产生巨大的影响，可能你不经意的一句话就会改变整个销售结果。所以在销售过程中，销售员说什么、怎么说，哪些能说、哪些不能说，必须要经过深思熟虑，这也是优秀销售员和普通销售员之间的区别。

销售沟通中还有一项重要内容就是"听"。很多销售员认为销售中"说"是主要的，"听"是次要的，这只能证明你对销售的理解还不够深刻。因为在销售中，"听"和"说"是一样重要的，少了任何一个都会影响最终的成交。

当客户出现在我们面前时，我们并不知道客户的内心想法，而要在短暂的接触过程中了解客户的内心需求，那么就必须从客户的言语中听出信息来，再加上相应的策略，这样才能为最终的成交打下基础。

有关通过倾听客户说话促成最终成交的案例数不胜数。

张姐是一名服装店销售员。一天店里来了一位女士，张姐热情地招呼这位顾客，但是顾客的反应却有点冷淡，张姐就和这位顾客有一句没一句地聊天。

　　从聊天中张姐得知，顾客孩子的年龄跟自己孩子的年龄差不多。于是她就主动和顾客聊起了孩子的话题。一说到孩子，这位顾客就打开了话匣子。张姐认真地倾听，并就顾客说的一些事情和她进行了简单的讨论。

　　在得知顾客的孩子喜欢汽车模型以后，张姐向客户推荐了一个地方，说那里的汽车模型又多又好，客户显得非常开心。

　　本来这个顾客只想进店来看看有没有适合自己孩子的衣服，因为聊得非常开心，再加上张姐的推荐，最终买了一套亲子装回去。

　　这就是从客户谈话中抓住了关键信息，引起了客户的兴趣，然后针对客户的兴趣制定有针对性的销售策略，最终完成了成交的故事。

　　实际上，在销售过程中，倾听所占的比重非常大，曾经有专业机构进行过调查，在顶尖的销售员中，他们倾听的时间几乎达到了70%，可见"听"在销售中的重要地位。

　　"听"是销售员了解客户内心需求的最重要渠道，也是最终成功成交的前提。想要知道客户真正需要什么，销售员就必须做一个好听众。客户也喜欢倾听者，因为他们也有表达的意愿，你满足了，整个销售过程就变得简单多了。

　　总体来看，"听"和"说"是销售员和客户沟通桥梁的两大支柱，少了任何一个，这座沟通的桥梁都会变得不再稳定。因此，想成为销售精英，你就必须在这两方面多下功夫。

关于"听"和"说"，有以下几点需要提醒销售员注意：

1. 正确认识"听"和"说"的关系。

2. 学会从倾听中抓住客户需求。

3. 学会有针对性地制定销售语言策略。

4. 多学习一些倾听的知识和技巧。

5. 多学习一些说话的知识和技巧。

训练自己"见什么人说什么话"

销售实际上是一个双向交流的过程，因为销售员和客户之间必须经过交流才能完成最终的成交，而这个交流的过程就是销售员影响客户的过程，同样也是客户影响销售员的过程。

而销售员要想在销售中最终成交，与客户沟通中占不占主动并不重要，因为不同的客户的行为方式也是不一样的：有的非常强势，喜欢自己做主；也有的人就是不喜欢做主，需要销售员来替自己做主。面对不同的人，销售员必须要学会不同的处理方式，更重要的是，要见什么人说什么话。

那么作为销售员，怎样才能"见什么人说什么话"呢？

在销售中，客户分成四类，面对这四种不同类型的人，销售员的说话方式也不一样。

1. 征询类型的客户

这种类型的客户，说话的时候往往不会直接，而是喜欢用商量的口气来说话。他们在说话的时候也不会直接下结论，而是喜欢含蓄地表达。这种客户的语言表达类型是这样的："今天晚上我们去看电影好吗？"

这样的客户在说话语气上一般都比较平和，同时语速也相对比较慢，他们不喜欢和别人争论，更不喜欢和别人对抗。对于他们来说，即便是自己的观点正确，但是对方不赞同，他们也不会与之发生争辩。

所以遇到这种类型的客户，销售员在说话上要注意，不要使用过于强硬的词语，更不能使用刺激性强的词语和口气说话。但是，在说话的时候要替这些客户做决定，因为这种类型的客户往往到了做决定的时候就变得非常犹豫。

2. 命令类型的客户

这种客户非常直接，在表达上倾向于直接表达自己的看法，并且喜欢直接说出结论。在语言上，商量是他们最厌恶的事情，他们语言表达的类型是这样的："今天晚上我们看电影。"

这种类型的客户说话语速比较快，同时态度也非常坚定，在他们这里你不会听出犹豫。他们的说话声音也会很大，说话喜欢强调重点，不喜欢和别人讨论来讨论去。这种类型的客户也是比较固执己见的人。

在面对这类客户的时候，销售员千万不要替他们做主，而是要迅速且明确地将产品或者事情的重点表达清晰，在语言上不要对抗，只要做到迅速、简单明了就好。

3. 人际关系类型的客户

这类客户是一种非常注重人际关系的人。因为在他们的认识中，只有搞定人，事情才能办好，有着良好的人际关系，问题就会迎刃而解。这种类型的客户谈话的时候喜欢先拉关系，非常注重个人的感受，他们的语言表达方式是这样的："你这样说话太让人伤心了。"

这种客户的另一个特点是动作比较多，他们非常喜欢使用肢体语言表达自己，所以在交流的时候给我们的感觉是很活泼的。

他们在率先表达的时候往往也希望得到销售人员的回应。在面对这种客户时，销售员在说话方式上一定要注意，需要表现出非常在意他们的个人感受，因为这种客户对于个人感受是非常重视的。

4. 任务类型的客户

这是一种非常务实的人，他们不会和你天南海北地聊天，在对待问题上会从本身出发，喜欢就事论事。他们往往会隐藏自己的情感，反感别人打探自己的私人事情。他们说话的方式是："这件事情你这样处理非常不好。"

这种客户相对来说比较严肃，在说完自己的事情之后往往就此打住，不会说其他事情。所以在面对这种客户的时候，做到有什么就说什么，对于其他不相关的事情就不说，说完关键信息以后就打住，说得再多就容易引起反感了。

这四种类型，涵盖了所有的客户人群。面对不同性格类型的客户，销售员在说话方式上能多注意，并注意不同类型客户的说话禁忌，那么你离"见什么人说什么话"的境界也就不远了。

> 看人说话的技巧需要注意以下几个方面：
> 1. 征询类型的客户：注意平和语气，适时替他做主。
> 2. 命令类型的客户：注意说话简洁明快。
> 3. 人际关系类型的客户：注意不要有侵犯性的语言。
> 4. 任务类型的客户：说话要平实，就事论事。

絮絮叨叨的不是好口才

销售员需要重视销售中的"说"，但是这并不意味着需要销售员不停地说，因为你在通过语言向客户发送信息的时候，必须要经过认真选择，不是说什么都可以。说什么、怎么说都要有方法，一味地说只会引起客户的反感。

但就有一些销售员，在销售的过程中不停地说，不但不停地说，还不断地重复说。一遍又一遍地说多了，客户就认为你絮叨，这种絮絮叨叨的销售员不是口才好，而是无话可说，极易引起客户的反感。

实际上，在销售过程中，销售员自己说了什么不重要，最重要的是客户在你这里接收到了什么信息。因为绝大多数人的记忆力是相对有限的，你说得多了客户不一定会记住。最简单的例子，你和别人做了一次交谈，一个星期以后你能记住多少谈话的内容，一个月以后还能记住多少？

遗忘曲线就能充分说明这个问题。德国科学家经过研究发现，人在刚说完事情以后几乎能记住所有信息，但是一天以后能记住的信息也就35%左右，而一周后能记住的只有20%左右了。

所以在销售过程中，销售员必须要说，但是你所说的每一句话必须是经过深思熟虑的、经过自己加工的、能够引起客户兴趣的信息，因为这样客户的记忆时间就会相对长很多，客户也不会很容易就忘记。

一个絮叨的销售员，所发出的信息是有限的。因为他总是在不停地强调同一点或者同几点内容，客户听得时间长了产生厌烦感，就会自动屏蔽这些信息。当客户出现这种感觉的时候，你说得再多，他们也不会听到，成交就变得更加艰难。

关于絮叨的销售员，有这样一个案例：

一个做销售的小伙子，非常勤劳，每天都在不停地跑市场，推销自己的产品，但奇怪的是，不管他怎么努力，卖出去的产品还是非常少，究其原因就是他说话絮絮叨叨。

他所在公司的产品是面对门店客户的，来到一家门店后，他先客气地寒暄两句，然后就开始推销自己的产品。先说自己的产品质量如何好，然后说产品优势有哪些，再说销量如何好，本来这都没问题，但是问题是他总是不停地说这几点。

开始的时候客户听得还算可以，但是这个销售员来回地说，就令店主不胜其烦。本来每天就要面对很多推销人员，如果都是这样一定会被麻烦死。

更有意思的是，很多店主已经明确表示自己不需要这种产品，然后就不再理他。但是这个销售员还是非常执着地做推销，还在不停地说。直到最后，客户完全不理他了，他才尴尬地到下一家，而到下一家依旧如此。

一旦有客户有点兴趣，他更是絮絮叨叨地说个没完没了。这样不厌其烦地一遍又一遍地介绍，很多有兴趣的客户都被他的絮叨打败了，最终成交的非常少。

不用说销售，我们可以想象这样一个场景：在你的家庭中，如果有一个人总是在那里絮絮叨叨地说话，并且总是在重复同一件事情，你是怎样的一种感觉？相信你一分钟都不想在家里再待下去。

在家里的是你的亲人，你都会有这样的感觉，如果对象换成和你并不熟悉的客户，那么后果可想而知。相信没有一个客户有耐心，喜欢听一个销售员在自己的耳边絮絮叨叨地说个没完没了。

一个絮絮叨叨的销售员，在表面上看是很能说，但是仔细一听，你就会发现这样的人并不是一个会说的人。因此在销售的过程中一定要注意，不要在客户面前絮叨。

那么如何才能做到不在客户面前絮叨呢？

1. 在拜访客户之前进行语言规划和预演。

2. 说有用的和客户感兴趣的信息。

3. 不要总是重复自己说过的话。

4. 引导客户多说，自己要少说。

用沟通提升好感度

在生活中我们可能都有这样的感觉，在产品质量相差不大的情况下，我们对哪家销售人员印象比较好，就倾向于到哪家去买产品。这就是客户好感度在起作用。那么在销售沟通中如何提升好感度呢？

1. 先引导客户说

在见到客户之前，销售员只能从外表推测出一些客户的信息，更加详细的信息都是客户自己暴露出来的，并不是销售员猜测出来的。想让客户暴露自己的信息，就必须要客户说，他说得越多销售员所得到的信息就越多，这是提升好感度的前提。

销售员必须要先引导客户说。比如见客户看我们某一款产品多一些，可以马上问一句"您喜欢这款吗"，如果客户说"是"，那么就简单介绍一下产品，进一步发问，了解客户需求；如果客户回答"不是"，那就马上发问"您喜欢哪种产品"，这样就能有效引导客户多说一些信息。

引导客户说话非常重要，因为你知道的信息越多，你对客户的了解就越多，这样选择说话的切入点就会越多。当你们的话题多起来的时候，好感度也就逐渐建立起来了，那么后续交流就变得不再艰难了。

2. 寻找兴奋点

在和客户进行交谈的过程中，销售员必须要学会寻找兴奋点，因为兴奋点是进一步提升好感度的重要因素。所谓兴奋点，简单来说就是能提起客户兴趣的东西，这可能是你的产品，可能是你身边的物品，还有可能是你们共同关注的一件事情。

以下这个真实的例子就能说明兴奋点的重要性。

有个小男孩家里给他报了补习班。每次上课的时候，他对老师总是很排斥。因为不喜欢补课，所以不管老师怎么努力，孩子的学习成绩还是没有提升。

有一天，小男孩来补习的时候显得非常高兴。老师趁着这个机会就问小男孩今天为什么这么高兴。小男孩回答说，因为昨天看了一场足球比赛，自己最喜欢的巴西队赢了。

老师认为这是一个机会，于是就在上课之前和小男孩聊起了足球。小男孩向老师详细介绍了昨天比赛的情况，并对比赛进行了评价。老师在倾听的过程中也偶尔评论了一两句。两人谈得非常开心。

老师发现在这一天的课堂上，小男孩表现得非常活跃。而自此以后，小男孩对老师的印象好了很多，并且在后来的课堂上表现也非常好。这就是因为老师抓住了小男孩的兴奋点，自此建立了好感度。

足球赛虽然和上课的内容没有一点关系，但是对于小男孩来说，这是自己的爱好。这位老师找到了这一兴奋点，让学生感觉到老师能有和自己一样的爱好，还能和自己进行谈论，好感度自然就建立起来了。

所以在交流的过程中，如果能准确地抓住兴奋点，这样再和客户进行交谈的时候你就会发现，自己能和客户说得很多，和客户之间的关系也会融洽很多。

3. 时刻注意情绪词

中国的词语是非常有魅力的，在谈话中你使用什么样的词语，对于事情的结果有非常大的影响。而在销售过程中，销售人员应该学会使用一些情绪词语，这主要是为了加深客户的感受，提升好感度。

比如我们经常会说"这真是太好了"，其中的"太"字就是为了加重客户情绪而使用的。与"这很好"相比，显然前一句对客户的情感刺激比较大。与之相近的感情词还有"真棒""非常""特别"等。

好感一定是在情感关系上的递进，而我们使用情绪词就是为了能增强和客户的情感联系，一旦这种联系取得效果，那么好感度也会相应地提升。

4. 要有肢体语言配合

肢体语言在销售中也会起到重要作用。研究表明，比较词语、声音和身体三方面在沟通中对于客户的影响，身体影响甚至可以达到60%以上。

身体语言是通过肢体动作表现出来的。在销售中，销售员的肢体语言对客户施加的影响是很大的，你的一个眼神、一个微笑都有可能对最后的成交产生影响，所以一定要注意使用自己积极的身体语言来做销售。

那么在销售中应该使用哪些积极的身体语言呢？

这有很多，比如，我们可以展示自己的微笑，在倾听时微微歪头，使用柔和的眼神看客户，身体微微前倾等，这些都是积极的身体语言，表示被客户的谈话深深吸引。只要是能让客户有良好的感受，这样的肢体动作就都是积极的。

有积极的，就有消极的。比如，你时不时地就拿起手机来看，在交流时跷着二郎腿，不停地搓手掌，习惯性地整理自己的衣服等，这些都是消极的肢体语言，在销售中一定要注意，别一不小心就表现出来。

要想提升好感度，销售员应该注意哪些方面的内容呢？

1. 训练自己引导客户说话的能力。

2. 提升自己寻找兴奋点的能力。

3. 学会情绪词的提炼和使用。

4. 丰富自己的正向肢体语言。

礼仪是沟通的前提

随着社会的发展，礼仪成为人们生活中的必需要素，作为销售人员离不开销售礼仪的学习。而礼仪不但能够塑造销售员的完美形象，还能给客户留下良好的第一印象，为销售员赢得好感和信任，为后续的成交打下良好的基础。

那么作为销售员，在销售礼仪上应该注意哪些问题呢？

1. 着装礼仪

男士和女士的一般着装礼仪是这样的：

男士销售员，在着装上一般要求是着西装，打领带，穿衬衫，并且要选择稍显严肃的颜色及样式，不要给人一种随意的感觉。而在鞋袜的选择上要注意，黑色皮鞋要配黑色袜子，最不能出现的就是白袜子配黑皮鞋。

而女士销售员的着装要注意，最好穿着西服套装、黑色丝袜和黑色皮鞋，显得端庄大气。不要着暴露装，也不要在穿着上过分潇洒或者显得过分可爱。在饰品上要适量，不要戴得过多，否则显得庸俗、不大气。

2. 仪容礼仪

良好的形象首先表现在仪容上。作为销售员必须对自己的仪容负责，你可以长得不帅、不漂亮，但是你有必要让自己看起来非常舒服，这是我们对客户负责，也是对自己负责，是一个销售员应该具有的态度。

仪容修饰的最基本原则是：要和自己的性别和年龄相适应。

简单来说，你对自己的仪容进行修饰，首先要符合自己的性别，男士打扮女性化或者女性打扮男性化这种事情销售员是不能做的。其次就是和自己的年龄相适应，年轻人就修饰自己的活力容颜，中年人要展现自己的成熟魅力。

对于男销售员来说，最重要的一点就是要洁净。男士头发要整洁，面部要整洁，尤其是胡须一定要保持整洁，千万不能乱糟糟的。还有必须要注意的就是鼻毛，有些男士鼻毛会长出鼻孔，一定要修理干净。

对于女销售员来说，要做到典雅。最好不要烫头，不要披肩发，应该扎马尾辫或者盘起头发。化妆要化淡妆，不要浓妆艳抹的，让人看起来就不舒服。对于自己脸上的毛发要修理得整洁干净。

3. 行为礼仪

在行为礼仪上要注意的有五点，分别是：站姿、坐姿、行走、面部表情和手势。

站姿应该直立挺拔，不要弯腰驼背，左右摇晃；坐姿应该上身挺直，双腿合并，不要跷二郎腿，更不能双腿在地上颠个不停；行走要注意不能左右摇晃，步幅要适中；面部表情丰富，但不过分丰富，保持微笑最好；手势简单，不要双手随意摆放或者不知道放在哪里。

4. 交往礼仪

首先，拜访要讲礼仪，做好拜访准备是最基本的；其次，准备拜访所需要的资料；最后，打电话提前确定时间和地点等。在见面的过程中要注意细节，给客户留下良好的印象。

在进行介绍的时候，注意礼貌用语和称呼。递名片的时候要双手接送，握手时要注意握手礼。这些小细节上一定要注意，这是展现一个销售员礼仪的最好时机，稍不注意就会给客户留下不好的印象。

5. 交谈礼仪

在交谈过程中，销售员一定要注意敬语的使用，选择合适的称呼；在谈话过程中要注意自己的语速和语调；谈话时要注意选择合适的话题，不能什么都说、什么都打听，这样是非常不礼貌的。

礼仪是展现一个人自身素质的最关键因素，也是展现企业形象的一个良机。没有良好的礼仪作为基础，那么后续的沟通就会出现问题，就更不用说成交了。俗话说"礼多人不怪"，我国自古就是礼仪之邦，作为现代的销售员应该特别注重礼仪。

那么在礼仪上，销售员需要注意哪些问题呢？

1. 着装做到大方得体。

2. 仪容做到端庄典雅。

3. 行为做到立身规范。

4. 交往做到细节至上。

5. 交谈做到合适顺畅。

问，要从这些方面入手

在销售中"问"是一个重要环节。一个优秀销售员的提问功力是非常高的，他能在不知不觉中就从顾客口中问出自己想要的信息。因此提问能力的高低也成为衡量销售员销售能力高低的重要因素。

先来看一则销售高手成功提问的案例。

销售员：早上好，刘总，见到您很高兴。

客户：你好，找我有事情吗？

销售员：刘总，我是××公司的刘明，因为看到贵公司发表的一篇文章，所以今天冒昧地到公司来拜访您。

客户：哦，那篇文章都说了什么？

销售员：文章谈到您所在的行业市场增长潜力巨大，对于这样巨大的市场，您这样的大公司一定很感兴趣吧？

客户：对啊，和前几年相比，今年的销售市场增长非常快，前景不错。

销售员：刘总，如此巨大的市场，现在贵公司的生产压力一定不小吧？

客户：对啊，现在不管是销售部还是生产部都非常忙。

销售员：真的太不容易了！刘总，我发现贵公司在招聘生产人员，是不是就为了解决这个问题？

客户：嗯，因为实在太忙了。

销售员：刘总，那除了增加生产人员，您有没有想过其他提升生产效率的方法呢？

客户：目前没有更好的办法。

销售员：那您现在使用的生产设备是什么品牌、什么型号呢？

客户：……

最终因为能提升生产效率，客户选择了和这个销售员合作，购买该公司的产品。

从这个案例中我们能明显看出，在开始还是客户在提问，但是在不知不觉中，就变成了销售员在提问，通过销售员的引导，客户一步一步地走向销售员规划好的路径，最终成交。

那么销售员在提问中应该问什么、怎么问？

1.率先提问，掌握主动权

在整个销售对话过程中，很多销售员都感觉自己处于被动地位，其原因就是总是客户在向销售员提问。你不知道客户想知道哪些信息，而客户的问题五花八门，所以销售员总是在应付客户的问题，最终导致自己处于被动地位。

要想扭转这种局面，销售员应该学会主动提问。因为你向客户发问，是在发现客户内心的最真实需求，所以就不会被客户牵着鼻子走。销售员问什么客户答什么，这样销售员就占据主动地位，必然能扭转销售中的被动局面。

客户提问，信息的流出是以客户为导向的，问出的信息都是客户想知道的。而销售员想知道的信息可能还在客户肚子里，销售员也无法掌握对话进程。而销售员发问，信息的流出是以自己为导向的，问出的信息都是销售员想知道的，便于掌握对话进程。

因此对于销售员来说，率先提问是非常重要的。

2. 在回应中以提问结尾

在销售沟通中，如果总是我们在说、客户在问，那么客户能听进去多少、听懂多少，这就要看客户自己了，因为这些是我们不能掌控的。即便销售人员说得再多，客户听不进去，你做的也是无用功。

所以销售员在销售沟通中，应该学会问。比如可以像案例中那样，在回答完客户的问题以后，紧接着就发问，问"您觉得怎么样呢""您清楚了吗"之类的问题，这是我们转移主动权的最好方式。

3. 利用提问处理异议

在销售中异议是经常出现的。产生异议可能是因为销售人员解释得不到位，还有就是客户本身的好奇心。如果不能掌握对话的主动权，再碰到一个好奇心比较强的、喜欢打破砂锅问到底的客户，那销售员就会被活活累死。

所以在销售过程中，想要处理好异议，也要学会对客户提问。一般销售过程中客户会首先提出问题，在回答问题后马上就尝试反问，这样"反守为攻"，就可以在销售中处于主动地位。

在销售中应该怎么提问，很多人对此做过研究，销售员不妨多学习一些这样的知识。在销售过程中，提问是没有固定的模式的，销售员要学会根据现场情况进行提问。

那么在提问过程中，销售员要掌握哪些原则呢？

1. 注意礼节，掌控氛围。

2. 抓住客户的好奇心提问。

3. 多利用能够加深客户痛点的提问。

4. 学会诊断性提问，逐步建立信任。

5. 提问后保持沉默，给客户压力。

第二章

★ ★ ★ ★ ★

与客户沟通你要学会这些技巧

第一次见面的问候

销售有时候看起来就像相亲。因为很多时候，销售员与客户都是第一次见面。而第一印象非常重要，要想让客户对你的第一印象非常好，这就需要重视第一次见面的问候。

人们在交往的过程中，很容易先入为主地形成一些看法、印象。销售员必须率先使用得当的问候来给客户一个良好的第一印象。只要你的问候语得当，客户就会马上对你产生很好的印象，当客户觉得你是一个很好沟通的人的时候，后续沟通就变得不再艰难了。

第一次见面的问候语如果使用不当，就很容易造成麻烦。

小李和小刘是好朋友，但有一次因为一件事情，小李得罪了小刘，之后两个人形同陌路，相互都不说话。

因为小李觉得对不住小刘，所以就想找个机会来弥补一下自己的过错。有一天，小李发现小刘刚从饭馆吃完饭出来，认为这是一个好机会，于是就马上上前和小刘说话。

小李满脸堆笑地来到小刘面前，开口就说了一句："你吃饱了吗？我请客。"

小刘一听非常生气，于是就没好气地说道："你看我刚从饭馆走出来，竟然还问我吃饱没，你这不是白问吗？"

小李顿时感到万分尴尬，而小刘认为小李是在拿他取笑，于是两人自此老死不相往来。

好朋友之间，问候语用错了还会造成这样不良的局面。那么销售员应该怎样做好第一次见面的问候呢？

1. 一声问候，三种含义

作为销售员，我们与客户第一次见面时的问候语要表现出自己的诚意。最大的诚意就是在问候的时候表现出自己的三种含义。

首先就是我非常尊敬你，让客户感觉到你的尊重；其次是我非常亲切，让客户感受到你的亲和力；最后是我非常在意你，客户是我们的衣食父母，让客户感受到你很在意他，这一点也很重要。

做好这三方面，客户的感受就非常不错了。

2. 塑造氛围，用好问候语

在问候的时候，我们必须要让客户感受到我们为他塑造的良好氛围，然后再用好问候语，这样就能打动客户。比如，我们可以满面春风地笑着对客户说"早啊""您好"，虽然简单，但因为你的面部表情已经改变了氛围，所以客户会认为你是一个非常亲切的人。

3. 主动敞开胸怀，消除防备心理

一些销售员喜欢以自我为中心，见到客户的时候从来不主动打招呼，而是要等到客户开口以后才会说话。这样的销售员必然会给客户留下不好的印象。

而客户初次见到我们也是有一些防备心理的。如果销售员这样表现，不但不会很快消除这种防备心理，还会增加客户对你的厌恶感。所以销售员应该学会主动敞开胸怀，和客户打招呼，消除客户

的防备心理，用一句简单的问候拉近彼此的距离。

销售员在和客户第一次见面的时候，应该主动和客户打招呼，并且主动地摒弃一些不利于销售的行为。我们用第一次问候敲开客户的心门的时候，就会发现，原来客户并没有我们想象中的那么难以沟通。

那么在第一次见面的问候中，销售员要注意哪些问题呢？

1. 选择适当的寒暄语，这对打开话题很有帮助。

2. 在寒暄语中，加入自己的见解，让客户来附和。

3. 实在没有什么可寒暄的时候，就聊一聊天气。

自我介绍要精心设计

自我介绍是销售沟通的重要部分。你介绍得好，就会给客户留下好的印象；介绍得不好，自然也就不会有好的印象，之后的沟通就会困难重重。而很多销售员在与客户见面之初都忽略了自我介绍，在简单寒暄以后就直奔主题，或用名片代替，实际上这是非常错误的。

销售员与客户见面时，先进行自我介绍会给对方留下一些信息，通过这些信息客户可以对销售员有一个初步认识。如果销售员介绍得当，客户还可能从中找到话题。所以主动自我介绍是必不可少的，也是双方进一步交谈的重要开始。

在进行自我介绍的过程中，可能面临两种情况：一种是销售员自己介绍自己，还有一种是别人替我们介绍。但是不管哪一种，销售员都要提前确定自我介绍的内容，你想给客户什么信息，就介绍什么。

销售员在进行自我介绍的时候要记住一个重要原则：不能过于简单，也不能过于复杂。

对于销售员的自我介绍，应该着重注意两个信息：

1. 介绍清楚自己的名字

第一次见面就能记住对方的名字，会让对方感受到你的诚意，并且这本身就是一种礼仪。在销售员自我介绍的过程中，一定要注意将自己的名字清晰而准确地介绍给客户。这是为了能给客户留下更加深刻的印象。

在介绍的过程中，应该将自己名字的正确念法和写法都解释清楚。如果为了加深印象，不妨在介绍的时候增加一些有趣的信息，让客户一次就能深刻记忆。

比如一个销售员的名字叫吴天，在介绍的时候他是这么说的："敝姓吴，口天吴，天空的天，合称吴天；虽然我叫吴天，但是我并不无法，也不会做无法无天的事情。"这样一介绍很多人都觉得有意思，于是马上就记住了他的名字。

2. 简单介绍背景、爱好

如果销售员只是向别人介绍自己的名字，那么信息量就太少了，客户也没法找到合适的话题和你沟通。所以在进行自我介绍的过程中不妨简单地加上自己的背景和爱好，这样双方就有更多的信息进行交流了。

比如在介绍的时候你说自己喜欢登山，可能你的客户也同样有这样的爱好。于是你们两人就会很自然地就登山这个话题进行简单交流，而这就可以作为销售沟通的良好开端。

小王是一名销售员，一次去拜访一个客户，对于这个客户他内心是没有太大把握的。在见面的时候，小王对客户进行了自我介绍。在介绍中小王说自己的爱好是钓鱼，这马上引起了客户的兴趣。

客户："小伙子，你喜欢钓鱼？"

小王："是的，因为我觉得钓鱼对培养耐心很有好处，同时也充满了乐趣。"

客户："对呀。不过现在像你这样的年轻人，喜欢钓鱼的已经不多了。"

小王："您说的是，您也喜欢钓鱼吗？平时去的时间多吗？"

客户："对，这是我最大的爱好，每周都要找时间去，下次有机会可以一起啊。"

小王："非常荣幸，我们还有一个社团，如果有您这样的成功人士加入，肯定会蓬荜生辉的。"

客户："呵呵，好啊……"

就这样，小王和客户之间因为有共同的爱好，谈论了很久。两个人之间的关系一下就变得亲密了很多，后来客户和小王不但成了合作伙伴，还成了钓友。

这就是自我介绍加入了自己的兴趣爱好后，对销售具有促进作用的典型例子，这样的例子很多。销售员和客户交流，客户也想找到合适的话题，所以作为销售员有必要给客户提供一个寻找话题的机会，让销售沟通变得更加顺畅。

现在的很多销售员，对自我介绍的重视程度非常不够，因为有了名片等物品的代替，所以见面就只递上一张名片，认为这就解决问题了。实际上这是在浪费机会，因为客户即便会看，你名片上的信息也是有限的，并不能使客户了解更多。

因此，销售员必须重视见面时的自我介绍，对自己的介绍要进行精心设计，不但要想办法让客户记住自己的名字，还要将自己必要的信息传达给客户。这样的自我介绍才是完整的、有生产力的。

那么销售员在进行自我介绍的时候，要注意哪些问题？

1. 对自己的名字进行说明，最好加点幽默元素。

2. 简单对自己的背景和爱好进行设计。

3. 介绍不宜过长，也不要过短，30秒左右最好。

精彩的开场白要这样打造

开场白是销售的第一步，也是非常重要的一步。但是很多销售员对开场白并不怎么感兴趣，可能的原因有两点：一种是一些人不重视，另一种是不知道说些什么。所以在沟通的时候总是感觉自己的开场白很平淡，或者枯燥无聊。

其实销售员是可以让自己的开场白变得更加丰富多彩的，因为有太多的人给我们提供了非常成功的例子。先来看一个日本的保险销售员是怎样利用一张名片引起客户的兴趣，并使用特殊的开场白成功吸引客户的。

在日本有这样一位保险推销员，他的名片和别人的不一样，因为他在名片上印上了"76600"这个数字。客户看到名片上的这个数字时，非常好奇。

顾客奇怪地问："这个数字是什么意思？"

这位销售员并没有回答，而是反问道："您一生中吃多少顿饭？"

这绝对是一个难题，因为普通人没事是不会计算这个的，所以几乎没有任何一个顾客能答得出这个问题。

接下来销售员回答："大概是76600顿，如果退休年龄是55岁，按照当前日本人的平均寿命计算，一个退休后的人还剩下19年的饭，即20805顿……"

只用一张名片就成功吸引了顾客的注意力，并通过这个数字开始做销售，这个销售员的开场白真的非常具有创意。

那么作为销售员，应该怎样做才能让自己的开场白吸引人呢？

1. 利用客户好奇心

好奇心人人都有，你手里拿着一件东西，如果别人没见过就会产生好奇心，想知道是什么。而现代心理学研究表明，好奇就是现代人行为的动力之一。销售员如果能够说出客户不熟悉、不了解或者不知道的东西，肯定能吸引客户的注意力。

一个销售员对客户说："张总，有个东西可以说是宇宙中最懒的，您知道吗？"就在顾客感到好奇的时候，这位销售员说："不就是您的钱吗，您小心翼翼地把它们藏起来不用，它们本来可以买我的产品，但是到现在还一直在睡大觉。"

销售员只要能成功引起客户的好奇心，这样的开场白就是精彩的。

2. 让著名公司和人物为我们说话

人有一种心理就是从众，比如很多人都购买同一件产品，但是其中的一些人可能并不需要，但是他们还是购买了，购买的原因就是别人都买了，自己也要买一件。这种从众心理在开场白中也是可以使用的。

这种从众心理在名人的表现上更为明显，所以现在很多企业才会找明星做代言。销售员在开场白中也不妨使用，我们可以利用业界的名人或者著名企业为我们说话。

比如，在面对客户的时候，可以说："赵总，你知道××公司的李总吗，他也在使用我们的产品，并且反馈非常好。"这样一句话就能引起顾客的兴趣。

3. 用产品说话

这种开场白对销售员的产品要求是非常高的，因为如果你的产品没有什么创意，和市面上的产品都是一样的，那么就不可能达到用产品做开场白的目的。

如果销售员的产品够吸引人，那么开场白就不妨让产品自己来说。销售员只需要将自己的产品包装好，到客户面前打开，新奇的产品一定能在第一时间就吸引客户的注意力。

4. 向客户请教

在开场白中，向客户请教是一个非常好的方式，只要你的问题设计得够好，那么就很容易引起客户的重视，自然也就将客户的目光吸引过来了。比如："廖总，您是行业专家，您认为当前安全行业产品的最大弊病是什么？"

5. 赠品开场白

其实每个人都有贪小便宜的心理存在，这也是现在市场上会有那么多试用装产品和赠品的原因。赠品就是为了满足人们的这种心理而出现的，现代社会很少有人会拒绝免费产品，所以用赠品做开场白也是不错的选择。

销售员在与客户沟通的过程中，开场白设计得好坏对客户最终成交会产生较大的影响。一个好的开场白，可以在一次销售中起到事半功倍的作用，销售员千万不能忽视。

那么吸引人的开场白，需要我们注意什么呢？

1. 使用幽默，幽默是沟通过程中最好的催化剂。

2. 注意引发好奇心，好奇心人人都有，就看你怎么抓住。

3. 讲一个故事，谁都喜欢听有意思的故事。

4. 学会利用身边的事物，为自己的开场白增加吸引力。

你说话的声音也要打造

不管是在人际沟通中，还是在销售中，声音都起着十分重要的作用。每个人的声音都是不一样的，在销售中你要学会打造自己的声音，因为你的声音如果非常好听，对整个销售沟通也能起到促进作用。

对于销售中的声音，国外学者也有研究。在人际沟通中，统计身体语言、声音、用语这三项，声音能起到38%的作用，所以销售员必须着力打造自己的完美声音。

销售员小赵是一名二十多岁的小伙子，人长得比较精神，在工作中也干劲十足，但是他的客户都不喜欢听他说话，这是为什么？

原来小赵是个天生的大嗓门，在平时和客户交谈的时候稍不注意粗犷的声音就爆发了，这让很多客户都非常头疼。有的客户说，不知道的人还以为自己在和销售员打架。

一次，小赵去拜访一位新客户，这个人很有实力，对于成交小赵也有一定的信心。在做好前期准备以后，小赵就来到了客户的办公室。

因为知道自己的声音很大，所以小赵在开始的时候就有意识地控制着自己说话的音量，客户和他谈得很投机。但是在沟通过程中小赵的声音不知不觉地就加大了，在说到兴奋之处，小赵突然加大了音调吓了客户一跳，茶水还烫到了客户的手。

这令客户很不满意，客户虽然表面上没有说什么，但是这场很有可能成功的销售最终也没有成交。

本来好好的一个生意，就是因为小赵的声音太大，吓到了客户，还将客户烫着了，最终导致了销售失败。那么销售员如何才能把自己的声音打造得更加标准？

1. 学会抑、扬、顿、挫的艺术

声音平淡是很多销售员存在的问题，一个人说话没有抑、扬、顿、挫，那么说出来的话也会索然无味。因此销售员在和客户沟通的过程中，一定要注意自己说话该高音的地方要稍微高一点，该低音的时候要低一点，学会适时停顿，抑扬顿挫的表达对客户更有吸引力。

2. 用声音展现热情

声音是能展现人的感情的，比如"你好"，如果你在说的时候声音平淡，并且两个音发出的是同样的音量，给人的感觉就是冷冰冰的；而如果你在"好"这个字上发音高一些，那么给人的感觉就不一样了，他人会感觉你热情了很多。

用声音展现自己的热情，会对客户产生积极的影响，因为你释放的是正能量，客户的情绪也会跟着你动起来。因此销售员在说话的时候一定要饱含热情，这样才能让客户从你的声音中感受到友好和热情，也会让客户放松，从而降低心理屏障。

3. 说话掷地有声，语速适当

在说话的时候语速对声音也是有影响的，你的语速太快或太慢一般都不好，这会给客户带来负面的感觉。你说得太快，客户会认为你是推销员代表；而说话太慢，也会让一些客户感觉到不耐烦。

在语速上销售员要学会因人而异，因为有些客户说话就是很快的，这时候我们也可以加快语速；而你遇到客户说话很慢的时候，也可以稍微降一下自己的语速，这样配合效果会更好，但是必须要注意的是不能过快，也不能过慢。

4. 音量正常，清晰干净

音量在说话时对客户的影响很大，从案例中我们就能感受到，适当的音量能增加客户与你沟通的兴趣。你的音量微弱，可能导致客户听不清你在说什么。而说话清晰干净也很重要，周杰伦的歌曲很好听，但是在销售中，你说话如果像周杰伦唱歌那样不清楚，势必会造成客户的反感。因此在说话的过程中，销售员还要保持自己说话声音的清晰干净。

5. 学好普通话

要学好普通话。不同地区的人可能会有自己的方言，如果你的方言过重，对销售是很不利的。更有甚者，你说话要是让客户听不懂，必须要猜，那么销售基本就不可能成功了。

销售员打造自己说话的声音是为销售做准备，客户都愿意和那些说话清晰、好听的人交流，这是人之常情，因此销售员打造自己说话的声音也非常有必要。

那么打造完美的声音要注意哪些问题呢？

1. 平时注意，培养自己说话的语感。

2. 注意控制自己说话的速度。

3. 留意自己说话的音量、清晰度。

4. 消除那些不必要的口头禅。

5. 减少深奥的词语和长句的使用频率。

隐藏在身体里的气势能帮助你

"气势"是很有意思的。在和别人辩论的时候，如果在气势上不如对方，即便你有理，也可能会输掉这场辩论。因为只要气势不如人，你自己的心理状态和语言就会受到很大的影响。

很多销售员在销售沟通的过程中，就是在气势上输给了客户。所以要么难以成交，要么就算成交了，结果也不理想。作为销售员，应该注意培养自己的气势，同时让气势发挥作用，帮助自己成交。

关于"气势"，有这样一个真实的故事。

冯玉祥在担任陕西督军的时候，有两个外国人私自猎杀了珍贵野牛，这让冯玉祥将军非常气愤，于是他就把这两个外国人召到西安当面质问。

当时外国人在中国人面前总是趾高气扬的。冯将军一见到两个外国人张口就责问："是谁准许你们到这里打猎的？"

外国人回答说："我们猎杀的是无主野牛，不用向任何人通报！"

冯将军带着怒气说："这里是我管辖的地区，野牛生活在我国领土上，怎么就是无主？你们不经过批准就去打猎，这就是违法！"

外国人狡辩说："我们到这里是你们给的护照，还允许我们带枪。这样看来我们打猎是得到你们政府许可的，这怎么能说是私自打猎？"

冯将军反驳说："让你们带猎枪，就是允许你们打猎？那么让你们带手枪，难道还允许你们在我国随意杀人吗？"

一个外国人还不服气，说道："我来中国这么长时间，没有哪个地方是不准许打猎的，再说你们中国的法律也没有说不准外国人在中国打猎。"

冯将军冷笑着说道："我国是没有规定不能打猎，但是也没有法律说能随便打猎，这里是我的管辖区，我有责任保护，就是禁止你们打猎。"

面对冯将军正义凛然的气势，两个外国人理屈词穷，不得不当众道歉并做了赔偿。

在当时的情况下，如果气势稍微弱一些，情况就会大不一样了。作为销售员，我们也应该注意培养自己的气势，这对销售有很大的辅助作用。

1. 要有自信
一个没有自信的销售员是不可能做好销售的。

很多人在第一次面对客户的时候都容易紧张，一紧张就会语无伦次、手忙脚乱。这是因为内心没底，所以就不可能自信；没有了自信，你在气势上就已经输了。

其实，这种没有自信的表现是内心自卑的反映。销售员面对客户的时候，是需要客户花钱买单的，所以感觉自己是让别人消费，内心就不如客户坦然。其实这种心理没有必要，因为销售员是带着产品去的，是帮助客户解决问题的，客户应该感谢我们才是，这样的思维一定要有。

人无贵贱之分，你所谓的贵贱都是自己的心理在作祟。只要你能抬头挺胸，精神饱满地说话，你的气势自然就有了。客户也会被你的情绪所感染，敬佩你的自信。

2. 勇于突破自我

自我突破对于很多人都是一件比较难的事情，因为内心存在畏惧，在关键时刻总是犹豫不前，最后导致失败。实际上，很多时候距离突破就差那么一点勇气。只要你坚持住，再勇敢地向前迈一步，就能够成功突破自我了。

销售员的气势培养也是如此。你之所以气势低落，一个重要原因就是还没有突破自我，当你突破自己给自己设置的限制以后，气势马上就不一样了。

3. 做事果断

一个人的气势，与做事是否果断也有很大关系。要知道在销售中成交的机会稍纵即逝，如果销售员不能果断地把握机会，那么成交就可能变得艰难了。因此，果断是一个销售员必备的素质，一个做事果断的销售员，会给客户留下干练的良好印象。

4. 学会担当

一个没有担当的销售员，不管是在企业内部还是在客户面前都不会被看好。一个人的能力越强，所要承担的担子就会越重。你什么都不想承担，客户自然对你没有信任，这样在客户面前你的气势自然就不可能展现出来。

如果想做一个有气势的销售员，让气势帮助你成交，那么就请在以上几方面对自己进行修炼。

销售员在增加自己气势的时候要注意以下几点：

1. 增强自己的自信心，但请别膨胀。

2. 别用各种条条框框，限制住了自己的内心。

3. 学会抓住机会，勇于承担责任。

4. 修炼自己的气势，但绝不盛气凌人。

找话题学会就地取材

俗话说："话不投机半句多。"对销售员来说，找到客户感兴趣的话题是一道难题。因为销售时间的限制，销售员只要稍微犹豫，可能就错过了与客户交流的最佳机会。

其实在我们身边可以说的话题非常多，只要销售员对身边的环境多多留意，就能很顺利地找到话题，这就要求销售员在找话题时学会就地取材。那么怎样才能就地取材地找话题呢？来看看这则相亲的案例。

素素是一个刚入行的销售员。她的事业心很强，但是无奈性格偏内向，不善于交际。这不但影响了她的工作，还影响了她的生活，都快三十岁的人了，到现在还没有男朋友。

家里人着急就给她介绍了一位警察来相亲。

两个人初次见面，随便寒暄了几句后就不知道该说些什么了。素素非常着急，因为她对这个小伙子的印象很好。

就在这短暂的尴尬中，素素灵机一动，说道："你们当警察的工作挺辛苦，而且有时还会面临生命危险，常人的确难以接受。"

虽然这位年轻的警察也不太善于说话，但是谈到了自己的工作，他便开启了心扉，向素素诉说了自己的事业与抱负、人生与追求。这样，两个人的尴尬不但化解了，两个人之间还就此打开了话题，一说就是两个小时。

机会来临以后你抓不住，它可能瞬间就会溜走。客户来了销售员不知道说些什么，那么最终的结果是客户的流失。所以像素素一样就地取材地找一个话题，最终的结果就不一样了。

1. 找推论性话题

所谓推论性话题，就是销售员根据现场情况，说出自己的一些推论，这些推论以向客户提问为结束，这样就能很好地调动起客户和我们交流。因为你所找到的话题是客户不得不回答的。

比如，在面对客户的时候，你发现客户穿的是一件红色衣服，那么你就可以说"您大概是喜欢红色吧"或者"您是喜欢红色吗"，遇到这样的问题，客户一般都会回答，不管销售员得到的是肯定还是否定的回答，都有继续谈下去的话题了。

2. 让客户参与意见性话题

其实在就地取材找话题中，最高境界就是那种人人都了解并且人人都能加进自己的意见的话题。这种话题不是谁都能说出来的，一旦说不好，就容易造成对方的误解，起到相反的作用。

这种方式效果很好，但是不提倡随意使用。如果你的客户是一位画家，你对绘画艺术又很了解，那么就可以这样赞美："您的画真棒，真是大师级的作品，与张大千的画作不相上下。"但是如果你对要说的话题并不了解，就一定要慎重。否则随口一说，后面的内容就接不上了。

3. 奇闻逸事性话题

说到奇闻逸事性话题，这又回到好奇心这个观点上来。因为好奇心人人都有，并且人们的猎奇心理是非常强烈的。所以在交流开始的时候，找机会说一些身边的奇闻逸事，绝对能迅速吸引客户的注意力。

你所说的奇闻逸事并不一定要有多新奇，只要是身边的事情或者能引起客户的好奇心就达到目的了，并不是要销售员真的到处去搜集这些话题。

4. 赞美性话题

就地取材找话题中，赞美性话题是最为妥当的。如果销售员真的找不到其他话题，那么用这种方式交流也是不错的。比如，我们见到客户后可以说："您今天的穿着更加彰显您的气质了。"

除了这些，还可以找诸如天气之类的话题。这些话题虽然不是很新颖，但是对客户来说，这样的话题作为闲聊还是不错的。因此，在销售员找不到其他话题的时候，使用这样的话题也不错。

就地取材找话题是销售中经常会用到的一种说话技巧，销售员身边其实并不缺少话题，可能只是缺少一双发现话题的眼睛。

那么销售员就地取材找话题，都可以从哪些方面进行呢？

1. 从健康、爱情、流行服饰谈起。

2. 从食物、饮料、养生谈起。

3. 从足球、篮球和其他运动或奥运赛事谈起。

4. 从投资理财、金融谈起。

5. 从书籍、戏剧、电影、电视等谈起。

第三章

★ ★ ★ ★ ★

不妨在说话的时候用点"心思"

"答非所问"永远走在客户前面

这里所谓的"答非所问",并不是说销售员面对客户的问题回答其他的,而是要销售员走在客户前面,提供给客户除了答案之外的更优质的解决方案。

在和客户沟通的过程中,销售员要学会用心思,如果销售员能够帮助客户解决更多问题,那么销售员的收获会更多。优秀的销售员都明白,现在所做的事情没有回报,并不意味着你将来没有回报。

看看下面这个销售员的故事。

小刘是一个刚进入销售行业不久的年轻人,她从事的是首饰销售。小刘很聪明也很刻苦,在从事这份工作之前,已经做了大量的前期准备,将工作中要用到的相关知识都进行了系统的学习。

一天,一对夫妇来到她的专柜前,小刘赶紧迎上前去:"早上好!有自己喜欢的款式可以试戴一下。"

这对夫妇是想为家里的老人买对手环尽孝心。于是,他们挑选了一只空心手环试戴,但也不知道合不合适,于是向小刘发问道:"老人一般戴哪款比较好?"

小刘为其推荐了一款手环，并细心地告诉他们："空心手环是不能调节的，如果老人的手腕粗一些戴上去会不合适，戴着会不舒服，而这款实心手环的圈口可以自动调节，同时磕磕碰碰的也没事，老人都比较喜欢。"

非但如此，小刘还为他们介绍了这款首饰的优势，以及现在购买的话，可以享受到的优惠。最终，这对夫妇购买了一对手环，在临走的时候还专门感谢了小刘。

在案例中，小刘在回答客户问题的时候，很显然就是我们所说的"答非所问"，但正是小刘为这对年轻人提供的解决方案帮助了他们，最终才顺利成交的。

那么销售员怎样才能做到"答非所问"呢？

1. 预判客户的问题

对客户的问题进行预判是销售员应该具备的技能，根据销售员和客户之间谈话的进展情况，销售员要明白在这个时候，客户可能要问哪些问题，虽然还不能最终肯定，但是销售员要有一个大概的判断。

销售员是人不是神，所以对客户所提出的问题，往往不能马上就想好怎样回答，但是如果销售员有预判就不一样了。销售员能预判客户的问题，就能提前规划，当客户提出这个问题后，销售员马上就能提供专业的解决方案。

2. 回答后要有专业的解决方案

销售员在回答客户提出的问题时，并不是只要回答完毕这个问题就完事了，作为销售员应该给客户提供更多的帮助。优秀的销售员往往在客户提出问题后，还能给客户提供一套完整的解决方案。

优秀的销售员对客户的问题会有预判，当销售员预判的问题被客户问出以后，销售员首先来回答客户的问题，之后销售员最好向客户献上自己的解决方案，虽然销售员是"答非所问"，但是这种"答非所问"是客户最喜欢听到的。

销售员的这种"答非所问"是客户最喜欢的，如果客户关心质量，那么销售员回答客户的不仅是商品质量很好，并且告诉客户怎样才能判断一件商品的质量好，这就是为客户提供解决方案。销售员如果总是能走到客户的前面，那么客户就会在销售过程中感觉非常舒服，当客户有这种感觉的时候，离成交就不远了。

那么销售员在使用"答非所问"技巧的时候，要注意什么呢？

1. 完全了解自己的产品，打好基础。

2. 认真观察客户，寻找客户需求的关键点，并根据关键点制订方案。

3. "答非所问"不能偏离客户问题的中心。

遇到不合理要求，学会转移问题

在销售沟通中，销售员在一些问题上不能和客户发生争执，当一些问题自己没有办法回答时，销售员可以采用"转移问题"的方式回答。这种方式不但能化解客户的问题，还能将沟通的主动权掌握在自己的手中。

想知道怎样在沟通中转移问题，先来看看这个故事。

据说，在一次记者会上，有记者询问基辛格："助理先生，我们国家的潜艇导弹弹头数量是多少，又有多少兵员呢？"

基辛格说："我现在还不是很确切知道导弹弹头和民兵的数量，至于潜艇的数量，我是知道的，但我不知道它们是否是保密的。"

记者马上说："当然不是保密的。"

于是基辛格马上反问记者道："不是保密的吗？那么你应该知道是多少，请你告诉我吧！"

在场所有的记者顿时愣了一下，最后也只得一笑了之。

从这里我们能够看出，基辛格在最后回答问题的时候，就是在使用转移问题的方式。记者本来是问他问题的，但是他很机智地就将问题转移到记者身上，最终什么也没有回答，还用幽默的方式解决了这个问题。

那么销售员应该怎样使用这种技巧呢？

1. 以请教的方式转移

"以请教的方式转移"就是要销售员用一种请教客户的方式，让客户来回答自己提出的问题。

客户："你们的产品质量有问题啊。"

销售员："感谢您为我们提出问题，那么您说的问题有哪些方面？请您告诉我一下，我好向上级反映，对产品进行进一步的改良。"

这样说的目的就是让顾客来说话，如果客户说的是真的问题，那么我们虚心接受；而如果客户说的不是什么问题，那么我们可以耐心进行解释。这样既让客户回答了问题，还让客户因为帮了我们的忙而感到满足，销售员也回答了客户的问题。

2. 以幽默的方式转移

所谓"以幽默的方式转移"，就是要销售员像故事中那样，先用一个问题问住客户，然后再用幽默的方式将问题化解。

客户："小王，这次成交你能赚不少吧？"

小王："张总，您说笑了，我可没有您赚得多，我要是能赚那么多，现在早不做这个了，和您一样做个老板多潇洒。"

这种回答方式没有正面回答，而是用一种幽默的方式说一些看似相关但实际上并不相关的话，表面上是回答客户的问题，实际上只是让客户哈哈一笑，虽然问题没有回答，但是却能被化解。

在销售中客户可能会提出一些非分要求，还有可能一些条件是销售员难以满足的，这时就可以采用这样一种方式解决。这是处理客户非分要求的有效方式。

那么在这里销售员需要注意哪些问题呢？
1. 关于质量问题或者其他重要问题，销售员不能回避。
2. 不能强行将问题转移到客户面前。
3. 回答过后要使客户没有异议才好。

说话不能太循规蹈矩

在销售员与客户的博弈中，销售员如果太循规蹈矩，那整个销售过程就会掌握在客户的手中，而销售员如果想要掌握主动权，说话就不能太循规蹈矩。所谓不循规蹈矩地说话，就是在说话的过程中注意灵活变通与弹性处理。

销售员一定要学会因时制宜地说话。这就好比开车，如果你面前的这条路已经不通了，你偏偏还想到达终点，那么如果还是从这里过去就会变得非常艰难。而你要是能绕道走，可能达到终点会更容易一些。

在现实的销售中，如果销售员太循规蹈矩，可能连门都进不去。

销售员不管是上门拜访还是电话拜访客户，是不是经常会遇到这种情况：我们刚自报家门，还没有来得及说什么，客户就直接把电话挂断了；更有甚者，我们还没有见到本人，就被外边的工作人员找理由拦住了。

那么销售员要怎样做到不循规蹈矩呢？

1. 两种销售员的对比

很多销售员在上门拜访陌生客户时，都会说："有人在吗？我是某某销售员。"你这样说可能没有一家会轻易地将门打开。如果是懂得变通的销售员会这样说："×先生吗？是我。"这样很多人都有可能开门看看，这样至少能见到客户。

如果是电话销售，那些循规蹈矩的销售员开口就会说："喂，你好，我是某公司的，麻烦您请某某主管听电话。"

这是最典型的销售电话，相信很多时候办公室的工作人员接到电话都不会给你转接，而是直接说一句"对不起，主管正在开会"，就把销售员打发了。但是一些聪明的销售员会采用一些小手段，以便成功见到客户。

销售员说："喂，我是××，请问你们的主管在吗？"

这时候，销售员用一种轻松而充满亲密感的语气，使人感觉他与主管是老朋友，那么办公室的人至少不会马上就拒绝你，甚至有的人会直接帮你转接电话，虽然这种办法不是百发百中，但是成功率却会高一些。

2. 不循规蹈矩的销售员这样销售

大家对销售员存在一种矛盾的心理：一种是对从事销售的人员的敬佩，毕竟销售虽然人人都能做，但是并不是人人都敢去尝试，更不是人人都能做好的；另一种是对销售员的拒绝，面对推销时，总是会选择拒绝。

所以销售员如何与客户建立联系是非常重要的一环。优秀的销售员在与客户建立联系的过程中，使用一些小手段就能帮助自己敲开客户的门。

销售员："喂，请问老杨在吗？"或者："喂，请问杨哥在吗？"

办公室人员："哪个老杨？""谁是杨哥？"

销售员："哦，对不起，我说的是你们杨主管。"

如果销售员这样进行电话拜访，相信接电话的工作人员一定会认为你是主管的好朋友，因为你这样称呼就是老朋友之间的称呼。在这种情况下，办公室人员的转接率是非常高的。

销售员在进行沟通交流的时候，如果太循规蹈矩，被拒绝的概率就会大增。如果销售员在沟通中能做到凡事肯变通，向案例中这样敲开客户的门，那么被拒绝的概率就会降低很多。

3. 转变思维，善于变通

人的思维是会被束缚的，如果一个人习惯直线型思考，那么想让这个人拐弯去思考问题是非常难的。作为销售员，你的思维一定要学会转变，在思考问题的时候千万不要用直线型思维束缚自己。

优秀的销售员一定要会使用逆向思维和发散思维来思考问题，这样会让销售员更容易接受新鲜事物，而这样的思维方式也是销售员必须具备的。

转变思维、善于变通是销售员的必备素质。因此销售员应该学会用变通的方式处理问题，掌握了变通之道的销售员，可以应对客户的各种变化，也可以在这种变化中寻找到机会，在变化中取得销售的成功。

那么在这里，有哪些方面需要提示销售员呢？
1. 变通的前提是不损害客户的利益。
2. 销售员要学会转变思维。
3. 多接触新事物，学会开发自己的潜能。

站在客户的角度更能打动人

哈佛大学商学院院长唐·哈姆曾说："在与人会谈以前，如果我对于我所要说的，以及他可能会做出什么答复都没有很清晰的认识的话，我宁愿在那人办公室外的过道上多走两个小时，而不愿贸然走进他的办公室。"

成功的销售员一定是会站在客户的角度去销售的。

李琳是一名优秀的家具销售员，她的业绩在所有销售员中是最高的，究其原因就是她总是能帮助客户想问题，甚至一些别人认为没必要的事情，她却能做得非常好。

一天，一位顾客来到家具行挑选家具，在观看一番后认为这里没有适合自己的家具，虽然李琳介绍得非常到位，但是最终客户还是准备离开。

就在客户转身要离开的时候，李琳叫住了这位顾客，然后对他说："先生，我做这一行已经很久了，我可以帮你挑选这里最好的家具，同时我对附近的家具行也非常熟悉，现在我陪你去挑选，而且还可以帮你砍价。"

顾客开始表示并不需要这么做，但是李琳的热情还是打动了客户，于是李琳就带着顾客到了别的家具行。可是在一番考察以后，客户发现还是没有自己最为中意的家具，所以还是没有买到最合适的。

最终顾客回到了李琳所在的家具行，购买了李琳之前向他推荐的一款家具，之后顾客才说，自己购买并不是因为这里的家具最好，而是因为李琳这样为自己着想，令他非常感动。

1. 夸奖自己，不如考虑客户

很多销售员在和客户沟通的过程中，总是习惯性地去向客户介绍自己的产品如何好、服务如何到位。但是被很多销售员忽略的是，自己的产品是不是符合客户的需求。

销售员站在自己的角度向客户介绍产品，首先就将自己放在了客户的对立面，而客户还有一种感受就是：你注重自己的商品，只注重自己的利益，忽略了客户的利益。当客户产生这种心理的时候，销售员想成交就变得艰难了。

因此，作为销售员一定要注意，在与客户进行沟通的过程中，千万不能在一开始就将自己置于客户的对立面，而是要学会站在客户的角度想问题，站在客户的角度说话。

销售员为客户考虑，客户是能感觉到的，所以多为客户考虑一些，你就会发现客户的态度改变了很多。

2. 换位思考，把自己放在客户的位置

"换位思考"是销售中经常提到的一种技巧，因为只有将自己置于客户的位置上，才能明白客户到底在想什么，内心需要什么。从客户角度出发想问题，是销售员了解客户需求的重要因素，也是销售成功的重要保证。

对于销售员来说，要想成为一名销售高手，把自己放在客户

的位置上，是探寻客户表现背后的心理的重要步骤。销售员只有了解客户的心理，才能准确地制订销售计划，才能有针对性地进行销售。

销售员要想实现销售，就必须对客户的心理有明确的了解。了解客户的内心，最好的方式就是站在客户的角度去思考问题。学会换位思考，销售员才会明白客户内心所想，销售也才会成功。

那么，在这里要提醒销售员的是什么呢？

1. 学习一些销售心理学知识，了解客户心理。

2. 销售中学会换位思考，为客户考虑。

3. 减少使用以"我"为主的自夸性语言。

让客户感受到快乐，更容易成交

在销售中，客户总是在追求两种东西：一种是逃避痛苦，一种是追求快乐。销售员想要实现成交，就必须让客户感受到快乐。

那么销售员应该怎样让客户感受到快乐呢？我们先来看一则案例：

小美是一位时尚漂亮的女生。一天，因为办事回来外面太热，于是她就来到商场，打算在这里吹吹冷气，等温度下来一点再出去。

看到商场里这么多的漂亮衣服，小美就想顺便逛逛，实际上她没有任何购物的念头。

小美来到女士服装区域的时候，看到很多漂亮的裙子，其中有一款感觉不错，就多看了一眼。

这时销售员走了过来，说道："您好，您喜欢这一款吗？"

小美回答说："没有，我就是来随便看看的。"

销售员说："您看的这一款是我们今天才到的货。这条裙子是全新的设计，非常配您这样时尚漂亮的女生。您可以试试，我相信您穿起来肯定会比现在更加漂亮的！"

小美一听就心动了。试穿之后，小美发现自己似乎真的更漂亮了。

于是没有犹豫，小美就买了这条裙子。

作为销售员，我们应该怎样让客户感受到快乐呢？

1. 利用产品本身的优势

在销售中，很多产品本身就能带给客户快乐的感觉。就像案例中的这条裙子，小美试穿之后，就迫不及待地想要拥有这份快乐了。

在销售的过程中，销售员要对自己的产品进行全方位分析和了解，看看自己的产品是不是能够第一时间就带给客户快乐的感觉。如果产品具有这样的条件，那么销售员只需要向客户介绍自己的产品，并发挥产品的诱惑力。

2. 利用自己的语言

还有一种能够让客户感受到快乐的方式，就是销售员的语言。我们来看一则案例：

在一个卖辣椒的菜摊前，顾客见到辣椒分为两堆。

客户问："你这一堆辣椒多少钱一斤？"

商户回答："两块。"

客户指着另一堆问："那这一堆呢？"

商户回答："两块五。"

客户问："这边的怎么比那边的贵五毛钱？"

商户回答："这一堆要比那一堆的好一些。"

最终，客户选择了贵的那一堆辣椒。

实际上，在这里客户之所以会买贵的，是因为"好一点"的诱惑。好的东西自然能给人们带来良好的体验，让人感受到快乐。

销售员明白这个道理，在销售中就要学会使用这样的方式和语言。只要能让客户感受到自己拥有后的快乐，你的销售就成功了。

那么在这里，销售员要注意什么呢？

1. 满足客户的心理需求很重要。

2. 要让客户知道，产品能为他们带来哪些快乐。

3. 制订相应的体验计划，让客户感受到快乐。

根据客户的穿着制定说话策略

销售员想要与客户进行顺利的沟通，就必须全方位地发展自己。而"提前判断"是销售员必须要学会的技巧之一。那么在与客户第一次见面的时候，怎样判断呢?

从衣着上进行判断。

因为每个人的性格类型是不同的，所以每个人的穿着不一样。根据客户的穿着制定说话策略是销售员应该具备的技能之一。

那么销售员应该怎样从客户的着装中判断出客户的性格，并制定相应的说话策略呢?

1. 内向型客户判定

如果客户的服装上没有什么惹眼的设计，同时衣服的面料材质也是偏暗色的，那么这样的客户很可能就是内向型客户。

面对这样的客户，销售员要主动引导客户说话，并利用提问的方式让客户多说，进而从中判断出客户的需求。

2. 活泼型客户判定

销售员如果发现客户的衣着是开放式的，并不是我们常见的规范款式，并且客户喜欢宽松的衣着，不喜欢紧身的包裹式衣着，整体着装看起来有一种精力十足的感觉，这样的客户就是活泼型。

与这种客户进行交流，销售员要时刻注意客户的语言方向，避免客户跑题，并且要注意整体沟通的氛围，时刻保持沟通的活泼气氛。

3. 体面型客户判定

这种客户对于穿着的支撑感要求更高一些，他们不喜欢那些宽松款的衣服，认为这种衣服会给人一种邋遢的感觉，这样的客户穿衣服上要求比较正式，甚至有些隆重，这样的客户就是体面型客户的代表。

面对这种客户，销售员在沟通的过程中一定要注意语言的得体性，说话不能随意，要时刻注意自己说话的条理性和逻辑性。

4. 炫耀型客户判定

这是一种特殊的客户群体，这些人的穿着总是希望越华贵越好，他们对于展现自己的财富不遗余力，甚至会主动介绍自己的穿着品牌等，这样的客户就是炫耀型客户。

对于这种客户来说，其虚荣心是比较强的，但是也是非常容易满足的，所以在销售沟通中，销售员要多一些赞美的言辞，这样客户就会对销售员产生好感，成交对于他们来说并不算什么。

5. 温和型客户判定

如果发现客户的穿着上总是有一些花边或者碎褶，并且客户还很喜欢佩戴一些小饰品，虽然看起来不是高端大气那种，但是也能显出精巧可爱，衣服的颜色偏向于柔和色调，这样的客户就是柔和型客户。

这种客户在与人沟通的过程中不会也不愿意和别人发生争执，并且注意谈话的感受，所以销售员一定要注意照顾这种客户的心情，并耐心真诚地对待这样的客户。

6. 干练型客户判定

干练型客户在穿着上一般倾向那种简洁、方便和大方的款式，色调上一般都是以纯色为主，杂色并不是他们的最爱，他们随时都要保持自己衣服的整洁和干净。

与这种客户进行沟通，销售员要抓住重点，并且说话要简洁明快，千万不要絮絮叨叨地说个没玩，只要说完重点就可以了。

7. 大胆型客户判定

这一类人对于穿衣服反抗心理比较强，甚至认为衣服并不是绝对的必要，所以在着装选择上也偏向于舒适和自由，那些轻薄的衣服是他们的最爱，并且喜欢一些极端的造型。

与这种客户交流，销售员要能接受他们的理念，对此表示出一定的认同感，并且在说话的过程中一定要注意不要出现批评等语言。

不同着装特点的客户拥有不同的性格特征，销售员应该从客户的着装中判定出客户的性格特点，根据客户的性格特点来制定沟通的技巧，这样就能大大增加成功率，也能提升我们的成交率。

那么在这里，需要提醒销售员注意的是什么呢？

1. 自己的穿着必须得体。

2. 不能因为客户穿着普通就有轻视心理。

3. 从穿着判断客户需要谨慎。

第四章

★ ★ ★ ★ ★

如何才能说到客户心坎上

学会用话语攻心

有一个经典的销售攻心故事：

一位销售员在仅仅一天的时间内，竟然销售出了价值30万美元的货物。

这位销售员说："刚刚一位男士进来买东西，我先卖给他一个小号的鱼钩，然后告诉他小鱼钩是钓不到大鱼的，于是他买了大号的鱼钩。我又提醒他，不大不小的鱼不就跑了吗？于是，他就又买了中号鱼钩。接着，我卖给他小号的渔线、中号的渔线，最后是大号的渔线。接下来我问他上哪儿钓鱼，他说海边，我建议他买条船，所以我带他到卖船的专柜，卖给他长6米有两个发动机的纵帆船。他告诉我说，他的车可能拖不动这么大的船。于是我又带他去汽车销售区，卖给他一辆新款豪华型'巡洋舰'。"

一位顾客仅仅来买鱼钩，就能卖给他这么多东西吗？

销售员："他是来给他妻子买针的。我就问他，'你的周末算是毁了，干吗不去钓鱼呢？'"

这就是销售攻心。

在销售中有一种攻心战术，即销售员在沟通过程中，使用相应的销售技巧，对客户心理造成影响，让客户顺着销售员的思维路径去思考，最终实现成交。这样的成交方式非常独特，效果非常好。

那么作为销售员，应该怎样使用这种战术呢？这就要求销售员从两点出发：

1. 把好处说够

客户之所以会购买销售员的产品，是因为他们有心理需求，销售员要能够将客户的这种心理需求说出来，并且将之明显化。销售员要想攻心就要说服客户相信，销售员供应的产品或服务是物超所值的，是能够满足这些需求的。

当销售员将客户的需求明显化以后，客户就会清晰地知道自己到底需要什么。而销售员要想在这时候实现成交，就需要将好处说够。

所谓的将好处说够，就是要求销售员将自己的产品或服务与客户的需求结合，而上面案例中的销售员之所以能够卖出这么多产品就是说得够。

小号鱼钩只能钓小鱼，有没有钓中等大小的鱼和大鱼的需求，这个自然会有，于是中号鱼钩和大号鱼钩就销售出去了；到海边钓鱼是不是需要一艘船，这也是客户的需求，于是客户也购买了；买了这么多东西运不回去是不是有运输需求，于是车也购买了。

这就是将好处说够。销售员之所以不能向客户销售更多的产品，很多时候就是没有将好处说够，没能说进客户的心里。当你将产品或服务的好处说够，并说进客户心里的时候，客户就会产生购买需求。

2. 把痛苦说透

从某个程度上来说，成交其实是让客户感到有些痛苦的一件事情。因为成交就意味着掏钱，掏钱就会让人感受到痛苦，所以客户拒绝就是一种本能。但还是有那么多客户成交，这是因为如果不成交，那么就要比掏钱还痛苦，于是客户就会心甘情愿地成交。

案例中的男士，为什么会成交呢？

因为周末来之不易，浪费了非常可惜，如果在家里是不是要承受各种各样事情的侵扰，是不是要经受妻子的唠叨，是不是还要去做自己不喜欢做的事情，等等，当这些都摆在客户面前的时候，还是掏钱买点快乐比较舒心。

在销售沟通中，当销售员能够把好处说够以后，还需要将痛苦说透，当客户内心产生要逃避这种痛苦的感觉的时候，就会和销售员成交。

销售攻心是一门大学问，销售员应该学会掌握将好处说够和将痛苦说透的技巧，这样才能在与客户沟通的过程中说服客户，当痛苦与快乐同时摆在客户面前的时候，客户自然会选择快乐的事情。

> 那么在这里，需要销售员注意些什么？
>
> 1. 必须充分了解客户的真正需求点。
>
> 2. 要多向顾客介绍一些产品或服务的卖点。
>
> 3. 需要一个压轴的购买理由促成成交。
>
> 4. 配合使用其他销售技巧打动客户。

一定要用最适合的称呼

"称呼"也是一种销售方法。

小刘是一名保险销售员，他每天都会接触各种各样的客户。

有一天，小刘约了一家医院某科室的陈组长谈业务。

两人刚一见面，小刘就热情地上去说："陈教授，您来啦。"

一声"陈教授"，将这位陈组长叫得浑身舒坦，马上对小刘报以微笑，在沟通过程中小刘一口一个"教授"，让陈组长非常享受，最终业务顺利谈成。

有的人可能认为称呼不重要，因为称呼只是一个代号而已。但是在销售中，销售员并不能这么认为，因为称呼也是一种销售方法，合适的称呼对整个销售工作会起到促进作用。

比如，在销售中，你面对的客户是该公司的一名副总，如果你在称呼的时候说"张副总"，就是刻意强调了"副"字，对方可能就会有些不高兴，自然沟通起来就不会顺畅。

在销售中，销售员与客户之间的称呼是有其特殊性的，在称呼上可能要求销售员庄重、正式、规范，但是在不同情况下还可能要求销售员做到亲和，甚至稍微地夸大。

那么在称呼上销售员应该怎样做才最为合适呢？

1. 能高就不低

人们都喜欢听好话，没有人会喜欢听坏话和贬低自己的话，所以在称谓上把客户喊"高一点"，总是能满足客户内心小小的虚荣感的。

比如，在称呼"张副总"的时候，客户会不高兴，但是说"张总"客户可能会打着哈哈说"我是副总"，他虽然表面上是这么说的，但是内心还是会很高兴的。

只是这样一个简单的改变，但是客户就会有不同的感受。对销售员来讲，这种不同就会影响整个销售的进程。

2. 能做到随机应变

销售员对一个人的称呼是固定的吗？

当然不是。

这就要求销售员要能够随机应变，在不同的时期对客户的称呼进行改变，这不但能拉近与客户之间的感情，还能让客户对你产生良好的感觉。

如果是首次见面，并且在公司中，销售员最好的称呼方式就是"姓+职称"，比如张总、赵主管、王组长等。因为这是首次拜访，并且在公司这种正式的场合，所以称呼也要显得庄重一点。

但是如果见过几次面了，并且是在私下的场合，称呼就可以发生改变，你可以叫老师，叫兄长，这样就会拉近彼此之间的关系，如果你还是叫原来的称呼，那么你和客户之间总是会有一层隔阂。

3. 男"大"女"小"

在称呼上，男性与女性的感受是不一样的。男性一般都喜欢被人称呼得"大"一些，这样能够显出成熟、稳重。而女性恰恰相反，更喜欢被人称呼得"小"一些，这样能显得更年轻。

如果销售员在生活中经常观察就会发现，在生活中男性一般都喜欢别人称为"某哥"，而女性一般都喜欢被别人称为"妹妹""姐姐"，即便是年龄上相差得比较大，比如，应该称呼"阿姨"，但你称呼"大姐"，就会让对方很高兴。

称呼对于销售员来说，就是拉近与客户关系的法宝。试想一下，销售员只需要动动嘴就能起到良好的销售效果，那为什么不这样做呢？

那么在这里，销售员要注意什么呢？

1. 要有正确的判断，在正确的场合选择正确的称呼。

2. 千万不能见谁都叫"亲"，这是网络销售用语，在现实中并不适用。

充分调动顾客的想象力

古时候，有一个人在朝中做官，为人非常清廉，他的母亲在老家生活。

一天，有人急匆匆地跑到这个人的家中对他的母亲说："糟了，你还是快跑吧，你儿子在外面杀了人。"但是他的母亲像是没听见似的照样在那里织布。

过了没多久，又有一个人急匆匆地跑来告诉她："大事不好了，你儿子杀人逃走了，现在正在被官府缉拿。"他的母亲仍旧是不言语，但是内心出现了波动，纺织机摇得"呜呜"直响。

又过了一会儿，第三个人大汗淋漓地跑来告诉她："可不好了，你儿子杀人现在已经被抓起来了，官府正带人要来抄家。"这时，这位母亲再也沉不住气，弃家而逃。

其实她的儿子并没有杀人。但是三人成虎，母亲虽然相信儿子，但最终还是被人们说得动摇了，弃家而逃。

一般在讲述这个故事的时候，是为了说明"三人成虎"。而我们从这个故事中可以发现，其实是"想象力"让这位母亲最终决定弃家而逃的。如果在这些人说的过程中，这位母亲没有想象力，而是依靠事实判定的话，就不会出现这样的事情。

同样的道理，在销售过程中，销售员若能充分调动客户的想象力，将会对销售产生很大的促进作用。

某地毯销售员对客户说："每天只需要花费0.5元就可以让您的卧室铺上地毯。"

客户惊奇地问："你们的地毯怎么这么便宜？真不敢想象，是不是质量有问题？"

销售员道："如果您卧室总共是12平方米，我们厂的地毯每平方米为38元，这样需456元。我们厂的地毯可铺用6年，每年365天，这样平均每天的花费只有4角8分钱。"

销售员的第一句话就制造了神秘气息，让客户充满了想象，到底是什么样的地毯，只需要0.5元这么便宜，引起客户兴趣以后才进行解释，并且这个解释也合情合理，那么客户也就明白原因了。

销售员在和客户沟通的过程中，想调动客户的想象力就必须要对自己的语言进行包装，因为简单平实的语言是不可能引发客户想象力的，所以需要销售员使用更加丰富的语言才行。

那么作为销售员要怎样才能充分调动顾客的想象力呢？

1. 将客户置于神秘中

要想调动客户的想象力，销售员就必须有能力将客户置于一种充满感情色彩的神秘环境中。因为这种环境对于调动客户的想象力有极大的促进作用。

这种环境的营造有时候只需要销售员的一句话。比如，上面的案例中，"你家客厅的地毯每天只需要花费0.5元"，这一句话就已经让客户感受到神秘了。

2. 给客户讲一个有趣的故事

讲故事在上面的章节中我们已经介绍过了，在调动顾客想象力的过程中，销售员也必须给客户讲一个有趣的故事，这样才能具有代入感，客户的想象力才会被充分调动起来。

比如，轮胎销售员在进行轮胎销售的时候，如果只是平淡地介绍产品："我们公司的这种轮胎货真价实，保证持久耐用，你们可以放心购买。"这句话对客户根本就没有什么作用。

但是如果是一个充满想象力的销售员，他可能会这样介绍："当您带着家人以每小时70公里的速度行驶在路上的时候，突然感到车下一连串的激烈颠簸，您不得不将车停在路边。虽然您可能觉得汽车震得快散架了，但是请您放心轮胎，因为我们的轮胎能应付各种道路情况。"

这样说，客户自然就会根据销售员的描述对场景进行还原，客户就像感受到了真实的场景一样。

将客户带入到一场想象的盛宴之中，让客户在这种想象中对我们的产品进行了解，如此将会增强客户在想象中的体验，销售员的最终销售就会变得更加简单。

那么，销售员在调动客户想象力的时候，需要注意哪些问题呢？

1. 学会使用语言营造一个更具代入感的环境。

2. 学会用更具诱惑力的语言为顾客讲故事。

3. 与自己的产品特点相结合，为客户讲述一个有趣的故事。

使用暗示帮助客户

在我们的生活中随时随地都能见到广告，那么广告真的有用吗？

回答自然是肯定的，不然也不会有那么多精明的老板花大把的钱在广告上。

那么广告到底有什么用呢？

其他的先不说，其中一点很重要，就是对消费者进行心理暗示。

广告播放以后，消费者自己可能感受不到广告的影响，但对于一些经常听到的广告语一般都会记住，当消费者在现实生活中看到这种产品的时候，脑海中马上就会闪现出这种产品的广告语，对产品自然就会多一些亲近的感觉。

这就是广告暗示的作用，消费者这种反应实际上是一种无意识行为，只是在一遍又一遍的广告暗示中，消费者对广告的认同感在自己的潜意识里积累下来。而这种潜意识在消费者要发生购买的时候，就产生了作用。

因此作为销售员，在与客户进行沟通的过程中，要学会使用这种暗示的技巧，使暗示语言留在客户的潜意识中，让客户在不知不觉中就沿着销售员的思维路径去思考，这样就能有效地激发客户的购买欲望。

那么在销售沟通中，销售员要使用什么样的语言进行暗示呢？

1. 使用假设性语句

这是在与客户沟通的过程中，销售员要学会使用的一种暗示表达方式。这种表达方式的优点在于为客户营造一种使用后快乐的想象。在这种假设性语句中，假定客户已经买到了产品，这样不但能给客户购买的暗示，还能够减轻客户的抵触情绪。

在对客户进行暗示的时候，销售员一定不能使用"如果""假如"等词语。因为这样沟通，在一开始就已经在消费者心中留下了"这件产品并不属于我"的暗示，会对最终的成交造成影响。

2. 使用与消费者统一的语言表达

销售高手从来都把自己和客户放在同一条战线上，从来不搞对立，这样才有利于客户接受我们的产品。因为这种联合的表达方式，给客户的感觉是，销售员是在为客户考虑，在这种心理暗示的作用下，客户对销售员的抵触心理就不会那么强烈。

因此销售高手在和客户说话的时候比较喜欢用"我们来……"这样的表达方式。比如，一般销售员会这样说："如果你现在购买，那一定是物超所值。"但是优秀的销售员一般都会这样说："我们来看看，当我们在购买产品后，会得到哪些额外的优惠呢？"

3. 多使用肯定性词语

让客户购买自己的产品，销售员要学会使用正面的暗示，不要使用负面的暗示。因为正面的暗示给客户的感觉就是最终的成交是一种必然；但是如果销售员使用的是负面性暗示语言，那么客户就会认为成交并不是一种必然。

所以销售员在与客户沟通的过程中，最好多用"我相信""一定""肯定"这样的词语，而最好不要使用"不买""不喜欢""不便宜"等否定性词语，这会给客户造成消极的心理暗示。

使用暗示性语言是销售中常用到的一种沟通技巧。在沟通中，销售员在语言上对客户进行暗示，一定要选择正面的暗示性语言，避免使用负面的暗示性语言，这对增强客户购买欲，最终实现成交会有很大的帮助。

那么在这里，需要销售员注意哪些问题呢？

1. 可以反复使用暗示性语言。

2. 一定要让自己的暗示进入到客户的内心。

3. 避免负面暗示语言的使用。

不妨替客户做决定

有这样一些客户，即便他们已经产生了购买意愿，但是也不想迅速成交。因为这些顾客会在产品的质量、颜色、式样、交货日期等方面犹豫不决，就是不能最终决定购买。

面对这种情况，销售员就要适时改变自己的策略，当销售员发现客户有这个苗头的时候，就不要再向客户谈销售的问题，转而应该开始热情、积极地帮客户挑选颜色、规格、式样等，并且用言语对客户的决定进行肯定。

在这些问题都解决以后，销售员最重要的任务就是帮客户下定购买的决心。因为客户犹豫，就是因为自己不能下定决心，所以销售员帮助客户做决定，有利于及时促成成交。

小李是服装销售员。一天，一位男性顾客来到她的摊位前，想要买一件外套。在小李的热情介绍下，客户选定了服装的尺码和样式，但是在颜色上产生了犹豫，一时间不知道到底哪种颜色适合自己。

小李："先生，您平时比较喜欢哪种颜色？"

客户："没有特别喜欢的，也不知道哪种颜色适合自己。"

小李："那您是从事什么工作呢？"

客户："在贸易公司上班。"

小李："哦，那您就选这件黑色的吧，这样显得正式一点，您在工作的时候也能穿，您是刷卡还是现金？"

客户："现金吧。"

案例中的小李就是使用替客户做决定的技巧促成成交的，不但替客户决定了衣服的颜色，最终还用刷卡还是现金引导客户做决定。在销售中，销售员就可以利用这种方式替客户做决定。

那么作为销售员，应该怎样做到帮客户做决定呢？

1. 学会利用客户期盼心理

很多时候，客户对销售员的产品是满意的，并确实有这方面的需求。但就是因为一些小问题没有做出成交决定。这时候，实际上客户是充满期盼的，所以销售员可以利用这种心理帮助客户做决定，促成成交。

2. 促使客户下决心

优秀的销售员是会使用语言促使客户做出成交决定的。

有位卖手机的销售员，遇到了一位客户。这位客户很想购买销售员的产品，对产品也非常满意，但是在最终的成交环节，不管销售员怎么努力，客户就是不交钱，这让这位销售员伤透了脑筋。

就在客户在是买是走之间做最终决定的时候，销售员无意之间冒出了一句："这款手机是我最喜欢的，我也非常想要一台，但是对我来说太贵了，这是给你们这些成功人士用的。"

客户听了销售员的话以后，毫不犹豫地购买了这台手机。

这位销售员是靠最后的这句话，促使客户决定购买的。而客户千差万别，能够促使客户成交的语言也不一样。所以，销售员要学会审时度势，根据具体情况来判断，在销售过程中到底哪些话能促使客户成交。

3. 用行动启发客户，做出购买决定

身体语言也是销售员成交的利器。在销售过程中，销售员要利用自己介绍产品时的热情，以及帮助客户试用产品时的态度或示范技巧，彰显出自己对产品的信心。销售员的这些身体语言能够感染客户，促使客户做出购买的决定。这就是用行动为客户做决定。

4. 积极导向词的使用

在销售过程中，优秀的销售员对自己所使用的词语都是有选择的，他们一般都会选择具有正面导向的词，而不会选择具有负面导向的词。因为这会给客户带来不一样的感受，最终影响客户的成交决定。

比如有的销售员会经常这样讲："您买了这东西永远不会后悔。""后悔"就是负面导向的词，到底后不后悔只有使用过才知道。而优秀的销售员一般都会说："我知道，您肯定会喜欢它的。""喜欢"就是正面导向的词，对客户也是具有正面影响的。

成交是整个销售过程中最为关键的一步，之前所做的一切努力都是为了最终的成交目的。所以在销售的过程中，销售员一定要记住：当客户犹豫的时候，一定要学会根据现场的情况促使客户购买，帮助客户做决定。

那么在这里需要提醒销售员哪些事项呢？来看看影响客户成交决定的原因：

1. 对商品还有不满意的地方。

2. 嫌价格太贵，希望能在价格上得到优惠。

3. 不想马上购买，还想再等一等。

下篇

销售

也是一门「听」的艺术

第五章

★ ★ ★ ★ ★

你想听什么不重要，重要的是客户说什么

倾听是送给客户最好的礼物

在销售过程中，说和问固然是占有很重要的位置，但是除此之外还有一个重要的部分——"听"。

"听"就是听客户说什么，听客户话语背后的动机。

倾听，不仅能成为客户倾诉的渠道，还是销售员获取客户信息、挖掘客户需求的重要渠道。实际上"听"也是销售，是销售员确保成交的重要因素。销售员"听"得好，对销售的促进作用更大。

看看这则案例中，销售员是如何利用"听"来打开局面的：

销售员："张总，您好，我是李民，今天给您打电话就是为了给您寄一份材料。我们主要是做汽车仪表盘生产的，××汽车您知道吧，他们汽车国内采购的仪表盘就是我们生产的。我也希望能有机会为您服务。"

张总："去年我们公司已经订购了，这都什么时候了，你们才打电话，今年不要了。"

销售员："张总，其实现在是不是能成交并不重要，您是甲方，我是乙方，咱们之前就有过交流，今天这样给您贸然打电话真的是唐突了，还请您原谅。"

张总："没有关系，大家都是做生意的，我也能理解你，我们现在的确是不考虑这个事情了，你要是想谈，可以年底再联系我。"

销售员："好的，年底我给您电话。您是行业专家，我刚进入这个行业不久，希望有机会向您请教一些专业知识，得到您的指导，不知道您这周末有时间吗？"

张总："周末啊，可以，那周五的时候我们约定具体的时间地点吧。"

销售员："那就在××咖啡厅吧，周六上午十点可以吗？"

张总："嗯，可以。"

销售员："……"

见面以后，两个人交谈得非常开心，并签署了协议。第二年张总公司的所有仪表盘都是从销售员这里订购的。

在这则案例中，客户一开始就表现出了不满情绪，但是销售员并没有因为客户的不满情绪而退缩，而是通过巧妙的沟通弄清楚了客户的不满情绪来源。

客户在展现出不满情绪的时候，销售员通过进一步沟通了解到，原来是自己打电话联系的时间不对。知道原因就能制定相应的策略，于是销售员重新制定了策略，最终成功和客户约定见面时间，沟通了相关的事情，并实现成交。

在这则案例中，销售员不仅说了很多，问了很多，更重要的是他听出了客户的不满情绪，并且针对这些问题制定了相应的策略，最终才搞定了客户。

试想一下，如果销售员听不出来客户的不满情绪，在客户已经产生不满情绪的时候，销售员还是一个劲儿地和客户推销，相信这次销售不但不会成功，销售员可能还会受到客户的责难和讽刺。

实际上在销售中，"听"和"说"是分不开的，甚至有人认为"听"比"说"还要重要。因为客户的信息和需求都是通过销售员的"听"挖掘出来的，而"说"是基于客户需求之上的。但是不管怎样，销售员都要将"听"放在相当高的位置。"听"是销售员送给客户最好的礼物。

其实在销售中，客户也有表达的需求。一个人只要表达，就希望有听众。客户也一样，在自己表达的时候也需要有听众。所以客户在内心里是希望销售员能够倾听自己说话，并听明白自己话里的意思的。

"听"作为销售的重要部分，是销售员完成销售的重要因素，也是销售中必须掌握的一种技能，一个优秀的销售员一定是一个优秀的倾听者。作为销售员，应该努力培养自己的倾听能力，听出客户的需求，为最终的销售服务。

销售员一定要将"听"这个礼物送给客户！

那么在这里，销售员需要注意哪些问题呢？

1. 将"听"摆在重要的位置，认识"听"在销售中的重要性。

2. 多学习与"听"相关的知识和技能，培养自己倾听的能力。

3. 学会与"说"配合，发挥"听"的重要作用。

你必须对客户的话表现出兴趣

"听"是销售中的重要因素。但在很多人的眼中，听是一件简单的事情，因为只要是身体健全的人都能听见别人说话。但是销售中的"听"，要求并不只是听到别人说话，而是要求听出客户话语背后的意思，听出客户的真正需求。

所以在销售中，"听"也是有技巧的，销售员在使用这些技巧之后，可以令客户满意，对整个销售也会起到促进作用。

而在这些技巧中，有一个倾听技巧很重要，就是销售员在倾听中表现出对客户谈话的兴趣。因为客户在和销售员沟通的过程中，非常希望自己的话得到销售员的认同，更加希望销售员对自己的话感兴趣。

因此，作为销售员就要投其所好，在与客户沟通的过程中，不管客户说的是不是让你感兴趣，你都必须认真听，并表现出对客户所说的话的兴趣。这样销售员才能通过沟通与客户拉近关系，当销售员与客户之间的关系拉近以后，销售也就变得简单多了。

那么销售员要怎样表现出对客户说话的兴趣呢？我们先来看一则案例：

小李是一位手表销售员。一天，一位客户来到她的柜台前，希望买一款比较好的女性手表。

小李："您好，请问您是想送给谁？我给您推荐几款。"

客户："过几天就是我母亲的生日了，我想送她一块手表。"

小李："您母亲可真是幸福啊，有您这样一位孝顺的孩子！您来看看这两款，都是现在比较流行的，也是中老年女性非常喜欢的款式。"

客户："好的，我看看。"

这时候，小李发现客户戴的是一款很老的手表，于是就问："您的表我看好像时间已经很久了，不过现在看起来反而非常吸引人。"

客户："对呀，这是在我出嫁的时候我母亲送给我的，但是这款手表可是价值不菲啊。"于是客户开始对销售员讲述这块表的故事，而小李也听得非常入神，并不时附和一下。两个人之间的沟通变得更加顺畅了。

最终，客户在小李的推荐下买了一款手表，高兴地走了。

案例中的小李，就对客户的话题表现出了非常强烈的兴趣。在整个销售过程中，客户向小李讲述自己手表的故事，而小李听得非常认真，但是这和自己的手表销售并没有什么直接联系。

也正是这表面上看似没有什么联系的倾听，成为销售成功的重要条件。因为这段倾听让客户与小李的沟通变得顺畅，才促成了最终的成交。

那么销售员要怎样才能对客户所说的话展现出兴趣呢？

1. 认真倾听

在和销售员的沟通过程中，客户所说的内容千奇百怪，话题繁多，这些话题并不都是销售员感兴趣的，相反，很多话题都是销售员不感兴趣的。但是不管客户所说的是不是销售员喜欢听的，销售员都必须认真倾听客户的话。

因为这不仅仅是一种礼貌，更是销售员获得客户认可的重要因素，也是促进成交的重要技巧之一。所以对客户的话表现出兴趣，销售员首先要做的就是认真倾听客户的话。

2. 面部表情的配合

面部表情是一个人内心想法的外部展现。在说话的时候，很多人都习惯性地去看别人的面部表情，这就是为了了解自己说话时，别人的反应如何。

所以销售员表现出对客户的话的兴趣，在面部表情上也要进行配合。因为客户会根据销售员面部表情的变化，探查销售员对自己的话是怎样的一种反应。

比如，销售员内心不耐烦，如果不加以控制，那么脸上就会跟着表现出来，这样客户是能够看出来的。因此销售员的面部表情配合很重要。

3. 适时地回应

认真倾听，并不是要销售员只是在那里听，什么话也不说，什么动作也没有。还需要销售员能够做到适时地回应客户，这种适时的回应，对客户来说非常重要。因为销售员的肯定在客户看来就表示其正在认真地倾听自己说话，并对自己所说的话表示赞同，客户内心对销售员会越发有好感。

销售沟通中，销售员要想表现出自己对客户说话的兴趣，就要从这三方面入手。在销售中表现出对客户说话的兴趣，是销售员必须要掌握的一种技巧，这种技巧对于销售员最终的销售成功有重要影响。

那么在这里，销售员要注意哪些问题呢？

1. 尽量找自己也比较感兴趣的话题。

2. 即便对话题不感兴趣，也需要认真倾听。

3. 在回应的过程中要做到恰到好处。

不会听就不知道客户的需求

客户需求是客户购买的根本原因。而要想了解客户的需求，销售员就必须学会听，因为客户的需求是隐藏在自己的话中的，只有认真倾听才能找到答案。那么销售员到底应该听什么、怎样听？

我们先来看一则"听"出客户需求的案例：

某公司的销售部陈经理，去拜访客户李总。李总是陈经理这段时间的主攻对象，因为只要拿下李总这单生意，公司的销售额就会有大度提升。

陈经理："李总，您好啊，几天不见，您又精神不少啊！"

李总："哈哈，就你会说话，还是前段时间的生意？我不是说了，再等等，别着急。"

陈经理："也不是，就是几天没见了，今天正好有事情路过，就来看看李总。"

陈经理看到李总桌上的一张合影："这是您女儿吧，长得可真可爱，有这么漂亮的女儿，您可真有福气啊！"

李总："嗯，这是我女儿，确实很可爱，只是这几天可苦了我了。"

陈经理："怎么了？小女孩应该都比较听话吧。"

李总："听话是很听话的，只是这几天麦当劳有活动，要一份儿童套餐就送玩具，女儿吵着要。我派人去了三次都没有买到，不是没有，就是限量的卖完了，女儿还吵着要，真是头疼死我了。"

陈经理："呵呵，小女孩，喜欢玩具也是正常的。李总，今天我过来就是看看，没什么事情，那您忙，我就先走了。"

陈经理走了以后，马上拿出电话给销售部门的所有员工打电话，让他们去麦当劳排队买儿童套餐要礼物。因为当时的活动已经接近尾声，再加上活动礼物每天都是限量的，所以多些人去成功率会高一些。

陈经理回到公司以后，得知部门二十几个人，只有两个人拿到了礼物。于是陈经理将礼物用精美的礼盒装起来，送到了李总公司。因为李总外出，所以陈经理将礼物放到了李总的办公桌上。

第二天当陈经理出现在李总办公室的时候，李总热情了很多，马上起身和陈经理握手表示感谢，说女儿收到礼物非常开心，真的要好好谢谢陈经理。

之后两个人进行了商谈，最终李总订购了陈经理公司的产品。

一单大生意就因为几件小礼品而搞定了，而陈经理之所以能够搞定李总，就是因为在沟通的过程中通过倾听了解了李总的需求，知道女儿对李总来说最重要，现在李总有礼品的需求，所以陈经理想办法满足了，这单生意就成功了。

如果陈经理听了李总的话没有反应，对于李总的这个需求一晃而过，相信最终这单生意是不是能够成功还是个未知数。

那么作为销售员应该怎样才能听出客户的需求呢？这就要从两点出发培养自己。

1. 具有归纳能力

归纳是销售员听客户说话时必须具备的一项重要能力，因为客户在说话的时候，因为时间、心理、环境等影响，不是所说的每句话都与主题有关，这就要求销售员能够将主题归纳到一起，总结出客户说话的主旨。

销售员要能够从客户的只言片语中听出哪些信息是有用的，哪些信息是没用的。有用的信息自己要保留并进行归纳总结，没用的信息要进行抛弃，以免占用自己的时间和空间，这样就能有效地将信息转化，归纳为自己所用。

2. 具有理解能力

理解能力是对销售员更高一层的能力要求，因为客户所说的话，并不是每一句都是非常明确的，其中的一些话需要销售员理解出其中的意思，这就要求销售员在理解能力上要有大的提升。

销售员应该从客户的语言、神态或者动作中理解客户说话的意思，这样才能真正了解客户所表达的方旨，了解客户需求。

客户需求是销售员成功销售的基础。了解客户需求，销售员就必须会听，因为客户会将自己的需求信息隐藏在自己所说的话中，只有销售员能听出客户的需求，才能根据客户需求制定相应的策略，实现成交。

那么在这里，销售员要注意哪些问题呢？

1. 认真倾听客户所说的每一句话，不放过任何细节。

2. 客户所说的与销售无关的话，可能就是销售的突破口。

3. 训练自己的归纳能力和理解能力。

你想听什么不重要，客户说什么才重要

很多销售员在倾听的过程中都会犯一个错误，就是只听那些自己比较感兴趣的话题，而对那些自己不感兴趣的话题，一般都不会听。即便是听了也没记住，更有甚者直接打断客户的话，引起客户的不满。

实际上，这就犯了倾听大忌。因为在销售中销售员想听什么并不重要，客户不会按照你想听的去说。只有客户说的才是最重要的，因为不管客户说什么，我们都可以从所隐含的信息中判定出客户需求，而客户需求正是销售员需要的。

来看看这则案例：

刘艳是一名服装销售员，在接待客户的时候发生了这样一件事情。

客户是一位女士，来给自己的婆婆买衣服，刘艳夸赞了这位女士有孝心。这个时候，两个人开始就婆媳关系的话题聊了起来。

客户对刘艳说了很多家里的琐碎事情，这让刘艳感觉非常无聊，她最不愿意听的就是这些，因为她认为这些都是鸡毛蒜皮的小事情，斤斤计较实在没有必要。

于是就在客户絮絮叨叨地和自己说的时候，刘艳开始走神了。虽然表面上还是在听，但实际上已经开始想自己的事情了。

就在刘艳想其他事情的时候，客户突然问刘艳："你说，我婆婆这样做对吗？"

因为刘艳根本就没有听对方在讲什么，在对方问自己的时候脱口而出："对吧。"

客户惊讶地看着刘艳，说："你认为她做的是对的吗？"

刘艳："啊，对呀，您婆婆做得很对。"

客户将已经拿起来的衣服放下后说："那就是我错了。"然后头也不回地走了，只留下一脸茫然的刘艳。

原来客户说的是自己和婆婆在教育孩子上的分歧，因为老人比较溺爱孩子，所以很多时候老人的做法都是不正确的。但是刘艳没有认真听，对客户婆婆的这种做法进行了肯定，客户自然就不高兴，于是什么也没有买就走了。

这是很多销售员经常会出现的问题，在与客户沟通的过程中，对自己不感兴趣的话题就不听，或者假装在听，但实际上却在想其他的事情。最后导致自己不知道客户说了什么，回答问题的时候回答错了，必然会造成客户的不满，这时候再想成交也不可能了。

那么销售员要怎样才能做到认真倾听呢？

1. 摆正心态

很多销售员之所以不想听客户所说的话，是因为销售员的心态有问题，对客户的一些话题有抵触心理。还有一些销售员认为自己是做销售的，并不是来听客户唠叨的。殊不知销售员倾听客户的唠叨也是销售的很重要的部分。

因此，不管销售员在心理上有多么不愿意，都要将心态放平，客户说的可能销售员不感兴趣，但是其中所隐含的信息对销售员的帮助可能会很大，销售员为了实现成交，就必须注意倾听。

2. 不管客户说什么都要认真听

客户说的可能是销售员并不感兴趣或者并不喜欢的话题，甚至一些话题是销售员比较反感的，但是销售员也必须要认真地听。因为不管自己愿不愿意听，很努力地认真听，本身对客户就是一种尊重。更重要的是，这会给客户留下非常好的印象，客户对销售员有好印象，销售自然就会简单一些。

3. 从客户的话中听出自己想要的信息

不管是不是喜欢的话题，销售员都需要认真倾听，这是因为客户的话中藏有玄机。客户一句不经意的话，其中却可能隐含着我们想要的信息。这些信息很可能会对销售起到决定作用，因此销售员一定要认真听，从客户的话语中找出自己想要的信息。

在销售中销售员想要听什么并不重要，客户说的才是最重要的。因为销售员想要成交就必须了解更多的客户信息，这些信息并不会全部从客户的口中非常正式地说出来，更多的是在客户的只言片语中流露出来。只要销售员能从这些信息中找出有用信息，成交的机会就会大大增加。

那么在这里，销售员要注意哪些问题呢？

1. 修炼自己的心态，以平和的心态倾听。

2. 不要自己想听的才去听，不想听的就自动回避。

3. 从客户的话中提炼出有用的信息更重要。

要尽可能地让客户多说话

是销售员自己多说重要，还是客户多说重要？

答案非常明显，相比于自己说，客户说才是最重要的。

因为销售员自己说得多了，相应的客户透露的信息就会变少，那么销售员从客户这里获得的信息也会相应地减少，这对销售员是非常不利的。

因此，销售员要在销售中尽可能地多听，而销售员要想多听，客户就要相应地多说，这样才能达到平衡。但是客户不会听你的，你想让他说他就说个不停，这是不可能的。所以这就成为摆在销售员面前的另一道难题——应该怎样让客户多说。

销售员的倾听是建立在客户愿意表达的基础之上的，但是在销售开始时，客户是不愿意多说的。如果在销售过程中客户就是不开口说话，那么倾听就无从谈起。想让客户多说，销售员就一定要学会引导和鼓励客户多说话。

引导客户多说话并不容易，销售员应该从以下这几个方面入手：

1. 正确巧妙地提问

"问"也是销售中经常用到的沟通技巧之一，是销售员获得信息的重要手段。在销售过程中，很多客户就是不愿意主动透露自己的想法和信息。这样的客户在销售中占的比例相当高，所以销售员一定要学会问。

客户不说，只是销售员自己一人在表演，整个沟通气氛就会变得非常奇怪，这种缺少沟通的尴尬会影响客户的心情，最终让销售变得越来越艰难。

销售员可以通过适当的提问来引导客户，正确的提问可以让客户逐渐敞开心扉，客户的心门打开以后，即便销售员不再对客户提问，客户的话也会多起来。因此，销售员正确巧妙的提问，是引导客户多说话的重点。

2. 学会核实信息

在销售员与客户沟通的过程中，客户向销售员提供的信息有很多，这些信息有些对销售员是必要的，有些则是毫无价值的。要想得到有用的信息，销售员就要学会向客户核实信息。

当然不是客户说的所有的信息都需要销售员核实，只有那些非常重要的信息才需要销售员核实。核实这些信息的目的一方面是销售员再次向客户确认；另一方面也是提醒客户，加深客户的印象。

核实信息的方法有很多种，其中最简单的方式就是销售员将这句话重复一遍，或者将这句话的意思明确地表达出来，然后向客户询问这样理解是不是正确。

这样核实不但可以避免误解客户的意思，还可以让客户得到我们的鼓励，因为客户会因为自己的话得到认同而内心充满喜悦，这种喜悦的存在会让客户越来越想说，毕竟有听众的说才是人们最喜欢的，客户自然也不例外。

3. 适时回应

可以想象这样一个场景：两个人在一起说话，其中一个人在不停地说，而另一个人则一句话也不说，像个木头人一样，这样的谈话会持续下去吗？

答案肯定是否定的。

因为得不到别人的回应，自己说什么都没有意思。在沟通中客户也一样，销售员想让客户多说，但是自己又什么都不说，最终客户也会停止谈话。因为如果销售员没有任何回应，就成了客户自己在唱独角戏，这样会严重打消客户的积极性。

其实客户也需要在沟通的过程中得到销售员的回应，客户认为这是销售员对自己所说的话的一种理解和支持，也就坚定了客户继续说下去的信心。因此销售员一定要在客户说话的时候做到适时回应。

所谓适时回应，就是销售员要回应得恰到好处。销售员最好在客户说话停顿时，或者是说话的间隙进行回应，因为这时不会打断客户的话和思路，这也是客户最希望销售员回应的时候。

在与客户的沟通中，销售员即便是一个点头，都可以鼓励客户继续说下去。

如果想让客户多说，销售员就要学会积极地引导客户，而想要积极地引导客户，就要学会从以上三个方面入手。这样销售员才能够有效地引导客户多说，自己也才能从客户那里得到更多的信息，使其为最终的成交服务。

那么在这里，销售员还要注意哪些问题呢？

1. 学会提炼客户话语中的重点信息。

2. 在回应客户的过程中不打断客户的话。

3. 要学会全面配合，使用肢体语言配合自己或客户的话。

听完客户的话你才有机会

我们都知道，打断别人讲话是一种非常不礼貌的行为，会被人所厌恶。但是就有一些销售员在销售的过程中总是打断客户的话，在客户还没有说完的时候，就认为自己全明白了，但最终却还是因为自己一知半解导致客户不满而使得销售失败。

在销售的过程中，如果销售员贸然打断客户的话，就会让客户认为销售员不尊重他，他进而会在心中产生不满，更有可能发生言语上的冲突。

让我们看看下面这个案例中，销售员还没有听完客户的话，便打断客户的后果：

李明是一名礼品店的店员，也是一个初出茅庐的小伙子，平时为人就有点鲁莽慌张，在做了销售员以后，一点都没有变。

一天，一位女士来到礼品店，李明赶紧上前打招呼。

李明："您好，欢迎光临，请问您有什么需要？"

客户："今天是我家孩子的奶奶的生日……"

客户还没有说完，李明就说："恭喜老人了，您是来给老人买礼物的吧，来看看这边的，都非常适合给老人做生日礼物。"

客户："不是，我不是给老人来买礼物的，是孩子……"

客户还没有说完，李明又说："是给孩子买礼物吗？可是不是老人过生日吗？如果是孩子的礼物，那么这边是比较合适的。"

客户生气地说："你怎么总是打断我的话，能不能让我把话说完？我是说今天是孩子的奶奶过生日，但是孩子上课没法来，他让我帮他给奶奶买一件生日礼物。"

客户说完还没等李明说话就生气地走了。

在这个案例中，销售员李明就犯了一个严重的错误，客户话还没有说完，他就打断了客户，最终造成客户不满地离开。其实如果听完客户的话，就知道客户的需求很简单，也很容易成交。

那么销售员应该怎样做呢？

1. 专注倾听

在客户说话的时候，销售员一定要专注倾听。优秀的销售员都是一个非常好的倾听者。而销售员要想让客户把自己的话说完，认真倾听是非常重要的技巧。这样做，就是在向客户传递一种信号：销售员对客户的话很感兴趣，同时也展现了自己对对方的尊重。

2. 不要打断客户的话

客户在说话的时候，销售员要做到认真倾听，同时要求销售员要做到适时回应，但是这种回应并不意味着销售员可以随意打断客户。因为回应是销售员必须要做的，而打断客户的话是销售员绝对不能做的。

如果销售员打断了客户，客户很可能就不再愿意与你交流了。这种失礼的行为最容易引起客户的不满，也是造成销售员误解客户意思的重要原因。而打断了客户，客户后边的信息销售员就得不到了。

3. 赞美客户

销售员要学会适时地赞美客户，即便是最简单的赞美语也可以。如果销售员能抓住适当的时机说上几句赞美客户的话，那么客户就会更加愉快地与你沟通。客户从沟通中感受到快乐，就会有继续说下去的意愿，销售员得到的信息也就会越多。

在听的过程中，销售员一定要注意让客户把话说完。因为只有客户将自己的话说完了，销售员才能从中得到自己想要的全部信息，才不会误解客户的意思。这时，销售成功的机会就会大很多。

那么在这里，销售员要注意哪些问题呢？

1. 主动引导客户说话，之后将自己变成一个倾听者。

2. 掌握适时回应客户的技巧。

3. 学会从客户的话语中发现需求，促成成交。

第六章

★ ★ ★ ★ ★

客户的话总有玄机

客户的话中是包含成交信号的

成交是销售员做销售的最终目的，但是在很多时候，客户即便想成交也不会向销售员明确地表示出来，这就需要销售员能听出客户的成交信号。客户的成交信号，有的是有意表现出来的，而有的则是无意间流露出来的，作为销售员一定要听出客户的这些信号。

其实在销售过程中，如果客户想要购买产品，那么他的兴趣是随着其对产品认知的深入而逐渐增加的。如果客户认为购买时机已经成熟，那么他的内心就会逐渐趋于明朗，这时候他就会向销售员发出信号。

而作为销售员，一定要能听出客户的这些成交信号，并抓住时机促成成交。

来看一则案例：

老丁是一位经验丰富的销售员。这天，一位客户来向他打听产品，在老丁向客户全面介绍了产品以后，客户表现出了对产品的兴趣。

老丁："我们的产品在行业中质量是排在前列的，相信您在来之前已经了解过了，产品的信息我已经介绍过了，现在您还有什么问题吗？"

客户："你们的产品我已经大概了解了，确实不错，值得购买。"

老丁从客户的话中听出了有成交的意思，于是就开始向客户发动攻势。

老丁："您现在看的是最新款的产品，性价比非常高，如果您没什么意见，我们可以签合同了。"

客户："你们产品可以分期付款吗？"

老丁："当然可以。"

客户："如果我现在购买，能有多少优惠？"

老丁："如果您现在全款购买的话，我们可以给您9折的优惠；如果您是贷款的话，我们可以增加半年的首付服务期限。先生，您是全款还是贷款呢？"

客户："我想贷款。"

老丁："没问题，我们去谈一下具体的细节吧。"

客户："好。"

客户想要成交的信息，没有逃脱老丁的耳朵。客户所表达的值得购买的意愿，实际上就是一个成交信号。如果不了解这一点，销售员不能听出客户的成交信号，那么这次机会很可能就错过了。经验丰富的销售员，听到这些话的时候一定不会放过这个成交机会。

那么作为销售员，应从客户的哪些话中听出成交信号呢？

1. 客户对产品进行肯定或者赞美

客户对产品的肯定或者赞美就是一种成交信号，比如，客户会说"你们这件产品真不错啊""产品这么优质，的确值得购买"。

2. 请教产品的使用方法

如果客户不想购买你的产品，那么他们对你的产品的使用方法是没有任何兴趣的。所以当客户向销售员请教产品的使用方法的时候，就是客户在向你传递成交信号。比如，客户说"你这件产品怎么用""你现在教我操作一下，我试试"。

3. 打听产品的详细情况

客户打听产品的详细情况，表明他对产品已经有了初步的购买意向，还想知道产品更多、更具体的信息。比如，客户会说"你这件产品的配件是不是标准的""这里面的零件用的是什么材质"等。

4. 询问购买细节

客户不想购买产品，是一定不会向销售员询问购买细节的，因为这对客户来说是在浪费时间。所以当客户说"你们的产品可以贷款购买吗""你们的定金是多少"等时，说明客户的成交意向已经非常强烈了。

5. 问售后服务问题

客户对售后服务都是非常关心的，售后服务对客户的影响已经占到了很大的比例，所以当客户询问售后服务的时候，也是客户想要成交的时候。比如"你们产品的保修期是多长时间""你们的售后服务都包括哪些项目"等。

6. 询问交货时间和限制条件

当客户向销售员询问交货时间和限制条件等问题的时候，说明客户的成交信息已经非常明确了，只要销售员再加把劲，销售就能成功了。

7. 其他信号

还有其他信号也能看出客户的成交信息。比如：客户仔细地询问产品的使用性能和注意事项等；客户向销售员询问折扣问题；客户询问产品的运输、储存等问题；客户用假定购买的语气和销售员说话。

客户的话并不是平白无故说出来的，当客户已经对产品产生兴趣的时候，客户所说出的话都是非常具有针对性的，也是他们比较关心的。所以销售员一定要注意解决客户提出的这些问题，并听出客户的成交信号，努力促成成交。

那么在这里，销售员要注意什么？

1. 学会识别出客户的真正成交信号。

2. 在发现客户的成交信号时，不能忽略客户提出的问题。

3. 使用相应的技巧促成成交。

听客户说话要学会听背后的音

在销售沟通中，销售员和客户之间的谈话，经常会因为一些客户的拒绝性话语而不得不终止。实际上，客户拒绝并不代表他们没有需求，而是因为销售员没有听出客户话语背后的音，所以导致整个销售的失败。

在生活中，我们有时候所说的话，表面是拒绝，其实则不然。比如，有不太熟悉的同事请吃饭，我们多半会客气地推脱一下，说"太客气了，不用了"，其实这并不是真的拒绝。而在销售沟通中，经常会出现类似的情况。比如，客户说"抱歉，暂时没有这个需求了"，实际可能是因为觉得价格高。所以销售员要能听出客户话语背后的意思，这样才能最终成交。

来看一则案例：

有家公司打算更新办公电脑。一位电脑销售员得知后，上门拜访了这家公司的采购部经理。

销售员："陈经理，听说贵公司现在想更新一批电脑，是这样吗？"

陈经理："是的，我们公司现在有这个计划。"

销售员："那么贵公司对电脑都有什么要求呢？"

陈经理："没什么要求，只要好用，性价比高就可以。"

销售员："陈经理，想必您也知道我们公司，也知道我们的产品和信誉，所以我们希望能与贵公司合作。"

陈经理把电脑的配置要求告诉了销售员，然后问道："按照这样的配置，一台多少钱？"

销售员回答说："大概在5000元。"

陈经理："你们的可真不便宜，我们公司现在还没有这笔预算。"

销售员："陈经理，您公司是真的没有预算，还是感觉这个价格有点高？"

陈经理："你们的价格有点高。"

销售员："陈经理，您应该知道我们的产品，我们的产品虽然价格要高一点，但是对于提升工作效率、提升公司员工的幸福度都有很大的帮助，请相信我。"

陈经理："但是现在就是钱不够。"

销售员："陈经理，采购是一件大事，尤其是公司比较重要的物资，所以在选择上一定要谨慎。您可以跟公司申请一下，进行一个整体的讨论，如果有必要，我也可以帮忙。不管怎么样，既然更新一次，就不妨更新到位了，这对您的工作也有好处。"

陈经理："你说得有道理，我们回去研究一下。"

销售员最终还是得到了这笔订单。

从这个案例中，我们不难看出，在客户表示没有预算的时候，销售员听明白了客户话语背后的意思——公司给的钱不够，之后调整策略才成功的。如果是一般销售员，听说公司没有预算，可能就不会再说什么了，最终也就不会成功。

那么作为销售员，在倾听客户说话的时候要注意哪些问题呢？

1. 听客户想说的

销售员在与客户沟通的过程中，对于客户的每一句话都要认真倾听，这是一种最基本的尊重，也是对我们自己的销售工作负责任。客户想说的话一般都会说出来，但是说出的这些话有时候是经过自己加工的。因此对于这些话，一定要听清楚其背后的意思。就比如案例中的"没有预算"，其实并不是没有预算，而是预算不够。

2. 听客户想说但是没有说的话

客户在和销售员沟通的过程中，经常会有些话想说，但是最终因为某种原因还是没有说，只是找了一个借口搪塞而已。所以销售员在这个时候一定要注意，在听完客户想说的话以后，一定要听出这些话的背后意思，这会对客户的话有更深一步的理解。

3. 说出客户想说但没说出来却希望销售员说出来的话

在销售沟通中，一些客户在说话的过程中，有些话自己没有说出来，而是希望销售员明白自己的意思，帮自己说出来。比如，客户看中了一件产品，但发现这件产品的价格超出了自己的预算，但又不好意思直接说自己预算不够。这时候，就需要销售员来说："您看，这款产品跟您选中的那款，功能其实都差不多，但价格却相差很多。我觉得您完全可以选择这款性价比更高的。"

在销售中，客户所说的话并不都是非常明确的，俗语说"吃菜吃心，听话听音"，作为销售员，在与客户进行沟通的过程中，一定要注意听出客户话语背后的意思。因为只有这样，销售员才能与客户继续沟通下去。

那么在这里，需要销售员注意什么呢？

1. 在倾听的过程中，销售员一定要认真。

2. 学会分析客户话语背后的意思。

3. 在明确客户的真正想法后，立即有针对性地对销售策略进行调整。

没有拒绝就没有成交

在销售过程中，销售员最常听见的就是客户拒绝的语言。特别是销售员在与客户初次见面的时候，客户的防备心理会非常强，所以不管销售员说什么，客户的第一反应都是拒绝。

那么听到客户的拒绝言辞后，销售员应该怎么做呢？

其实就销售而言，拒绝是非常正常的，在销售中没有拒绝就没有成交。其实在拒绝的背后，作为销售员应该听出成交的信号，因为拒绝的背后有无限商机。作为销售员，一定要善于发现和把握机会，化拒绝为成交，这是优秀销售员应该具备的素质。

一个销售员被拒绝多少次才会选择放弃？

有位经理看到自己手机里有一个未接电话，于是出于礼貌就回了过去。原来对方是投资销售员。从电话接通开始，销售员就向经理介绍相关的理财产品，虽然经理说自己不需要。

而这位经理也是一位业务经理，所以对销售员的态度还算比较好，礼貌地告诉销售员自己不需要。但是销售员好像没有听见一样，还是不停地向这位经理介绍。于是，经理在无奈之下只好挂断电话。

可是销售员并没有放弃，在很短的时间内又给经理打来了七次电话。如果最后不是经理的妻子发火，说了销售员几句，可能这位销售员还是不会放弃。

在这个案例中，销售员的推销方式有待提升，但是销售员的勇气绝对值得称赞，因为一个人能被拒绝七次还不放弃，这本身就值得称赞。

很多销售员在开始做销售的时候，面对拒绝都无法再坚持，所以这些销售员的业绩并不好，因为他们听了客户的拒绝言辞后无法调整自己，于是慢慢地就离开了销售这个行业。

其实销售员应该明白，被别人拒绝并不可怕，可怕的是销售员自己因为客户的拒绝失掉了信心，最终导致自己给自己设限，从而无法战胜自己，更无法实现成交。

那么销售员在听到客户拒绝言辞后应该怎样处理呢？

1. 听到拒绝言辞后的处理步骤

客户拒绝是正常的，销售员在听到客户的拒绝言辞后，应该采用相应的步骤去处理。

首先，销售员应该诚恳地接受客户提出的拒绝理由，如果是合理的就接受，不合理的就搁置；

其次，要判断问题属于哪一类，并迅速做出处理；

最后，要看解决问题后是不是还有成交的机会，因为在处理客户拒绝的问题后，成交就可能会变得相对容易一些。

2. 听到拒绝言辞后的处理方法

处理拒绝是销售员应该学会的技巧，因为听到客户拒绝言辞后销售员如果没有合适的方法，那么成交就变得望尘莫及了。那么销售员在听到拒绝言辞后要怎样处理呢？

其一是忽视。为什么要忽视客户的拒绝呢？因为有些时候客户的拒绝理由非常可笑，比如，客户说"你白送我就要"。像这样的客户拒绝是不用理会的，销售员直接向客户接着推销就可以了。

其二是转化。有些时候客户的拒绝是可以马上转化的，这对成交还有很大的益处。比如，保险推销员在推销保险的时候，客户拒绝说"我都没钱，拿什么来买保险"，这时候销售员就可以说"正因为没钱，所以才要买保险"，并讲清楚其中的原因。

其三是迂回战术。对于客户的一些拒绝，销售员可以迂回地向客户介绍，通过侧面解释的方式对客户的拒绝进行处理。这种迂回战术是对客户问题的弱化或者侧面回答，可以解决这个问题以后再向客户推销。

面对拒绝，销售员的处理方法多种多样，真正的销售高手听到拒绝言辞后是不会放弃的，反而会从客户拒绝的话语中找到机会，而这种转化的机会打动客户的概率很高，对实现成交有很大的帮助。

那么在这个问题上，销售员要注意什么呢？

1. 调整心态，正确对待客户的拒绝。

2. 发现机会，将客户的拒绝变成销售切入点。

3. 学会一些处理拒绝的技巧。

开口前得先听懂

倾听客户的话，是销售中必不可少的一环。销售中的"说"很重要，但是"听"和"说"是永远分不开的。作为一个优秀的销售人员，必须学会倾听。对于客户的话语不但要仔细听，还要学会听出客户这些话的意思。

这就是我们说的，不但要听，还要听得懂。

有一个做销售的小伙子，做过这样一件事情：

这个小伙子是做广告销售的，一次到一位开酒店的客户那里去谈合作。到了中午，客户就说一起吃个饭吧。这个小伙子也没多想就答应了，于是双方就在客户的酒店里消费。

这个小伙子一点都没有客气，在客户的酒店里，什么最好要什么，什么最贵吃什么，客户也不生气，按照他的要求安排下去了。吃完饭后，小伙子才知道，自己的这顿大餐价格在5000元以上。

一开始小伙子也没有在意，认为是客户热心款待，但在向客户索要合作的尾款时，这家客户本来是八万元的广告费用，最终只给了75000元，不管小伙子怎么要对方就是不给了。

这个小伙子最终才明白，这顿饭是自己买单。客户之所以这么热情招待自己，是因为这顿饭是自己掏钱。小伙子没有办法，不能给公司造成损失，还想保住自己的工作，最终只能自己掏钱垫了这笔费用。

案例中的小伙子，就是因为没有听明白客户话语背后的意思，造成了这样的局面。客户随口的一句话，小伙子就当真了，还摆出一副占便宜到底的架势。客户说一起吃饭，但是并没有说谁掏钱，在客户的酒店吃饭也没有说免费。

在生活中，这样的事情其实并不少见，这就是客户话语中的"陷阱"，你不能识别，那么只能陷进去。

作为一个销售人员，除了耐心听完客户想要说的每一句话之外，还有一个重要的问题就是，你必须听懂客户的话，在没听懂之前你最好不要随便回答。

如果客户已经说完了，你还是没有听懂，那么你不妨再问一遍，这不是什么丢人的事情，对你和对客户来说，这都是很重要的。因为客户表达就是希望你能明白，你没有明白，他再说一遍也不会有问题。

而对于那些模棱两可的地方你不妨问一问。如果不好意思直接问，那么可以变换一些方式。以案例中的小伙子为例，当客户习惯性地说出那句"一起吃个饭"的时候，如果听出来了，马上礼貌拒绝就好；如果不好意思问是由谁请客，不妨说"我来请您吧"。

如果客户是真心宴请，自然会说由他做东；如果不是，主动权还是掌握在自己手中，自己可以决定宴请的标准。如果案例中的小伙子这样做的话，就不会发生后来的问题。

那么销售人员在听客户讲话的时候，要注意什么呢？

1. 认真、诚恳，表现出你对客户谈话的尊重。

2. 没听清楚就再问一遍。

3. 对模棱两可的问题想办法问清楚。

4. 做好礼貌回绝的准备。

5. 不要存在占便宜的心理。

听到客户常用拒绝语后的应对

拒绝是客户对销售员最常有的反映，并且客户拒绝销售员的理由各种各样，其中有一些是客户经常会听到的。那么当客户使用这些拒绝语来拒绝销售员的时候，销售员应该怎样应对呢？

下面我们就来看看客户的拒绝常用语和销售员的应对办法：

1. 客户："我没时间。"

客户这么说，可能是真的是没有时间，也可能是客户在敷衍销售员。

销售员可以这样回答："我知道您很忙，我的时间也比较紧张，这样，您给我两分钟的时间，我简单介绍之后，您先了解一下，等有时间我们再详细谈。"

这么说主要是为了客户能给我们一点时间，这样我们就能找到突破口，进行下一步的工作。

2. 客户："我现在没空。"

客户这么说有可能是真的没空，但最大的可能还是在拒绝销售员的推销。

所以听到客户的这个理由后，销售员可以这样回答："那您什么时候有时间，我再来拜访，这周三可以吗？"

这么说的主要目的是现在没空销售员可以不打扰，我们约定一个时间。如果这个时候客户能给我们一点时间更好，如果不行，能约到其他时间也很不错。

3. 客户："我没兴趣。"

客户没兴趣是因为还不了解，所以听到这个理由以后，销售员可以说："是的，先生，您现在还没有了解我们的产品，所以没有兴趣也是正常的，那现在就给我两分钟介绍时间，您再看有没有兴趣，可以吗？"

这样说的目的是让客户给我们一个机会来做介绍，并且告诉客户我们能引起他们的兴趣，这样销售沟通就能继续下去了。

4. 客户："那你把资料放下，我有时间看看。"

这是客户的一种托词，销售员听到客户的这个理由可以这么说："先生，我们的资料都是经过精心设计的，都是精华内容，但是多是大纲性的东西，我为您简单介绍一下，您会了解得更加清楚，这样也能节省您的时间。"

这是销售员为自己争取一点时间，介绍公司的产品或者服务，如果客户同意，那么突破口就已经找到了。

5. 客户："我的事情现在还没有办法确定。"

销售员听到这样的拒绝以后，可以说："先生，现在的情况确实还不确定，但是我们可以为您提供一点建议，虽然对您的帮助可能不大，但是哪怕只有一点点也是好的，您看我们现在谈方便还是周一上午再谈？"

这是一个双向回答，一方面是销售员愿意帮助客户解决问题，这样客户即便是拒绝也不会那么冷淡；另一方面是再约个时间，为我们的下一步销售打开通道。

6. 客户："现在还不能决定，要等到其他人回来一起商量。"

这是客户常用的一种拖延方法，面对这种情况销售员可以说："好的，先生，我知道您现在比较忙，那什么时候才能和其他人一起谈，我们来约定一个时间吧。"

这么说的意思是，我们可以与客户一道，帮助他说服他的合作者。同时这样也能接触到客户的合作者，积累更多的潜在客户。

7. 客户："我有时间再联系你吧。"

这是在下逐客令，销售员可以这样说："好的，先生，我知道您很忙，您给我一个大概时间，到时我再联系您详谈，我们的产品一定会对您有很大的帮助的。"

这么回答是销售员在为自己争取和客户见面的机会，既然客户这么说，那么销售员就顺着这个话题来回答客户，见面的机会就会增加一半。

8. 客户："说来说去，你还是要推销东西。"

销售员面对这种直白的客户，可以说："您说得对，我是非常想向您推销我们的产品，因为这对您是有很大帮助的，您给我一点时间，就会知道我们的产品对您到底有哪些帮助了。"

这样回答一方面是显得我们很坦诚，另一方面也是为了引起客户的兴趣。客户也想知道，我们的产品能给他们提供什么帮助。

9. 客户："我再好好想想吧。"

销售员可以说："先生，重点问题我们已经都解决了，现在已经没有什么不明白的地方了，您要再想想，是还有什么顾虑吗？您说出来，我们一起解决。"

这是一种促进成交的回答方式。如果能现场解决问题当然最好，如果客户拒绝还能约其他时间。

10. 客户："我再考虑考虑，下周给你电话。"

面对客户的这种推脱，销售员可以说："好的，先生，这就不麻烦您了，您给我个时间，您看下周什么时候有空，我可以过来，我们接着谈。"

这是直接向客户约时间，目的是让客户确定和我们见面的时间。

以上这十点就是客户经常拒绝销售员的话。听到这些话以后，销售员可以采取相应的解决方式，这样不但能有效地回应客户，还能打开新的局面，以便实现最终的成交。

那么在这里，销售员要注意什么？

1. 摆正心态，听到拒绝话语后不要沮丧慌张，找到突破口后立即回应。

2. 学习应对客户常用拒绝语言的知识和技巧。

3. 熟练掌握这些知识和技巧，最好不要临场发挥。

搞懂客户所说的话，需要有效倾听

倾听对于销售的作用不言而喻，很多人对销售倾听也非常重视。

松下电器的创始人松下幸之助就非常重视倾听，为了能更好地倾听客户信息，松下幸之助还建立了"客户抱怨中心"。

与其他企业不同的是，松下幸之助建立的"客户抱怨中心"并不是只为客户解决投诉问题，简单地派人在这里处理客户的不满。这个部门是在松下幸之助的主持下运营的，并且松下幸之助每周都会亲自坐镇，处理客户的抱怨。

为了能更好地掌握客户信息，松下幸之助在每周的周六和周日上午都会来到客户抱怨中心，这里已经由秘书安排好了要见的客户。松下幸之助的目的就是和这些客户进行有效的沟通，倾听客户心中不满，收集客户的建议。

当时有很多人认为松下幸之助根本没有必要这么做，这么做只是在浪费时间，松下幸之助却并不这么认为，并且他认为自己这么做至少有三点好处：

首先，企业的董事长出面，与客户进行全面沟通，这本身就表明了企业对客户的态度，会在消费者中形成良好的口碑，对企业的发展很有好处；

其次，松下幸之助通过和客户的沟通与有效倾听，可以从中发现消费者的消费信息，通过对这些信息的整理和总结，可以有效掌握客户的消费心理，这对于企业发展有非常大的帮助；

最后，客户的意见是由董事长亲自处理的，所以很多有效的建议会经过董事长传达到公司的各个部门。这样各个部门就会更加重视，对企业发展有好处。

可以说松下幸之助的做法非常高明，也正是因为他的这些做法，所以才有了松下电器的成功。从松下幸之助的案例中，我们发现他非常重视对客户内心诉求的倾听。

那么对于销售员来说，应该怎样倾听？什么样的倾听才是有效的？这就需要销售员学会有效倾听的三个层次，只有达到第三层，销售员才能在倾听中发现客户需求。

那么倾听都分为哪三个层次呢？

1. 假装听

所谓假装听，就是销售员根本就没有注意客户在说什么，只是表面上在听客户的话，实际上却在考虑其他事情，而所考虑的事情与客户所说的话一点关系都没有，这是一种忽略式的倾听方式。

对于这样的销售员，他们考虑更多的不是客户说了什么，客户说的对自己有什么帮助，而是考虑应该如何来反驳客户的话，他们甚至对客户的诉说充满厌恶。如果销售员在假装听，就完全不了解客户在说什么，这很可能会造成之后的沟通无法顺利进行，更不要提成功销售了。

2. 听出字面意思

"听出字面意思"是第二层，是指销售员在倾听中，只听出了客户所说的话的表面意思，而忽略了其背后的意思，并且忽略了客户的面部表情、肢体语言等其他相关信息。

这种倾听层次，往往会让客户认为销售员确实在听自己的意见，也完全能听明白自己的意思，但是有些时候销售员并不知道客户的真实想法是什么，甚至会因为只理解了表面意思而造成理解的错误。所以在倾听过后，销售员还是不能有效处理客户意见。

3. 听出关键信息

这是最厉害的一层，也是销售员应该努力要达到的标准。能够听出客户的关键信息，才是一个优秀的倾听者，也才能成为一名优秀的销售员。

处于这一层的销售员，不但能从客户的话语中寻找出客户感兴趣的话题，还能从客户的话语中寻找出关键点，明确客户所说话语的背后的含义，抓住关键点和客户进行有效沟通。

这样的销售员往往不会根据自己的个人喜好去倾听，而更喜欢搞清楚客户的真实意图和需求。因此，这样的销售员在倾听过后与客户进行沟通，就能够准确地抓住客户的需求，更快地实现成交。

作为一名合格的销售员，在销售倾听中应该达到倾听的第三层境界。只有达到了这一层，销售员才能真正明白客户的需求，让成交变得更加顺利。同时，这也是判断一名销售员是否优秀的重要标准之一。

那么在这里，销售员要注意哪些问题呢？

1. 在销售过程中，一定不能"假装听"。

2. 销售新手可以从"听出字面意思"开始训练自己。

3. "听出关键信息"是销售员要努力达到的目标。

第七章

★ ★ ★ ★ ★

听过之后，销售员应该怎么做

倾听时如何做到适时回应

有听就要有回应，我们总是强调销售员在倾听过程中要做到适时回应，那么什么是适时回应，销售员到底应该怎样才能做到适时回应呢？

所谓适时回应，就是在正确的时间说出正确的话。销售员在倾听的过程中，要抓住正确的时机，使用正确的语言回应客户所说的话，这就是适时回应。

来看一则关于适时回应的案例：

赵小姐是一名服装销售员，一天接待了一位女性客户。

赵小姐："您好！"

客户："你好！"

赵小姐："您喜欢什么样的款式和颜色，我来为您推荐一下。"

客户："哦，我想看看你这儿的外套，颜色暗一些的就可以。"

赵小姐："那您来看看这款，看您的身材这款衣服比较适合您，喜欢可以试穿一下。"

客户："看着还不错，那我试试。"

客户试过衣服后，赵小姐："您感觉怎么样？我看还比较合身，非常适合您。"

客户："是吗？我自己看也比较合适，呵呵，你们的衣服质量怎么样？"

赵小姐："质量您大可以放心，我们是品牌服装店，对于质量是非常看重的。"

客户："嗯，我上次在一个商场买衣服，就碰到一件烦心事。"

赵小姐："哦？什么事？"

客户："也是一件外套，看着也不错，但是也没有仔细看，就买回家了。"

赵小姐："嗯，然后呢？"

客户："回家一看，衣服有一个小洞，还有两个纽扣不稳，其中一个已经掉了，于是就回去退货。"

赵小姐："嗯，对，退了吗？"

客户："退什么啊，他们说是我自己弄坏的，不管怎么说就是不退。"

赵小姐："这也太不应该了，怎么能这样对待客户呢！"

客户："是啊，本来就不是我弄坏的，还非怪我，真不知道他们是怎么想的。"

赵小姐："我们的质量是有保证的，您现在就可以检查一下，如果回去有什么问题，拿来换货退货都可以。如果我不给您退，您可以到商场去投诉，商场的管理是非常严格的。"

在赵小姐的保证下，客户经过多次检查，发现衣服没有问题，最后顺利成交。

在这则案例中，销售员赵小姐就是做到了听出客户话语背后的意思，并对客户进行了适时回应。当客户向赵小姐抱怨的时候，如果赵小姐不回应，客户心里一定会不满。而案例中赵小姐不但回应了，还做到了适时回应、得体回应，最终实现了成交。

那么销售员要怎样做出适时回应呢？

1. 主动反馈

销售沟通是一个双向互动的过程，销售员在听的同时，应该做到主动而迅速地对客户做出反馈。这样可以鼓励客户，并让客户感受到我们正在认真听他们说话。销售员一般回应的方式包括：附和、微笑与点头。

2. 不打断客户的话

不打断客户的话，这本身就是对客户的尊重。销售员一定要在客户说完某一句话或者停顿的时候再进行回应。要注意的是，销售员在这时候最好不要对客户进行反问，只要让客户顺着自己的思路说下去就好。

3. 情绪不要波动过大

在倾听客户说话的时候，表现一定的情绪是可以的，这样可以让客户感受到我们和他是站在一起的。但是销售员一定要记住，千万不能情绪波动过大，否则就会过犹不及。并且，如果客户讲述的是不太开心的事情，销售员的情绪波动太大，还可能会对客户造成二次伤害，让客户更加伤心。

4. 不持有偏见

销售员在回应客户的时候，不要对客户抱有偏见，否则会影响销售员对客户回应的质量；同时，销售员也不要对其他人或者客户描述的人带有偏见，这能展现销售员专业的一面，专业的销售员才最容易打动客户。

5. 不能跳跃式回应

一些销售员为了能够迅速结束与客户的交流，往往会使用跳跃性思维，猜测客户要说的话，这样会让客户感觉到你对他不尊重，并且你现在已经没有耐心去听了，当客户产生这种心理的时候，对销售的不利影响是非常大的。

6. 注意细节问题

销售员在回应客户时，一定要注意细节问题。一方面是客户说话中的细节，一方面是自己在回应客户时的细节。因为即便是一个小细节没有处理好，客户也可能会因此产生不满情绪。而一个小细节的处理完善，就可能会直接带来成交。所以，销售员一定不能因为一些细节没有做好，让客户产生不满。

以上就是销售员适时回应客户的技巧，这些技巧对销售员帮助很大。只要销售员认真去做，就一定会有所收获。适时回应是销售沟通顺利、持续的重要保证，销售员一定要注意学习。

那么在这个问题上销售员要注意什么呢？

1. 不能太自我，在回应客户的时候总是谈论自己。

2. 要克服自以为是的心理，不要总想主导客户。

3. 说话有度，不要什么都说，一般以肯定、短小的语句为主。

与客户争辩销售员损失巨大

销售员在销售的过程中，有时难免会因为一些事情生气。但是生气之后应该怎么反应呢？是暂时忍耐，还是和客户争辩？

首先，我们用常人的思维来思考。如果你在与他人交谈的时候发生争论，那么你的内心是怎样的感受？不管输赢，总是会有点不舒服。那么在销售中，与客户发生争论，客户自然也会感到不舒服。

在销售行业，有句话是这样说的："占争论的便宜越多，吃销售的亏越大。"

这句话很好理解，因为客户是占据主动的，而销售员是在向客户推荐产品。如果销售员与客户争辩起来，销售员赢了，客户会恼羞成怒而使销售员失去生意；即便是销售员输了，客户对销售员的好感也会荡然无存。同时，销售员因为内心的不平衡，销售状态自然也好不到哪儿去。

这是一个双输的局面，所以销售员一定不能与客户发生争辩。

如果与客户争辩，会出现怎样的结果呢？

张先生在商场买了一套西装，但是令人遗憾的是，这套西装竟然掉色，自己白衬衫的领子都受到了污染，于是张先生就来到商场，对销售员说明了情况。

张先生："你好，这是我前两天买的西服，但是这件西服掉色，你们……"

销售员："这套西服销量非常高，都卖出好几千套了，我还是第一次听到有人来提意见。"

张先生："你这是什么意思，难道你认为我在说谎？"

销售员："我可没这么说，这是你说的。"

张先生："你这话是什么意思？"

销售员："这个西服是黑色的，你这个价位的西服一般都会掉一点颜色，这是正常的，这是染料问题。"

张先生："你的意思是，染料有问题就和你们没关系？"

销售员："你这么理解我也没办法。"

张先生："你们就是这么对待客户吗？"

销售员："那你想怎么办？"

张先生："退货，今天必须退货，不然我决不罢休。"

销售员和张先生发生了激烈的争执，还是销售经理出来打了圆场，但是张先生的意思坚决，无奈之下经理只能给张先生退货。

案例中的销售员在处理客户异议的时候与客户发生了争执，导致客户强烈要求退货。如果换一种方式处理，当客户来的时候，销售员认真帮助客户解决问题，给客户几套可行的解决方案，可能最终的结果就不是这样的。

在与人沟通的过程中，人们都有这样的心理，不管自己是否有理，只要是自己的意见被别人直接反驳，心里总是不痛快的。在销售过程中，客户在心理上是占有优势的，这种心理表现会更强烈，所以销售员一旦和客户发生争执，结果就不言而喻了。

所以，销售员要想不与客户争辩，就应该先学会管理自己的情绪。那么作为销售员应该怎样管理自己的情绪，避免在倾听中和客户发生争辩呢？

1. 不急于表态

这是一种拖延的处理方式。销售员在倾听过程中，遇到问题最好不要着急和客户争辩，可以先忍耐一下。因为我们可以利用这段时间搞清楚事情的来龙去脉，如果最终是误会就更好，如果不是误会，那么销售员冷静下来后的处理也要比情绪激动时候更加理智。

2. 合理宣泄

不管是谁，内心充满怒气对身心健康都会产生不利影响，一旦这些情绪长期积累，爆发的时候就会变得不可收拾。所以在销售倾听中，销售员一旦内心有怒气，最好找一种合理的方式进行宣泄，排解压力。

所谓疏而不是堵，只要销售员将怒气释放出来，对自己的身心健康也有很大的帮助。至于疏导手段的选择，这就要看销售员自己了，可以找人倾诉，可以听音乐或者是旅行。

3. 转移话题

在销售沟通过程中，销售员在和客户谈论某个话题时，如果听出客户已经产生不满情绪，那么销售员就要马上停止这个话题。在停止这个话题以后，找到其他话题，这样就能有效地避免争辩，这种回避的方式在销售中是非常有用的。

在与客户的沟通中，销售员难免会有不同的意见和看法，但一定不要与客户发生争辩。因为这样的争辩不仅毫无意义，还会给销售员带来损失。

那么在这里，需要销售员注意哪些问题呢？

1. 学会掌控自己的情绪。

2. 能够倾听出客户的不满，并随时找到新的话题。

3. 客户揪着问题不放，销售员也不能与客户争辩。

客户在沟通中有被附和的需求

人类是一种在意心理感受的动物，当我们与别人沟通的时候，你希望倾听者怎样对待你？是毫无反应，还是希望对方对你所说的话表示认同，附和你的想法？相信所有人都会选择后者，因为诉说者需要别人关注自己所说的事情，并得到认同。

在销售中，销售员扮演倾听者的角色居多，而客户扮演的是诉说者，所以在客户的心里，也有被销售员附和的需求。当销售员知道客户有这个需求的时候，问题就好办了，在客户诉说的时候，销售员随时附和几句作为回应，这对销售也会产生积极的影响。

看看这位销售员是怎样利用附和完成销售的：

李琳是一名高档皮鞋专柜销售员。一天，一位中年女士来到她的专柜买鞋。

李琳："您好，喜欢什么款式的皮鞋？我可以给您拿一双试穿。"

客户："哦，你好，我先看看。"

李琳："我们这里的鞋都是今年设计的最新款，非常漂亮，您看上了哪一双我可以帮您试一下。"

客户："嗯，好。"

李琳："您现在的鞋子就很漂亮啊，您是在哪里买的？"

客户："哦，是吗？这双鞋是上个月买的，还是打折的，我自己挑选的。"

李琳："是吗？您可真有眼光！"

客户："我也觉得这个鞋子比较合适，第一眼就看中了，觉得不错就买了。"

李琳："说实话，我卖鞋很多年了，从我的眼光看，这款鞋非常适合您。"

客户："没有啦，哪有你说的那么好，哈哈。"

李琳："我说的是真的，您看您现在穿上，再加上您的服装搭配，整个人的气质都出来了。"

客户："你可真会说话，姑娘。"

李琳："我说的是实话，我为您挑选一双我们的鞋吧，和您的气质搭配一下。"

客户："好啊，你选一双我试试，看看怎么样。"

最终在李琳的推荐下，客户选择购买了一双鞋。

在这则案例中，当客户说出自己买鞋的经历时，有没有让销售员附和的需求？当然是有的。可以想象这样一个场景，如果客户说完了销售员没有任何附和，还是一味地向客户推销鞋子，那么客户是不是会有点尴尬？

因此作为销售员，在倾听客户的时候，要在适当的时间对客户进行简单的附和。这种附和对销售员来说很简单，可能就是几句简单的话，但是对客户的心理影响可就大不一样了，对成交的影响也大不相同。

甚至在客户表示拒绝的时候，销售员也可以用附和的方式转化拒绝，这种回应方式对客户来说接受程度会更高。比如，客户说"这件产品的价格太贵了"，销售员就可以这样回答："是啊，的确不便宜，但是现在的名牌产品价格都是这样的，不是吗？"

简单的附和加上合适的理由与最终的反问，这样的组合是打动客户的利器。

那么作为销售员，应该怎样做到附和客户呢？

1. 附和客户要适时

适时的附和就是要销售员在倾听过程中选择恰当的时机对客户进行附和，实际上这种附和也是对客户回应的一种表现形式。因此，在客户说话间隙或者停顿时对客户进行附和是最佳时机。但也要注意，附和客户的时候不能打断客户，因为这样会让销售员的附和大打折扣。

2. 附和与夸赞分不开

在对客户进行附和的时候一般都是伴随一定的夸赞，因为这样的效果会更好一些，比如案例中的销售员李琳在倾听客户介绍自己买鞋经历的时候，是在附和的过程中采用了适当夸赞，这样的夸赞会让客户内心感受到愉悦。

因为人都喜欢被夸奖，客户也是一样的，只要销售员在附和的时候夸奖得到位，就会让客户听起来浑身舒畅。如此一来，销售员的工作就好做了很多。

3. 附和要适可而止，不能过头

不管做什么事情都要适可而止，千万不能过，附和也一样。有些销售员在倾听的过程中表现得就过了头，客户说一句，他就来附和和夸赞一句，这样不但不会让客户感到愉快，相反客户还会感到不自在，因此在附和客户的时候也要适可而止。

客户在销售沟通中有被附和的需求，作为销售员在倾听中应该明确记住客户有这样的需求，在适当的时机，销售员应该满足客户的这种需求，已达到满足客户心理的目的，这对最终的销售成交是具有促进作用的。

那么在这里，销售员要注意什么？

1. 附和尽量使用短句，简短附和，让客户多说更好。

2. 夸赞客户要适当，过于夸大会让客户不适应。

3. 保持乐观开朗的心态对销售员也很重要。

把握否定客户的度

在销售倾听过程中，并不是客户的所有意见我们都能接受。有些时候，客户的意见是销售员无法同意的，这时候就要否定客户。但是在否定客户上，销售员并不好做，说浅了不管用，说重了又会影响成交，这就要销售员学会把握否定客户的度。

一起来看看下面这个例子中，销售员是怎样否定客户的：

销售员："唐总，您好，好久不见。"

客户："嗯，你来了正好，我有件事情要跟你说。"

客户："我不想再与你们公司合作，因为你们公司总是延迟交货，这简直是糟糕透顶。"

销售员："唐总，您说的是真的？在我接触的客户中，还没有一个客户这样讲过。他们都认为我们公司的信誉是最好的，在同行之间也是很有口碑的。您这么说，可不可以举出一个实例来呢？"

客户："我也是听一个朋友说的，你们倒是没有对我延迟交货，但是出现一次我的损失就会很大的。"

销售员："哦，原来是这样，唐总，我们也合作了很长时间了，在这段时间合作得还是比较顺畅的，我们双方也没有出现什么问题。咱们不能因为一个传言，就终止合作吧，这对您来说损失也是很大的。"

客户："嗯，这倒是，我也不想换，但是就怕你们出现问题。"

销售员："唐总，您就放心吧，我们公司在行业内的信誉和口碑您是知道的，怎么会出现这样的事情呢？"

客户："嗯，既然你这么说了，那我就相信你，但你要记住，一旦出现这样的事情，马上终止合作。"

销售员："放心，绝对不会。"

在这个案例中，销售员在客户进行首次质疑时，就进行了直接否定。因为客户所说的问题，已经严重影响公司信誉，如果客户提出来必须重视。销售员在否定后问客户意见，如果是真有其事，那么必须道歉并上报公司；如果没有，稳定客户的情绪就成为重点。

那么销售员在否定客户的时候都有哪些方法，同时要注意哪些问题呢？

1. 直接否定

直接否定是一种直白表现自己观点的做法。当销售员听到客户说的和我们的实际情况有所差异的时候，采用直接的方式能有效地回击客户。但是在使用这种技巧的时候，销售员一定要注意度，同时还要注意自己的语气及措辞等。

因为这种直接否定对客户的冲击比较大，销售员稍不小心，便会惹恼客户，这对销售是非常不利的。

要掌握直接拒绝客户的方法，销售员要从以下几个方面入手：

首先，态度要委婉。销售员在直接否定客户的时候，必然会在一定程度上引起客户的不满，因此为了避免触怒客户，销售员就必须在语气上注意，做到诚恳，千万不能怒言斥责客户或挖苦客户。

其次，对事不对人。销售员在否定客户的时候，必须要让客户感受到自己对事不对人的态度。所以销售员要注意不要伤害客户的自尊，要考虑客户的感受，尽量把否定意见针对事情本身，而不针对客户本人。

最后，针对性询问。在对客户进行直接否定的时候，如果客户的问题是提问式的，那么直接否定就能给客户一种肯定、自信的感觉，并且这样的语气还不会给客户造成太大的心理伤害，效果非常好。

2. 间接否定

直接否定客户很容易使双方的沟通陷入僵局，所以除非有把握，否则还是慎用比较好。而在倾听中，间接否定是比较多的，其有利于客户接纳销售员的意见。那么间接否定，需要销售员怎样做呢？

其一，转化。转化指的是销售员把客户的问题作为说服客户购买的理由，虽然在这里销售员还是对客户进行否定，但是这种否定更容易被客户接受，并且能帮助销售员直接转入问题。

其二，否定实质。所谓否定实质就是先肯定再否定，销售员可以先从客户的话中找到彼此都认同的话题进行肯定，然后再对实质性的内容进行否定，表达自己的看法，这种方式客户最容易接受，也比较容易被客户认同。

在销售倾听中，客户表达的意见销售员不能接受，需要表达自己的反对意见，这就需要采用正确的方式。而直接否定和间接否定都能达到目的，销售员一定要学会根据自己所处的环境进行分析，采取适当的方式。

那么在这里，销售员需要注意哪些问题呢？

1. 在否定客户的时候不能和客户发生冲突。

2. 在语言和词语的选择上要谨慎。

3. 要注意在否定中促成销售。

听到客户话里带刺怎么回应

在销售中就有这样一些客户，不管销售员做什么、说什么总是错的，他们总是能找到理由和销售员"对着干"。销售员面对这种爱挑刺的客户，很多时候都是无可奈何，那么销售员要怎样对待这样的客户呢？

我们先来看一则客户挑刺的案例：

在一家餐厅里，一桌客人还没有到齐，服务员主动询问客人需要什么茶水，但是客人只顾着聊天并没有理会服务员。从这样的做派中服务员感觉到，这桌客人是非常不好服务的，于是加倍小心。

等人到齐后，客人开始点菜。当菜都上得差不多后，服务员将虾端了上来。这时候客人叫住了服务员："你的虾大小不一样，头也是黑的，是不是给我们上的死虾？"

服务员说："先生，虾大小不一是因为现在是冬天，所以虾的生长状态和夏天是不一样的，虾的头是黑色的，是饲料的原因。活虾的虾壳是坚硬的，尾巴是张开的，死虾就不是这样的，您可以鉴定一下。"

客人见服务员这么专业，就没有说什么。之后服务员又上了一盘清蒸鳜鱼，在上鱼的时候，将鱼头朝向了客人。于是客人又说道："你的鱼头为什么要朝向我？今天你一定要说清楚，不然这杯鱼头酒你就得替我喝了。"

这个时候，客人已经有点刁难的意思了，服务员见状说："因为这是清蒸鳜鱼，今天您是贵宾，鱼头不朝向您，还能朝向哪里呢？"

听了服务员的话，现场一片欢腾，气氛也缓和了许多。

这位客人就是爱挑刺，还好服务员比较机智，一一化解了客人的难题。其实在销售中，有很多客人都喜欢挑刺，要么说你的产品有瑕疵，要么说你的产品没有别人的好，总之理由非常多。

面对这样的客户销售员要怎么办呢？实际上销售员应该高兴，因为只有爱挑刺的客户才是乐于成交的客户。

销售员要想机智应对爱挑刺的客户，就要知道客户挑刺的原因：

首先，印证自己的意见。很多客户在购买产品之前可能就已经听说过我们的产品，并对这些产品有了最初的印象，客户要在购买的时候验证这些判断，所以才会主动挑刺；

其次，客户对产品有怀疑，所以就将自己不知道的地方挑出来，让销售员解释；

再次，客户希望被说服。在很多时候客户是很难自己说服自己的，但是还想购买产品，所以就希望销售员来说服自己。

最后，为了砍价。这是比较常见的，比如，在买衣服的时候，客户想砍价，就会从衣服的本身找毛病，扣子松了、衣服有线头等，这些都是为最后砍价作准备的。这是客户挑刺最重要的一个原因。

那么面对爱挑刺的客户，销售员应该如何应对呢？

1. 看问题的性质

销售员首先要判断客户挑刺的性质，看客户是主观的还是客观的，挑的是真正的关键性问题，还是那些无关痛痒的问题，是自己看的还是道听途说的。

2. 先迂回地说出一些问题

比如，我们知道产品的一些弱点，于是在客户还没有发现之前，就找个合适的理由告诉客户，最好还能让客户认同我们的观点，这样在发现这个问题的时候，客户就不会说什么了。

3. 先说优点，再说缺点

对于产品的优点和缺点销售员首先要了然于心，这样才能向客户详细介绍。而在介绍的时候，销售员要先介绍优点，然后再用弱化的方式介绍缺点，并对这些缺点进行合理化解释，这样客户的接受度就会更高。

4. 道听途说要慢慢引导

有些客户是非常固执的，在购买产品之前可能进行了一些了解，而在了解的过程中客户往往会更加关注缺点，不管这些缺点是不是真的，客户一般都会相信，所以在购买的过程中就会挑这些刺。

面对这样的客户，销售员要学会慢慢引导客户说话，并让客户说出自己的意见。针对客户的意见，销售员要用自己最专业、最合理的方式去解决。

5. 带有目的地挑刺

对于那些带有目的来挑刺的客户，销售员要么就直接不给客户挑刺的借口，告诉客户这些是不能妥协的，要么就搞清楚客户挑刺的根本原因，然后根据客户的原因制定相应的策略，最终促成成交。

在销售过程中，客户挑刺是最常见的事情，所以对销售员大可不必恼火，只要按照一定的方式顺利解决就可以了。并且销售员要明白的是，这些真正挑刺的客户，才是最终可能成交的客户，因为如果他们不想购买，一般也没时间和销售员打嘴仗。

那么面对这个问题，销售员要注意什么呢？

1. 摆正心态，心态永远是最重要的。

2. 知晓客户挑刺背后的原因。

3. 在应对客户挑刺的时候，一定不能和客户针锋相对。